보수주의와
보수의
정치철학

정치사상총서 04

보수주의와
보수의
정치철학

엮은이 / 양승태
펴낸이 / 강동권
펴낸곳 / (주)이학사

1판 1쇄 발행 / 2013년 7월 20일
1판 2쇄 발행 / 2014년 7월 20일

등록 / 1996년 2월 2일 (등록번호 제 03-948호)
주소 / 서울시 종로구 윤보선길 65(안국동 17-1) 우 110-240
전화 / 02-720-4572 · 팩스 / 02-720-4573
이메일 / ehaksa@korea.com

© (사)한국정치사상학회, 2013, Printed in Seoul, Korea.

ISBN 978-89-6147-180-0 94340
      978-89-6147-139-8 94340(세트)

이 책의 저작권은 저자가 가지고 있습니다.
저작권법에 의해 보호를 받는 저작물이므로 이 책 내용의 일부 또는 전부를 재사용하려면
저작권자와 (주)이학사 양측의 동의를 얻어야 합니다.

* 책값은 뒤표지에 표시되어 있습니다.

이 도서의 국립중앙도서관 출판시도서목록(CIP)은 e-CIP 홈페이지(http://www.nl.go.kr/ecip)와 국가자료공동목록시스템(http://www.nl.go.kr/kolisnet)에서 이용하실 수 있습니다. (CIP제어번호: CIP2013010902)

정치사상총서 04

보수주의와 보수의 정치철학

양승태
엮음

이학사

머리말

　이 책은 2007년 9월 한국정치사상학회가 "한국 보수주의: 무엇을 지킬 것인가"라는 제목으로 개최한 학술 대회에서 발표된 논문들의 수정본들에 몇 개의 논문을 새로 추가하여 편집한 결과물이다. 제목에도 암시되어 있듯이, 그 학술 대회는 한국 정치의 특이한 현상들 가운데 하나에 대해 체계적으로 해명하는 것이 목적이었다. 그 하나의 현상이란 한국 보수 집단의 이념적 빈곤 또는 보수주의 이념 자체의 부재 현상이다. 즉 보수적 집단이나 보수적 정당은 존재하되 그들이 지키고자 하는 것이 과연 무엇이고 왜 지켜야 하는지 체계적으로 설명하는 이념의 부재 현상에 대한 정치철학적·정치사상사적 진단과 처방이 목적이었다.

　보수주의는 일반적으로 특정 국가에서 사회의 기득권층이나 지배층의 존재성 및 정체성과 관련된다. 그들이 자신들의 사회적 및 정치적 존재성을 정당화하거나 자신들의 집단적 정체성을 나름대로 모색하고 확립하려는 노력이 보수주의의 이념으로 나타난다는 것이다. 그 이념적 내용이나 성격 및 수준은 그와 같은 정당화나 정체성 추구 노력이 필요하게 된 역사적 상황의 성격, 그러한 역사적 상황이나 스스로가 직면한 정치·사회적 계기의 실체를 허심탄회하게 관조할 수 있는 정신적 태도, 그리고 그와 같은 상황 및 계기에 처하여 스스로의 정치·사회적 위치 및 미래의 비전을 보편적인 이념어로 표현할 수 있는 지적 역량에 의해 좌우된다.

한국의 보수 집단은 그와 같은 정신적 태도와 지적 역량의 빈곤함에서 오랫동안 벗어나지 못하였다. 한국 사회에서는 오랫동안 보수 집단은 존재했으면서도 보수주의로 규정될 정도의 체계적인 이념은 부재했다는 사실이 그것의 방증이다. 그런데 환기되어야 할 것은 그러한 사실 자체가 단순히 특정 정치·사회 세력의 정신적 태도 및 지적 역량의 문제만이 아니라는 점이다. 그것은 한국 현대사 및 지성사의 주요한 성격을 반영한다.

한국 사회 및 학계에서는 최근에 들어서야 보수주의 담론이 활성화되기 시작했다. 그러한 활성화는 어느 날 갑자기 한국 보수 집단의 정신적 태도가 급변했다거나, 어느 날 갑자기 그들의 정신세계에 대오 각성이 일어나 그들의 지적 역량이 충일해졌음을 의미하지는 않는다. 그것은 일단 오랫동안 소위 재야 세력으로서 제도권 밖의 투쟁의 주체이자 법적 제재의 대상이었던 소위 진보 세력이 민주화의 과정을 통해 제도권 정치에 진입하게 된 것이 결정적인 계기였다.

이제 보수 세력은 진보 세력의 주장을 불법적이거나 불온한 것으로 억압할 수 없게 되었다. 그에 따라 보수 세력은 진보 세력의 주장을 공개적인 담론을 통해 합리적으로 논박하거나, 최소한 수사학적 차원에서라도 자신들의 정치적 존재성의 도덕적 정당성을 확립하거나, 스스로 표방하는 국가관이나 역사관 또는 정책의 우월성을 논변을 통해 과시해야 하는 정신적 상황에 처하게 된 것이다. 그것은 곧 한국 사회에서 일종의 통념으로 통했던 관념, 즉 이념 따로 있고 현실 따로 있다는 일상적인 관념에서 벗어나야 하는 상황이 도래했음을 의미한다. 그것은 또한 부분적이고 불충분한 차원이라도 이념을 떠난 정치 현실은 있을 수 없다는 사실에 대한 인식이 점진적으로 확산되기 시작했음도 의미한다. 이제 그들은 진보 세력의 이념이나 주장에 적절히 대응하지 못할 경우 즉각적으로 자신들에게 정치적 불이익이 닥치거나 정치적 입지 자체가 흔들릴 가능성에 직면했던 것이다.

이것이 최근 들어 보수주의 담론이 활성화된 정치사적 배경이자 정신사적 상황이라고 할 수 있다. 그런데 적어도 보수주의 담론에 관한 한 한국의 현대 지성사는 그러한 정치사적 상황에 종속되어 있었다는 사실이 지적되어야 한다. 한국의 학계는 한국의 정치권과 마찬가지로 한국 보수주의 문제에 대해 오랫동안 침묵하고 있었다. 그런데 그러한 침묵이 최근의 정치사적 상황의 변화에 따른 보수주의 담론이 활성화됨과 때를 맞추어—마치 보수주의가 학문적으로 새로운 문제인 것처럼—학계에서도 활성화되기 시작한 것이다.

물론 그러한 지성사적 상황은 학문적으로 부끄러움의 대상이다. 다만 모든 진정한 앎과 깨달음이 자신의 정신세계에 대해 부끄러움을 느끼는 데서 시작된다면, 그러한 부끄러움은 한국의 학문, 특히 한국의 정치학이 학문적으로 새롭게 도약할 수 있는 전기가 될 수도 있다. 물론 그러한 전기가 학문적 결실로 맺어질 수 있는지 여부는 그러한 부끄러움을 얼마나 철저히 느끼며 그것을 진정한 지적 도약으로 승화시키려는 노력이 얼마나 치열하고 철저한가에 달려 있을 것이다. 이 책은 집필자들이 나름대로 그러한 노력을 기울인 결과이다.

보수주의를 포함하여 현실적으로 작동하는 모든 이념에 대한 연구는 일단 그것을 옹호하거나 적극적으로 표방하는 사람들이 속한 정치적 파당 구조, 그들의 경제적 위치나 사회적 신분, 그들이 보존하고 새롭게 추구하거나 획득하려는 이익의 구체적 내용, 그러한 이익을 보편적인 윤리나 역사의식의 형태 또는 나름대로의 합리적 논변의 형태로 표출하는 정치·사회적 담론의 성격과 내용, 그러한 담론의 성격 및 내용의 변화 등과 관련된 사실과 정보에 대한 체계적 정리와 분석 등에 대한 경험적 연구들에서 시작된다. 그러한 경험적 연구들을 통해서 그러한 이념들이 작동하는 표면적인 양상들은 대체로 파악할 수 있게 된다. 그러나 이것으로 그것들의 진정한 실체가 밝혀지는 것은 아니다. 그 기본적인 이유는 바로 앞에서 열거한 연구 항목들 자체에 내재한다.

먼저 정치적 파당 구조나 경제적 위치나 사회적 신분은 어느 날 갑자기 형성되는 것이 아니다. 그것은 오랜 기간의 역사적 변화 과정의 산물이다. 그리고 사회·경제적 차원의 이익 문제란 사회적 분업 체계가 형성된 곳에서는 언제 어디서나 존재하는데, 그것의 보존이나 추구가 이념을 통해서 정당화될 필요성이 등장하게 된 상황이나 그러한 상황이 발생하게 된 사회구조적 의미 또한 역사적 맥락을 통해서만 이해될 수 있다. 그리고 특정한 이념의 이름으로 표출되는 정치·사회적 담론의 성격과 내용은 한 사회의 정신사적 상황이나 지적 성숙도에 의해 결정된다. 그것은 특히 그 사회의 지적 담론이 독자적인 지성사적 전통 및 독자적인 지성적 판단 체계에 기반을 둔 것인지 아니면 외국의 지적 소통 구조에 의존하는지에 의해서 결정되며, 후자의 경우 어느 정도 수준의 의존인지에 따라 그 의존의 심도가 결정된다.

따라서 특정 국가에서 특정 이념과 관련된 정치·사회적 담론 구조의 성격과 내용에 대한 제대로 된 이해는 그 국가의 정신사 및 사상사적 변화와 발전 맥락을 떠나 제대로 파악될 수 없다. 그리고 그와 같은 차원의 연구를 통해서만 특정 이념에 내포된 정치적 역동성도 이해될 수 있다. 다만 그것만으로 특정 이념의 실체가 완전히 파악되는 것은 아니다. 궁극적으로 그것은 그러한 이념 자체가 인간의 사유 형태로서 어떠한 보편적인 내용을 갖고 있는지의 문제, 그리고 그것이 좀 더 보편적인 사유 형태에 도달하기 위해서는 어떠한 방향으로 그 이념 내용이 승화·발전되어야 하는지의 문제와 관련된 정치철학적 탐색의 대상이 되어야 한다.

이 책에 수록된 글들은 한국정치사상학회의 설립 취지를 반영하듯 한국의 보수주의에 대한 역사적, 정신사적, 사상사적, 정치철학적 연구들이다. 그 연구들을 통해 설명될 보수주의의 여러 측면에 대한 이해나 그 설명 내용의 학문적 가치에 대한 평가는 물론 독자들의 몫이다.

서기 2013년(단기 4346년) 5월
집필자들을 대표하여,
엮은이 양승태 씀

차례

머리말_양승태 **5**

제1부
보수주의의 정치철학적 기초

1장 인간 본성, 정치 그리고 보수주의_설한 **15**
2장 아르놀트 겔렌의 현상학적 인간학과 보수주의의 기원에 대한 고찰_신충식 **41**

제2부
한국 보수주의의 역사와 이념

3장 한국 보수 세력의 계보와 역사: 전통 보수주의와 신보수주의, 1945~1979_이완범 **81**
4장 개혁적 민주 정부 출범 이후(1998~) 한국의 보수주의: 보수주의의 자기 쇄신?_강정인 **159**
5장 한국에서 보수주의의 의미에 대한 하나의 해석_최치원 **193**

제3부
유럽의 보수주의

6장 영국 보수주의 사상의 형성과 진화: '변화에 대한 태도'를 중심으로_김비환 **225**

7장 미국 신보수주의의 이론적 구성과 한계_장의관 **265**

8장 독일 바이마르 시기의 '보수 혁명' 담론과 정치의 우선성: 국가, 시장, 민주주의에 대한 이해를 중심으로_김동하 **303**

제4부
동양의 보수주의

9장 현대 중국의 신보수주의의 출현과 유학의 재조명_조경란 **349**

10장 현대 일본의 보수주의_장인성 **387**

11장 동양적 사유에 나타난 보수주의_김명하 **435**

맺는말: 한국의 보수주의, 무엇을 지킬 것인가?_양승태 **473**

각 장에 대한 안내 및 각 장이 처음 게재된 학술지 **499**

지은이 소개 **501**

제1부

보수주의의 정치철학적 기초

1장 인간 본성, 정치 그리고 보수주의_설한
2장 아르놀트 겔렌의 현상학적 인간학과 보수주의의 기원에 대한 고찰_신충식

1장 인간 본성, 정치 그리고 보수주의

설한

1. 들어가는 말

 인간 본성이 정치와 분리될 수 없다는 것은 이 둘 간의 관계가 반드시 직접적인 연역적 관계에 있다는 것을 의미하지 않는다. 하지만 인간의 본성은 정치에 있어서 하나의 전제 조건으로 작용하며, 인간 본성의 이론은 정치가 작동하는 영역 혹은 개념적 공간을 가정적으로 설정한다. 더욱이 이 영역은 가치와 밀접하게 연계되어 있기 때문에 인간 본성은 또한 하나의 메타 윤리로서 작동한다고도 볼 수 있다. 이러한 영역의 설정은 인간 본성 개념의 필요 불가결성을 구성하는 두 가지 목적을 실현한다고 할 수 있다. 첫째는 인간 본성의 이론이 인간 세상에 대한 하나의 관점을 제공함으로써 적절한 정치적 처방을 찾아낼 수 있게끔 한다는 것이며, 둘째는 이와 동시에 인간 본성의 이론이 다른 처방들을 비현실적이거나 진지하게 고려할 가치가 없는 것으로 판단을 내릴 수 있는 권위 있는 컨텍스트, 즉 하나의 이상을 제공한다는 것이다. 모든 정치사상이나 이론, 이데올로기의 중심에는 인간 본성에 대한 견해가 내재하고 있다. 따라서 인간 본성의 개념이 필요 불가결하다는 일반적인 인식의 기초가 되는 것은 바로 이 두 목적 때문이다.

요컨대 모든 정치적 행위와 주장은 인간으로 존재한다는 것 자체가 함축하는 것에 대한 하나의 개념을 필연적으로 수반한다. 그리고 이를 대상으로 하는 모든 정치 담론과 정치 분석의 중심에는 명시적이든 묵시적이든 인간 본성의 개념이 자리하고 있으며, 이 개념이 어떻게 인식되든 인간 본성과 정치·사회현상 사이의 관계를 설정하고 이 토대 위에서 특정한 행동 프로그램이나 방향을 지시하고자 하는 노력이 있다. 이와 관련하여 주요 정치 이데올로기의 측면에서 볼 때 인간 본성에 대한 자유주의적, 사회주의적 해석은 많은 반면, 보수주의적 견해는 일반적인 인식과는 달리 상대적으로 주목을 덜 받아온 것으로 생각된다. 예를 들어 오설리반(O'Sullivan, 1976)과 퀸턴(Quinton, 1978) 같은 보수주의 이론가들은 인간의 불완전성을 보수주의의 핵심으로 간주하지만 이에 대한 철저한 분석보다는 다양한 유형의 보수주의에 대한 설명에 치중하고 있으며, 오크숏(Oakeshott, 1962: 173-174) 또한 보수적 성향에 관해 논함에도 불구하고 인간 본성에 대한 고찰이 유익하다는 것을 분명히 부인하고 있다. 이 글은 보수주의의 목적에 가장 적절하게 부합된다고 생각되는 인간 본성에 대한 개략적인 견해를 제시함으로써 보수주의와 인간 본성 간의 관계, 그리고 이것이 넓은 의미에서 정치에 대해 가지는 함의를 고찰하는 데 그 목적이 있다.

비록 모든 정치 이념이 인간 본성에 관한 하나의 관점을 가정한다는 것을 수용하더라도, 비교적인 관점에서 본다면 자유주의나 사회주의는 보수주의에 비해 보다 명백하게 정치적 독트린인 반면, 보수주의는 자유주의나 사회주의에 비해 보다 직접적으로 인간 본성에 관한 하나의 이론이라는 것이 이 글의 기본 입장이다. 물론 자유주의와 사회주의도 자유롭고 평등한 독자적 인간 혹은 공동체적이며 협동적인 인간을 옹호하는 등 인간 본성에 대한 이해를 각기 제시하고 있으며, 보수주의 또한 점진주의나 혁명 등과 같은 정치적 입장을 지지 혹은 배척한다. 그럼에도 불구하고 인간 본성의 개념이 함축하는 보편성을 보다 잘 다룰 수 있는 것은 보수주의라고 생각된다.[1] 사실 이들 각 이념들에 의하면 외견상 모든 인간은 자유로우며, 모든 인간은 사회적이고, 모든 인간은 보수적이다. 그러나 자유주의자와 사회주의자가 선호하는 용법에 따라 '자유로운(free)'을 자유 시장경제로, 그리고 '사회적(social)'을 사회주의로 이해할 때 이 둘은 상호 배타적이 된다. 그렇다면 자유주의자와 사회주의자가 각기 선호하는 'free'와 'social'에 대한 서로 배타적인 이해 혹은 해석으로 인해 많은 사회는 이 보편성을 나타내는 것이 불가능하게 된다. 이에 비해 보수주의는 이 모든 것을 다 포함한다고 비교적 흔쾌히 주장할 수 있다. 보수주의를 다소 덜 직접적으로 하나의 정치적 독트린으로 만드는 것은 바로 이 편의성이다. 사실 그들의 이론적 차이가 무엇이든 사회주의자와 자유주의자 모두 실제로는 보수적으로 행동한다고 할 수 있다. 따라서 '권력을 쥔 사회주의자들은 보수적이다.'라고 말할 때 이것은 보수적인 입장의 약점이라기보다는 인간 본성의 개념 속에 암암리에 함축되어 있는 보편성을 정확하게 보여주는 것이다.

---

[1] 여기에서의 보편성이란 '인간 본성의 특징과 실체에 대한 그 어떤 견해라도 스스로가 모든 인간에 대하여 하나의 진실을 말하고 있다고 주장한다.'는 의미에서의 보편성을 말한다.

2. 인간 본성의 보편성

보수주의자들은 인간 본성의 보편성을 어디에 두는가? 그들은 보수주의자들답게 소위 자연적 과정이라는 것에서 이 보편성을 찾는 것이 특징이다. 그리고 그들은 바로 이러한 자연적 과정이 지니는 불가항력 혹은 필연성에 호소한다. 자연은 우리가 저항하거나 수용하기를 거부할 수 없는 제약들을 우리에게 가하기 때문에 권위적인 위상을 갖는다. 인간은 날개 없는 두 발 동물로서 날 수 없는 것처럼 선천적으로 많은 측면에서 어쩔 수 없이 제약을 받는다. 이 글에서 주목하는 것은 명시적이든 아니면 최소한 함축적으로라도 보수주의 사상을 한층 더 특징짓는 것으로서의 유아의 의존성에 부여하는 의미와 그 중요성이다. 물론 이 특징이 보수주의 사상 전체를 아우르는 것은 아니다. 하지만 이 글의 초점인 인간 본성과 가장 직접적으로 관계가 있는 것은 바로 이 측면이다. 게다가 가족, 관습, 민족, 위계(位階), 생물학 그리고 신의 뜻 등과 같은 보수주의의 핵심 주제들 속에서 이것에 관한 언급이 되풀이되고 있다는 사실에서 우리는 유아 의존성이라는 이 '자연적 사실'이 지니는 중심적 역할을 알 수 있으며, 이는 보수주의에 있어서 인간 본성이 갖는 중요성을 입증하는 것이라 할 수 있다. 나아가 가장 특징적인 보수주의 정치 원칙이라 할 수 있는 점진주의에 대한 옹호 역시 바로 이 자연적 사실이 갖는 함의 속에서 찾아볼 수 있다.

자연적 의존성이 이처럼 두루 언급되는 이유는 무엇인가? 다른 동물들도 누리는 단순한 '존재'가 아니라 인간다움을 성취하기 위해서는, 즉 인간다워지고 하나의 정체성(正體性)을 지니기 위해서는 유아는 문화적 적응을 필요로 한다. 기어츠(Geertz)의 말을 빌리자면, 그 이유는 "사람들이 살아가면서 발생하는 사건들을 이해하게 되는 것은 문화 패턴, 질서 있는 일군의 중요한 상징을 통해서이기"때문이다. "그러므로 그러한 패턴의 전체 집합체로서의 문화의 연구는 바로 개인과 개인의 집단이 원래는 애매모호한 세계 가운데에서 자신의 위치를 잡아가는 장치를 연구하는 것"이다(기어츠, 1998: 425).[2]

인간 이외의 다른 동물들은 선천적으로 내장된 적응성을 지니고 태어난다. 그러나 인간은 동물들과 마찬가지로 선천적이지만 장기적이고 의존적인 유년기를 거쳐 자신의 문화를 흡수하여 동화(同化)된다. 이것이 의미하는 것은 인간이란 선천적으로 문화적 존재라는 것이다. 이러한 문화적 동화를 통한 정체성의 획득은 한편으로는 자신을 다른 이들과 구별함으로써, 그리고 다른 한편으로는 시간을 통한 연속성을 통해 이루어진다. 따라서 이러한 문화적 동화와 정체성 획득은 필수적인 두 측면으로 특수성과 시간성을 지닌다고 말할 수 있다.

우선, 문화적 동화 혹은 적응의 특수성을 가장 명백히 보여주는 것은 언어적 측면이다. 유아는 언어를 배워야 한다. 말을 한다는 것은 특수한 어휘와 문법을 사용하는 것이기 때문이다. 언어가 사고를 지배한다는 워프 가설(Whorfian hypothesis)[3]을 전적으로 찬성할 필요는 없지만 그럼에도 불구하고 언어의 습득은 하나의 오리엔테이션,

---

[2] 카시러(Cassirer, 1944: 25) 역시 이와 유사한 관점을 보여주고 있다. "인간은 자신의 성취물로부터 벗어날 수 없다. 인간은 자신의 삶의 조건들을 받아들이지 않을 수 없다. 인간은 단순한 물리적인 세계에서 더 이상 살지 못하며 하나의 상징적 세계에서 산다. 언어, 신화, 예술과 종교 등은 이러한 세계의 부분을 이룬다."

[3] 언어 상대성 가설(language relativity hypothesis)이라고도 불리는 이 입장의 기본 가정은 언어가 주어진 문화 속에서 사는 사람들이 세상에 대한 정보를 해석하는 방식을 결정하며, 여러 문화권에서 사용하는 언어들의 차이가 그 문화권에 사는 사람들이 세계를 보는 방식에도 차이를 가져온다는 것이다. 따라서 이 입장은 언어가 사고를 만들기 때문에 실제 세계는 크게는 집단들의 언어 습관에 의해 무의식적으로 만들어진다고 본다. 이와 관련해서는 트래스크(2006: 34-35) 참조.

즉 세계를 인식하는 방식을 수반한다. 이 언어의 습득은 세계를 구성하는 내용물에 대한 인지, 그것의 분류 혹은 범주화 과정 그리고 가치의 분여(分與) 및 전이 등을 포함한다(기어츠, 1998: 466-472; 카시러, 2002: 15-55 참조). 이것이 의미하는 바는 언어와 문화는 서로 분리될 수 없는 하나의 전체를 이룬다는 것이며, 문화는 인간이 소유하는 임의의 선택재가 아니라 필수재(必須財)라는 것이다.

  컨텍스트 이론(contextualism)에 따르면 인간의 본성은 특정한 문화적 맥락을 벗어나서는 이해될 수 없다. 다양한 형태의 문화적 경험은 각기 고유한 가치를 지니고 있으며, 그 자체로서 평가되고 존중받을 가치가 있다. 왜냐하면 모든 사회와 문화를 어떠한 순서대로 등급 지을 수 있는 초역사적이고 보편적인 행복이나 인간 본성의 규범은 없기 때문이다. 따라서 각 문화는 자체의 장단점에 따라 다루어져야 한다. 보편적인 기준이 없기 때문에 문화나 사회들 간의 비교와 판단은 무의미한 것이 된다. 이러한 맥락주의적 관점을 일찍이 제시한 이로 헤르더(Herder)를 들 수 있다. 그에 의하면 인간 본성은 문화 속에서 구현되며 하나의 문화를 현재의 모습으로 만드는 결정적인 요인은 언어에 있다. 따라서 인간 본성은 이러한 측면에서만 이해될 수 있다는 것이다. 특히 헤르더는 『언어의 기원에 대하여(Abhandlung über den Ursprung der Sprache)』에서 언어를 무의미한 자동적 반응으로부터 의미 있는 담화로 점진적으로 발전해 나오는 것으로 간주하는 계몽주의적 견해에 반대하는 주장을 펼친다. 그에게 있어 언어란 사유(思惟)와 구별할 수 없다. 사람이 말하는 언어는 그에게 그리고 그를 위한 의미를 담지하고 나르는 역할을 하며, 그 언어는 현재의 그 인간존재를 구체화하고 표현한다(헤르더, 2003: 137-161). 하지만 이 구체화와 표현은 반드시 특수성을 지닌다. 언어가 가지는 이런 본질적인 표현 기능을 가정한다면, 상이한 언어는 상이한 문화를 표현한다. 언어와 문화의 이 전체성은 헤르더가 제시하는 민족(Volk) 개념의 배경이 된다. 같은 언어를 사용하는 사람들은 동일한 경험을 공유한다. 이 경험이 바로 사람들을 현재의 그들로 만드는 것이며, 그들에게 그들의 정체성을 부여하는 것이다. 그리고 이로 인해 그들은 다른 이들과 근본적으로 구별되는 것이다.

보수주의자들에게 있어서 이러한 특수성이 지니는 가치는 그것이 서로 상반되는 두 역할을 한다는 점에 있다. 우선 긍정적인(?) 측면에서 볼 때 이러한 특수성, 다시 말해 인간 본성에 대한 이러한 맥락주의적 견해는 민족주의를 위한 개념적 토대를 제공함으로써 보수주의와 민족주의를 결합시키는 역할을 한다. 이러한 측면은 피히테(Fichte)가 역설하는 민족주의적인 정치적 구상 속에서 강하게 나타나고 있다. "나라와 나라 사이의 근원적이고 참으로 자연적인 최초의 경계는 말할 것도 없이 그 내적 경계라는 점이다. 동일한 언어를 말하는 사람은 온갖 인위(人爲)에 앞서서 이미 눈에 보이지 않는 많은 유대에 의해 결합되어 있다. 곧 동일한 언어를 말하는 사람들은 서로 이해하고 점점 명백하게 이해할 줄 알고 단결하며 자연적으로 하나이고 불가분의 전체를 이루고 있다."(피히테, 1998: 242) 물론 민족주의는 보수주의와 동일한 의미를 지니는 것은 아니다. 그러나 정체성 혹은 자아감을 획득하고자 열망하는 민족의 필요에 의해 그리고 자치(自治)의 권리를 주장하기 위해 민족주의는 자신의 독특한 특수성에 대한 인식을 요구한다.

한편 국가, 국민, 민족 간의 차이를 소중히 여기는 보수주의자들에게 있어서 이러한 특수성이 지니는 가치의 부정적 측면은 그러한 차이를 무시하는 추상적 개인주의에 대한 비판으로 나타난다. 이 비판이 보수주의의 전거(典據)로 간주되는 버크(Burke)의 저서 『프랑스 대혁명에 관한 성찰(Reflections on the Revolution in France)』의 핵심을 이룬다. 버크가 가하는 비판의 주 대상은 자연권 원칙(natural rights doctrine)이다. 자연권은 특수한 사회에 국한되지 않는다는 의미에서 '자연적'인 것이다. 더구나 이 권리는 모든 특수한 상황으로부터 분리, 추상화되기 때문에 필연적으로 공허할 수밖에 없다. 보수주의적인 입장에서 볼 때 이 공허한 권리의 근거는 인간 본성에 대한 하나의 피상적인 이론일 뿐이다. 이 이론에 의하면 인간 본성은 언제 어디서나 항상 동일하며 사람들은 그가 속한 특정한 문화와는 무관하게 의미 있는 속성을 지니고 있다는 것이다. 하지만 버크에게 있어서 그러한 사람은 누구든 완전히 허구적인 존재일 뿐이다. 메스트르(Joseph de Maistre) 역시 이 점을 다음과 같이 단호하게 주장한다. "이 세상에 [추상적] 인간과 같은 것은 없다. 내 일생 동안 프랑스 사람, 이탈리아 사람, 러시아 사람 등등을 보아왔다. 몽테스키외 덕분에 페르시아 사람도 있다는 것을 안다. 그러나 어디에서도 [추상적] 인간은 결코 만난 적이 없다."(Maistre, 1971: 80)

버크는 허울만 좋고 피상적인 이 자연권 이론의 근원을 '있는 그대로의 이성(naked reason)'에 기인하는 것으로 비난한다(Burke, 1987: 76).[4] 이성에 대한 이러한 비난은 보수주의에서 되풀이되어 나타나는 하나의 주제이다. 그리고 여기에서 우리가 본 논의로 되돌아와 생각해볼 수 있는 것은 이러한 평가가 유아의 독립성 결여와 관련이 있다는 것이다. 유아가 언어의 습득을 통해 특수화되는 순간 이 습득은 전(前) 반성적(pre-reflective)이다. 그러나 독자적인 반성이나 성

---

4) 박종훈(1993: 25, 45, 60)에 따르면 'naked reason'은 "모든 환경적 관계가 제거된 단순한 형이상학적 추론에 의한 불충분하고도 빈약한 이성의 의미"로서 그는 이 용어를 '적나라한 이성'으로 번역하고 있다. 버크는 인간이 보유한 이성은 미미하고 비합리적인 감정의 지배를 받는다고 보기 때문에 그는 'naked reason'이 아닌 'prejudice(편견: 본능이나 양심 정도의 의미)'를 옹호한다.

찰이 가능할 때 이것은 이미 그렇게 습득된 패러다임 내에서 행해지는 것이다. 따라서 유아가 언어를 습득하는 과정은 매우 중요한 의미를 지닐 수밖에 없다. 유아는 언어를 사용하는 이들과의 접촉을 통해서 말하는 것을 배운다. 그리고 유아가 이 언어 사용자들과 갖는 관계는 불가피하게 복종적일 수밖에 없다. 즉 유아는 그들을 따르고, 모방하며, 의심하지 않는다는 것이다.

3. 가족과 문화적 적응

그렇다면 이 언어 사용자들은 누구인가? 이상적으로 말하면 그들은 유아의 부모이다. 유아의 의존성은 가족을 필요로 한다. 이 의존성을 우리가 피할 수 없는 불가항력의 자연적 사실이라고 가정한다면 가족 역시 이와 같은 엄연한 자연적 성격을 띤다. 이 자연성을 고대인들은 타고나는 자연적 애정으로 부르며 현대인들은 '진화적으로 안정된 전략(ESS: evolutionarily stable strategies)'이라 칭한다.[5] 보수주의에 있어서 가족이 갖는 이러한 역할의 중요성은 두 가지로 이루어진다. 첫째, 가족은 협정의 산물이 아니라는 것이다. 가족은 폐지될 수 없으며, 1920년대 가족 간의 결속을 해체시키기 위해 시도된 성씨 제도의 폐지라는 소련의 경험이 증명하듯 그러한 시도는 어떠한 것도 실패하게 되어 있다. 오히려 그 불가피성을 가정한다면 적절한 처방은 하나의 제도로서 가족을 정당화하고 지켜야 한다는 것

---

5) '진화적으로 안정된 전략', 즉 ESS는 1973년 스미스(John Maynard Smith)와 프라이스(George Price)가 소개한 개념으로 게임이론(Game Theory)의 핵심 개념 중 하나이다. ESS는 '개체군을 구성하는 대부분의 개체들이 채택했을 경우 다른 대체 전략이 능가할 수 없는 전략'으로 정의된다(도킨스, 1998: 122).

이다. 그리하여 예를 들자면 복지국가가 직면한 파산 상태의 원인을 밝히기 위해, 그리고 비인격적인 국가의 통제를 포기하고 가족과 개개인의 직접적인 책임을 옹호하기 위해 가족을 선택적 이익(selective advantage)의 결과로 간주하는 과학적 분석을 이용한다거나, 동물행동학이라는 다른 과학적 토대 위에서 가족 유대의 강화를 옹호하는 등의 이론화가 시도되었다(Darlington, 1978: 259-260; Eibl-Eibesfeldt, 1972: 245).

하지만 이러한 종류의 이론화는 인간 본성의 개념을 이데올로기적으로 사용하는 전형이라 할 수 있다. 이데올로기적인 주장은 부분적 혹은 편파적 이익을 일반적 혹은 보편적 이익으로 제시하는 주장으로 볼 수 있다. 인간 본성은 우리가 언제라도 호소할 수 있는 보편적인 필수재이다. 인간은 날 수 없으므로 내가 건물 위층에 있는 나의 사무실로 가기 위해서는 승강기와 계단이 필요한 것과 마찬가지로 가족과 같은 제도는 인간 본성 때문에 필수적인 것이다. 사실상 이것은 현상(現狀)(계단과 가족의 존재)의 수용을 권하는 것과 마찬가지이다. 그러나 모든 현 상태는 누군가에게 더 유리하기 때문에 그러한 권고로부터 득을 보게 되는 것은 (예를 들면 여성보다는 남성과 같이) 유리한 입장에 있는 사람들의 특수한 이익이다. 이러한 차별은 우리가 받아들일 수밖에 없는 사물의 본질과 조화를 이룬다. 보수주의의 입장에서 볼 때 이러한 것들은 인간 본성에 관한 명백한 사실들이다. 그렇다고 해서 이러한 것들을 공동체의 일부분을 상대적으로 열등한 위치에 그대로 유지시키기 위한 하나의 음모로 간주할 필요는 없다. 왜냐하면 중력과 마찬가지로 이러한 것들은 모든 이에게 차별 없이 영향을 미침으로써 그 효력에 있어서 중립적이기 때문이다. 하지만 여기에서 주장하는 바와 같이 인간 본성에 대한 호소가 보수주의의 중심이 되는 주요 부분을 이룬다고 할 때 이것은 또한 보수주의가 특히 그러한 이데올로기적인 공격에 취약하다는 것을 의미한다.

보수주의에 있어서 가족이 갖는 또 다른 중요성은 가족은 그 응집력을 본능, 감정 혹은 애정에 둔다는 것이다. 이 사실은 인간 본성의 이러한 측면들에 하나의 확고한 위상을 부여한다는 긍정적인 의미를 갖는 반면, 다른 한편으로는 이성의 자족성을 옹호하는 주장들을 약화시킨다는 부정적인 의미도 역시 갖는다. 물론 정통 기독교 전통에서는 이성을 옹호하는 주장은 아담이 저지른 죄의 근원으로 인식된다. 예를 들어 악의 원천은 '인간 스스로가 자신의 창시자라는 인간의 거만한 생각이며 이것이 바로 원죄이다. 그리하여 인간은 더 많이 탐함으로써 더욱 미천해지며, 스스로 족함을 선택함으로써 전지전능한 하느님의 은총을 잃게 되었다.'는 성 아우구스티누스(St. Augustine)의 언명 속에서 이러한 인식은 분명히 드러난다(Augustine, 1972: 571-572). 하지만 원죄를 지은 상태에도 불구하고 인간은 모든 것을 완전히 빼앗긴 채 남겨진 것은 아니다. 왜냐하면 하느님은 선하고 자비롭기 때문이다. 따라서 자기 보존과 출산 등 인간존재의 가장 중요한 측면들을 위해 하느님이 본능을 주신 것은 신의 이 자비심을 입증하는 것이다. 인간의 유한성과 불완전성의 근원에 대한 이러한 기독교적인 인식은 보수주의의 중요한 부분이 되어왔고, 보수주의를 구성하는 본질적인 한 요소로 채택되어왔다. 그러나 퀸턴(Quinton, 1978)이나 스크러턴(Scruton, 1980: 2006) 등이 지적하는 바와 같이, 보수주의와 종교적 교리와의 이 같은 직접적 연계는 필수적인 것이 아니다. 이 글이 지지하는 입장은 바로 이 후자의 견해이다. 하나의 규정적 역할을 종교에 부여하는 것에 반대하는 입장에서 고찰해본다면 그 결과로서 나오는 가장 명백한 정치적 처방, 즉 인간 본성의 자명한 타락을 가정할 때 타락으로 인한 무정부 상태는 견딜

수 없는 것으로서 결국 어떠한 형태의 인간 통치가 필요하다는 인식은 결코 보수주의자들에게만 국한되는 것이 아님을 알 수 있다.

지금까지 논의의 초점은 문화적 적응 과정의 특수성에 맞추어져 왔다. 이제 초점을 위에서 언급한 두 번째 측면, 즉 문화적 적응 과정의 시간성으로 돌려보도록 하자. 여기서는 언어 혹은 말의 특수성에 관해 언급된 것들이 내포하는 의미를 도출해내는 것으로 충분하리라 생각된다. 주지하다시피 언어는 학습된다. 그러나 학습은 시간적 과정이다. 앞에서 본 바와 같이 언어의 학습은 문화의 학습과 같은 것을 의미한다. 이 문화는 관습과 전통 속에서 가장 직접적으로 구체화된다. 관습은 물론 시간의 산물로서 하룻밤 사이에 습득될 수 없다. 보수주의자들은 안정을 유지하고, 따라서 정체성을 확실히 다지는 관습의 기능으로 인해 특별한 중요성을 관습에 부여한다.

그러나 문화는 언어와 마찬가지로 한 개인의 생산물이 아니다. 말할 언어를 우리가 선택하지 않는 것처럼 후대에 전할 문화도 우리가 선택하는 것이 아니다. 사실 이것은 문화가 응집력 혹은 일관성을 갖기 위해서 필요한 과정이다. 개인들은 상호 행동을 하는 데 있어서 각자가 어떻게 행동할 것인가에 대해 이미 확립되어 있는 일정한 기대를 가질 필요가 있다. 이러한 기대는 동일한 관습을 공통적으로 습득하는 것으로부터 나온다. 그리하여 우리는 우리 자신과 같은 문화권에서 온 낯선 사람과 타 문화권에서 온 외국인을 구별할 수 있으며, 이러한 사실은 사회적 정체성을 강화시키는 중요한 효과를 지닌다. 애초에 부모에 의해 주입되는 관습과 예법이 외견상의 단순한 장식품과 같은 것이 아니라 사회적 삶을 구성하는 중요한 기본 바탕이 되는 것은 이렇게 하여 이루어진다.[6] 이와 마찬가지로 인간 본성

---

[6] 버크는 이러한 관습과 예법을 'decent drapery of life'라고 부르고 있다(Burke,

은 습관을 통해 행동을 지속적으로 이끄는 경향이 있다는 것은 이성의 능력을 가리는 미신과 같은 불합리한 생각이 아니라 인간 본성을 구성하는 복잡한 본질의 중요한 부분을 나타내는 것이다.

그러므로 부모는 어디에도 매이지 않은 자유로운 행위자가 아니다. 그들은 그들의 문화를 다음 세대로 전해야 하는 의무를 지니고 있다. 그러나 중요한 것은 이것 또한 그들의 자연스런 천성이란 것이다. 부모가 자식에게 광범위한 그들의 문화적 환경에 익숙할 수 있는 수단을 전하는 것은 부모가 자식들에게 베푸는 사랑의 필수적인 구성 요소이다. 따라서 세대들 사이는 버크가 일컫는 소위 '위대한 원초적 계약'으로 서로 연결되어 있다. 이 계약의 결정적인 중요성은 이 계약은 "살아 있는 현재 사람들 간의 파트너십일 뿐 아니라 이들과 죽은 과거의 사람들, 그리고 태어날 미래 사람들 간의 파트너십"으로서 결코 자유주의 정치 이론에서의 사회계약이 아니라는 것이다(Burke, 1987: 85). 보수주의의 입장에서 볼 때 자유주의 전통의 사회계약은 정치적 삶을 자율적인 개인들이 상호 공동의, 그럼에도 분리된 이익을 추구하기 위해 함께하는 비용과 편익의 계산으로 변질시킨다. 이것이 초래하는 결과는 정부의 목적은 재산 보호라는 로크(Locke)의 정의에 있어서와 같이, 국가란 단지 개인의 목적 증진을 위한 수단일 뿐이라는 것이다. 게다가 이 목적 자체는 국가의 존재 이전에 이미 알 수 있고, 평가될 수 있으며, 명확하게 나타낼 수 있다는 것이다(Locke, 1980: §85, §94, §95 등 참조).

보수주의자들은 이러한 개인주의에 반대한다. 오크숏(Oakeshott, 1975: 120)을 비롯한 다양한 보수주의자가 공통적으로 사용하는 언어와의 비교를 통해 다시 언급하자면, 언어란 개인들에 의해 만들어

1987: 67).

지는 것이 아니며, 언어의 사용 역시 개인적인 선택이나 임의의 문제가 아니라는 것이다. 개인은 계속 진행 중인 공동체 속으로 태어난다. 따라서 "언어가 인간에 의해 형성된다기보다는 오히려 인간이 언어에 의해 형성된다."고 할 수 있다(피히테, 1998: 70). 개인의 문화는 자아와 무관하게 독자적으로 그 자아를 실현하기 위한 어떤 외적 수단이 아니라 오히려 목적을 수반한 자아가 우선적으로 그 속에서 인식되는 컨텍스트이다. 언어, 종교, 예술, 정치 등을 내포하는 이 컨텍스트는 어쩔 수 없이 사회적이다. 언어가 성찰에 앞서 습득되어 권위를 지니는 하나의 패러다임을 확립하는 것과 마찬가지로 습관도 성찰에 앞서 형성되어 다른 제도들이 그에 준해 판단되는 하나의 기본 성향을 확립한다. 버크가 조심스럽게 편견(prejudice)이라 부르는 것이 바로 이 성향이다. 그에 의하면 편견은 "위급한 경우에 언제라도 자신을 적용할 준비가 되어 있다. 그것은 마음을 한결같이 지혜와 덕의 방향으로 미리 끌어들인다. 그리하여 결정의 순간에 사람을 주저케 하지 않으며, 회의적이거나 당혹스런 혹은 결단을 내리지 못하는 상태로 남겨두지 않는다. 편견은 사람의 덕을 일관성 없는 일련의 행위들이 아니라 그의 습관이 되게 한다. 공정한 편견을 통해서 사람의 의무는 그의 본성의 일부분이 된다."(Burke, 1987: 76-77)

4. 보수주의와 연속성

보수주의자들에게는 이러한 편견을 천박하고 중요치 않은 것으로 일축하는 합리주의적 사고가 오히려 피상적이다. 사람은 쉽게 변형시킬 수 있고 아무렇게나 쓸 수 있는 물건이 아니며, 마음대로 조작할 수 있는 수학기호와 같은 것도 아니다. 이성이 시간, 공간 그리고 환경을 초월한 보편적인 진리를 완벽하게 밝혀낼 수 있다고 자처하는 것은 이성의 주장이 갖는 두드러진 특징이다. 이러한 사고의 대표적인 모델은 수학이다. 왜냐하면 2에 2를 더하면 4라는 것은 보편성을 갖기 때문이다. 하지만 이것은 순전히 수학의 추상적 형식주의에 기인한다. 버크에 따르면 형식을 내용과 분리하는 것은 '궤변가, 경제학자 그리고 타산적인 사람들'의 근본원리이다(Burke, 1987: 66). 하지만 이것은 인간 본성에 적용될 때 단지 인간 본성을 특정한 문화로부터 분리할 뿐이다. 이러한 분리는 형식, 다시 말해 인간의 속성으로부터 여기에 의미를 주는 것, 즉 내용을 박탈하는 것이기에 무의미하게 된다. 보수주의적 사고는 추상적인 것이 아니라 구체적인 것, 즉 형식과 내용의 조화와 통일을 강조한다. 이것은 인간 본성 자체가 누적적으로 구성되는 관습과 습관을 통해 유아가 문화적으로 특수화되는 것으로부터 생겨나는 구체적인 산물이기 때문이다. 추상적 형식주의에 지배되지 않는 인간 본성의 바로 이러한 특성은 불완전성의 개념이 보수주의에 있어서 중요한 역할을 하는 것으로 많은 사람이 생각하는 이유를 부분적으로 설명해준다. 반면 완전성의 기준은 산술적인 것으로 간단하고 명쾌한 답을 지니고 있다. 그러나 이 기준은 인간 본성에 적용될 수 없다. 왜냐하면 "인간의 본성은 복잡하며, 따라서 사회의 목적 역시 복합적이고 최고의 복잡성을 띠기" 때문이다(Burke, 1987: 54). 결국 인간 본성의 완전성이 불가능하다는 것을 가정한다면 이러한 사실로부터 도출될 수 있는 보수주의자들의 정치적 권고는 이러한 완전성을 내포하는 기획이나 청사진에 대한 반대, 그리고 널리 통용되는 일반적인 편견 및 습관과 조화를 이루는 행동에 대한 찬성이다.

사실 보수주의자들에게 습관은 제2의 본성이다. 첫 번째 본성인 본능과 자연스런 애정이 행동에 의해 본질적으로 바뀌기 어려운 것과 마찬가지로 이 제2의 본성 역시 개인들이 실제로 서로에게 할 수 있는 것에 한계를 짓는다. 이처럼 세대를 이어주는 습관은 연속성을 가능케 하는 결정적인 요인으로서의 지위를 확립한다. 습관은 전통이라는 형태로 개인들의 단순한 생물학적 특성을 초월할 뿐만 아니라 동시에 그들로 하여금 그들 공동체의 문화적, 상징적 자원 속으로 들어가게 함으로써 필연적인 그들의 사회적 정체성을 형성한다. 하나의 전통을 따른다는 것은 자신의 판단을 포기하는 것이 아니라 자신의 적절한 겸손을 채택하는 것이다. 우리는 우리가 선택한 세상이 아니라 우리 이전에 이미 존재했고 우리 이후에도 계속 지속될 세상에 태어난다. 개인의 정체성이 주로 기억에 의해 확립되는 것과 마찬가지로 한 사회의 정체성은 시간에 걸쳐 권위를 지니는 그 사회의 연속성에 의해 확립된다. 예를 들자면 영국 보수주의가 아득한 고대 헌법으로부터 대헌장(Magna Carta)을 거쳐 현재에 이르기까지 법적 제도들의 전통을 강조하는 것에서 이러한 사실을 볼 수 있으며, 이와 유사하게 독일 보수주의가 무식한 농부의 민간설화로부터 만능 천재 괴테(Goethe)에 이르기까지 나타나는 독일 민중(Volk)의 연속성을 강조하는 데서도 이러한 사실을 찾아볼 수 있다. 시간적 연속성에 대해 이처럼 가치를 부여하는 것은[7] 시공을 초월하여 항상 유효하고 타당한 이성이나 효용의 영원한 원리에 따라 제도들을 판단하는 합리주의자들에게는 용납되지 않는다.

이러한 연속성이 보수주의에서 갖는 의미와 중요성은 많은 이가 흔히 호소하는 유기체의 이미지에서보다는 개인을 정치적 통일체

---

[7] 버크는 이를 규정(prescription)이라 칭한다. 그에 의하면 규정은 오랫동안 지속되어 사람들에게 익숙해진, 그리하여 일반적으로 승인되고 있는 것으로, 이것에 근거한 것이야말로 그 어떤 다른 것에 의한 것보다 더 권위를 가진다(박종훈, 1993: 62, 137 참조).

(body politic)의 일원으로 만드는 법적 의제(擬制) 속에서 더 적절하게 포착된다. 일반적으로 유기체적 비유(organic metaphor)는 개인은 독자적인 존재가 아니라 보다 더 큰 전체의 한 구성원이라는 보수주의 원리를 아주 유용하게 증명해준다. 그러나 이 비유는 책임 의식을 후대에 전하는 능력에 있어서는 다소 미흡하다고 할 수 있다. 보수주의 입장에서 보면 우리는 앞선 세대의 자산의 상속인으로서 이 자산을 다음 세대에 전해야 하는 엄숙한 의무를 지닌 수탁인에 불과할 뿐이다(Burke, 1987: 76). 하지만 유기체적 비유는 변화의 점진성과 고유한 본질을 강조하는 데는 도움이 되지만, 행위 주체로서의 적절한 역할을 인정하고 밝혀내는 데 있어서는 기대에 미치지 못한다. 보수주의자들은 변화의 거부에 전념하지 않는다. 사실 대부분의 보수주의자들은 "변화를 위한 수단이 없는 국가는 그 보존 수단도 없다."는 버크의 견해에 거의 예외 없이 동의한다(Burke, 1987: 19). 보수주의자들에게 이러한 변화는 사회적 삶의 기본 조직 혹은 토대에 대한 인식과 전통에 대한 자각이 반드시 그 동기가 되어야 한다. 그리하여 모든 특정 세대는 물려받은 자산으로부터 나오는 이자를 잘 활용하여 원금을 보호하고 불리게 될 것이며, 그리하여 축적된 자산을 다음 세대로 물려주게 되는 것이다.

    인간 본성에 대한 보수주의적 해석을 가정한다면, 이러한 과정은 불가항력적으로 그리고 어디서나 일어난다. 자기 자식을 사회에 적응시키는 부모는 그들 지혜의 검증된 결실을 전하는 것이다. 물론 부모의 이 지혜 자체는 또한 그들의 부모로부터 물려받은 것이다. 이것이 바로 오크숏이 일컫는 소위 '실천적 지식(practical knowledge)'의 본질이다. 이 지식은 책에서 배울 수 있는 규칙이나 원리, 격언, 공리 등으로 공식화될 수 있는 기계적 지식과는 명백히 구별되는 지식으로서 구체적 활동에 관한 지식이다(Oakeshott, 1962: 7-13). 자식을 키우는 방법에 관한 수많은 지침서가 있지만 어떤 부모도 이런 책들이 없다고 해서 자식 양육의 임무를 수행할 수 없는 것은 아니다. 부모로서의 역할을 한다는 것은 하나의 권위로서 행동한다는 것을 의미한다. 가치는 자연적인 과정으로서 의존적인 아이에게 행사되는 부모의 권위에 의해 주입된다. 단지 부모들 자신이 한때 어린아이였고 그러한 권위 행사 과정의 수용자였기 때문에 이번에는 그들이 권위로서 행동할 수 있는 것이다. 따라서 가족은 필연적으로 위계적인 권위 구조이다. 그리고 유아 의존성의 자연스런 결과로서 이것은 보수주의 비전의 필수적인 구성 요소이다.

비록 가족이 권위와 위계의 가장 중요한 원천이긴 하지만 이것이 지니는 자연성으로 인해 보수주의자들은 이 모델을 다른 제도로 옮기고 싶은 마음을 갖는 경향이 있다. 위계는 자연의 질서이며 그 자체로 도처에 편재한다. 가족 모델의 이와 같은 전이 현상은 가부장적인 온정주의(paternalism)가 나름의 위치를 차지하고 리더십이 적절한 역할을 하는 정치에서 아마도 가장 명백하게 나타날 것이다. 위계 구조에서 보다 높은 위치에 있는 이들은 정치적 전통의 관리인으로서뿐 아니라 낮은 위치에 있는 이들을 돌보는 보호자로서도 역할을 할 책임을 지닌다. 물론 모범을 보이며 규율을 제시하는 것은 이러한 역할의 수행에 필수적인 요소이다.

이처럼 시간에 걸쳐 이루어지는 필연적인 개인의 문화적 적응 그리고 그 영향과 연속성은 보수주의자들의 가장 특징적인 정치적 원칙, 즉 급격한 변화에 대한 반감의 이유를 분명히 해준다. 물론 급격한 단절은 당연히 개인들을 변성(變性)시키게 될 것이다. 즉 개인들로부터 그들 정체성의 원천을 앗아가게 될 것이다. 그러나 보수주의의 개연성은 이것이 거의 불가능하다는 사실로부터 나오는 것으로 생각될 수 있다. 예를 들어 루소(Rousseau)가 인간의 본성을 변화시켜야 하는 '입법자'에 관해 이야기할 때 그는 이 변화가 관습이 확립되기 이전에, 즉 분리된 독립적 개인들이 전체로서의 하나의 인민이 되기 전에 반드시 이루어져야 한다는 것을 분명히 할 뿐 아니라, 또한 이를 위해 필요한 힘은 보통과는 달리 특별해야 하며 반드시 신의 권위를 간구해야 한다는 것도 분명히 한다(Rousseau, 1987: 162-165; 김용민, 2004: 162). 또한 실제로 급격하고 근본적인 것으로 알려진 대부분의 변화는 사실 그렇지 않았다는 것이다. 그리하여 러시아혁명과 뒤이어 생겨난 공산 정권을 차르가 추구했던 전제정과 관료제의 원리로 되돌아가는 것으로 해석하는 견해가 지지를 받기도 하는 것이다. 이것이 보여주는 하나의 패러독스는 진정한 혁명가는 보수주의자여야 한다는 것이다. 왜냐하면 혁명의 논리는 일소(一掃) 혹은 청산(淸算)하는 것이기 때문이다. 인민은 변화될 수 없기 때문에 그들을 제거하고, 새로운 세대와 함께 새로이 시작하여 그들을 새 질서에 적응시켜야 한다는 것이다. 하지만 이런 원론적인 상황을 고려치 않더라도, 보수주의자들은 여전히 이론적인 모순에 빠져 있는 것으로 생각될 수 있다. 만약 근본적인 변화가 실질적으로 불가능하다면 왜 그 변화를 통렬히 비난하는가? 만약 어떠한 것이 자연에 반(反)하기 때문에 실패할 운명이라면 그것은 자연스럽게 저절로 실패할 것이다. 하지만 그렇다고 해서 아무런 활동을 하지 않고 침묵을 지킨다면 그것은 보수주의자들에 따르면 각 세대가 지니는 보관인의 역할을 게을리하는 것이다. 또한 그 문화가 설사 잔존한다고 해도 이는 그 문화가 심각한 손상을 입지 않을 것이라는 말이 아니다. 게다가 보수주의자는 그러한 변화가 바라는 목적의 실현에 도움이 되지 않는다고 인식하고 있기 때문에 그는 애초부터 그런 변화를 시도해서는 안 된다고 역설할 것이다.

마지막으로 이 시점에서 우리는 보수주의의 특성과 관련하여 장

점이 될 수 있는 두 가지 점을 부연해볼 수 있다. 첫째, 보수주의자들은 일관된 인도주의자들일 수 있다는 것이다. 자유주의자들은 개인을 경쟁 속에서 성공을 위해 자신의 장점과 공과에 의존해야 하는 독자적인 자기 입법자로 간주한다. 이것이 초래하는 엄연한 결과는 필연적으로 생겨날 수밖에 없는 패자가 보다 성공한 자의 임의적인 자선에 맡겨지게 된다는 것이다. 그러나 보수주의자들은 부모가 단지 그들 자식과의 선천적·자연적인 관계 때문에 자식들이 이룬 성과와는 무관하게 모든 자식을 똑같은 사랑과 애정으로 대하는 것과 마찬가지로 곤궁한 이들에 대한 배려와 보호를 하나의 사회적 책임이라고 보는 것이다. 하지만 사랑이나 우정은 보다 개별적인 관계에서 부여되는 가치이다. 그렇다면 부모와 자식 간에 존재하는 타고난 필연적 결속 관계로 인해 '인간을 사랑하라.'는 격률은 공허하고 무의미한 수사적인 미사여구에 지나지 않을 수도 있다. 이 애정이 교감을 통해 다른 이들—주로 자신이 일체감을 느낄 수 있는 사람들, 즉 같은 문화를 공유하는 동료들—에게 전이될 수 있는 것은 일반적인 인간이 아닌 구체적인 특정 개인들에 대한 사랑을 익힘으로써이다(Burke, 1987: 41).

둘째, 이러한 인도주의는 보수주의자들로 하여금 깊은 상대주의에 빠지는 것을 막을 수도 있다는 것이다. 유아의존성이라는 자연적 사실이 의미하는 것은 모든 문화는 필연적으로 그 문화의 어린아이들을 사회적으로 적응시킨다는 사실이다. 아이들은 사랑과 애정을 받아들이는 이로서 소중한 자원이다. 그리고 그들을 무관심하게 대하는 것은 인간의 본성에 반하는 것이다. 따라서 보수주의자들은 사실 다른 레짐이나 문화에 대한 비판을 일반적으로 삼가지만 그렇다고 해서 이 때문에 그들이 일반적인 인간적 윤리 기준을, 그리고 특정하게는 효율적이고 정서적인 가정생활의 규범을 무시하는 레짐에 대해 비난을 하지 않는 것은 아니다. 앞서 지적한 바와 같이 보수주의자들은 추상적인 자연권 원리를 싫어하기 때문에 문화를 비판할 때 이러한 비판은 권리에 관한 무의미하고 독단적인 레토릭에 호소함으로써가 아니라 그 문화가 야기하는 고통에 대해 구체적으로 언급함으로써 이루어진다. 따라서 전 세계 어디에서든 보수주의자들은 어린이 학대를 기탄없이 비난할 수 있는 것이다.

5. 나가면서

보수주의와 인간 본성 간의 관계에 대한 지금까지의 내용을 요약하면, 인간은 선천적으로 의존적이며 문화적인 존재라는 것이다. 개인은 자기 시대의 산물이며, 현재의 자신은 자기의 문화적 조건의 결과이다. 그리고 이것이 바로 개인의 정체성을 구성하기 때문에 개인이 무엇을 하든 그것은 이 문화적 조건을 명백히 드러내는 것이다. 그리고 이것은 하나의 필연적인 과정이다. 인간이 자기 구성의 문화적 완성을 필요로 한다는 것은 인간이라는 동물의 본성이다(기어츠, 1998: 72-73 참조). 유아는 이렇게 문화적인 자기 구성이 마무리가 되어야만 비로소 혼자 힘으로 살아나갈 수 있다. 한 개인의 정체성 혹은 자아감은 문화의 습득과 분리할 수 없을 정도로 밀접한 관계에 있다는 사실은 이러한 마무리의 결과이다. 이것은 이 문화적 컨텍스트가 그 개인에 의해 하나의 독립된 대상으로 인식되지 않는다는 것을 의미한다. 다시 말해 문화적 컨텍스트는 우리에게 보여지는 것이라기보다는 우리가 그것을 통해 바라보는 소위 렌즈와 같은 것이다. 따라서 이 문화적 자기 구성의 완성이란 일상적인 것, 일반적인 것, 자연적인 것을 명확히 규정짓는 것과 같은 것이다(베네딕트,

1980: 25-31). 자연스럽게 다가오는 것을 단순히 행함으로써 개인은 보수주의—이미 존재하고 있는 사물의 질서에 대한 애착—를 긍정하고 있는 것이다. 신중한 심의나 숙고 없이 이러한 일이 일어난다는 사실은 보수주의가 자의식의 부재 그리고 불명료성 등과 자주 관련되는 이유를 우리에게 보여준다. 무반성적인 이러한 자연성은 보수적 성향의 본질을 설명해준다는 것이다. 예를 들어 보수적 성향에 대한 오크숏의 설명에 의하면 "보수적이라고 하는 것은 미지의 것보다는 익숙한 것을, 해보지 않은 것보다는 시도해보았던 것을, 미스터리한 것보다는 사실을, 가능한 것보다는 현실적인 것을, 무한한 것보다는 유한한 것을, 먼 것보다는 가까운 것을, 과다한 것보다는 충분한 것을, 완전한 것보다는 편리한 것을, 유토피아적인 행복보다는 현재의 웃음을 선호하는 것이다."(Oakeshott, 1962: 169)

따라서 보수주의란 개인이 인간 본성의 보수성을 분명히 표현하지 않을지라도 그의 행동이 인간 본성의 보수적 성향을 드러낸다는 주장을 분명히 하는 이론이라 할 수 있다. 그러나 이것이 보수주의의 모든 것일 수는 없다. 인간 본성에 대해 어떻게 묘사하더라도 그것은 또한 하나의 규범을 제시하는 것이기도 하다. 인간 본성을 보수적이라고 묘사하는 것에 함축되어 있는 보수주의적 규범의 요체는 공연히 무익한 반항을 할 필요가 없다는 것이다. 이것은 다시 하나의 정치 원칙으로서의 보수주의 내에 있는 강력한 부정적 혹은 소극적 사고 경향(negativism)을 설명해준다. 이러한 성향은 개인들로 하여금 현재의 자신을 있게 하고, 자신을 만들어온 것을 버리고 스스로의 개조를 요구하는 정책들에 대해 보수주의가 반대의 목소리를 높일 때 더욱 뚜렷이 나타난다. 이러한 정책을 옹호하는 이들 그리고 이러한 정책에 설득되어 믿는 이들에게는 비록 눈에 띄게 두드러지지 않는 제2의 본성으로 나타나기에 쉬이 의식되지 못할지라도 결코 무시될 수 없는 인간 본성의 실체가 있다는 사실을 말해줄 필요가 있다. 이러한 무시에 맞닥뜨릴 때 일부 학자들이 보수주의를 특정한 환경 속에서만 생겨나는 이데올로기, 즉 주위의 조건에 의존하는 하나의 이데올로기로 생각하게 되는 것은 보수주의가 지니는 이와 같은 상대적인 이론적 명확성 때문이다.[8]

그럼에도 불구하고 현재의 우리를 만들어온 관행, 전통 등과 같은 것들을 우리가 왜 존중해야 하는가 하는 의문은 여전히 제기될 수 있다. 보수주의자들은 우리가 우리 자신을 소중히 여기는 한 우리는 그러한 것들을 존중해야 한다고 대답할 것이다. 이러한 자기평가가 우리에게 변화를 촉구한다면 이것은 처음부터의 변화일 수 없으며 오크숏의 표현을 빌리면 그것은 '암시의 추구(pursuit of an intimation)', 즉 기존의 관행과 전통, 제도 등 문화 속에 은연중에 암시되어 있는 방향 지시를 탐색하여 그 지시에 따라 기존의 것을 보완하고 수정하는 일일 것이다(Oakeshott, 1962: 123-124; 김비환, 2006: 135-136; 차미란, 2001: 79-80 참조). 그러한 변화는 영국의 명예혁명에 대해 버크가 말하듯 당연히 보존이다(Burke, 1987: 28). 보존하기 위해 우리가 취하는 기준은 외부에서 이식되어서는 안 될 것이며, 문화의 중심에 내재하는 것이어야 한다. 이러한 기준은 사람들의 관습으로부터 분석적으로 추출될 수 있을지라도 상투적인 형식적 방식으로 구체화되어서는 결코 안 될 것이다. 변화를 가져오기 위해 정해진 인습적 방식을 적용하는 것은 사회적 존재의 시간성 혹은 시간적 연속성을 무시하는 것이다. 변화가 정체성을 위협하지 않기 위해서는 점진적이어야 한다(Oakeshott, 1962: 170). 한 개인의 삶, 한 가족의 구성과 마찬가지로 한 사회의 과거, 현재 그리고 미래는 하나의 전체를

---

8) 이와 관련해서는 만하임(Mannheim, 1986) 참조.

구성해야 한다. 그런 연후에야 비로소 우리는 우리의 선조들 속에서 살아 있었으며 우리의 선조들은 그들의 후손들 속에서 여전히 살아 있는 것이다. 보수주의자들은 이 전체에 가치를 불어넣는다. 그 자체가 지닌 연속성과 초(超)개인주의적 성향 그리고 구체적 특성을 통해 개인에게 일체감을 가질 수 있는 어떠한 것을 부여하고, 그리하여 하나의 정체성을 가지게끔 하는 것이 바로 이 전체이다. 우리 자신의 것을 보존하는 것은 인간의 본성이다. 그러나 가장 마음속 깊이 우리 자신의 것이라 할 수 있는 것은 우리가 우리의 조상, 동시대인 그리고 후손들과 공유하는 것이다. 정치, 인간 본성 그리고 보수주의가 서로 만나야 하는 곳은 진정한 사회 변화와 연속성이 일치하는 바로 그 지점이다.

참고 문헌

기어츠, 클리퍼드, 1998, 『문화의 해석』, 문옥표 옮김, 서울: 까치글방.
김비환, 2006, 「마이클 오크숏(M. Oakeshott)의 정치사상」, 『정치사상연구』 12(1): 109-143.
김용민, 2004, 『루소의 정치철학』, 서울: 인간사랑.
도킨스, 리처드, 1998, 『이기적 유전자』, 홍영남 옮김, 서울: 을유문화사.
박종훈, 1993, 『버어크의 정치철학』, 서울: 학문사.
베네딕트, 루스, 1980, 『문화의 패턴』, 김열규 옮김, 서울: 도서출판 까치.
차미란, 2001, 『자유교육과 도덕교육』, 서울: 교육과학사.
카시러, 에른스트, 2002, 『인문학의 구조 내에서 상징형식 개념 외』, 오향미 옮김, 서울: 책세상.
트래스크, 로버트 로렌스, 2006, 『언어학』, 변진경 옮김, 서울: 김영사.
피히테, 1998, 『독일국민에게 고함』, 황문수 옮김, 서울: 범우사.

헤르더, 요한 고트프리트, 2003, 『언어의 기원에 대하여』, 조경식 옮김, 서울: 한길사.

Augustine, 1972, The City of God, ed. D. Knowles, New York: Penguin Books.

Burke, E., 1987, *Reflections on the Revolution in France*, ed. J. G. A. Pocock, Indianapolis: Hackett Publishing Company.

Cassirer, E., 1944, *An Essay on Man*, New Haven: Yale University Press.

Darlington, C. D., 1978, *The Little Universe of Man*, London: Allen & Unwin.

Eibl-Eibesfeldt, I., 1972, *Love and Hate*, tr. G. Strachan, New York: Holt, Rinehart & Winston.

Locke, J., 1980, *Second Treatise of Government*, ed. C. B. Macpherson, Indianapolis: Hackett Publishing Company.

Maistre, Joseph de., 1971, *The Works of Joseph de Maistre*, ed. & tr. J. Lively, New York: Schocken Books.

Mannheim, K., 1986, *Conservatism: A Contribution to the Sociology of Knowledge*, Collected Works vol. 11, ed. & trans. by D. Kettler and V. Meja, New York: Routledge.

Oakeshott, M., 1962, *Rationalism in Politics and other essays*, London: Methuen.

Oakeshott, M., 1975, *On Human Conduct*, Oxford: Clarendon Press.

O'Sullivan, N. K., 1976, *Conservatism*, New York: St. Martin's Press.

Quinton, A., 1978, *The Politics of Imperfection*, London: Faber and Faber.

Rousseau, J. J., 1987, *On the Social Contract*, in *Rousseau: The Basic Political Writing*, trans. & ed. D. A. Cress, Indianapolis: Hackett Publishing Co.

Scruton, R., 1980, *The Meaning of Conservatism*, Harmondsworth: Penguin.

Scruton, R., 2006, *A Political Philosophy*, New York: Continuum.

2장 아르놀트 겔렌의 현상학적 인간학과 보수주의의 기원에 대한 고찰

신충식

1. 머리말

일반적으로 보수주의에 대한 논의는 우리 개개인이 생물학적, 감정적, 인지적인 견지에서 불완전함을 강조하는 데서 시작한다. 특히 도덕적으로 불완전한 인간은 통제 불가능한 충동에 따라 행동할 때 자칫 빗나가게 될 수도 있어서 각자 주관적인 충동을 제어할 수 있는 장치를 요구하게 된다고 본다. 20세기 들어 가장 논쟁적이고 독창적인 보수주의 이론을 제시했다고 평가를 받는 독일의 아르놀트 겔렌(Arnold Gehlen, 1904~1976)도 예외는 아니었다. 인간 본성 자체가 나약하다는 것이다. 생물학적 견지에서 우리 인간은 결코 "자연의 제왕"이 아니라 자연에 대해 무방비 상태로 노출되어 있는 "결핍 존재"일 뿐이다. 무릇 인간은 자신의 태생적인 취약점을 상쇄하고 삶에 지속성과 일관성을 제공할 수 있는 구조나 제도를 추구하게 된다.

18세기 독일 철학자 헤르더(Johann G. Herder)의 결핍 존재로서 인간에 대한 논의를 적극 수용한 겔렌의 인간학은 인간 고유의 생물학적 특징에 기초해서 오늘날 인문과학과 사회과학의 문제들을 분석하려는 시도라 할 수 있다. 나아가 그는 막스 셸러의 현상학적 인간학을 비판적으로 받아들여 자신의 생명을 위협할 정도로 확고한 본능 체계를 갖추지 못한 인간이 특정한 환경에만 적응할 수 있는 여타 동물과 달리 세계에 개방적일(weltoffen) 필요가 있다고 본다. 이러한 세계 개방성에 의해서 인간은 미완(未完)의 인간 본성을 오히려 긍정적으로 활용할 수 있고 자유, 창조성, 발전 능력을 확보할 수 있다는 것이다.

그러나 여전히 열려 있는 세계에서조차 인간을 당혹스럽고 불안정하게 하는 것은 인간이 항상 대면하게 되는 자극과 정보의 홍수라 할 수 있다. 모든 자연의 위협에 노출되어 있고 자극의 과잉으로 늘 불안할 수밖에 없는 인간이 안전을 확보하기 위해 무엇보다 중요한 것은 언어에 기초한 제도이다. 겔렌에게 있어 결혼, 재산, 법, 국가, 종교와 같은 사회적 제도는 인간에게 삶의 방향성과 지침을 제공하고 생존에 따르는 모든 부담을 덜어주는 기능을 담당한다. 생존을 위해 인간은 자연을 늘 미래지향적으로 변형시켜야 하고, 자기 자신과 자신이 살고 있는 세계를 숙달할 필요가 있다. 겔렌의 주장에 따르면 자기 자신 안에서 그리고 그 밖에서 자연을 변형시켜 제2의 자연, 즉 인간 세계를 구축해가야 하는 인간은 본질적으로 '실용적이며 행동하는 존재'이다.

따라서 겔렌의 보수주의 사상은 그가 독창적으로 제시하고 있는 제도이론을 통해서 접근할 필요가 있다. 그의 제도이론의 핵심은 어떤 초재적 질서(did tranzendent Ordnung)도 인정하지 않는다는 점이다. 그는 역사적으로 발전한 모든 제도가 인간 스스로 사회질서의 기원이 되는 것이지 다른 어떤 초역사적인 표준이 존재할 수 없다고 본다. 그래서 그는 우리의 삶의 지속을 위해 제2의 자연의 구조가 얼마나 중요한지를 가능한 한 정교하게 기술하고자 했다. 나아가 그는 자신의 래디컬한 회의적-상대주의적인 보수주의 사상에 입각해서 오늘날 기술 시대에서 발생하는 사회문제를 가장 심각하게 접근하고자 했다.

무엇보다 이 글은 겔렌의 보수주의 사상이 생물학적 인간학의 맥락에서 제대로 이해될 수 있음을 보여주고자 한다. 생물학적 토대에서 분리된 정신을 인간성의 본질로 파악하고, 문화를 순수 인간 활동의 산물로 이해한 20세기 초반 철학적 인간학의 선구자 막스 셸러의 관념론적 입장에 반대하는 겔렌은 인간존재를 철저히 생물학적 존재로 파악하는 자연주의적 태도를 견지한다. 사실 제2의 자연이라 할 수 있는 문화의 다양한 형성 과정을 면밀히 파고든다면, 분명 거기에서 인간 본성의 생물학적 주요 특징을 발견할 수 있을 것이다. 그러기 위해서는 먼저 인간 본성에 대한 겔렌의 철학적 성찰을 주목할 필요가 있다. 인간 본성과 제도에 대한 겔렌의 철학적 견해는 독일에서 '철학적 인간학'으로 알려져 있다. 여기에 그는 당시 생물학의 최신 연구 결과를 반영하고자 했다. 그럼에도 겔렌 철학의 가장 직접적인 뿌리는 '현상학'이다. 그래서 우리는 그의 인간 본성에 대한 논의를 살펴보기 전에 현상학적, 생물학적 인간학의 윤곽을 그릴 필요가 있다. 그런 다음 그의 제도이론과 보수주의의 관계를 밝혀나갈 것이다. 마지막 절에서는 겔렌의 보수적인 사상이 근대 산업사회에서 무엇을 의미하는지 간략히 짚어보고자 한다.

2. 생물학적-현상학적 인간학

겔렌의 보수주의 연구는 인간이 "아직 확정되지 않은 동물(das noch nicht festgestellte Tier)"이라는 주장에서 시작한다. 동물 습성학에 정통한 그는 인간이 여타 동물과 달리 일련의 본능에 의해서 결정되는 것이 아니라 어떤 특정한 환경에 적응을 못하는 결핍 존재라는 점을 강조한다. 인간은 오히려 이러한 결핍을 생존의 수단으로 삼아야 하는데, 이는 인간의 주도권과 행위를 통해서 가능하다(Gehlen, 1962: 37). 그래서 그는 자신의 연구를 지향적인 '실천'에서 시작하고자 한다. 그는 인간을 의식의 추상적이고 성찰적인 관점으로 파악하는 것을 경계한다. 그는 이러한 입장을 자신의 주요 저작『인간(Der Mensch)』(1940)을 펴내기 전의 한 논문에서 분명히 밝히고 있다.

> 주어진 구체적인 상황에 대한 분석의 출발점은 사고하는 성숙한 인간에게 필수적인 질문인 '나는 누구인가?' 그리고 '나는 어떤 환경, 어떤 조건에서 살고 있는가?'이다. 상황이란 내가 나를 발견하는 데 우연한 결정들을 활용하는 실제적이고 구체적인 입장이다. …… 사상가가 자기 자신을 발견하는 이러한 상황 분석에 굳이 이름을 붙인다면 이는 철학적 '인간학', 즉 '제1철학(prima philosophia)'이라 할 수 있다. 이 성찰은 처음부터 강요되지 않은 방식으로 역사적이다. 여기서 내가 나를 발견하는 삶의 조건은 이미 내 도움 없이도 발전해왔으며, 나의 실존이 헤아릴 수도 없는 역사적인 조건에 의존하고 또한 관련되어 있음을 발견한다. 바로 이 역사적인 조건이 우리가 문화라 부르는 축적물이다(Gehlen, 1935a: 272).

위에 제시된 겔렌의 철학적 인간학은 당시까지 이루어진 굵직한 생물적 발견을 반영하고 가장 체계적으로 이루어졌다는 평가를 받고 있다. 그럼에도 오늘날 서구에서 "인간학"이라는 학문 분야는 그 의미의 과잉으로 진부한 면이 없지 않다.

우리에게 다소 생소하게 다가오는 '인간학'이라는 용어는 사실 1596년경 문헌에 책 제목으로 처음 그 모습을 드러냈다. 하지만 이 인간학 프로젝트는 18세기 말경에야 비로소 광범위하게 발전하기 시작했다. 학문으로서 인간학은 데카르트에게서 비롯되어 칸트에 이르러 정점에 이른다. 그 무렵 유럽에서는 경험적인 의미의 인간에 대한 학문이 식물학, 생물학과 나란히 인간에 대한 제3의 생물학으로 자리를 잡았다. 한편 영미권에서는 인간학적 관심이 "문화인류학"으로 확대되었다.

이후 철학의 영역에서 인간학은 첫째, 소크라테스적인 "너 자신을 알라."로부터 초월 철학자들의 초월론적 주관성에 이르기까지 인간에 대한 관점에서 철학사를 다시 써내려가려는 "형이상학적 인간학"으로, 둘째, 20세기 초반 독일에서 막스 셸러, 플레스너, 겔렌, 리트(T. Litt)를 중심으로 태동했던 "현상학적 인간학"으로, 셋째, 형이상학적 인간학에 내재해 있는 인간 개념에 대한 비판으로서 "비판적 인간학"으로 발전했다.[1] 비판적 인간학에서는 주로 철학의 중심을 인간에 맞추고 있는 성찰 이면에 깔린 이해관계를 파헤침으로써 서구적인 사고 안에서 인간에 대한 개념을 비판하고자 했다. 하지만 형이상학적 인간학이나 비판적인 인간학 양쪽 다 '사변적인' 속성을 벗어나지 못하고 있다. 이에 반해서 현상학적 인간학은 '비사변적인

---

[1] 프랑스 철학자 리쾨르(Paul Ricoeur)는 "의심의 대가들(masters of suspicion)"이라 불렸던 비판적 인간학을 대표했던 사상가로 맑스, 니체, 프로이트, 『일차원적 인간』의 마르쿠제 등을 꼽는다.

(nicht-spekulativ)' 철학적 인간학의 가능성을 열어주었다.

제3의 철학적 인간학의 방식으로서 현상학적 인간학은 무엇보다 인간의 이미지를 포괄적인 존재론에 근거 짓는 대신에 무엇으로도 환원 불가능한 지향성의 작용 측면에서 이해하고자 한다. 즉 인간의 지향 작용은 단순히 정신 활동이 아니라 외적 인상에 대한 인간의 자각적 정향(Sichrichten)이라 할 수 있다. 인간의 중요한 본질들을 파악하기 위해서 현실 관계를 괄호 치고 있는 현상학은 과학자의 인간도, 세계관을 가지고 있는 인간도 배제한다. 겔렌 스스로 자신을 현상학자라 부르지는 않았지만 자연스럽게 지향성의 현상학에 의존하는 인간 탐색을 그 목표로 하게 되었다. 특히 그는 언어를 통해서 표현된 인간의 자각적 정향이 곧 모든 사고의 역동적인 토대가 되어야 한다고 주장한다(Gehlen, 1962: 201). 그래서 그는 현상학의 초월론적 입장과는 일정 부분 거리를 두고자 했고, 가능하면 경험적이고 반존재론적인 요소를 강조했다. 전반적으로 그가 표방하는 생물학적-철학적 인간학은 기존의 기계적이고 합리주의적인 환원론과 이원론에 입각한 인간에 대한 해석을 거부하고 인간에 대한 통합적인 이해를 궁구하는 과정에서 자연스럽게 1920년대 독일의 막스 셸러(Max Scheler)를 중심으로 일어났던 철학 운동을 비판적으로 수용한다.[2]

잘 알려진 것처럼 셸러는 '합리적인 동물'로서 인간에 대한 전통적인 형이상학과 니체, 프로이트 등의 이른바 인간의 본질에 대한 '부정적인 이론들' 사이를 중재하고자 했다. 그는 정신(Geist)을 우위

---

[2] 당시 철학 운동의 선구적인 저작으로 우리는 막스 셸러의 『윤리학에 있어서 형식주의와 실질적 가치 윤리학(Der Formalismus in der Ethik und die materiale Wertethik)』 (1916)을 들 수 있다. 칸트의 윤리학에 내재해 있는 형식주의에 대한 그의 비판은 겔렌이 목표로 삼고 있는 후기 계몽이론에 대한 결정적인 모델로 원용된다. 그들에게 있어서 '현상학'이라는 이름은 선소여된(pre-given) 본질로 존재하고 있는 "가치에 대한 현상학적 윤리"의 차원에서만 적용된다.

에 두는 전통을 인정하면서도 정신 자체는 무력하기에 이러한 영역이 존재하기 위해서는 생물적-심리적 하위 구조를 필요로 한다는 정신의 단계 도식을 발전시켰다. 여기서 겔렌은 형이상학적 입장 표명을 필요로 하는 '정신'이라는 주제와 셸러의 핵심적인 통찰인 단계 도식을 문제 삼는다. 먼저 셸러가 제시하고 있는 정신의 단계 도식이 무엇인지 살펴보고 겔렌은 이를 어떻게 이해하고 있는지 알아보자.

셸러가 주장하는 단계 도식의 제1단계는 베르그손의 "생의 약동(élan vital)"에서 비롯된 생의 충동 또는 본능이다. 이러한 본능은 대상과 무관하게 쾌락을 지향하고 불쾌를 꺼리는 데서 발생한다. 생 본능의 주요 기능은 다른 단계들에 에너지를 제공하며 일종의 탈자적(ekstatisch) 감정에 의해 작동한다. 그래서 이 단계는 어떠한 목적론도 용인하지 않는다. 제2단계는 현상학적 주위 세계(Umwelt)에서 비롯된 본능적 행위이다. 이러한 행위는 모든 강도의 심리적 삶을 포괄하는 것으로서 자율적이다. 동물의 세계에서 본능은 주위 세계와 매여 있는 것으로서 신뢰할 만하다. 하지만 인간의 경우 그렇지 못하다. 인간에게 생의 충동과 본능은 다분히 자신의 목적론적 직접성을 상실한 상태에 있기 때문이다. 제3단계는 파블로프식의 연상적 기억이다. 이는 훈육을 통한 습관 형성의 단계로서 재생산과 조건반사의 현상을 대변한다. 이러한 연상적 기억이 인간에게 전통을 수립하도록 한다. 제4단계는 볼프강 쾰러(Wolfgang Köhler, 1887~1965)의 침팬지 실험에서 비롯된 실천 지능이다. 쾰러는 자신의 실험을 통해서 유인원 또한 새로운 상황에 대한 여러 통찰을 보여주는 지능, 그것도 창조적인 지능을 소유하고 있어(Gehlen, 1962: 149) 그들이 행하는 거의 모든 행동이 단순한 재생산이나 모방이 아니라 생산이라고 주장한다.[3] 이 단계에서 새롭고 중요한 것은 행위 가운데에서도 수단을 선택할 수 있는 능력이 될 것이다. 이러한 능력에서 인간과 동물에게 '기술'이라는 것이 발생한다. 양자는 본능이 아니라 인과성과 효율성의 지성을 소유하고 있어 개개인의 수행 능력과 지배에 대한 지식을 가능하게 한다. 마지막 단계는 이전의 모든 단계를 부정할 수 있는 정신으로 집약된다. 인간은 자신의 물리적이고 심리적인 상태를 대상화할 수 있고, 이 점에 있어서 인간은 동물과 다르며 나아가서 생존의 법칙도 부정할 수 있게 된다는 것이다. 정신 작용의 주체로서 인간은 가치의 객관성을 인정할 수 있는 능력인 이념화, 스스로 어떤 환경과의 연관성도 초월할 수 있는 세계에 대한 개방성, 정신을 수단으로 자신의 생에 대해 금욕적인 태도를 취할 수 있다는 억압 및 저차원적 존재 영역의 에너지가 고차원적 존재 형식에 이용될 수 있다는 승화(Sublimierung)의 기능 등을 소유하고 있다.

위에서 살펴본 현상학적 인간학은 동물과 인간의 근본적인 차이가 자연의 등급에 있으며, 그 최상급이 정신이라는 형이상학적 인간학의 공리를 공유한다. 이에 반해서 겔렌은 셸러의 본능, 습관, 실천

---

3) 무엇보다 쾰러는 침팬지의 '응시(Blicken)' 기능을 통해서 침팬지가 자신의 상황을 면밀히 파악하는 기능을 가지고 있음을 보여주고자 했다. 이러한 기능은 단순히 고등동물에만 해당되는 것이 아니라 많은 포식 동물이나 수목 동물에게도 나타나는 일반적인 특징 가운데 하나라는 것이다. 쾰러는 낯선 공간에서 시각적으로 스스로 정향 짓지 않으려는 유일한 동물로 개를 꼽는다. 더욱이 쾰러는 침팬지가 과일을 따기 위해 막대기를 사용하고 긴 옷이나 철사 조각 등을 이용할 수 있는 능력을 주목한다. 그는 이러한 능력이 개념형성을 위한 물리적-감각적 선결 조건이라 본다. 하지만 침팬지와 인간의 궁극적인 차이는 침팬지가 인간과 달리 사물에 대한 고정 가치를 가지고 있지 않아서 높은 곳에 있는 먹이를 얻기 위해 전체적으로 안정된 조형물의 형태를 갖추지는 못하더라는 점이다. 다시 말해서 침팬지는 사물들을 조작할 수는 있지만 그렇게 조작했던 자신의 과거 경험이나 기대를 되살려내지는 못하는 한계를 지니고 있다는 것이다. 그의 동물심리학적 실험에 대해서는 쾰러(Köhler, 1947), 겔렌(Gehlen, 1962: 149-157), 코레트(1986: 78 이하) 참조.

지능, 인간 지성의 단계 도식(Stufenschema)이 매우 일반적인 편견이자 기만적인 질서라고 신랄하게 비판한다.

어쨌든 셸러의 이론은 '위계 도식'이라는 아주 일반적인 편견을 숨기고 있다. 이러한 도식은 본능, 습관, 실천 지능 및 인간 지성의 단계로 구성된다. 이 위계는 기만적이어서 신뢰해서는 안 된다. 왜냐하면 이 질서에는 다음 두 가지의 가능성만이 존재하기 때문이다. 첫 번째 가능성은 동물이 이미 가지고 있는 실천 지능과 인간 지성 사이에 단지 정도의 차이가 있을 뿐이라는 것이다. 즉 동물에서 인간에 이르는 지속적인 이행이 있을 뿐이라서 인간은 다만 더 큰 집중력, 세련 정도 또는 동물적인 '속성들'의 복잡성 증대로 정의된다. 이것이야말로 전적으로 고전적 진화론이 정의하는 바이다. 두 번째 가능성은 양자의 차이 및 인간의 본질을 다만 '지능'이라는 특수한 속성, 즉 '정신'이라는 특수한 질(Qualität) 안에서 찾을 수 있다는 것이다. 그렇다면 이는 정신이 실천 지능까지의 모든 기능과 서로 대비되어야 할 것이고, …… 그럼으로써 정신은 탈자연화(denaturiert)될 수밖에 없다는 결론에 이르게 된다. '정신'이 생명의 외적인 것 혹은 초생명적인 것이라는 [셸러-클라게스의] 주장은 새롭게 기여한 바가 전혀 없고, 인간이 특정한 강제 도식에 매여 있기 때문에 다만 지금껏 우리가 생각해왔던 방식을 분명히 해줄 뿐이다(Gehlen, 1962: 22f.).

인간이라는 특정한 지위를 중시하는 셸러의 위계 도식을 논박함으로써 겔렌은 인간과 동물 사이의 점진적인 분화만이 존재한다거나 인간의 정신을 통해서만이 그 양자가 구별된다는 주장을 배제한다. 무엇보다 이 도식은 인간이 자신의 고유한 입장을 취하면서도 규정되지 않은 본질을 갖추고 있음을 보여줄 수 없을 뿐만 아니라, 인간의 경우에 정신이 동물적인 전제들을 통해서 발생하는지의 여부를 밝혀낼 수 없게 한다. 특히 그는 인간이 "자연에 반하여(gegen-natürlich)"(Gehlen, 1962: 23) 정신을 통해서만 규정되는 것을 경계한다. 그는 인간을 적절히 규정하기 위해서 오히려 "인간의 신체적 조건"을 규명할 필요가 있다고 본다. 무엇보다 인간은 특수한 환경에 대한 동물 특유의 적응 능력을 일찍이 포기한 존재이다. 인간의 경우 신체적 전문성이 부족하고 하나의 유기체로서도 매우 취약하기 짝이 없으며 진실한 본능과도 거리가 먼 반면에, 동물의 경우 신체 기관의 전문성이 확실하고 여러 특별한 본능을 타고났으며 환경에 대한 결속력이 서로 끈끈하게 얽혀 있다. 간단히 말해서 인간은 주어진 생물학적 소질만으로 직접적이고 야생 그대로의 자연 속에서 자기 자신을 지켜간다는 것이 불가능하다(겔렌, 1998: 113). 지금까지 살펴본 인간과 동물의 생물학적 차이에 비추어볼 때 인간을 주로 이성이나 정신에 의거해 규정하는 것은 온당하지 않다.

그렇다면 전적으로 "괴물적(monströse)"(Gehlen, 1962: 36)이라 할 수 있는 인간존재는 어떻게 생존할 수 있는가? 여기에 생물학적 문제가 걸려 있다. 이에 대한 겔렌의 대답은 확고하다. 유기체로 파악된 인간존재는 오직 행위를 하는 존재로서만 살아갈 수 있다. 미국의 퍼스, 듀이, 제임스의 실용주의 전통과 셸러의 '세계 개방성' 논의에 밝은 겔렌에게 원초적인 의미의 행위는 "자연을 인간의 목적에 따라 변경시키는 활동성"(겔렌, 1998: 32)이라 할 수 있다. 그래서 겔렌의 핵심 주장은 다음과 같다. "자연적 조건에서 생존에 매우 저해가 되는 인간 구성의 모든 결핍 요소가 인간의 주도권과 행위를 통해서 오히려 생존 수단이 된다. 이야말로 행위를 하는 존재로서 인간의 특징과 세계 내에서 인간 고유의 입지를 위한 토대이다."(Gehlen, 1962: 36) 요컨대 인간적이라 할 수 있는 모든 이행에 적용될 수 있는 법칙은 신체적인 이행에서 정신적인 이행에 이르기까지 올곧게 주어져야 할 것이다.

겔렌은 과학적 인간학의 결과물들을 취합해 자신의 철학에 경험적인 토대를 마련하고자 했으며, 이러한 이유로 그의 철학은 한마디로 "철학적 생물학"이라 할 수 있다. 그렇다고 인간에 대한 그의 생물학적 고찰이 인간의 동물성(physis)과 침팬지의 동물성을 비교하고자 하는 그런 류의 것은 아니다. 처음부터 겔렌은 자신의 '생물학' 개념을 편협하게 해석하는 것을 경계한다. 예컨대 그는 인간의 의식, 상상력, 언어가 신체적 과정에서 파생하거나 예술, 종교, 법률이 단지 유기체적 삶의 자연스러운 결과물이라고 주장하는 것이 아니다. 오히려 겔렌의 "생물학적" 접근은 "상상력, 언어, 사고 등과 같은 인간의 상위 지능의 과정을 근본적으로 음미하려는"(Gehlen, 1962: 18) 방법이라 할 수 있다.[4]

겔렌의 철학적 생물학의 핵심 질문은 "모든 동물과 본질적으로 비교 불가능한 존재가 어떻게 생존 가능한(lebensfähig) 것인가?"에 있다(Gehlen, 1962: 36). 이 질문은 본질적으로 궁핍하고 취약하며 위험에 노출된 존재가 어떻게 존립할 수 있는가의 문제이다. 이는 역설적으로 살아 존재하는 과제(Aufgabe)로서 인간을 이해할 필요가 있음을 암시하고 있다. 무엇보다 우리가 인간에 대한 과학적이고 철학적인 분석을 필요로 하는 이유는 인간이 자기 안에서 또는 자기와 더불어 어떤 과제를 발견해야 할 존재라는 것을 부각하기 위함이다.

4) 이러한 맥락에서 독일의 호네트가 겔렌의 사회적-규제적 명령을 "우리 인간의 생물학적 본성의 파생물"(Honneth, 2009: 194)로 단정한 것은 겔렌이 가장 우려했던 것이다.

경험 자료를 동원한 과학적 인간학이 오늘날 미국식의 '인류학'을 의미하고 있지만 독일에서 이 인간학은 주로 인간의 생물학-형태학적 토대에 대한 연구를 의미한다. 여기서 '과학적'이라 함은 주로 겔렌의 입장을 반영하고 있는 것으로 인간에 대한 생물학적 연구를 말한다.[5]

사실 철학적 인간학에 생물학적 접근 방식을 최초로 활용한 철학자는 플레스너(Helmut Plessner)였다. 그는 식물, 동물, 인간의 본성을 철학적으로 분석하는 과정에서 "동물은 그 중심으로서가 아니라 중심에서 살아가는 반면에, 인간은 자기 입장에 대한 중심을 견지하며 살아간다. 즉 인간은 자기 몸과 중심 사이의 거리에 의거해 생존에 필요한 모든 자료를 확보할 수 있게 된다. 자기 준거적 체계를 구성하기는 하지만 그 자체를 경험하지는 못한다."라고 주장했다. 앞에서 간단히 살펴보았던 셸러에게 있어 포괄적 범주가 '정신'이었다면, 플레스너의 범주는 탈중심성인 셈이다. 즉 동물이 중심을 그 자체 내에 가지고 있다면, 인간은 자기-중심적이지 않다. 탈중심적인 인간은 세계에 속하면서 동시에 세계에서 물러설 수 있음을 의미한다. 이러한 탈중심 개념을 통해서 플레스너는 생물학적 연구의 사회적 함의를 밝혀낼 수 있었다. 그렇지만 그는 겔렌과 달리 생물학적 연구에서 제도의 이론을 발전시키지는 못했다.

---

[5] 생물학적 인간학은 사실 기존의 이데올로기적 인간학을 극복하려는 시도로 이해할 필요가 있다. 후자의 인간학은 사고 체계나 어떤 종교에 통합되는 것과 같은 인간관이나 세계관을 다루고 있다. 이러한 연구 방식으로 기독교적 인간학, 실존주의적 인간학 또는 맑스적 인간학 등이 있을 것이다. 이러한 이데올로기적인 인간학은 칸트의 인간 본질에 대한 궁극적인 물음에서 자명하게 드러나는 것처럼 철학적 인간학과 무관하지 않다. 이러한 점에서 볼 때 지금까지 모든 철학 그리고 앞으로 나타날 어떤 철학도 사실은 인간학이라 할 수 있을 것이다. 철학적 인간학에 대한 더욱 포괄적 논의는 하버마스(Habermas, 1973: 89-111) 참조.

철학과 생물학을 동시에 전공한 겔렌에게 모든 고차원적인 정신적 삶의 가장 중요한 현상은 생물학적 인간학에 필수적인 지도체계로 드러난다. 그는 인간의 삶을 어떤 배후 세계(Hinterwelt)의 형이상학을 통해서는 그 근거를 찾을 수 없는 궁극적인 무엇에 입각해 더 생물학적인 정향을 가지고 이해하고자 한다. 겔렌의 주요 저작『인간』은 이러한 생물학적 접근 방식의 전범을 보여주고 있다. 이 책에서 그는 인간의 본성을 해석함에 있어 두 가지 측면을 지적한다. 첫째, 겔렌은 열려 있는 세계 안에서 살고 있는 인간을 세계 너머의 입장에서 이해하려는 모든 시도를 경계한다(Gehlen, 1962: 12).[6] 둘째, 그는 인간을 단순한 동물로 이해하는 생물학적 해석도 경계한다. 즉 그는 인간이 동물과 공유하는 관점에서 인간을 이해하려는 시도를 거부한다. 겔렌의 기본 입장에 따르면 가장 낮은 차원의 순수 생물학적 요소들을 비롯해 인간에게 효력을 발하는 모든 능동적인 요소는 처음부터 각 요소가 가지고 있는 특정한 의미로 파악되어야 한다(Gehlen, 1962: 14).[7]

그러나 겔렌의 주장에 의하면 인간에 대한 생물학적 접근을 어렵게 만드는 것은 바로 인간과 동물이 동일하다는 점이다. 그는 무엇보다 인간을 모든 살아있는 존재 가운데에서 가장 내버려진 존재로 이해했다. 바꾸어 말하면 모든 동물은 전문화되고 생존할 수 있는 특수한 환경을 가지고 있는 데 반해, 인간은 기본적인 전문화 기능

---

6) 한편 동물의 삶은 '환경에 구속된다.' 여기서 환경이란 생물을 특수하게 고정해 놓는 특정한 방식으로 제한된 생활공간을 의미한다. 모든 동물이 종(種)에 예속된 행동 범위 안에서 움직이는 데 반해, 인간의 총체적인 행동은 '세계 개방성(Weltoffenheit)'의 측면에서 이해되어야 한다(코레트, 1986: 73).
7) 그래서 겔렌은 예컨대 인간의 두개골이나 손이 형성되는 과정을 예사롭지 않게 보고 있다. 한편 그의 주위 세계에 대한 현상학적인 해석은 란트그레베(Landgrebe, 1966: 22)를 참조.

도 갖추지 못하고 있다는 것이다. 그래서 겔렌은 인간이라는 종(種) 자체의 특성이 무엇보다 "허점과 결핍(Lücke und Mängeln)"에서 비롯 된다고 해석한다(Gehlen, 1962: 83). 갓 태어난 아이가 같은 급의 동물과 달리 어떤 표상도 지어내지 못하고 울음을 통해서 자신의 충동을 표현하지도 못하는 것이 보여주는 것처럼 인간은 그 형태 구조의 측면에서 생물학적으로 생존에 가장 부적격한 환경을 가지고 있다. 인간이 "자연의 버려진 고아"(Gehlen, 1962: 83)라 불리는 이유가 여기에 있다. 이러한 생물학적 고찰과 형태학적 관점에서 겔렌은 인간의 생활양식에 대한 학(學)을 발견한다.

> 즉 인간은 형태학적으로 여타의 다른 고등동물과 반대로 무엇보다도 결핍으로 규정되는데, 이 결핍은 엄밀한 생물학적 의미에서 부적합성, 비전문화, 원시성, 즉 미개화(未開化)로 표기될 수 있다. 그러므로 인간은 본질적으로 소극적이다. 인간은 자연의 풍우를 막아줄 모발이 부족하며, 공격을 위한 자연적인 신체 기능을 결(缺)하고 있을 뿐만 아니라 도피를 위한 적절한 신체 구조도 갖지 못하고 있다. 대부분의 동물 감각의 민감성은 인간을 능가한다. 인간은 실제로 생존에 위협받을 만큼 본능을 결하고 있다. 그리고 모든 유아기와 아동기를 거쳐 다른 동물과 비교가 안 될 만큼 장기간 보호를 받아야 한다(Gehlen, 1962: 33).

여기에서 겔렌이 제기하고 있는 인간 신체의 원시성은 첫째, 인간은 여타 동물과 비교할 때 육체적 결함으로 생존에 불리하게 태어난다는 점, 둘째, 스스로 생존하기까지에는 긴 성장기를 필요로 한다는 점, 셋째, 인간의 생존을 위한 행위 시 충동 구조의 불안전함은 자발적 판단에 부담을 주는 생리 상태(Belastung)를 갖는 요인으로 작용한다는 점을 들 수 있다. 그럼에도 인간은 동물처럼 어떤 제한된 환경 조건에 맞도록 되어 있는 것이 아니라, 이미 자신의 생물학적 형태 안에서 개방적이며 유동적인 적응력을 가지고 있다.[8]

지금까지 보았던 것처럼 겔렌에게 인간학의 과학성은 인간에 대한 생물학적 연구, 즉 "인간-생물학(Anthropo-biologie)"을 통해서 가능했다. 이러한 이유로 그는 자신의 인간학을 제3의 생물학이라 부르기도 한다.[9] 그렇지만 "자연의 기획(Naturentwurf)"의 측면에서 행위자인 인간은 결코 형이상학적으로나 생물학적으로 결정될 수 없는 존재이다. 오히려 이는 인간에 대한 실존 조건에 대한 물음이라 할 수 있다. 인간과 동물을 비교할 때 인간은 분명 동물보다 유리한 입장에 있는 것이다. 겔렌에 따르면 인간은 오히려 자신의 본질을 사회적으로 결정하는 존재이다. 인간이 어떤 일정한 방향으로 바뀌어온 자연에 토대해서 자신의 삶을 영위해간다는 점에서 우리 인간은 사회적이다. 다음 절에서는 결핍 존재로서의 인간이 어떻게 스스로 현재 처한 상태에 맞추어가며 열린 가운데에서 자신의 본질을 결정하게 되는지를 살펴볼 것이다. 생존에 적합한 구성 요소도 제대로 갖추지 못하고 동물의 생존 방식에 적합하지도 않은 인간이라는 존재가 자신의 생존을 관리해온 방식은 필연적으로 행동하는 인간의 제도화 과정과 연관이 있을 것이다.

---

8) 여기서 생물학적 결핍을 이야기하는 것은 다소 문제가 있을 수 있다. 코레트가 바르게 지적한 것처럼 사실 겔렌이 인간을 '결핍 존재'라고 말하는 것은 인간을 동물로 볼 때만 가능하다. 또 동물과 비교할 때만 인간은 '비전문화되어 있다.' 겔렌의 결핍 존재로서의 인간에 대한 비판은 코레트(1986: 79 이하) 참조.
9) 겔렌의 인간학 통찰을 포함한 독일의 철학적 인간학은 헤르더(Johann G. Herder)와 헤겔의 영향력을 무시할 수 없다. 겔렌에 가장 큰 영향을 미쳤던 생물학자로 윅스킬(von Uexküll), 포르트만(Adolf Portmann), 뷔텐딕(F. Buytendijk)이 있다.

3. 인간의 본성

　지금까지 우리 인간이 "자연의 제왕"으로 이해될 수 없음을 간단히 살펴보았다. 겔렌에 따르면 인간이 진화 과정에서 더 이상 나아갈 수 없는 마지막 지점에 도달한 것도 아니다. 오히려 인간은 동물에 비해서 생물학적인 결점을 가지고 있다. 겔렌에 의하면 인간은 여타 동물과 비교할 때 자신의 육체적 결함으로 생존에 불리하게 태어나고, 둘째, 스스로 생존하기까지 유달리 긴 성장기를 필요로 하며, 마지막으로 충동 구조의 불안정성으로 행위 과정에서 혼란과 부담감으로부터 자유롭지 못하고 판단의 자율성을 저해하는 생리 상태를 가지고 있다. 그래서 그는 인간을 "결핍 존재(Mängelwesen)"라 부른다(Gehlen, 1962: 83).[10] 이렇듯 육체의 유기체적 구조가 갖고 있는 결핍 현상으로 자유로운 자연 속에 적응할 수 없는 인간은 한 개인으로 살아간다는 것이 "부담"이자 "고통"이다. 이와 같은 인간이 자연적 조건을 바꾸어가는 최상의 방식은 "학습"이다. 인간이 자신의 결핍을 극복하기 위해서 스스로 반성하고 의식하며 어떤 인위적인 자연을 이루어가는 과정이 곧 문화인 것이다. 문화는 개인에게 학습을 통해서 체험되며 생활세계이자 절대 환경이 된다. 겔렌은 이 문화를 인공적 환경이자 인위적으로 이루어진 "제2의 자연"으로 이해한다. 겔렌의 말을 직접 들어보자.

---

10) "결핍 존재"라는 개념은 헤르더에서 유래했다. 헤르더가 결핍 존재로서 인간의 문화 창조 가능성을 언어 행위의 원시적 양식을 통해서 드러내고 있는 반면, 겔렌은 결핍 존재로서 인간이 기술 및 제도적 틀 안에서 생존 양식을 획득하게 된다고 보았다. 어떤 면에서 겔렌은 인간의 결핍 상태를 심각하게 문제 삼았다기보다는 자신의 생물학적 인간학을 더 효율적으로 기술하기 위해서 그것을 설정한 부분이 있는 것 같다.

생존 능력을 위해 인간은 자연을 재창조하고 극복해왔다. 그래서 인간은 또한 세계 '경험'의 가능성을 이룩해왔다. 인간은 전문화되지 못하고 자연적으로 적응하는 주위 세계를 결하고 있기에 스스로 행위를 하는 존재(handelndes Wesen)이다. 생존에 도움이 되도록 인간이 정교화한 자연의 전형(Inbegriff)을 '문화'라 할 수 있으며, 그래서 문화 세계는 곧 인간 세계이다. 변화가 없는 자연, 즉 '순화되지' 않은 자연에서 인간의 생존 가능성은 있을 수 없다. 엄밀한 의미에서 '자연인'은 존재하지 않는다. 즉 무기, 불, 미리 준비해두고 가공한 음식, 주거지, 제도화된 협력 체계가 없는 인간 사회는 있을 수 없다는 말이다. 그래서 문화는 '제2의 자연', 즉 인간만이 살 수 있는 인간적이고 그들만을 위해 재구조화된 자연이다. …… 동물에게 '환경'이 존재하는 것과 똑같은 방식으로 인간에게는 문화 세계, 즉 인간에 의해서 극복되고 생활 편의를 위해 재창조된 자연의 단면이 있다. 이러한 이유만으로도 생물학적 의미에서 인간의 환경에 대해 말하는 것은 근본적으로 오류이다(Gehlen, 1962: 38).

이처럼 겔렌은 생물학적 환경 개념을 곧바로 인간에게 적용하는 일은 있을 수 없는 일이라 보며, 오히려 인간이 본래 자연(physis)에 대해 어쩔 도리가 없는 상황에서 제2의 자연이 가능했고, 인간이 본능적으로 대처함에 있어 전문적이지 못하기에 세계에 대한 개방성을 유지할 수 있게 되었다고 주장한다. 이러한 맥락에서 그는 인간이 "문화적 존재"이고, 이 문화는 바로 "인간-생물학적 개념"(Gehlen, 1962: 80)이어야 한다고 본다. 그에 따르면 인간은 어떤 특정한 외적 조건에 유기적으로 또는 본능적으로 적응해야 하는 맥락에서 살아가는 것이 아니라, 인간으로서의 형성 과정을 강요받는다. 이것은 임의롭게 형성된 자연적인 정황을 인간 자신의 실존을 위한 수단과 기술을 동원해 정당하게 변화시키는 지적 활동이나 기획된 활동을 통해서 가능하다. 이러한 학습 활동을 통해서 인간은 자연적 존재가 아닌 문화적 존재로 다시 태어난다(진교훈, 1994: 89 참조).

생물학적 입장에서 인간이 자연의 제왕이 될 수 없음을 강조하기 위해서 겔렌은 니체의 다음 경구를 자주 인용하곤 한다. 인간은 "아직 확정되지 못한 동물이다(das noch nicht festgestelltes Tier)."[11] 이 말이 의미하는 바는 여전히 진정 인간이 무엇인지에 대해 확실하지 않다는 것이며, 어떤 점에서 인간이라는 본질은 "미완성적(unfertig)"이라는 것이다. 자연이야말로 인간이 현존재의 반을 스스로 완성하도록 위임한 것이다. 인간은 가장 초보적인 전문화 과정조차 갖추지 못하고 살아가는 모든 생명체 가운데에 가장 무방비적인 존재이다. 인간의 본능 장치는 마땅히 그래야 하는 것처럼 작동하지 않는다. 그래서 인간은 바로 자기 자신을 창조하는 과제를 이미 본래부터 가지고 있는 존재이다. 이러한 과제를 위해서 인간에게는 보상이 필요하다. 또한 인간은 스스로 생존하기 위해서 일을 해야 한다(진교훈, 1982: 39 이하, 156; Landmann, 1991: 14, 178 참조). 인간은 행동하면서 자기 세계를 변형시키고자 하는 존재이기도 하다. 겔렌의 시각에서 '정신적인 것'은 결국 결핍에 대한 보상으로 이룩된 것이라 할 수 있을 것이다.

> 인간은 행동하는 존재이다. 여전히 더욱 면밀히 정의하고자 하는 의미에서 인간은 '미확정적(nicht festgestellt)' 존재이다. 다시 말해 인간은 그 자체로 과제(Aufgabe) 또는 도전이다. 또한 인간은 '태도를 취해야 하는 존재'라 할 수도 있을 것이다. 외부 세계

---

11) 겔렌은 니체 전집, XIII, 276쪽에서 이 인용문을 빌려 왔다(Gehlen, 1962: 10 참조).

에 대해 인간이 어떤 태도를 취하는 작용을 행위라 부른다. 인간은 자신에 대해 여전히 일말의 과제를 떠맡아야 한다는 점에서 자기 태도도 발전시키고 '그 자신에 대해 뭔가를 해야 한다.' 이러한 과정은 포기해도 좋을 만큼 사치스러운 것이 아니라 오히려 인간의 '미완성적인 요소'가 정작 자기 자신의 물리적 조건, 즉 자기 본성의 핵심 사안이라는 것이다. 이러한 관점에서 인간은 '훈육(Zucht)'되어야 하는 존재임이 분명하다. 어떤 존재의 상태를 확보하고 유지하기 위해 자신을 훈육하고 교육하며 바로잡아가는 과정이야말로 '미확정적' 존재의 생존을 위해 필수 불가결한 조건이라 할 수 있다. 자기 자신에 입각한 인간이 그렇게 생활에 필요한 과제에 부합하지 못하는 수도 있는 만큼 인간 스스로 구조적인 위험 때문에 파멸할 수 있는 위험한 존재이거나 '모험 속에 있는' 존재라 할 수 있다. 궁극적으로 인간은 '예견적인(vorsehend)' 존재이다(Gehlen, 1962: 32).

이 인용문에서 인간만이 취할 수 있는 특수한 태도는 세계에 대한 지배로 환원되는 과제에서 발생한다. 특히 겔렌은 이러한 세계를 인간 주위 세계(Umwelt)의 맥락과 밀접하게 관련된 생물학적 문제로 이해한다. 살아있는 모든 존재(Gabe)에게 그 존재를 "특수하게 고정해놓은 특정하게 제한된 생활공간(Lebensräume)"으로서 환경(milieu)이 있다면, 어떤 입장을 견지하려는 인간에게는 하나의 과제로서 실존의 세계성이 있다. 그래서 동물의 행동이 환경에 구속되어 있는 반면, 인간의 행동은 환경에서 자유롭다. 많은 동물이 그들의 종(種)에 예속된 행동 범위 안에서 움직이는 반면, 인간의 세계는 열려 있다. 겔렌에게 있어 흥미로운 점은 '인간의 본성'에 관한 질문이 인간의 '생물학적 조건들'에 대한 질문으로 발전하고 있다는 것이다. 예컨대 특정 부류의 동물은 각자의 생물학적 조건 아래에서 자체의 타고난 자질과 장비로써 어떤 특정한 환경 안에서 실존적으로 생존하고 적응하게 된다. 이에 반해 약한 존재로서 인간은 실존적으로 살아남기 위해 자신을 자연에 대한 지배의 위치로 끌어들여야만 한다.

그러나 세계와의 상호작용 체계가 일을 통해서만 작동하는 것은 아니다. 사실 겔렌은 부족한 존재로서 인간이 가까스로 생존(survival)하기 위한 가장 절박한 기능으로 초월을 꼽는다. 초월을 위한 공간이 열리기 위해서는 일정한 거리가 필요하다. 이러한 초월은 불확실한 미래를 불완전한 경험 자료에 의거해 대면하는 방식이다. 인간이 직립보행을 하고 이와 관련해 말을 발견하며, 웃고 울 수 있는 능력을 갖추고 선과 악을 구분할 수 있으며, 자신의 죽음을 발견할 수 있는 핵심적인 특징이 바로 초월이다. 우리는 항상 실제로 즉시 주어지는 것을 뛰어넘는다. "인간은 끊임없이 자기 감각에 직접 주어진 세계를 타개하거나 확장한다(Der Mensch durchbricht oder erweitert auch tätig die unmittlebar seinen Sinnen gegebene Welt)."(Gehlen, 1983: 83) 이러한 탈자(脫自), 즉 주위 환경을 뛰어넘으려는 운동은 겔렌이 철학적 생물학이라는 인간학의 영역에서 인간의 보수적인 기질을 논의함에 있어서 핵심적이다. 우리가 말하고 웃거나 울 때, 무슨 판단을 할 때, 선악을 판단할 때, 아니라고 말할 때, 그리고 우리가 죽을 수밖에 없다는 것을 알 때면 늘 초월의 기능이 작동한다.

인간은 신체 기관상 전문화되어 있지 않고 모든 자극에 열려 있으며, 어떤 특수한 자연적 배치(配置)에 적응하는 것도 아니다. 오히려 인간은 이러한 배치를 기획적인 변경과 여러 정향 활동, 예컨대 해명, 해석, 삽입, 표상의 새 조합 등을 통해서 임의로 조정하며 자신을 유지해간다. 그러므로 인간은 주관적인 세계도

가지고 있다. 이 세계는 확대될 수도 있고 단지 부분적으로 지각될 수도 있으며, 시간과 공간을 통해 표상되는 것을 포괄하는 전체(ein übergriffenes Ganzes)이다(Gehlen, 1983: 83).

이처럼 인간의 다양한 초월 기능은 너무도 명백한 동물의 본능과 비견될 수 있는 것으로서 인간이 자신의 주위 세계에 대해 적절히 대응할 수 있는 메커니즘을 제공한다. 이러한 메커니즘이 곧 신중함(Betrachtung: phronesis)의 의미에서 주관적 성찰이라 할 수 있다. 하지만 겔렌은 인간이 가지고 있는 정신 자체의 초월 기능을 신뢰하지는 않는다. 겔렌에게 있어서는 고도의 정신적인 삶의 가장 중요한 현상마저도 사실은 생물학적-인간학으로서 필수적인 지도체계로 나타날 뿐이다. 이러한 맥락에서 그는 초월론적 관념론자와는 달리 정신이 그 자체를 드러내지 않는다고 주장한다. 그러므로 정신은 어떤 제도의 주도적인 이념이 되어서도 안 된다는 것이다. 정신은 단지 주관적 성찰 과정에서 모든 자유로운 이념의 가능성 조건인 "표상(Vorstellung)"(Gehlen, 1983: 101ff.)으로서 요구될 뿐 그 어떤 구속도 받지 않는다. 나아가서 겔렌은 사고라는 속성 또한 음성 안에 내재된 지향 운동이 이미 지시적인 상징 그 자체를 포함하고 있는 것이지 스스로 파생되지는 않는다(Gehlen, 1983: 99)고 주장한다.

한편 정신이나 사고에 비해 자유는 인간에게 생물학적으로 부정적인 현상이 된다. 인간은 생물학적으로 전문화되어 있지 않기 때문에 어떤 보상을 통해서 자신의 생물학적 열등감을 메워줄 필요가 있다. 이러한 맥락에서 겔렌의 인간학은 인간이 살아서 존재해야 하는 과제를 떠안은 인간학이고자 한다. 그의 기본 입장은 자연스러운 조건, 이른바 동물적인 조건에서 인간의 생명 활동 중에 최고의 부담(Belastung)을 제공하는 총체적 결함이 인간의 행동으로부터 자신의 실존 수단에 이르는 모든 과정에서 이루어진다는 것이다. 겔렌은 이 사실에서 궁극적으로 행위를 지향하는 인간에 대한 정의와 비교 불가능한 인간의 특수한 입장이 비롯된다고 본다. 다시 말해서 겔렌은 자신의 세계에 전혀 적응하지 못하는 존재인 인간이 끊임없는 부담을 떠안게 되며, 그래서 자신을 세계에서 분리하는 거리 두기를 통해 비로소 기민하고 감성적이며 지적인 해방(Entlastung)의 방식으로 신중하게 행동할 수 있게 된다고 본다(Gehlen, 1962: 37).

겔렌은 인간에게는 자신의 생활을 가능하게 하는 행위로 결핍 부담을 극복하려는 생산적인 활동의 측면이 있는가 하면, 자신의 입장에서 취해진, 그러면서 동물의 입장에서 본 전혀 새로운 종류의 라이프스타일 방법이 가능하다고 주장한다. 이러한 해방과 구원의 주요 양식이 곧 언어이다. 따라서 겔렌에게 있어 언어는 부담, 보상, 해방, 이 세 영역을 통해서 인간 세계 또는 문화 세계의 기원을 이해할 수 있도록 하는 범주가 된다. 여기에는 어떤 층위나 우위의 개념이 들어설 수 없다. 이와 마찬가지로 그는 정신이 주요 범주가 되어야 한다는 것도 거부한다. 그래서 그는 인간을 소우주로 파악하는 것도 받아들이지 않는다. 그 대신 인간은 오직 자신의 행위를 통해서만 이해 가능하다. 그렇다고 행위 개념이 본질의 결정을 의미하는 것도 아니다. 오히려 행위는 인간의 존재 형식 그 자체이다. 삶의 보존(Lebenserhaltung)에 필요한 경험적인 탐구와 관련된 활동이 곧 행위인 것이다. 이는 현실에 반응하는 온갖 형태, 가령 표정, 습관적 동작, 눈빛, 언어, 지적 예술 활동을 포함한 인간 몸의 동작과 관련된 모든 행위를 포괄하고 있다. '무력감', '생소함', '고통'과 같은 감각적 체험 또한 행위의 촉발 기능을 한다. 행위를 촉발하는 충동 구조는 생물학적 원인과 문화적 원인을 갖는다. 여기서 의식은 행위 충동의 지속성과 효율성을 돕는 중요한 매개자로서 자연 충동과 제도적 충동 그리고 상징체계와의 관계하에서 발생한다. 이러한 기계적인 개념의 의미에서 볼 때, 우리의 정신이나 마음은 행위나 언어 또는 사유의 제공자가 될 수 없게 된다. 이러한 그의 행위 개념을 통해서 우리는 몸과 영혼에 입각한 이원론적 인간관을 극복할 수 있는 계기를 발견할 수도 있지만 정작 여기서 드러나는 문제점은 더 본래적인 의미에서 인간의 행위, 언어 및 사유 사이에서, 다른 한편으로 더 원시적이고 생물학적인 기능들 사이에서 사실은 어떤 차이를 인정할 수 없게 된다는 것이다. 겔렌에게 모든 기능은 단순히 생물학적인 주체를 살아있도록 하는 목적으로 작동할 뿐이다. 그는 인간의 행위를 단순히 생존을 위한 효율성의 시각에서 접근함으로써 도구적이고 실용적인 입장을 피할 수 없게 된다.

다음 절에서는 현상학적 인간학과 인간 생물학에 토대를 두고 있는 겔렌의 제도론에 대해서 살펴볼 것이다. 그가 제창하는 제도론의 생물학적 출발점은 동물 세계 내에서의 인간의 특별한 위상이 된다.

4. 인간의 본성과 제도

앞 절에서 살펴본 것처럼 겔렌이 강조하고 있는 인간의 기본 특징은 본능적 생활이 이미 퇴화해버렸고 불확실해졌다는 점이다. 나아가서 그는 인간의 본성이 너무 유동적이고 쉽게 바뀌고 있음에도 본능 안에서 고정될 수 없음을 강조한다. 이렇듯 인간의 충동이 불확정적이고 행동 결과를 예측할 수 없다는 데서 인간의 본성은 초기 의사-자연적 제도의 규칙적인 힘에 의거할 필요가 있다. 가소성과 유동성이라는 인간학적 관점에서 겔렌이 생각하는 제도는 합리적으로 또는 어떤 목적의식을 가지고 수립된 것이 아니라 단순히 물려받은, 그러니까 어떤 정당화 과정 없이 당연시되는 행위 또는 사고 양식이다. 그래서 겔렌은 신성한 제도가 무너지고 교회, 군대, 국가가 그 권위를 상실하며 국가가 주권적 실체를 침해당하는 사태를 병리적 발전의 징후로 진단한다.[12] 그는 제도와 관련된 보수주의 입장에서 현대 기술 사회가 맞고 있는 탈제도화 과정을 가장 철저하게 진단했다고 할 수 있다.[13]

사실 겔렌이 제도를 기술하면서 발전시켰던 범주의 가장 중요한 특징으로 "제도 중의 제도"로서 언어 본질의 문제를 들 수 있다. 그는 무엇보다 언어를 "사고의 제도(Institution des Denkens)"로 이해한다. 이러한 통찰은 인간의 사고가 본디 언어와 결코 분리될 수 없으며 말소리마다 하나의 사물이 작동하고 있는 의도가 깃들어 있다는 데서 기인한다. 그에 따르면 모든 의도(Intention)는 벌써 지시된 어떤 것에 대한 지시를 통해서도 작동한다. 물론 언어 가운데에 실려 있는 의도의 특수성은 상징이 자기 창조적인 것이며, 이러한 운동이 다른 운동을 실행하고 만족하게 하는 데 있다고 본다. 겔렌은 다음과 같이 말한다.

---

12) 겔렌의 제도이론은 상당 부분 자유주의적인 토대에 대한 헤겔의 사상을 재정식화한 시도로 읽힐 수 있다. 그의 통찰은 자신도 스스로 인정하고 있듯이 영국의 흄과 20세기 G. H. 미드의 사상과도 깊은 친화성을 가지고 있다. 이에 대한 더 자세한 논의는 뮐러(Muller, 1997: 402 이하), 하버마스(Habermas, 1989: 34 이하), 구탄딘(Guttandin, 1998: 264-274) 참조.
13) 겔렌의 보수주의적인 시대 진단은 보수주의자는 물론 자유주의자 또는 하버마스와 같은 독립적 좌파주의자에 이르기까지 그 영향력을 광범위하게 미치고 있다. 특히 제도에 대한 그의 통찰은 독일의 저명한 사회학자 루만(Niklas Luhmann)을 통해서 가장 잘 계승되었다. 루만은 객관세계가 인간에게 부과하고 있는 부담과 문화적 안정에 대한 겔렌의 이념을 사이버네틱스적인 체계 이론이라는 형식적인 표현 양식으로 번역해냈다. 이러한 방식으로 그는 체계와 이의 환경과의 관계에 대한 추상적 모델을 수립했다.

우리는 의도를 외적 인상들에 대한 자기 자신의 정향으로 정의할 것이다. 이러한 의도가 …… 언어 작용으로 표현될 때, 우리는 사고에 대한 역동적인 토대를 갖게 된다. 본래 사고는 말과 불가분의 관계를 맺는다. 즉 사고는 '음성'을 통해 표현되고 사물을 지향하는 의도이다. 심지어 동물에 있어서도 의도는 뭔가를 지시하는 기호를 통해서 인도된다. 언어를 통해 표현된 의도의 고유한 특징은 상징, 즉 음성이 자기 창조적인 상징이며, 더욱이 음성 작용은 여타 다른 작용들을 대체하고 그것만으로 충분하다는 데 있다. 여기서 의도와 실행이 합치된다. 일단 인간 앞에 있는 사물에 이름을 부여하면 많은 경우에 사실 인간은 그것을 완결 지은 것이라 할 수 있다(Gehlen, 1962: 201).

그렇다면 언어를 통해서 생각은 어떻게 처음 발생했는가? 겔렌은 말하기를 "이렇듯 가장 의미심장한 실수 체험에 의해 의도가 처음으로 잡힌다. 의도는 말소리가 선취하는(vorgreifende) 기대 그 자체이다."(Gehlen, 1962: 201) 따라서 겔렌은 진정한 사고의 탄생을 '실망(Enttäuschung)'으로 이해한다. 이러한 맥락에서 의도와 진정한 사고는 단지 공동체 안에서만 존재할 수 있을 뿐이다. 모든 음성이 다른 사람들과의 소통을 전제로 한다는 것 역시 너무도 당연한 일이다. 이처럼 "생각의 제도"로서 말은 모든 다른 제도에서 분리된 주관성이 언어를 그에게서 분리하는 속성이 있다. 나아가 구체적인 언어는 구체적인 제도의 경우에서와 같이 분명 달리 사고할 수 있게 한다. 요컨대 겔렌의 현상학적 인간학에서 언어는 모든 정신적 활동의 수단이 되고, 나아가 인간의 인위적인 노력을 통해 산출된 문화나 제도적 가치를 수행하면서 그 자체로서도 독특한 구조를 형성해가며 존립 근거를 마련한다(Apel, 1976: 237).

겔렌이 주장하는 언어의 제도적인 측면에서 제도는 삶의 중요한 과제나 상황을 지배하는 형식으로 나타난다. 이러한 의미에서 "인간은 사는 것이 아니라 오히려 삶을 '주도한다(führt)."(Gehlen, 1962: 165) 심지어 운동과 지각의 맥락에서조차 인간은 자신만의 지각을 발전시키고, 이를 기반으로 자신을 세계에 정향 짓는 것이다. 더욱이 언어의 맥락에서 세계에 대한 인간의 해석과 인간의 자각은 항상 조화를 이루어간다. 다시 말해서 외부 세계를 지향하는 자극은 동시에 내부 세계에 대한 태도이자 이를 통제하려는 시도가 된다. 이와 같은 초월적 해석과 자각 형식을 통해서만 자극은 제도의 창출에 기여하게 된다. 여기서 우리의 개별적 욕구는 사회가 요구하는 보편적·실질적 필연성과 맞물리게 된다. 이렇듯 언어를 통한 우리의 구체적인 경험은 의사소통적인 특징을 갖게 된다. 인간의 실질적인 상호작용과 불가분한 감각 경험에 기초한 제도는 우리 자신을 제1차적으로 본능적인 억압과 미리 예정된 적응에서 완화해주는 기능을 담당할 뿐만 아니라 인구 증가, 보호나 양육의 경우에서 보듯이 어떤 규칙적이고 영속적인 공동 행위를 가능하게 한다.

겔렌의 보수주의 논의의 독창성은 모든 제도가 생성되는 과정을 철저히 자연-목적론적으로 접근한 데 있다. 그에 의하면 인간의 공생(共生)은 "제도 그리고 그 안에서 처음으로 수립되는 의사 자동적 사고, 느낌, 가치 및 행동의 습관"을 통해서 가능하게 된다. 바로 이 습관이 "오직 제도적인 것으로 파악되면서 획일화되고 관습화되며, 안정화가 이루어진다."(Gehlen, 1962: 79) 이러한 맥락에서 제도는 강제력, 즉 안정화하는 힘으로 나타난다. 그의 말을 빌리면 "인간은 본래 불안정하고 위기에 처해 있으며, 자극으로 너무 큰 부담을 지고 있는 존재이다. 제도는 모든 인간에게 서로 관용할 수 있게 하는 형식이다. 이는 자기 자신에게 그리고 다른 사람들 안에서 의지하고 의존할 수 있는 사물들을 제공한다. 한편 우리는 이러한 제도에 입각해 생활의 과제를 공동적으로 추구할 수 있고, 다른 한편으로 제도를 통해서 궁극적이고 고정된 행위 목표를 지향하게 된다. 행위는 내적 생활의 안정화 과정에서 특별한 이익을 가져온다. 그리고 그 행위 안에서 인간은 모든 경우에 감정적 대면이나 원칙에 대한 결정을 강요받지 않는다."(겔렌, 1998: 116)

결국 제도는 어떤 계약이나 합의에 따라서 만들어지지 않음을 알 수 있다. 오히려 개인의 직접적인 의도와 무관하게 역사 속에서 '제례 의식적으로 서술하는 행위'의 부차적인 결과물로 생성된다. 특히 초기의 제도는 매우 객관적인 측면을 띠고 있었다 할 수 있다. 그 무렵 제도라 하는 것은 필연적이고 당연히 신뢰할 만한 사건 또는 자연의 사실로서 경험되었던 반면에, 근대에 들어서 제도는 이러한 객관성을 결하고 있다. 그가 말하고 있는 근대 조직은 크게 희석된 유형의 제도라 할 수 있다. 겔렌에 따르면 근대의 조직이 느슨해진 이유는 근대성이 인간 생활의 배경을 크게 위축시키고, 이에 맞춰 그 전면이 너무 크게 부각되었기 때문이다. 그는 말하기를 "근대사회에서 제도는 기능상 적정한 것 또는 차라리 적정하다고 주장하고 있는 것으로 환원되었다. 그래서 누군가 제도를 바꾸려고 한다면, 일정한 차원을 넘어서는 상황이 단순화되지 않으면 안 되는 것이다." (Gehlen, 1980: 162)

역으로 어떤 제도가 탄탄히 뿌리내릴 수 있으려면, 그 제도는 중첩적으로 결정되어야 한다. 어떤 면에서 제도는 이념적인 것의 힘을 구현할 수 있어야 하는 것이다. 이념에 기초한 제도가 가능하기 위해서는 주관적인 것의 애매한 영역에서 합리적 사실, 필요, 관심의 확고부동한 영역으로 이행할 필요가 있다.[14] 즉 제도는 친숙하고 실질적인 의미에서 유용하고 기능적이어야 함은 물론이고 더 높은 차원의 관심과 행위의 준거점으로 기능해야 한다(Gehlen, 1980: 162). 고대에 어떤 제도의 창설자에게 사원을 세워준 이유가 여기에 있다. 요컨대 겔렌이 말하는 제도의 핵심은 인간의 삶에 일관성과 지속성을 제공하는 보편적인 문화의 확고한 형식이다. 수세기에 걸쳐 이루어진 이 형식을 먹고 사는 것이 바로 "신뢰"라는 인류학적 원리라고 겔렌은 주장한다. "이를테면 형식이 신뢰의 양식인 셈이다. 그리고 바로 여기에 안정성과 연속성의 총체적 토대가 놓여 있다."(겔렌, 2008: 55) 특히 그는 '근대정신'이 내용에 무관심한 대신 거의 전적으로 사물이 '어떻게' 존재할 수 있는지에 관심을 보이고 있다고 본다. 형식 또는 형태의 호환성으로 똑같은 행위가 다른 상황, 다른 배경에서도 발생할 수 있는 것이다(Gehlen, 1962: 161; 1980: 36).

　행위를 촉발하는 상황 전반을 지각하는 데 바로 언어가 개입한다. 언어는 전체 상황을 개별적인 구성 요소로 분리하는 궁극적인 기관임과 동시에, "최고의 유망한 기호"(Gehlen, 1962: 343)로서 이를 상징화하는 기관이기도 하다. 예컨대 언어의 듣기-말하기의 순환과 같은 보편 형식의 순환은 인간의 가장 본질적인 특징인 '행위의 순환'을 가능하게 한다. 여기서 행위의 순환은 인간의 의미 있는 표현의 보편 형식이다. 즉 행위의 순환은 결과에 따라 교정이나 수정이 가능한 지향 운동이며, 궁극적으로 이는 자동화되고 전체적으로 습관화된다. 이 순환에 있어서 언어의 중요성은 언어가 모든 정신 활동의 수단이고, 행위의 외연이자 도구이며 목적이라는 데 있다. 무엇보다 언어의 주요 기능은 개체의 학습 과정을 매개한다는 점이다. 언어에 의해서 촉발된 행위의 순환과정은 인간 안에 내재해 있는 거의

---

14) 아울러 겔렌은 개인을 둘러싸고 있는 제도의 중요성을 강조하면서 단지 주관적인 자극의 영감을 받아 이념적 목표를 추구하는 사람은 결코 정상적일 수 없다고 단언한다(Gehlen, 1980: 98f.).

본능적인 반향을 불러일으키며, 인간이 자기 자신을 자연으로 읽은 후 자연의 측면에서 해석할 수 있도록 한다(Gehlen, 1980: 17).

지금까지 겔렌은 동물에게서 인간의 지능 또는 언어로 그리고 공생적인 배치로부터 인간 제도로 이행하는 과정을 통해서 제도의 라틴어 어원 "institutio"가 관습의 의미를 함축하고 있음을 명쾌하게 보여주었다. 사실 겔렌은 정치의 우위와 지도력의 중심적인 위치를 주장하기 위해 철학적 인간학과 정치사상사의 시각에서 인간의 본성에 입각한 제도에 대한 논의를 채택했던 것이다.[15] 인간의 본성은 다른 동물과 비교할 때 그 부족한 측면이 더 분명히 드러난다. 인간은 본능에 의한 확신은 물론이고 특정한 상황에 대한 물리적 적응 능력과 행동 양식조차 결하고 있어서 늘 위험에 노출되어 있다는 것이다. 또한 다른 동물들과 달리 정향 또한 결하고 있어 고통을 받게 된다는 것이다. 제도는 바로 모든 사람에게 너무 많은 결정을 요구하는 것에서의 구원이고 '세계에 개방된' 인간들에게 흘러넘치는 충만한 인상과 자극의 홍수 속에 있는 안내자라 할 수 있다. 그럼에도 결핍 존재인 인간은 그 자신을 형성하는 능력을 가지고 있기 때문에 기회가 되기도 한다. 이런 점에서 인간은 스스로 훈육의 대상이 된다. 훈육을 위한 이러한 필요성에서 겔렌은 지도력을 위한 추상적 정당화 과정을 발전시켰다.

그러나 일관되게 결핍 존재인 인간이 정형화된 환경에서 유사하

---

15) 스티르크에 따르면 겔렌이 독일 히틀러 치하에서 학문 활동을 할 무렵 행정 영역과 지도력 영역을 나누고 지도력을 강조하는 정치의 우위 그 자체가 정치학이라는 학문의 주요 연구 대상이 되었다고 한다. 이러한 측면에서 히틀러는 운동과 독일 민족의 지도자(Führer)임과 동시에 국가의 원수(Leiter)였다. 여기서 국가라 함은 권위와 공무원 기구로 정의된다. 이러한 맥락에서 지도력은 민족을 대표하거나 재건하고 지배자를 추종하는 사람들의 자발적인 예속으로 특징지어진다(Stirk, 2006: 93 이하 참조).

게 생각하고 행동하게 된다는 점을 강조하는 겔렌의 제도 개념은 인간의 본능을 대신하기 위해 형식을 수립하고 인간 스스로 공유할 수 있는 지각과 행위 모형을 모색한다는 측면에서 다분히 결정주의적인 요소를 가지고 있다. 특히 폭력 수단을 소유하고 있는 제도의 실체를 인위적으로 강화시킨다는 것은 고도로 발전된 기술 사회에서 대단히 위험한 정치적 결과를 가져올 수도 있다. 예컨대 탈제도화의 원인이 되는 외부의 적이 부재한 경우 인간의 제도주의는 내적인 적에 대한 가혹한 공격으로 나타날 수 있다. 더욱이 제도에 대한 결정주의적인 해석은 궁극적으로 제도가 표방할 수 있는 객관적인 진보를 과소평가할 가능성이 있다.

그럼에도 칸트 이래 반계몽적인 제도론을 제창해온 겔렌이 노년에 자신의 인간학이 갖는 도덕적-철학적 범주 안에서 제도의 윤리 가능성을 발전시키는 데 심혈을 기울였음을 주목할 필요가 있다(Gehlen, 1969). 그는 자신의 인간학적 윤리학을 첫째, 상호성에서 발생하는 '에토스', 둘째, 만족과 행복을 포함해서 행태주의적으로 번역될 수 있는 수많은 본능적인 규제, 셋째, 가족에 뿌리를 두고 있는 윤리적인 행위, 넷째, 국가를 포함한 제도의 '에토스'로 구분한다(Gehlen, 1973). 그는 이 네 종류의 윤리적 프로그램이 각각 고유한 생물학적 뿌리를 가지고 있다고 주장한다. 그의 주장에 의하면 제도의 에토스는 가족의 도덕률에 의해 억압받는다. 먼저 겔렌의 주장은 지식인들에 의해 과도하게 강조되고 있는 인간 중심주의에 토대한 가족의 '도덕률'이 생물학에 의거한 제도의 '가치 체계의 균형'을 위배하게 된다는 것이다. 겔렌에 의하면 가족 윤리는 대가족 내에서 발생한다. 이것은 평화롭게 더불어 살아가는 가치 체계를 제도화하고 있다. 예컨대 그 가치들은 상호 인정, 개인적인 보살핌, 숙고 및 유대감 등이 될 것이다. 인간 중심주의는 대가족의 상호 유대성에서 추상적인 인간성으로의 윤리 적용 범위를 확대할 때 가능하다.

　반면에 국가 또는 국민의 윤리를 포함한 제도 윤리성은 봉사 정신, 희생심 및 의무 이행과 관련해 정형화된다. 겔렌은 이러한 윤리성이 가족 윤리와 별개의 기원을 가지고 있다고 주장한다. 다시 말해서 겔렌은 현상학적으로 개체성과 공공성, 평화주의적인 덕목과 전쟁 시 덕목 간의 대립적인 측면에서 다른 두 개의 가치 체계가 작동하고 있으며, 역사적-사회적으로도 가족에 대한 헌신과 국가에 대한 충성 간의 갈등에서와 같이 상이한 가치 체계가 존재해왔음을 밝히고 있다. 특히 겔렌은 가족의 윤리를 내적 도덕성으로 다루고 외적인 관계에 대한 적절한 규제를 걸러냄으로써 그 정체성을 강화시키는 반면, 국가라는 제도의 윤리를 잠재적인 적에 대항하는 자기 주장의 외적인 양태하에서만 기술한다.[16]

5. 맺으며: 겔렌적 보수주의의 의의

　지난 세기 겔렌은 가장 논쟁적이며 역동적인 보수주의 사상을 제시했다. 우리는 앞에서 인간의 본성에 대한 겔렌의 현상학적-생물학적 분석에서 본래적인 인간 조건의 불안정성과 불확실성이 제도적으로 어떻게 극복될 수 있는지를 살펴보았다. 이러한 조건은 인간이 여타 포유동물과 달리 본능 구조가 비전문화되어 있고, 사실은

---

16) 겔렌의 보수주의 입장에 반해서 아도르노, 호르크하이머와 함께 진보적인 입장을 제창하고 있는 하버마스는 가족의 윤리와 제도의 윤리가 서로 다른 뿌리를 가지고 있는 것이 아니라 도덕의식의 사회 문화적인 발전 단계의 차이에 불과하다고 주장한다. 예를 들어 명예, 훈육 또는 모험심과 관련해 결정화된 가치 표준은 가족적인 윤리성의 구성 요소인 만큼 국가의 윤리성에 있어서도 핵심적이라고 본다.

본능 그 자체가 결핍되어 있는 데서 기인하며, 이 때문에 인간이라는 유기체는 비유기체적인 주위 세계의 영향을 가장 쉽게 받고 있다는 것이다. 이러한 인간 조건은 생물학적으로는 물론 심리학적으로도 너무 과도한 것이다. 겔렌의 관심은 인간의 본능으로는 어쩔 수 없는 안정된 구조를 모색하는 것이었다. 무방비 상태의 열려 있는 세계에 직면한 인간에게 일관성과 지속성을 부여할 수 있는 길은 제도였다. 이렇듯 인간의 생물학적 조건을 출발점으로 삼는 겔렌의 제도이론은 보수주의 사상이 정치적으로 이념화되기 이전에 각 개개인의 불완전성, 특히 인간의 생물학적-감정적-인지적 불완전성이 어떻게 사회 정치제도의 수립에 영향을 미치게 되는지를 보여준 데에 그 의의가 있다.

우리는 이러한 인간의 불완전성과 제도의 관계하에서 원죄와 같은 종교적인 요소도 재해석할 수 있을 것이다. 그에 의하면 종교는 과학의 객관적인 진리와 달리 제도를 수립할 수 있는 능력을 가지고 있으며 동시에 종교가 가지고 있는 독단적인 일면성 안에서 그 제도를 초월할 수도 있다. 반면에 객관적인 진리를 추구하는 과학은 모든 것을 설명할 수 있지만 인간의 행동하는 삶에 어떤 동기 부여도 할 수 없는 한계를 가지고 있다. 어떤 면에서 겔렌은 경험적 인간학의 프로그램을 가지고 철학과 종교라는 양극단의 장단점을 아우르고자 했다.[17] 사실 궁극적으로 제도를 통해서 획득되며 인간에게 삶의 의미, 목적 및 거기에 수반되는 한계점을 보여주는 겔렌의 "제2의 자연"은 지나치게 낙관적이고 합리적인 도덕 행위 이론보다 설득력 있는 대안을 제시할 수 있다고 본다. 이는 또한 무자비한 지배나 권

---

17) 오늘날 종교와 과학 사이에서 철학이 담당해야 할 고유한 기능의 연구에 대해서는 아펠(Apel, 1976: 215 이하) 참조.

력 추구로 인한 매우 비관적인 인간 행태를 어느 정도 극복할 수 있는 가능성을 열어주기도 할 것이다.

지금까지 소개된 제도에 관한 수많은 논의 가운데에 겔렌의 제도 이론이 갖는 또 다른 의의는 제도가 전제하고 있는 생물학적 조건을 현상학적으로 밝혀냈다는 점일 것이다. 무릇 인간은 자신의 환경에 구속받지 않고 세상에 열려 있는 가운데에 자신의 활동을 통해서 안정된 구조를 구축해야 할 것이다. 문화적으로 생산된 형식이나 모형으로서 사회제도는 세계가 구성되는 활동의 전형적인 예이다. 겔렌은 본능적으로 맹목적인 인간 충동의 집적으로 야기된 긴장을 완화하면서 인간 생활에 안정된 구조를 제공하는 일을 다름 아닌 제도가 떠맡고 있음을 밝혔다. 그는 선천적으로 비결정적인 존재인 인간이 자신의 환경에 대한 실천적 숙달에 정향 지어진 것으로 본다. 이러한 개념적 정향을 통해서 인간은 자연을 전유할 수 있었고, 또한 자연이 가지고 있는 다양성을 조절할 수도 있었다. 여기서 겔렌이 취하고 있는 철학적 시각은 인간학적으로 정향 지어진 '초월주의'라 할 수 있다. 그의 초월주의에서는 인간의 실천적 세계 정향이 경험 가능성의 조건으로 나타난다(겔렌, 2008).

끝으로 겔렌은 자신의 후기 철학에서 오늘날 이러한 제도화와 또 이를 거스르는 탈제도화 과정, 신주관주의(new subjectivism), 예컨대 한껏 부풀려진 내면성이 가지고 있는 심리적인 에너지, 경험의 주관성, 즐거움의 반성성에 대해서도 자세하게 분석했다. 그는 신주관주의가 제도에 대한 믿음을 가장 심각하게 흔드는 요인이 되고 있을 뿐만 아니라 제도의 윤리에 대한 의미에 있어서도 그 파급효과가 지대하다고 본다. 그는 또한 이 주관주의가 형식 민주주의의 제한 규정을 정당화할 목적으로 이용될 수 있다고 주장한다.[18] 이러한 측면에서 겔렌은 동시대의 호르크하이머나 아도르노와 같은 비판 이론가들과 달리 정치 행위 개념을 제약하는 기술 관료적 사회의 영향력 있는 비전을 옹호하는 편이다. 그는 과학적-기술적 문명이라는 객관적으로 긴박한 상황이 점진적으로 정치적 규범과 법을 대체할 수 있다고 믿는다. 이러한 측면에서 정치제도는 사람들이 결정을 내려야 하는 곤란한 상황에 대한 부담을 덜어주는 기능을 담당하게 된다는 것이다. 따라서 그는 제도가 사회의 안정화 작용을 떠맡고 있다고 본다. 예컨대 갑작스런 제도의 변화는 일부 국민에게 지도를 상실한 것과 같은 위험을 초래할 수 있다. 그의 견해에 따르면 본래적인 의미의 제도가 행위 결정력을 자동적으로 상실할 때, 이러한 제도의 권위주의적인 핵심이 성찰을 통해서 와해될 때, 그리고 개개인들이 결정의 부담을 질 때 개별적인 자발성은 아나키즘과 고삐 풀린 주체성의 방향에서 발생하는 압력에서 해방된다. 이러한 형태에서 안전하지 못한 개인은 자신의 자율성, 행복 추구 그리고 비판적 판단 능력에 대한 추상적인 요구로 압도당한다.

  그러나 생물학적 인간학에 토대한 겔렌의 제도론이 갖는 약점은 상호주관성에 대한 적절한 개념을 가지고 있지 않다는 점이다. 본질적으로 그의 인간학에서 언어 이론, 지각 개념, 윤리 및 직관 이론이 일관성 있게 정립되어 있지 않은 관계로 정치 영역에서 민주적 상호주관성의 가능성을 과소평가하는 경향이 있다. 생물학과 철학을 통합하고자 하는 인간학이 감내해야 할 비용은 진정한 인간 활동으로서 '테오리아'의 영역을 배제할 수밖에 없다는 것이다.

---

18) 한편 하버마스는 겔렌의 주관주의 논점을 아나키즘적인 지하 문화 및 대항문화와 관련해 겔렌과 다른 주장을 펼치고 있다. 하버마스는 후자의 문화가 더욱 교묘한 저항운동의 제도적인 핵심이 될 수 있음을 주목한다(Habermas, 1983: 124 이하 참조).

참고 문헌

겔렌, 아르놀트, 1998, 『인간학적 탐구』, 이을상 옮김, 서울: 이문출판사.

겔렌, 아르놀트, 2008, 『최초의 인간과 그 이후의 문화』, 박만준 옮김, 서울: 지만지.

김영근, 2004, 「아놀드 게엘렌(A. Gehlen)의 인간의 자기 이해에 대한 고찰」, 『범한철학』 33: 33-55.

란트만, 미카엘, 1991, 『철학적 인간학』, 진교훈 옮김, 서울: 경문사.

박만준, 2000, 「문화의 기원: 겔렌의 문화 이론을 중심으로」, 『대동철학』 11: 93-114.

셸러, 막스, 1998, 『윤리학에 있어서 형식주의와 실질적 가치 윤리학』, 서울: 서광사.

윅스퀼, 야콥, 2012, 『동물들의 세계와 인간의 세계: 보이지 않는 세계의 그림책』, 서울: 도서출판 b.

이상엽, 2002, 「아놀드 겔렌의 기술 지배적 보수주의에 대한 연구」, 『진보와 보수』, 사회와 철학연구회 편, 서울: 이학사.

이상엽, 2009, 「겔렌의 기술 철학」, 『사회와 철학』 17: 253-284.

임채광, 2002, 「아놀드 게엘렌의 행위 개념 연구」, 『보살핌의 현상학』, 한국현상학회 편, 서울: 철학과현실사: 356-387.

진교훈, 1982, 『철학적 인간학 연구(I)』, 서울: 경문사.

진교훈, 1994, 『철학적 인간학 연구(II)』, 서울: 경문사.

코레트, 엠머리히, 1986, 『철학적 인간학』, 진교훈 옮김, 서울: 종로서적.

Apel, Karl-Otto, 1976, "Arnold Gehlens 'Philosophie der Institutionen' und die Metainstitution der Sprache", *Transformation der Philosophie*, Bd. 1, Frankfurt am Main: Suhrkamp: 197-221.

Berger, L. Peter, 1980, "Foreword", Arnold Gehlen, *Man in the Technology*, trans. Patricia Lipscomb, New York: Columbia University Press: vii-xvi.

Blumenberg, Hans, 2006, *Beschreibung des Menschen: Aus dem Nachlaß*, Frankfurt am Main: Suhrkamp.

Brunkhorst, Hauke, 2001, "The Tenacity of Utopia: The Role of Intellectuals in Cultural Shifts within the Federal Republic of Germany", *New German Critique* 55: 127-138.

Bubner, Rüdiger, 1981, *Modern German Philosophy*, trans. Eric Matthews, Cambridge: Cambridge University Press.

Gehlen, Arnold, 1933, *Theorie der Willensfreiheit*, Berlin: Junker und Dünnhaupt Verlag.

Gehlen, Arnold, 1935a, "Der Idealismus und die Lehre vom menschlichen Handeln", in *Theorie der Willensfreiheit und frühe philosophische Schriften*, Neuwied, 1965: 197-221.

Gehlen, Arnold, 1935b, *Der Staat und die Philosophie*, Leipzig: Felix Meiner Verlag.

Gehlen, Arnold, 1955, "Die Sozialstrukturen primitiver Gesellschaften", *Soziologie: Ein Lehr- und Handbuch zur modernen Gesellschaftskunde*, Arnold Gehlen & Helmut Schelsky, Eugen Diederichs Verlag: 13-45.

Gehlen, Arnold, 1961, *Anthropologische Forschung: Zur Selbstbegegnung und Selbstentdeckung des Menschen*, Reinbeck bei Hamburg: Rowohlt.

Gehlen, Arnold, 1962, *Der Mensch: Seine Natur und seine Stellung in der Welt*, Bonn: Athenäum.

Gehlen, Arnold, 1973, *Moral und Hypermoral: Eine pluralistische Ethik*, Frankfurt am Main: Athenäum Verlag.

Gehlen, Arnold, 1980, *Man in the Technology*, trans. Patricia Lipscomb, New York: Columbia University Press[*Die Seele im Technischen Zeitalter*. Hamburg: Rowohlt, 1976].

Gehlen, Arnold, 1983, *Philosophische Anthropologie und Handlungslehre*, Frankfurt: Vittorio Klostermann.

Greiffenhagen, Martin, 1976, "Konservatismus", *Historisches Wörterbuch der Philosophie*, Band 4. Basel: Schwabe: 980-985.

Greiffenhagen, Martin, 1979, "The Dilemma of Conservatism in Germany",

Journal of Contemporary History 14: 611-625.

Guttandin, Friedhelm, 1998, "Historische Soziologie und die Beschriebung von Paradoxien", *Soziologische Theorie und Geschichte,* Opladen/Wiesbaden: Westdeutscher Verlag: 258-288.

Habermas, Jürgen, 1973, "Philosophische Anthropologie (ein Lexikonartikel, 1958)", *Kultur und Kritik,* Frankfurt am Main: Suhrkamp: 89-111.

Habermas, Jürgen, 1983, "Arnold Gehlen: Imitation Substantiality (1970)", *Philosophical-Political Profiles,* Cambridge: The MIT Press: 111-128.

Habermas, Jürgen, 1989, *The New Conservatism: Cultural Criticism and the Historians' Debate,* trans. S. W. Nicholsen, Cambridge, MA.: The MIT Press.

Honneth, Axel, 2009, "Problems of Ethical Pluralism: Arnold Gehlen's Anthropological Ethics", *Iris* I(1): 187-194.

Hösle, Vittorio, 2004, *Morals and Politics,* Notre Dame: University of Notre Dame Press.

Köhler, Wolfgang, 1947, *Gestalt Psychology: The Definitive Statement of the Gestalt Theory,* New York: Liveright.

Landgrebe, L., 1966, *Major Problems in Contemporary European Philosophy: From Dilthey to Heidegger,* trans. Kurt F. Reinhardt, New York: Frederick Ungar Publishing.

Muller, Jerry, Z., 1997, *Conservatism: An Anthology of Social and Political Thought from David Hume to the Present,* Princeton: Princeton University Press.

Stirk, Peter, 2006, *Twentieth-Century German Political Though*t, Einburgh: Einburgh University Press.

Vergote, Antoine, 1996, *In Search of a Philosophical Anthropology,* trans. M. S. Muldoon, Amsterdam: Leuven University Press.

제2부

한국 보수주의의 역사와 이념

3장 한국 보수 세력의 계보와 역사: 전통 보수주의와 신보수주의, 1945~1979_이완범

4장 개혁적 민주 정부 출범 이후(1998~) 한국의 보수주의: 보수주의의 자기 쇄신?_강정인

5장 한국에서 보수주의의 의미에 대한 하나의 해석_최치원

3장 한국 보수 세력의 계보와 역사:
전통 보수주의와 신보수주의, 1945~1979

이완범

1. 들어가는 말: 전통과 보수주의

보수주의 자체는 생성과 확산 과정이 다양하게 전개되어 현재 어떤 사상인지 규정하기가 모호하다(강정인, 2008: 299). 하지만 에드먼드 버크(Edmund Burke, 1729년 1월 12일 아일랜드 더블린에서 태어나 1797년 7월 9일 영국 런던에서 사망)(버크, 2006: 255-256)[1]를 그 태두이며 원조[2]로 간주하는 것이 일반적이다. 버크는 역사와 전통을 소중하게 생각해 "자신들의 조상을 되돌아보지 않는 사람들은 결코 후대를 전망하지 않는다."고 말했다(니스벳, 1997: 98; 2007). 따라서 보수

---

1) 그런데 맑스가 스스로 맑스주의자가 아니라고 했던 것처럼 에드먼드 버크 역시 보수주의(保守主義, conservatism)란 말을 한 번도 사용한 적이 없다.
2) 강정인(2007: 475)은 근대의 다양한 이데올로기 중에서 보수주의만큼 한 사람(버크)의 사상과 하나의 역사적 사건(프랑스혁명)에 의존한 정치사상은 없다고 주장한다.

주의자들은 과거 역사에 대해 대체로 신뢰하고 있다고 판단된다. 진보적 합리주의자가 '현재를 미래의 출발'로 인식한다면, 보수주의자는 '현재를 지속적이고 끊임없이 진행되어온 과거가 도달한 가장 최근의 지점'으로 본다. 따라서 보수주의자는 역사와 전통을 살펴봄으로써 현재 우리가 나아갈 방향을 알 수 있다고 생각한다. 버크를 포함한 보수주의자는 프랑스혁명에 비판적이었으며 진보주의·합리주의에 대해 비판했다. 영국 내전의 진정한 영웅이라고 할 수 있는 포클랜드(Falkland)는 '변화하는 것이 필요하지 않을 때는 변화하지 않는 것이 필요하다.' 말하면서 '고장 나지 않았으면 고치지 말라.'고 말했다. 그러나 보수주의자가 무조건적으로 '변화'를 거부하는 것이 아니다. 진화론적으로 보았을 때 변화가 역사적으로 더 나은 곳을 향한 점진적 변화일 경우 보수주의는 변화를 받아들인다. 그러나 '변화 그 자체를 위한 변화, 변화에 대한 우상숭배, 무한히 새로운 것을 통해 기분 전환과 자극을 추구하는 대중들에게 만연된 경박한 욕구' 등을 거부한다. 이러한 것을 버크는 이른바 '혁신의 정신'이라 불렀는데 보수주의자들에게는 이러한 것이 투쟁 대상이었다(니스벳, 1997: 101-102; 2007).

정치 이론가로 입문하기 전의 초기 버크는 영국 휘그당의 온건 개혁파의 입장을 대변하는 정치가였다. 그는 영국 왕실을 비판하고 아메리카 식민지에 대한 왕실의 정책을 비판했으며 미국의 독립 혹은 시민혁명을 지지한 공리적 자유주의자의 입장을 보였다. 그러다가 미국혁명보다 훨씬 더 급진적이고 과격한 프랑스대혁명이 발발하자 격렬히 반대했다(버크, 2008; 2009). 프랑스대혁명의 결과에 놀란 버크와 같은 자유주의 정치 세력은 보수화되었고, 이에 따라 보수주의 정치철학이 전성기를 맞이했다. 또한 프랑스대혁명에서 평등이 강조되자 자유주의와 평등주의가 분화되었는데 버크는 평등주의를 비판했다. 자유주의자 버크의 평등주의에 대한 표변은 자유주의가 평등주의와 결정적으로 이반되는 현상을 공개적으로 드러냈다. 보수주의자들은 혁명에 대해 일반적으로 반대하며 혁명을 통해 사회 재건의 씨가 자랄 수 있다는 생각을 거부한다(하보, 1994: 132). 보수주의가 프랑스대혁명을 통해 대두된 진보주의라는 새로운 사상에 대한 반동(reaction) 또는 비판, 대안으로 제시되었으므로 보수와 진보는 그 형성 과정뿐만 아니라 논리적으로도 불가분의 관계에 있다(함재봉, 1999: 200).

이와 같이 버크 시대의 보수주의(18세기 보수주의)는 자유주의와 동일시되었으나 이후 보수주의자(19세기~20세기 초 고전적 보수주의자)는 자유주의자(liberal)들을 제1의 적으로 간주해 '반자유주의'를 체계화했다. 그러나 20세기 러시아혁명으로 인해 사회주의 정부가 실제로 출현하자 보수주의는 사회주의를 최대의 적으로 간주했으며 다시 '친자유주의'로 변했다. 보수주의와 자유주의는 공동의 적인 사회주의에 맞서 공통의 기반을 공유하면서 동일시했던 것이다.

정부(국가)의 시장에 대한 개입을 반대하는 현대 구미의 신보수주의는 아담 스미스식 고전적 자유(방임)주의의 충실한 계승자였다. 이러한 신보수주의는 자유주의를 계승했다하여 신자유주의라고 칭해지며 '경제적 보수주의'라고도 불린다. 신보수주의는 사회주의적 복지 제도의 과잉을 비판하고 경제를 정부 권력의 간섭과 규제로부터 해방시키기 위해 시장 원리로의 복귀와 탈규제를 강조한다. 이렇듯 신보수주의·신자유주의는 경제활동에 대한 정부의 간섭을 최소화할 것으로 주장하는 한편 범죄·폭력·마약 등 사회문제에 대해서는 정부 권력의 적극적이고 강력한 발동을 요구한다. 경제적 시장을 중시하면서 시장에서의 자유방임(국가로부터 시장의 자유)을 주장하지만 사회질서유지를 위해서는 국가의 공권력이 적극적으로 나서야 한다는 다소 모순된 논리를 가지고 있는 것이다. 물론 이러한 모순은 사회적 질서 없이는 개인의 자유가 설 자리를 잃기 때문이라는 논리에 의해 어느 정도 해소된다. 이렇게 질서유지를 위해 공권력의 권위를 중요시하는 사상을 사회적 보수주의라고 칭하며 신보수주의와 동일시되기도 한다. 그러나 질서유지 차원이 아닌 빈곤·복지·의료보험·환경 등의 사회문제에 대한 정부의 간섭은 경제적 영역과 마찬가지로 최소화하려 하므로 신자유주의·신보수주의자들이 모든 사회적 문제에 대한 정부의 간섭 극대화를 원하는 것은 아니며 질서유지 차원에 국한하고 있다. 시장 만능주의·신보수주의는 도둑으로부터 재산을 지키는 데 국가의 기능을 국한하는 자유방임적 야경국가를 연상케 하므로 초기 자유주의적 국가관과 일맥상통하기도 하며 복지국가·사회주의와 대립하고 있음을 확인할 수 있다.

한국의 현대 보수주의는 보수주의 비조 에드먼드 버크에게까지 거슬러 올라가기보다는 대처와 레이건의 신자유주의 정책[3]에 내재한 경제철학을 중시하는 신보수주의에서 그 뿌리를 찾는 경향이 있다. 이들 네오콘(neocon)은 68혁명식의 좌파 이념에 대한 환멸을 자신들의 우익적 신념으로 치환하면서 성장했다. 한국 보수주의자들이 자신을 자유민주주의자들과 동일시하는 경향은 구미 신보수주의자들과 상통하는 면이 있다.

한편 현대 보수주의자들은 변화를 무조건 반대하는 것은 아니지만 이에 저항하는 점에서는 버크식 보수주의자와 같다. 변화에 신중히 저항하고 의문을 가지면서 안정을 희구한다. 또한 보수주의자

---

[3] 자유 시장, 규제 완화, 재산권 중시. 21세기 한국에서는 노동시장의 유연화(해고와 감원을 보다 더 자유롭게 하는 것), 작은 정부, 자유 시장경제의 중시, 규제 완화, 자유무역협정(FTA)의 중시, 공기업 사유화, 의료 사유화, 방송 사유화 등의 형태로 나타나고 있다.

들 중에는 구질서에 집착하는 과거 회귀적(수구적)이며 낭만주의적 부류도 있다. 근대 출현기의 보수주의자들은 전통을 존중했으며 근대로의 변화에 대해 반대했다.[4] 함재봉은 한국의 보수주의가 전통을 긍정해야 한다고 주장하면서 그 전통은 유교라고 단정했다(함재봉, 1999: 216). 그런데 전통이 보수주의자들의 전유물은 아니다. 예를 들어 한국의 유교적 전통에서 혁신적인 이념 체계를 정립할 수 있기 때문에 진보 진영의 인사들도 충분히 전통을 주목할 수 있다(강정인, 2004: 345). 아시아적 가치가 동아시아 자본주의의 전유물이 될 수 없으며 북한·베트남·중국의 현실 사회주의를 유교 사회주의로 정식화하는 논의가 한때 있기도 했다.[5]

2. 개념 정의: 보수·진보와 좌·우

1) 이데올로기 스펙트럼상 보수의 위치: 서구적 관점

보수를 개념 규정하기 위해서는 영미 사회에 출현했던 정치적 이데올로기를 7가지 스펙트럼으로 구분했던 바라다트(Baradat)의 〈그림 1〉과 같은 도식을 참조할 수 있을 것이다(Baradat, 1979: 28).

---

4) 서양 근대의 보수주의자들처럼 진보 이념을 비판하면서 전통을 중시하는 우리의 보수주의가 있다면 그들에게 전통은 유학이고 맹자일 것이라고 이혜경은 주장했다(이혜경, 2008: 10).
5) 그런데 김용서는 일본 유교는 실용주의적인 데 비해 중국과 한국의 유교는 형식주의·관념주의여서 근대화 경쟁에서 패했다고 주장했다(김용서, 1992: 18-19). 일본 무사도의 현실적인 업적주의와 금욕주의적인 정신이 서구의 프로테스탄트 윤리와 같은 기능을 했다는 점에서 일본에서는 유교적인 요소보다는 군사 문화적 요소가 팽창이나 발전의 계기를 만들었다고 평가했다.

좌(left)　　　　　　　　　　　　　　　　　　　　　우(right)
◆－－－－－－－－－－－－－－－－－－－－－◆
Social　　Radical　　Liberal　　Moderate　　Conservative　　Reactionary　　Individual
Anarchist　　　　　　　　　　　　　　　　　　　　　　　　　　　　　Anarchist

〈그림 1〉 바라다트의 이데올로기 스펙트럼

여기에서 리버럴(liberal, 자유주의자. 미국식 진보(progressive)와는 거리가 있으나 우리 사회에서는 리버럴을 진보와 동일시하는 경우도 있음), 모더릿(moderate, 중도), 컨서버티브(conservative, 보수)가 3대 주요 이데올로기라고 할 수 있으며 좌에서 우로 배열된다. 여기에다가 보다 좌측의 급진(radical)과 보다 우측의 반동(reactionary)을 첨가해 5대 사상을 나열할 수 있을 것이다. 이렇듯 서양식 이데올로기 스펙트럼에 비추어보면 반동은 보수(conservative)보다 한 단계 더 극단(급진)적이다. 극우라고나 할까?[6] 따라서 극우 반동이라는 말이 가능하다(그러나 현실적으로 극우는 보수 혹은 수구와 결합되어 극우 보수, 극우 수구라는 말이 더 자주 사용된다). 우리 식 관점으

---

[6] 미국에서는 1914~1925년간 융성했던 백인 앵글로색슨 개신교(WASP, 와스프) 세력의 운동이 1930년대 대공황 당시 출현했던 급진적 보수주의가 인종차별을 철폐하는 시기였던 1960년대에 미 남서부 백인 농민들을 중심으로 다시 부흥했다. 이들은 당시 진보 세력의 참여적 민주주의에 대항해 "미국은 민주주의 국가가 아니고 공화국이다(America is a Republic, not a Democracy!)"라는 구호를 내세웠다. 귀족적 엘리트주의로 무장한 급진적 보수주의자들은 민주주의를 중우주의로 뉴딜식 자유주의 정책을 포퓰리즘이라 비판했다. 인종주의적 편견과 종교적 신념으로 무장된 이들은 공화당의 전통적인 보수주의와 결합하기도 했다(이봉희, 1996: 355-356). 급진적 보수주의를 우리 식으로 말하면 극우라고 할 수 있다. 그런데 미국의 현대 보수주의는 케인즈·F. D. 루스벨트류의 뉴딜식 자유주의에 반대하는 고전적 자유주의(아담 스미스식의 개인의 자유와 자유 시장경제를 강조함)의 입장을 고수해왔다(이봉희, 1996: 30).

로는 극좌, 좌익, 중도, 우익, 극우 등 5개의 사상적 경향으로 변용하여 나눌 수 있는데, 영미식 리버럴이 우리 식 좌익과 꼭 일치하는 것은 아니어서 다소간의 차이는 있다. 공산주의적인 극좌를 상정한 전제에서 우리 식 좌익은 영미식 사회민주주의와 대응될 수 있다.

그런데 영국 아담 스미스(Adam Smith)류의 고전적 자유(방임)주의는 작은 정부를 지향했으며 현재 미국 민주당식의 리버럴은 큰 정부, 사회정의, 소수자 보호, 국제적 협력 등을 중시한다. 오히려 미국 공화당식의 네오콘이 작은 정부, 큰 시장, 개인의 선택권, 국가 안보 등을 중시한다. 또한 신자유주의도 규제 완화, 노동시장의 유연화, 세계화 등을 주장하므로 작은 정부를 주장하는 네오콘과 일치하는 부분이 많다. 자유주의와 보수주의는 서로 넘나들면서 영향을 미쳤던 것이다. 계보상으로 보면 고전적 자유주의와 네오콘(신보수주의. 대처리즘과 레이건니즘도 포함)이 통하며, 미국 민주당식의 리버럴은 유럽식 사회민주주의의 평등 지향과 공유하는 부분이 있다. 물론 미국 민주당도 보수정당이므로 자본주의·자유민주주의의 틀 밖에 있는 진보주의자(progressive)들과는 거리를 두고 있다. 따라서 미국 리버럴과 사회민주주의는 약간의 친화성이 있을 뿐 상이한 점이 더 많다고 할 것이다.

2) 한국의 보수와 진보

우리는 흔히 좌·우로 사상·이념·이데올로기를 구분해 각각 진보·보수와 대응시킨다. 그런데 진보와 보수, 좌와 우는 서로 차원이 다른 개념들이었다. 원래 우익, 중도, 좌익은 프랑스에서 연원했다. 프랑스혁명[7] 전인 1789년 절대왕정 체제하에서 제1차 3부회의가 소집되었는데 제1신분인 성직자 대표, 제2신분인 귀족 대표, 제

3신분인 평민 대표가 모였다. 국왕을 중심으로 오른쪽에는 성직자, 귀족 등 보수 세력이 앉고 왼쪽에는 진보 세력인 평민 대표가 앉았다.[8] 이때부터 제3신분인 평민 세력을 좌익이라고 단순하게 불렀다. 1789년 프랑스혁명이 일어난 후 1792년 혁명전쟁이 발발했다. 그해 9월 20일 프랑스군이 프로이센군을 물리치자 1791년 10월에 성립된 입법의회(1789년 제3신분을 중심으로 구성된 국민의회를 1791년 국왕이 인정하지 않자 구성됨)가 해산되고 국민공회가 소집되었는데 국민공회는 공화정을 선포하고(제1공화정) 1793년 1월에 루이 16세를 단두대에서 처형해 절대왕정 체제가 붕괴되었다. 당시 국민공회에서 입헌군주제를 주장한 온건한 공화주의자 지롱드당이 의장석 오른쪽 자리에, 중간 성향의 마레당이 가운데, 급진 개혁을 주장하는

---

7) 1789년 7월 14일 바스티유 감옥 습격 사건 - 1794년 7월 27일 테르미도르의 반동 - 1799년 나폴레옹 쿠데타로 통령정부 수립으로 가는 일련의 과정을 프랑스 대혁명이라고 한다.
8) 그런데 진보란 기존의 법이나 틀에서 벗어나 새로운 개혁과 변화를 추구하는 것이므로 보수란 말이 수구적이며 과거 회귀적인 뉘앙스를 가지고 있는 것에 비하면 가치 부여적 측면이 있다. 따라서 우익을 일괄적으로 보수, 좌익을 진보로 규정하는 것은 시대적 상황을 무시한 양분법적이며 고정적인 인식이므로 유동적 시각에 의해 교정되어야 한다는 지적도 타당한 면이 있다. 그렇지만 현재의 상황에서 일반적으로 우익을 보수, 좌익을 진보로 보는 것이 통용되는 것도 사실이므로 고정관념을 넘어서기는 어렵기도 하다. 또한 식민지 시대 이래로 민족주의를 우익, 사회주의를 좌익으로 보는 것도 역시 통설이며 고정관념인데, 사회주의자 중에서 계급보다 민족을 강조하는 경우가 있고 민족주의자 중에도 사회주의에 공감하는 경우가 있으므로 여러 경우를 고려하여 양분법적으로 보는 것은 지양되어야 한다. '진보·좌익·사회주의' vs '보수·우익·민족주의'라는 동일화가 하나의 이념형으로 보다 일반적이기는 하지만 현실에서는 다양한 변종과 층위가 있다. 즉 윤해동의 주장처럼 진보적 민족주의라는 말도 가능하다(윤해동, 2007). 수구 꼴통이라는 말로 우익을 매도하고 자신들은 진보라고 주장하는 좌익의 입장에서는 진보가 좌익의 전유물처럼 간주될 수 있지만 '수구 좌파(좌익)'라는 말처럼 이 시대의 진짜 진보는 우익이라는 주장도 있다(권순활, 2009). 즉 진보 좌익·보수(수구) 우익의 기존 양분법에 진보 우익·수구 좌익의 양분법적 대응 논리가 대립하고 있는 것이다. 진보, 보수 논쟁에 대해서는 강정인(2009a) 참조.

과격하고 혁신적 자코뱅당(산악당)이 왼쪽에 앉았던 것에서 좌익, 중도, 우익이 유래했다. 이 당시 좌파, 좌익이란 현실 타파, 개혁적 강도가 강함을 뜻했다. 이렇듯 공산주의 사상이 세상에 나오기 전에도 좌파, 좌익은 있었으나 절대적인 이념의 규정성은 없었고 개혁에 대한 상대적인 선호에 따라 분류되었던 편의적 개념이었다(좌익으로 규정되었던 자코뱅당이 후일 내부 분화되어 당내에서 우익이 나오기도 했다). 그렇지만 19세기 중반 이후 공산주의가 출현하면서 좌파는 사회주의, 공산주의와 동일시되기 시작했다.

이에 비해 '진보'와 '보수'라는 용어는 대체로 발전과 변화에 대한 서로 다른 태도에서 나온 조어이다. 구체적으로는 어느 사회의 기존 가치와 규범, 즉 전통과 법과 제도의 근본적인 변혁을 주장하는 측은 '진보'이고 전통과 법과 제도의 안정을 유지·보존하면서 개혁과 개량을 해나가자는 쪽은 '보수'이다. 진보, 보수 용어는 현재 자유와 평등에 대한 견해 차이로 구별되어, 평등을 중시하는 사회주의자들은 진보, 자유를 주장하는 시장주의자들은 보수로 분류된다(남시욱, 2008: 3). 한편 손호철은 현대적 의미의 보수는 자본주의와 자유민주주의를 옹호하는 우파 세력을 지칭하며, 진보는 사회민주주의나 사회주의 같은 대안적 체계를 지지하는 세력을 지칭하는 것으로 정의했다(손호철, 1996: 39).

김홍명에 의하면 보수주의 철학은 기존 질서를 옹호하고 사회 내 특정 집단의 선도성을 인정하며, 기존 사회는 윤리적, 도덕적 질서에 근거하고 소유권에 기초한 사회적 위계는 인간의 자연적 불평등에 기인한 불가피한 것이다. 이와 반대로 진보주의 철학은 기존 질서를 하나의 고통 체제로 보며, 이의 변화와 지양을 통해 새로운 질서를 추구하려는 일체의 변화 철학이다(김홍명, 1986: 8). 한국 정치를 진보와 보수보다는 혁신과 보수(보혁)의 틀로 이해하는 것이 좋다는 강정인의 주장(강정인, 1993: 3; 1997)에 대해 이현출은 1989년 구사회주의권 붕괴와 함께 한국의 혁명주의가 힘을 잃고 체제 내에서의 변화를 추구하므로 진보와 보수가 더 타당하다고 주장했다(이현출, 2005: 323 각주 2).

그런데 진보, 보수의 개념은 역사적 상황에 따라 다르게 해석되는 상대적인 것이다. 혁명적 변화가 일어나는 등 역사적 상황이 변함에 따라 진보가 보수가 되기도 하고, 보수가 진보가 되기도 하는 유동적인 것이다. 러시아혁명 이후 혁명 세력은 혁명을 지키는 보수가 되었던 것이 그 예이다(반면 사회주의 대두 이후 좌·우는—그 이전에는 유동적이었으나—개인이나 집단이 사상 전환을 한 경우 외에는 좌=친사회주의, 우=친자본주의의 양분법이 변한 적이 없으므로 보혁에 비해 유동적이지는 않은 편이다).

더구나 다원적 가치가 공존하여 다양한 정체성을 가지는 현대사회에서 진보와 보수를 하나의 잣대로 엄밀하게 개념 규정하는 것은 사실상 불가능하다. 그렇지만 엄밀한 규정이 불가능하다고 해서 뒷짐을 지고 있을 수는 없는 노릇이므로 다소 불만족스럽고(특히 양동안을 중심으로 한 우익들은 자본주의 체제를 파괴하려는 좌익을 긍정적이며 가치 부여적이고 온건한 용어인 진보라고 지칭하는 반면 자신들은 수구적 색채를 가진 가치 박탈적 용어이며 고루한 냄새가 나는 보수로 불린다면서 진보라는 말 대신에 좌익이라고 불러야 하며 자신들은 우익으로 지칭해달라고 주문한다.[9] 국민들은 미래 사회

---

9) 이데올로기, 이념이라는 용어보다 사상이라는 말이 보다 정확하다고 주장하는 양동안은 사상운동 세력을 규정하는 크기가 익(翼), 당(黨), 파(派)의 순이라고 주장했다(한국학중앙연구원, 2009). 예를 들면 박헌영의 경우 좌익, 공산당, 재건파였다. 좌익 내에 공산당, 인민당, 신민당이 있었으며, 공산당 내에 재건파, 장안파가 있었으므로 이 견해가 타당한 면이 있다. 그렇지만 현실에서는 좌익과 좌파, 우익과 우파가 혼동되어 쓰인다.

(의 진보)를 위해 나아간다는 건설적 뉘앙스를 가진 진보라는 좋은 말에 현혹되고 있다. 따라서 진보 세력을 체제 파괴적 좌익과 동일시하여 국민을 현혹시키지 말고 종국적으로는 진보라는 말을 쓰지 말자고 제의한다. 한편 한 진보론자는 보수주의자들이 옛 가치를 진정으로 지키지 못하므로 보수라는 말 대신 사대(친일·친미)·매국·친독재·반공 세력이라고 부를 것을 제안하기도 했다(한국경제정책연구회, 한겨레신문사, 2009). 비슷한 맥락에서 보수 앞에는 반통일·극우·시대착오·기득권·냉전·전쟁·호전·숭미 세력이라는 말이 첨가되기도 한다) 도식적이며 거친 분류이기는 하지만 현재 일반적으로 통용되는 진보와 보수를 사용하는 것이 차선인 듯하다(사회와철학연구회, 2002).

거친 양분법적 도식화를 보완하기 위해 보다 세분할 필요가 있다. 즉 진보를 진보적 좌파(급진파)와 진보 개혁 세력으로 나눌 수 있으며 보수를 강경 보수(수구 보수, 급진 보수)와 온건 보수(합리적 보수)로 나눌 수 있다. 중도는 독자적으로 존재하다가 상황에 따라서는 진보 개혁 세력과 온건 보수로 넘나드는 유동적 성향을 가진 이들이다. 이는 해방 직후 정치 세력을 극좌, 중간 좌, 중간 우, 극우로 나눈 것과 유사하다.

발생 당시의 상황에 주목하면 당시 사회적 모순을 통감하고 등장한 자유민주주의나 사회주의 모두 대단히 진보적인 이론들이었다. 그러나 광복 직후 한반도는 우리의 의사와 상관없이 미소 냉전의 결과물이자 각축장이었으므로 그 내용에 대한 심각한 검증 없이 자유민주주의는 보수, 사회주의는 진보로 낙인찍혔다. 2010년 현재 좌익과 우익은 각각 진보파와 보수파로 규정되고 있으며 한국 현대사의 2대 과제였으며 큰 성취였던 산업화와 민주화라는 맥락에서 보면 진보파는 민주화 세력, 보수파는 산업화 세력에 친화적이라고 규정할 수도 있다(홍찬식, 2009). 심지연도 보수와 혁신을 우익과 좌익에 연결시켰다(심지연, 1999: 53).

3. 한국 보수주의의 기원

한국 보수주의의 기원과 관련하여 개화사상의 성격이 논의될 필요가 있다. 왜냐하면 개화사상은 보수와 진보 양 진영으로부터 각 이념의 원류로 해석되고 있기 때문이다.

이 문제에 대해 김정호는 먼저 보수와 진보란 서로가 서로를 규정하는 동시에 상대적이라면서, 기존 전통 정치체제가 차별과 위계를 기반으로 하는 봉건적 특성을 지닌 것이었기에 정치 목표상 그것을 고수하려는 모든 사상적 시도를 보수라고 본다면 그에 반대되는 '반봉건적' 태도를 진보라고 규정한다. 그런데 19세기 후반 이전까지 새로운 정치체제가 구상되지 못했기 때문에 '평등적 정치사회 공동체 구현'의 가치를 창출하고 그것을 실현하려는 정치사상은 노력의 형태로만 존재했다고 그는 평가했다. 평등적 공동체 관념의 정치적 현실화가 가능하지 못했지만 그것으로의 지향은 가능했다는 것이다. 이런 맥락에서 실학사상, 동학사상, 개화사상으로 진보 사상의 계보가 이어졌다고 보았다. 이렇듯 김정호는 개화사상을 근세 이후 한국 진보 사상의 완결이라고 평가했다. 서구 근대 시민권 사상이 유입되어 전통적 진보 사상과 결합한 결과라는 것이다. 그는 한국의 '진보 사상적 전통'이라는 표현을 사용해 진보와 전통을 결합했다(김정호, 2009: 56, 59-60).

그런데 보수주의자들은 전통이 보수의 전유물까지는 아니더라도 자신들과 친화적이었다고 보았다. 이에 대해 김정호는 우리의 전통

사상에도 진보주의가 존재했다고 주장한다. 그렇지만 그는 진보 사상이 지속되지는 않았으며(김정호, 2009: 42) 동시에 봉건적 보수주의도 단속적(斷續的)으로 존재했다고 암시했다. 즉 보수주의가 17세기 중반부터 19세기 말까지 연속적으로 존재하지 않았을 수도 있다고 암시하면서 우암 송시열 사상을 한국 보수주의의 기원으로 삼는 양승태·안외순의 시각(양승태·안외순, 1999: 111-128)에 토론거리를 제공했다. 이런 맥락에서 한국의 보수주의와 진보주의 모두 전근대와 근대 시기에 그 전통의 기원이 있다고 주장할 수 있지만 후술하는 바와 같이 개화사상의 경우 보수주의도 그 기원으로 상정하고 있으므로 단일한 배타적 계보로 각각의 기원을 추적하는 것은 어렵다.

1) 보수주의 기원론 I: 유교

함재봉은 유교에서 보수주의 기원을 찾았다. 또한 양승태는 전통적 가치나 규범을 진보 세력의 이념적 도전에 맞서 지키려고 했던 조선 후기 유학자들을 한국 근현대 보수주의의 원류로 간주했다(양승태, 2008: 9). 양승태는 전술한 바와 같이 송시열을 보수주의의 기원으로 보고 그에 대한 심층 연구를 진행했다(양승태·안외순, 1999: 111-128). 이런 맥락에서 보면 위정척사파가 보수주의자이며, 개화파가 진보주의자이다. 그렇지만 만하임이 말하는 전통주의에서 보수주의로의 이행을 한국 사회가 제대로 발전시키지 못했다는 것을 양승태는 인정했다. 따라서 위정척사파가 보수주의자로 체계적으로 직결되지 못했다는 사실을 그는 인지했다. 양승태는 근현대사에서 보수 세력에 속한 인물들 가운데 전통문화 및 교양을 체득하면서 국가 생활에 헌신하고 공인으로서의 원칙을 일관되게 추구한 인물들의 가치관 및 그러한 가치관의 바탕에 있는 이념의 실체를 밝히고 체계화하는 노력이 있어야 보수주의 정치철학을 그 사상적 기원에 토대해 맥락을 잡을 수 있다고 주장한다. 이렇게 해야만 한국의 보수주의가 이념적 빈곤, '노블레스 오블리주(nobless oblige)' 의식의 결여, 수준 높은 교양의 추구 없이 무조건적으로 기득권을 유지하려는 경향, 물질적 가치에 연연하는 기회주의 및 속물주의로 비쳐지는 것을 지양할 수 있다는 것이다. 한국 역사 속에서 발현한 사상과 문화 및 전통과 관행 그리고 탁월한 인물들의 삶 속에서 진정으로 지킬 만한 것들을 발굴하고 그것을 이념적으로 체계화한다면 '진정으로 지킬 것이 무엇인지'를 알게 되어 보수주의 이념이 구축될 수 있다고 한다. 이는 고도의 지성적 작업으로 결코 즉흥적으로 쉽게 이룩될 수 있는 것은 아니며 가장 기초적인 사실부터 깊이 깨달아야 한다고 그는 주장한다(양승태, 2008: 13, 15-16).

한편 김한식은 보수파 세력은 정암 조광조나 회재 이언적 이후 지속돼온 전통적인 성리학 지지자들로서, 주자학적 통치 이념에 입각한 도학적 수정론을 방법론으로 제시했다는 것이다. 중국 또는 양반 중심의 계층 질서를 바탕으로 봉건적 반상 질서 본위를 절대 명제로 하는 귀족 계층의 일방적 지배 체제를 그 주된 내용으로 하고 있는데, 대체로 퇴계가 이론적 바탕을 마무리했다고 본다. 그러나 조선 전반기를 대표한다고 볼 수 있는 이러한 보수적 정치 이념은 이미 17세기에 접어들면서 한계를 드러내 결국 그 극복태로서 실학과 동학사상[10]의 출현을 목도하게 되었다고 김한식은 평가한다(김한식, 2006b: 399).

---

10) 김한식은 동학사상을 탐구한『한국 정치의 변혁 사상』에서 변혁 사상의 대표격인 실학사상과 외래 사상 수용을 주장했던 개화사상을 변혁 사상이라는 관점에서 그 연계성이 있다고 주장했다(김한식, 2006a: 203-206).

2) 보수주의 기원론 II: 개화사상

한편 원로 언론인이며 한국 보수 세력을 '위대한 개혁[11] 세력'이라고 평가하는 보수주의자 남시욱은 한국 보수주의의 뿌리를 조선 후기 실학파와 개화당에 두고 이승만이 '개화파 3세대'의 대표 인물이자 "대한민국 우익 보수 세력의 시조(始祖)"라고 주장했고, 한국의 보수 세력을 '자유민주주의와 시장경제를 정치적 이념으로 삼는 우파 세력'으로 규정했다.

남시욱은 오늘의 한국 보수 세력의 뿌리가 1870~1880년대 조선조 말기에 수구적인 집권 세력과 위정척사파에 맞서 문명개화와 부국강병을 도모한, 당시로서는 진보적인 개화파에 있다고 주장했다. 1800~1830년대에 출생한 박규수·오경석·유홍기 등이 '개화파 1세대'라면, 김옥균·박영효·서광범·서재필 등 1850~1860년대 출생의 개화당은 '개화파 2세대'라 할 것이다. 다음 '제3세대'는 이승만·안창호·김구·김규식 등 독립운동가들이다. 1870~1880년대에 출생한 이들 독립투사들은 개화파들로부터 개화사상을 익히고 일제하에 3·1운동과 대한민국임시정부 수립에 주도적 역할을 했다. 이들 중 이승만은 젊은 시절에 개화파의 일원이었고 3·1운동 직후에는 대한민국임시정부의 대통령이 되었으며 광복 후에는 대한민국을 세우고 초대 대통령이 된 건국의 주역이다. 이승만은 좋은 의미에서든 나쁜 의미에서든 한국 우익·보수 세력의 시조격이다.

한국 보수 세력의 원조라 할 개화파들은 부국강병 사상과 실력 양성론, 그리고 사회유기체적 국가관과 사회진화론적 국제관을 가졌

---

11) 개혁이라는 말과 보수라는 말은 서구적 관점에서 보면 완전히 대립되는 말이다. 따라서 실체적 견지에서는 형용모순이지만 어제의 개혁이 오늘의 보수가 될 수 있으므로 변화되는 상황적 견지에서 보면 모순이 해소될 수 있다.

다. 이들 중 일부는 근대화와 실력 배양을 최고의 가치로 신봉함으로써 국권 수호와 민족주의적 가치를 경시하는 과오를 범했다. 급진적인 근대화 사상에 매몰되어 국권 수호를 그르친 예가 친일파로 변절한 일부 개화파들의 경우이다. 근대화와 실력 배양 때문에 민주주의를 희생한 예는 메이지유신 모델을 따른 박정희의 개발독재인데 그의 사상은 개화파의 맥을 이었다고 남시욱은 주장한다.[12]

19세기 말 당시 위정척사파는 보수파 주류—지류는 온건 개화파—요, 급진 개화파는 혁신파였다. 그렇지만 개화사상가들은 당시 조선과 같은 반(反)개화 사회가 문명사회로 진보하는 것이 지극히 당연하고 필연적인 과제로 설정하였기 때문에(이원영, 2002: 438) 개혁적인 사상이었으며 따라서 보수주의와는 화해하기 어려운 혁신사상이었다는 평가도 있다. 이렇듯 19세기 말 급진 개화파였던 개화당은 당시 혁신 세력이었다. 이들은 혁신 개화당으로 평가되어 당시 집권 세력이었던 수구당(온건 개화파)과 대립했다. 1876년 개화

---

12) 그는 다음과 같이 주장했다. "한국 보수 세력은 건국과 산업화, 민주화를 이룩함으로써 세계 제10위권의 경제 대국이자 정보 선진국으로 만든 주역들이다. 한국의 현대사를 전통주의 관점에서 해석하든 수정주의 관점에서 해석하든 이 점만은 누구도 부인하지 못할 역사적 사실이요 객관적인 자리매김일 것이다. 대한민국은 약 20년의 시간차를 두고 1960년대에는 산업화 단계로, 1980년대에는 민주화 단계로 들어섬으로써 서양에서 300~400년 이상이 걸린 산업화와 민주화를 불과 반세기 만에 달성하는 기적을 이룩했다. 흔히들 한국 보수 세력의 업적을 건국과 산업화에만 국한하는 경향이 있으나 민주화 역시 보수 세력의 업적임을 외면해서는 안 될 것이다. 한국에 민주주의의 기적을 이룩한 민주화 세력은 넓은 의미에서는 1980년대 후반에 뚜렷이 성장한 총체적인 국민 역량이지만 그 가운데서도 정통 보수 야당의 역할은 컸다. 1987년 6월 항쟁의 추진 주체는 김영삼·김대중이 이끈 민주통일당이라는 정통 보수 야당과 이를 지원한 김수환 추기경 등 종교계와 각계의 지도자들, 즉 한국 보수 세력이었다. 6월 항쟁을 적극적으로 지원한 당시의 언론들, 즉 '수구 언론'이라고 매도당하고 있는 동아·조선 등 보수 신문의 역할도 정당하게 평가되어야 할 것이다."(남시욱, 2005: 541-542)

파는 조선 사회가 적극적이고도 급진적인 방향으로 개화되어야 한다는 '급진 개화파'와 점진적으로 개화되는 방향으로 나가야 한다는 '온건 개화파'의 두 파로 노선상 나누어졌다. '개화당', '독립당'이라고도 불리는 급진 개화파는 김옥균, 박영효, 서광범, 유길준, 홍영식 등의 청년들이 주축이 되어 일본의 메이지유신을 따르려 했다. 한편 김윤식, 어윤중, 김홍집, 민영익 등이 중심이 되고 '사대당', '수구당'이라 불리는 온건 개화파는 청에 대한 종속을 인정하고 청의 양무운동을 모델로 한 양무론적·점진적 개혁을 추진했다. 대체로 일찍이 개화의 필요성을 느끼고 그 수용을 주장한 사람들은 급진 개화파 계열이었으나, 정부 요직에 있으면서 실제로 개화 정책을 추진한 사람들은 온건 개화파였다. 온건 개화파인 수구당은 개화파 내에서 분화된 스펙트럼이었던 것이다.

그런데 수구, 개화, 혁신 등의 명칭은 당시 정치 주체들이 스스로 표방했다기보다는 당대의 언론인들과 후대인들이 만들어낸 성격이 강했다. 급진 개화를 진보 세력이라고 규정한 것은 일본 언론이었다. 김옥균이 일본을 제1차로 방문한 1882년 일본 신문들은 그를 '조선개화당 수령'이라고 불렀다. 당시 개화파 세력은 '독립당' '개진당 (改進黨)' '진보당' '일본당' 등으로 불리기도 했으며 개화당의 적수였던 민씨 일파는 '사대당', '보수당', 또는 '청국당'으로 호칭되었다. 일본의 이런 진보, 보수 분류법이 그대로 조선에도 들어왔다. 급진 개화파 자신들 역시 '진보'를 자처했다(이런 맥락에서 보면 당시 급진 개화파와 경쟁했던 민씨 일파와 온건 개화파는 보수파라고 할 수 있다).

따라서 당시 정통 보수주의자들의 본류에는 위정척사파가 있었으며 개화파는 전반적으로 진보주의자였다. 개화파에서 분화되어 명성황후의 후원을 받는 온건 개화파가 보수파 지류가 되었으며 급진 개화파가 진보파의 중추가 되었다. 온건 개화파는 일종의 전향자라고 할 수 있으므로 개화파의 본류는 급진 개화파였다. 물론 시대가 바뀌어 식민지 시대 일본이 급진과 온건 개화파가 주장하는 서구화(개화)를 대신 수행했으며, 광복 후에는 자유민주주의가 주도적 정치 이념으로 정착되면서 개화당이 주장했던 것이 주류적 사상으로 등장하자 남시욱은 개화파의 정치사상을 보수주의의 원류로 간주했던 것이다. 이렇듯 구질서를 옹호하고 신질서(개혁)를 비판하는 보수주의(혹은 진보주의도)는 사상적으로 시대와 상황에 따라 상대적으로 규정될 수 있는 가변적인 것이라고 할 수도 있다.[13] 따라서 일관되게 계보(한말 개화파→이승만)를 추적하느냐 한정된 당시 상황에서 '기존 질서를 유지하려 한' 사상을 보수주의라고 규정하느냐가 쟁점이 될 수 있다. 후자에 입각해보면 한말 위정척사파, 광복 직후 한민당, 1961~1979년 박정희를 보수주의자로 볼 수 있다.[14] 이렇

---

13) 예를 들면 하얼빈 역에서 이토 히로부미를 저격하고 뤼순 감옥에 갇혔던 안중근 의사는 러일전쟁 당시 일본의 승리를 "쾌하도다. 장하도다. 수백 년 이래 악을 행하던 백인종의 선봉을 한 번의 싸움으로 크게 부수었으니 천고에 드문 일이며 만방이 기념할 자취라 할 수 있다."고 말했다. 쑨원 역시 "일본이 러시아와 싸워 이긴 결과 아시아 민족 독립의 대희망이 생겨"났다고 토로한 바 있으며 심지어는 제정 러시아를 유럽과 달리 동양의 왕도주의에 입각한 나라로 생각했다. 당시 동양의 진보주의자들은 러일전쟁에서 승리한 일본을 희망적으로 바라보았다. 오늘날 여성에게 참정권이 허용되고, 시민권이 부여되는 것에 대해 의문을 품지 않는 것이 당연한 상식이지만 당시엔 여성과 재산이 없는 사람이 정치에 관여하는 것은 '책임도 의무도 지지 않는 자들의 무책임한 민주주의', '다수의 독재'로 간주되는 것이 상식이었다. 여성 참정권 주장이 매우 급진적인 사상이었으며 이를 비판하는 것이 자유주의자들의 일반적인 태도였다.
14) 김성국은 심지어 소련에서는 사회주의가 보수주의이며 자본주의·자유민주주의는 급진주의적 이데올로기라고 평가했다. 이는 후술하는 보수, 진보의 유동적 성격이다. 또한 그는 보수주의의 점진적 성격을 인정하면서도 나치즘과 파시즘과 같은 극우파의 급진적 보수주의도 인정했다(김성국, 1986: 30; 강정인, 2004: 315, 349 각주 17).

듯 실체보다는 상황적 위상에 주목하는 후자의 견해는 그 계보 면에서는 맥락이 이어지지 않는다. 상황 논리에 주목할 수도 있지만 실체가 더 중요하다고 볼 수도 있다. 실체를 파악하기 위해서는 계보를 추적하는 것이 필요하다. 계보 확인은 역사학에서 중요한 과업 중의 하나임에도 불구하고 한국 보수주의의 계보를 추적하는 작업은 별로 이루어지지 않았다. 한국 보수주의가 백화제방 식으로 전개되었으므로 단일 계보를 추적하는 것이 매우 어려웠기 때문일 것이다. 따라서 이 글에서는 단일 계보에 집착하기보다는 4계보(후술함)로 새롭게 재구성해볼 것이다.

한편 학계에서 한말 정치를 해석할 때 보수파라는 규정보다 수구파라는 규정을 더 많이 사용했다. 물론 보수주의자 중 상대적으로 더 극단적인 인사들을 '수구 꼴통(수구 반동)'이라고 칭해지는 경우가 있으므로[15] 수구는 보수보다 더 급진적인 사상적 스펙트럼이지만 수구가 보수의 한 부류라고도 볼 수 있다. 수구라는 말은 옛것을 지킨다는 의미로 보수와 상통한다. 수구 꼴통이라는 말은 좌익들이 우익을 경멸할 때 쓰는 말이다. 좌익들이 보수와 반동을 한통속으로 묶어 표현하는 보수 반동도 비슷한 경우이다. 공산주의자들은 역사 변화와 발전을 가로막는 것이 수구 세력이며 반동 세력이라고 지칭했다. 공산화에 방해가 되는 세력을 반동이라고 불렀으므로 이 말에는 계급적 성격이 확연하다(유세환, 2006: 326-327). 한편 우익 이론가 유세환은 시대착오적 수구 독재 세력(친북적인 주체사상파)이 진보

---

15) 그런데 한나라당은 수구 꼴통으로 칭해지는 애국 운동 단체(아스팔트 우파)들의 집회에는 참석하지 않는 등 거리를 두려 했다(유세환, 2006: 311). 만약 동일시된다면 선거 승리가 낙관적이지 않기 때문일 것이다. 또한 뉴라이트들도 자신들은 새로운 우익이라며 기존의 보수 우익 세력을 구우익, 때 묻은 기득권 세력, 낡은 보수 세력으로 규정해 거리를 두려 했다. 이러한 현상에 대해 유세환은 김정일 추종 세력에 의해 길들여지는 것으로 파악했다(유세환, 2006: 320, 329).

세력 행세를 한다고 비판했다(유세환, 2006: 231). 우익은 진보의 탈을 쓴 주사파들이 수구(좌파)라며 맹비난하고 좌익은 좌익대로 우익을 수구 꼴통이라고 비하하면서 서로 양극단에서 팽팽한 긴장 관계를 형성하고 있는 것이다.

4. 한국 보수주의 이념의 빈곤: 서양적 기준을 넘어선 한국적 기준으로의 전환

여기서 보수주의 이념은 과연 빈곤한가의 문제가 제기된다. 서구적 견지의 보수주의 이념이 한국에서는 빈곤했으나 한국적 보수주의는 엄연히 존재했다. 진보든 보수든 각각의 사상(이념, 이데올로기)은 각 나라의 특수한 사회적, 문화적, 정치 경제적 조건을 반영하여 그 성격과 내용을 달리한다. 일본 보수당인 자민당(이에 비해 일본 민주당은 다소 리버럴함)의 보수주의와 미국 보수정당인 공화당(그렇지만 공화당 내에도 리버럴들이 있다. 역시 보수정당으로 간주되는 민주당에도 보수주의자들이 있지만 주류는 리버럴이므로 민주당은 공화당에 비해 상대적으로 자유주의적이다)의 보수주의는 성격과 내용면에서 상당한 차이를 보인다.[16] 그런데 우리나라는

---

16) 1970년대 초반부터 미국에서 뉴라이트(New Right)라는 표현을 쓰는 정치집단이 등장했으며, 공화당 보수파들이 집결해 당선시켰던 레이건 대통령의 '보수혁명'은 성공적이지 않았다고 평가된다(안영섭, 1990: 123, 132). 한편 진정한 우익이라고 할 만한 보수 세력은 한국의 현실에서 존재하기 어려우므로 탈국가적 민중성과 기득권에 연연한 우익 논리를 동시에 극복하면서 주권통일국민민주국가를 백년대계로 설계하고 그 건설에 참여하려는 강한 의지를 가진 사람 혹은 그 사상으로서 신우익을 주창했다(이혁섭, 1990: 289, 292). 이미 신우익이라는 용어가 미국과 한국에서 정식화되었던 것이다.

장구한 역사를 가졌음에도 불구하고 존중되어야 할 대표적인 보수주의 이론가나 사상가가 눈에 띄지 않는다. 실제로 보수주의자로 간주되는 인사조차도 우리나라에 보수할 것이 있냐고 말할 정도이다. 엄연한 보수주의 정당도 과거의 전통과 가치를 부정하면서 사회주의자들의 의제를 수용하고 개혁 정당을 자처하기까지 한다(예를 들면 김영삼 대통령을 배출한 신한국당의 경우 김영삼 정부 당시 개혁에 드라이브를 걸어 과거 청산, 역사 바로 세우기, 금융실명제 등 정치 개혁을 수행했다). 이렇게 한국 보수주의자들이 보수주의적 자기 정체성을 부인하는 것은 그들의 외세 의존적이며 기회주의적이고 편파주의적인 행동 성향을 보여주는 사례라고 대표적 보수 논객 한승조가 주장했다(한승조, 1989: 147-149; 성보용, 2001: 32-33). 체제 수호를 위해 불가피했다고는 하지만 지나치게 외세 의존적인 태도를 보임으로써 주권국가로서의 주체성을 스스로 포기한 듯한 인상을 주기도 했다고 보수주의자 내부에서 반성이 있었다(바오출판사 편집부, 2005: 10).

한국 보수주의는 서구와 같이 자유주의 사상의 확산에 대한 대응물이 아니라 사상적으로 그 정체가 불명한 가운데 반공주의를 강화하는 수단으로 등장했기 때문에 철학적·종교적 기반이 결여되어 집권 세력, 수구 세력, 기득권자,[17] 보수적 중간층을 결집시키는 정치적 이데올로기로 발전해왔으며 집권 세력의 통치 수단이자 지배 이데올로기로 전락해왔다고 김용민은 평가했다. 그는 보수적 정당이 있지만 진정한 보수주의 철학에 기초한 정당은 존재하지 않는다고 진단했다(김용민, 1999: 46-47; 강정인, 2004: 301). 한국 보수주의는 심

---

17) 바오출판사 편집부(2005: 9)에 의하면 보수 세력은 단지 수구 기득권 세력일 뿐 진정한 보수주의자가 아니라고 주로 진보 쪽에서 비판했다는 것이다.

오한 사상이 아니라 상황적 논리와 기회 편승적 이데올로기에 불과하다는 것이다. 한국 보수주의는 특정한 이념이나 일정한 사상 체계를 확고하게 갖춘 적극적인 정치 이데올로기가 아니라 변화하는 시대 상황에 대한 수동적 반응에 불과하다는 평가에 직면해 있다. 조찬래도 보수 세력들은 이념적 성향 또는 유대감보다는 정치적 이해관계를 기반으로 해서 생성·소멸하는 과정을 겪었기 때문에 명확한 이념 체계를 형성하지 못했을 뿐만 아니라 유지·보수하려는 이념적 내용도 불분명하다고 평가했다. 보수 세력들의 주요한 관심은 역사의 전환기마다 어떻게 하면 지배 세력으로 존재하느냐에 있었으며 그들은 이때마다 잔존하여 새 시대의 지배 세력으로 자리를 바꾸었다는 것이다. 보수주의를 표방한 정치 세력은 오래전부터 존속했지만 그것이 독자적인 이념 체계의 모습을 갖추지는 못했다고 조찬래는 평가했다(조찬래, 2001: 337, 326).

서양에서는 자유주의와 보수주의가 다른 사상으로 출발했음에도 불구하고(비록 사회주의 정부 출현 이후 서양에서도 자유주의와 보수주의가 서로 연대하거나 서로를 동일시하기도 했지만) 근대화 시대 한국 보수주의 지배 세력은 이것을 혼동했다. 따라서 서구의 잣대로 보수주의를 본다면 한국 보수주의의 사상의 빈곤(poverty of thought)을 논할 수 있으나 이데올로기로서의 보수주의는 엄연히 존재했다고 할 수 있으며 현실 정치계에서는 끊임없는 사상투쟁을 통해 성장했다고 할 수 있다. 그런 의미에서 서구와는 다소 다른 '한국식(한국적, 한국형[18]) 보수주의'라는 말이 성립할 수 있다. 강정인은 서구의 근대 보수주의 철학과는 다르며 기존 정치체제에 대한 옹호

---

18) 김용서는 『한국형 보수주의와 리더십』에서 '한국형'이라는 표현을 사용했다(김용서, 1992).

에 불과한 '상황적 보수주의'에 주목했다(강정인, 1997: 52).

양승태는 한국에서는 명시적이고 체계화된 보수주의 사상 또는 이데올로기가 존재하지 않는다고 평가했다(양승태, 1994: 9). 이는 진보주의도 마찬가지라면서 "한국 진보주의의 근본적 문제 중의 하나가 바로 한국 보수주의에 대한 체계적이고 철저한 비판적 이해나 노력 없이 한국 보수주의가 이념적으로 '채용하고' 있는 서구 사상의 …… 대립되는 흐름을 …… 무비판적으로 '채용하는' 수준에서 스스로의 이념적 근거를 마련하려 하는 데 있다."고 주장했다. 그는 진보를 연구하기 위해서도 그 짝인 보수에 대한 연구를 선행해야 한다고 첨언했다(양승태, 1994: 13; 2007). 함재봉도 "한국에서 진정한 의미의 보수주의란 없다. 이것은 국내외의 모든 학자의 일치된 견해이다. 이른바 보수주의자들은 자신들의 주의 주장을 일관되게 설명할 철학적, 정치적, 정책적 체계를 갖고 있지 못하다."고 주장했다(함재봉, 1999: 199). 김병국도 한국 보수주의는 철학적, 이론적 내용이 비어 있는 단순한 정치적 구호나 수사에 불과하다고 평가했다(김병국, 1999: 254). 김비환도 철학의 부재와 도덕적 관심 결여를 비판했다(김비환, 1997: 13; 강정인, 2004: 301). 윤민재도 한국 사회의 보수주의는 세계 냉전 질서 속에서 외부로부터 강하게 규정된 정치 흐름을 성찰 없이 수용하고 그것을 권력의 획득과 유지를 위해 동원하고 편의적으로 이념을 만들어내는 경향이 많았다고 평가했다. 비판 세력이 부재한 가운데 보수 세력들은 반공(반북)과 친미의 구도 속에서만 보수주의 이념을 파악했고 그것을 벗어난 사고방식과 행위는 반민족, 반민주적인 매우 위험한 것으로 취급했다는 것이다(윤민재, 2004a: 270; 2004b).

한편 강정인은 서구 중심주의에서 벗어나 '우리 보수주의'를 보는 새로운 인식의 전환을 강조한다. 즉 "서구의 보수주의 철학을 통해 한국의 보수 세력을 조명하는 것은 득보다 실이 많다."는 것이다(강정인, 1997: 52). 보수할 전통이 없는 보수주의, 부르주아 없는 자유주의, 맹목적 민족주의, 프롤레타리아 없는 급진주의, 권위 없는 권위주의라는 식의 해석은 서구 중심주의적 해석의 전형을 보여주는 것이다. 그 결과 '무사상의 사상' '자유주의 및 사회주의 사상의 빈곤' 등이 한국 현대 정치사상을 특징짓는 자조적인 목소리로 넓은 공감을 얻어왔다. 이런 식의 진단은 서구의 역사적 맥락에서 도출된 특정 이념의 성격과 기능을 그 배경의 차이에 대한 고려 없이 그대로 한국에 적용해 한국의 정치 현실을 설명·재단하고, 또한 그 이념들의 발생론적·서구적 기원에 집착해 보수주의·자유주의·민족주의·급진주의의 '한국화' 가능성을 부인하는 시각에서 한국의 경험을 '일탈' '모순' 등으로 파악하기 때문에 문제가 있는 것이다.

과연 우리는 고유의 정치사상이 없는 것일까? 우리도 고유의 전통이 있었으며 그것이 지금까지 기저에서 당연히 영향을 미쳤다. 민족국가 수립과 민주화를 중심으로 진행된 한국 현대 정치사는 다양한 사상적 조류가 치열하게 각축하는 과정이었다. 한국 현대 정치는 어느 나라보다 사상과 이념의 치열한 각축 공간이었다. 식민지 청산 과업의 등장과 굴절, 반공주의·권위주의 통치의 지속, 민주화를 통한 폭발적 열망, 통일 민족국가 건설을 위한 투쟁의 경험 등을 통해 한국은 서구 근대가 경험한 이념들 간의 투쟁을 압축적이고도 격렬하게 경험했다. 따라서 서구 중심주의를 탈피한 한국 정치, 한국 정치사상에 대한 해석이 필요하다. 서구의 민주화 경험 또는 민주화에 대한 서구의 이론이나 해석이 한국의 사례에 자동적으로 적용될 수 없으므로 서구 이론으로 한국의 민주화와 정치사상을 설명하려는 기존 시도는 문제가 있다. 또한 보수주의 이념의 발생론적 기원에 집착해 보수주의의 한국화 가능성을 부인하는 시각이나 한국 정치의 특수한 맥락에서 보수주의가 보이는 동학과 특성에 적절한 의미를 부여하기보다는 일탈, 모순, 의사적(擬似的)이라는 등의 폄하적 평가를 내리는 해석도 문제가 있다(강정인, 2009b: 18).[19] 따라서 한국의 보수주의나 민주화 경험을 그 자체로 인정하고, 서구의 그것과 구별되는 한국 고유의 내용과 성격을 세계 체제의 시공간 안에 맥락적으로 위치 지어 설명할 필요가 있다. 예를 들면 한국의 민주화 과정은 다른 한편으로 민주주의의 한국화 과정이었다는 것이다. 따라서 강정인은 서구 보수주의를 원초적/1차적 보수주의로 한국의 그것을 파생적/2차적 보수주의로 간주해 문제를 보아야 한다고 제언했다. 이 두 가지 개념 유형은 유개념으로는 같은 보수주의이지만 종개념으로는 다른 범주라는 것이다(강정인, 2004: 304).

---

19) 이 책의 저자들은 서구의 역사적 맥락에서 도출된 특정 이념의 성격과 기능을 그 배경의 차이에 대한 고려 없이 그대로 적용해 한국의 정치 현실을 설명·재단해온 기존의 설명을 비판하면서, 제2차 세계대전 후에 비로소 근대국가 형성의 과제에 직면한 신생 독립국인 한국 정치의 특성인 이른바 '비동시대성의 동시성(Ungleichzeitigkeit, non-simultaneity)'에 주목했다. 이는 블로흐(Ernst Bloch)의 개념을 강정인이 적용한 것이다. 비동시대성의 동시성이란, 과거 질서와 미래 질서의 중첩적 병존, 곧 한국 정치에서 나타나는 자유주의의 보수적 전개 및 사회주의의 조숙한 출현, 권위주의와 자유민주주의라는 '이중적 질서의 중첩적 병존'이라는 이념적 특성, 후발국에 현저한 목적론적 변화의 특성으로 나타나는 '부르주아 없는 자유주의'나 '노동계급에 앞서는 사회주의' 등의 현상, 나아가 분단을 구조적 조건으로 안고 출발한 한국 특유의 정치 현실 등을 말한다. 민주화 이전 한국의 정치 질서를 '권위주의'와 '자유민주주의'라는 '이중적 질서의 중첩적 병존'으로 규정하면서, 이런 구조 속에서 한국 보수주의의 특유한 전개 과정 및 성격을 파악할 것을 주장했다.

5. 한국 보수 세력의 역사에서 한국 보수주의의 역사와 계보로

해방 이후 대한민국 현대사에 정치적 보수 세력은 있었어도 그들이 나름의 정책 결정 혹은 사회적 가치 배분의 준거로 삼을 보수주의라고 불릴 수 있는 이념은 없었으므로 한국 보수주의의 역사라고 할 만한 것은 없다는 주장도 있다. 따라서 이 글에서는 한국 보수주의의 역사라 하지 않고 일단 한국 보수 세력의 역사로 논제를 설정했으며 이에 기반해 한국 보수주의의 역사와 계보를 추정하고자 했다.

그런데 한국 보수주의자들은 자유민주주의나 사유재산권을 마치 그 의미가 자명한 '성스런' 이념처럼 일방적으로 내세우는 수준의 이념적 위상에 머무르고 있었다는 평가에 직면하고 있다. 한국 보수 세력에는 대중적 논객들은 많이 있어도 진정한 의미에서 보수주의 이데올로그는 발견되기 힘들다는 사실도 그러한 이념적 빈곤의 반영이다(양승태, 2008: 9). 한국 보수주의 정치 세력들은 오로지 기득권 수호에만 급급했을 뿐 계승 발전시키고자하는 정치적 이념의 전통을 이루고 세워가는 데는 실패했다는 것이다. 미군정기와 이승만 시대에 보수주의자들이 정권을 잡는 데에 외세 특히 미국이 큰 힘이 되었다는 것은 부인할 수 없는 사실이다(성보용, 2001: 184). 여기서 해방 이후 전개된 한국 보수주의의 흐름을 잠정적이나마 네 개의 계보로 분류할 필요가 있다.

한국 보수주의는 전통(현상)을 보존하고 유지하려는 지배계급의 사상이라고 규정할 경우, 다음과 같이 전통(지배계급의) 보수주의 계보(정통 보수주의, 구지배계급의 구보수주의)와 신흥 지배계급의 보수주의 계보(신보수주의 I과 신보수주의 II, 신보수주의 III의 3개)로 분류할 수 있다. 각각의 성격을 도식화하면 다음과 같다.

① 전통 보수주의 계보(위정척사, 배타적 민족주의를 기원으로 함)

전통 지배계급(양반)의 유교적(봉건적) 보수주의: 위정척사(유교)의 배타적 민족주의[20]→3·1운동의 한 축→해방 후 유림, 김창숙 등의 보수주의→성균관으로 집결→1980년대 이후 거의 단절

② 신보수주의 I 계보(온건 개화파→우파 민족주의를 기원으로 함)

한말 지배계급과 식민지 시대[21] 지주계급의 우익 보수주의: 온건 개화파→식민지 시대의 우파 민족주의→한국민주당 등 지주 출신 정통 보수 야당의 보수주의((자유)민주주의[22])→장면→김영삼(→김대중)

③ 신보수주의 II 계보(개화사상→기독교적 자유주의를 기원으로 함: 건국의 사상)

신흥 지배계급(부르주아)의 보수주의: 급진 개화파→이승만(반지주 정책으로서의 농지개혁 등 주도, 기독교)

---

20) 이택휘는 위정척사 운동이 반동 복고적이었고 폐쇄적 수구성을 가진 고루한 운동이었다는 부정적 평가에 대해 19세기 말 전후 서양과 일본의 침략기에 조선의 국가 자주권을 지키려는 민족 자존과 자주의 운동이었다고 대응했다. 위정척사가 자존적 민족주의의 연원이라는 것이다(이택휘, 1999: 226-229).
21) 조찬래는 한국 정치에서 보수 세력의 모태는 일제식민지 통치 기간에 형성된 친일파라고 단정했다(조찬래, 2001: 329-330). 또한 미군정기 보수파는 친일파와 친미파 인사들로 구성되었다고 평가했다.
22) 이승만 시대 민국당, 민주당은 이승만의 대통령중심제에 맞서 자당의 집권이 가능한 내각책임제를 주장했다. 따라서 실체적 차원에서는 더 민주적이었다고 말하기 어려우나 이승만의 장기 집권에 맞서 민주주의를 주장했기 때문에 상황적(위상적, 상대적)인 차원에서는 좀 더 민주적이었다고 할 수 있다. 그렇지만 민주당은 반공을 민주주의보다 더 중시했다(강정인, 2009c: 67, 69).

④ 신보수주의 III 계보(민족주의를 기원으로 함: 부국의 사상)

신흥(혁신)지배 엘리트(노동자·농민 출신 성분의 지식인으로서 친기업적 경제 우선주의적 인사)의 보수주의: (공산주의→)(김구 등의 민족주의→)박정희 등 신흥 군사 엘리트, 전향자 연합의 반기득권적 사상(구정치인, 부패 정치인, 사대주의자 혐오, 민족주의적 지향, 국가의 시장에 대한 강력한 개입)→자유민주연합(→이명박 등의 반여의도 정치, (국가에 대한) 시장 우선주의, 영미식 네오콘과 일맥상통)

신보수주의 I, 신보수주의 II와 신보수주의 III은 광복 이후 60여 년간 집권 세력이라는 맥락에서 계보의 간접적 연결성을 논의할 수 있다. 다만 신보수주의 I의 장면, 김영삼(과 김대중)은 예외적인 케이스이다. 그렇지만 사회주의를 진보라 하고 반사회주의(반공)를 보수주의라 할 때는 전통 보수주의와 신보수주의가 모두 지배 세력(계급)이라는 면에서 단일 계보로 통합될 수도 있다. 다만 김대중의 경우 1990년대 이후 보수 야당에서 진보로 상대적인 방향으로 변화한 경우이다. 이를 사상 전환으로 보기는 어렵지만 사상 노선의 변용 정도로 평가하는 것은 가능하다고 생각한다. 또한 1948년 남북협상 참가 후 김구의 사상 노선도 논쟁거리가 될 수 있다. 농민 출신인 김구의 경우 유교의 영향도 받았고 기독교의 영향도 받은 독특한 경우이다. 따라서 당초에는 전통 보수주의 계보와 친화적이기도 했지만 신흥 지배계급(부르주와)과도 공감할 여지가 있었다. 그러나 이승만 정부 시기인 1949년 암살당하면서 그의 사상 노선은 수면 아래로 잠복했다. 그러다가 다소 민족주의적이며 구호에 그쳤을지라도 평화통일을 추구했던 박정희가 집권하면서 그 민족주의적 사상 일부가 정권의 프로파간다 상으로 계승되었다.

신보수주의 II와 III은 모두 집권 세력의 사상으로 반민주적으로 흘렀음에 비해 신보수주의 I은 제1~5공화국까지는 야당의 사상으로 민주화를 위해 투쟁할 수밖에 없었으므로 민주적 성격을 가졌다고 할 수 있다. 집권 보수 세력(반민주적(독재) 보수 세력)이 아닌 보수 세력의 일부가 민주적 보수 세력(점진적 개혁주의 성향)으로 분화되면서 진보파와 민주화 추진 세력이라는 이름으로 연대해 반민주 독재 세력과 투쟁해 민주주의를 쟁취했던 것이다. 이러한 민주 대 반민주의 대립 구도는 보혁 양분법과는 차원이 다르다. 그런데 민주화 이후 민주적 보수 세력들은 반민주적 독재 체제를 점진적으로 개혁하는 노력을 한 결과 이런 보수 세력의 내부 분열적 대립 구도는 제6공화국 김영삼 집권과 더불어 어느 정도 희석되었다(조찬래, 2001: 338). 민주적 보수와 반민주적 보수의 분화는 문민정부 출범으로 부분적으로나마 통합되었던 것이다.

6. 해방 이후 한국의 보수주의 사상: 자유민주주의, 민족주의, 반공, 시장

1) 한국 보수주의의 양대 주류 사상: 자유민주주의와 민족주의

현대 한국 보수주의를 자유민주주의, 반공주의와 동일시한다면 이는 1948년 대한민국 정부 수립(건국)과 동시에 등장했다고 할 수 있으며 그 원류는 개화파라고 할 수 있다. 실제로 이승만은 개화사상가로서 독립협회에 참여하는 등 개화사상을 구현하고자 애썼던 운동가였다.[23]

한편 보수주의가 역사와 전통, 가치를 지키는 면을 주목한다면 한

말 외세의 침탈(서구화)에 맞서 우리 것(우리 민족의 정체성)을 지키려는 위정척사파에서 보수주의가 시작되었으며 식민지 시대 민족주의 사학에서 그 결실을 맺었다고 할 수 있으며 그 원류는 유교 사상이라고 할 수 있다. 우파 민족주의라는 말이 상징하듯이 식민지 시대 우파(보수주의)는 민족주의와 동일시되었다. 이 대목에서는 한국 보수주의의 주 내용이 자유민주주의냐 민족주의냐가 쟁점인데, 식민지 시대에 주목하면 민족주의를 주류로 볼 수 있고(진보주의인 좌파는 사회주의) 1945년 이후의 한국 현대사에 주목하면 자유민주주의를 주류로 볼 수 있다. 2010년 당시 정치학계에서는 일반적으로 자유민주주의를 보수주의와 연관시키지만 민족주의도 보수주의에 큰 영향을 미쳤다는 것이 이 글의 주장이다. 이러한 관점에서 위의 4계보와 연결해 해명하면 다음과 같다.

즉 민족주의는 전통 보수주의에 영향을 미쳤으며 식민지 시대 신보수주의 I에 간접적인 영향을 미쳤다가 1960년대 박정희 등장 이후는 신보수주의 III에 더 큰 영향을 미쳤다. 한편 자유민주주의는 이승만 정부 이래 야당을 자임했던 한국민주당 전통 보수주의의 민주주의적 지향에 영향을 미쳤다. 또한 개화사상을 원류로 하는 신보수주의 II는 서구의 민권 사상(자유주의)의 영향을 받았으며 이승만에 의해 계승되었다. 따라서 민족주의와 자유민주주의는 한국 보수주

---

23) 개화파 2세대와 3세대의 다수 인사는 일제하에서 독립운동을 벌였다. 3세대 중 이승만을 비롯한 상당수는 배재학당 출신인데 이들은 또 3·1운동을 주도하고 상해임시정부에 참여했다. 한국 보수 세력의 원조라 할 대한민국 초대 대통령 이승만이 배재학당에서 서재필의 지도를 받은 점은 특기할 만하다. 독립협회는 윤치호(尹致昊)가 부회장 대리 체제로 운영을 맡으면서 급진파인 이승만, 유영석(柳永錫), 신흥우(申興雨) 등 젊은이들이 조직을 장악해 활동이 급진화했다. 이승만은 독립협회가 해산될 때까지 유력한 간부였다. 이승만을 비롯해 한일합병 후 미국, 중국 등지에 망명해 독립운동을 벌인 젊은 독립협회 회원들은 광복 후에는 한국 보수 세력의 중추 세력이 되었다(남시욱, 2008: 4-5).

의에 영향을 미친 양대 이념이라고 할 수 있다. 한국 보수주의의 궤적을 추적하는 본격적 논의에 들어가기에 앞서 한국 보수주의의 특성을 살펴보고자 한다.

2) 한국 보수주의의 특성: 반공과 시장

한국 보수주의의 양대 키워드는 반공과 시장이라는 견해가 있다. 그런데 양자는 분리해서 고찰할 필요가 있다.

한국의 보수주의는 오랫동안 그 이념적 근거를 '반공'이라는 부정적인 이념에서 찾았다. 지금도 반공에 대한 영향력이 남아 있으므로 냉전 시대 이념을 시대착오적으로 집착하고 있다고 평가된다(양승태, 2008: 11). 따라서 시대착오적, 냉전적, 수구적이라는 형용사가 결합되기도 한다. 예를 들면 2010년 당시 집권 세력이었던 한나라당에 대해 좌익들은 수구 보수 냉전 세력이라고 비판했다(유세환, 2006: 27, 305).[24]

이승만(김용서, 1992: 78-87)의 반소 반공주의나 박정희의 '반공을 국시로'라는 구호에 반공이 공통적이므로 신보수주의 II와 신보수주의 III도 반공이라는 기저를 공유하고 있음을 알 수 있다. 또한 정통 보수 야당의 신보수주의 I도 물론 반공을 공유하고 있으므로 반공주의는 한국 보수주의의 정파를 관통하는 사상적 기저라고 할 수 있다.

이렇듯 반공과 한국 보수주의가 동일시될 수 있다는 점은 한국 보수주의의 사상적 빈곤을 비판하는 논거로 활용되기도 한다. 그러나

---

24) 그런데 한나라당은 자유민주주의와 시장경제라는 대한민국의 정체성을 지키는 보수정당이라고 자처했다. 이렇듯 21세기에는 대한민국의 정체성에 대한 태도에서 보수주의의 준거를 잡을 수도 있다.

우리만 보수주의가 반공과 결합한 것은 아니었으며 우리가 이 점에서 원조이거나 세계적으로 유례가 없는 경우도 물론 아니었다. 공산주의의 출현 이후 미국이나 서구 보수주의의 가장 중요한 과제는 공산주의라는 혁명적 이념에 대한 반대였다. 따라서 공산주의에 대한 혐오와 거부감은 세계 보수주의의 보편적인 현상이었다. 냉전 기간 동안 세계 어느 곳에서나 보수주의는 공산주의의 가장 강력한 적이었다. 냉전기 보수주의자들은 공산주의자와 양립하기 어려웠다. 이렇듯 보수주의와 반공주의가 항상 붙어 다닌 것은 한국의 경우만이 아니었다. 한편 미국이나 서구의 각종 진보주의 정치 세력들은 소련 공산주의에 대해 애매하거나 미온적인 반대로 일관했고, 동정적이며 비호적인 '용공' 세력으로 행세했다(박근, 2000: 114).[25]

따라서 한국 보수주의자들이 반공을 주장했다 해서 서구 보수주의자들과 같은 사상적 기반이 없으며 사상적으로 빈곤하다고 평가받는 것은 정당하지 않을 수도 있다. 물론 사상의 자유가 헌법에 보장되는 탈냉전기 한국에서 반공을 제1의 이념으로 주장하여 아직도 전가의 보도처럼 휘두르려 한다면 시대착오적이라고 평가될 수는 있을 것이다. 또한 반공이라는 표현이 부정적인 성격을 원초적으로 가지고 있으므로 건설적이지 않은 점을 한계로 지적할 수는 있지만 그렇다고 그 사상을 완전히 무시할 수는 없는 노릇이다. 김용서는 반공 이데올로기로 동일시되는 한국 보수주의가 새롭게 탈바꿈할 것을 강요당했다고 일찍이 1992년에 간행한 책에서 주장했다(김용서, 1992: 15). 그렇지만 그후 한국 보수주의가 반공 이데올로기를

---

25) 예를 들면 카터는 대통령 당선 전 북한 김일성에게 리비아를 비롯한 제3국을 통해 수차례에 걸쳐 다수의 서한을 보내 한국 문제를 논의하는 등 비밀리에 연대를 모색하기도 했으며 실제로 북핵 위기 당시 중재자로 나섰다(홍성걸, 2006: 310-311).

벗어나 그렇게 확실하게 변한 것은 없다고 할 것이다. 사실 반공 이데올로기는 좌익들이 반공 사상을 비난할 때 주로 쓰는 부정적 표현이다. 또한 반공주의라는 표현도 반공이 주의로까지 승화될 수 없는 부정적 사상임을 비꼬는 뉘앙스의 말이다. 반공이라는 부정적이며 단순한 저급 이념의 포로가 되었다는 것이다.

그런데 이승만 시대 지배층 경제체제는 자본주의(시장 만능주의, 시장경제(market economy) 중시 사상)도 아니었다. 예를 들면 이승만은 사회주의적 개혁의 요소가 다분히 내포되어 있는 농지개혁을 시행했다. 이는 보수주의의 원조인 한국민주당 등 토지에 기반한 구 지배 세력과 북의 토지개혁을 모두 견제하기 위한 이승만의 승부수였으며, 이러한 반(反) 한민당[26] 및 반(反) 공산당적 개혁은 6·25전쟁 당시 남의 민중이 북의 체제를 일방적으로 지지하지 않게 만드는 데 일조했으므로 상당히 성공적이었다. 농지개혁은 자본주의적 시장 질서에서 상당히 이탈하는 것이었으며, 지켜야 할(보수해야 할) 전통적 질서를 파괴하는 것이었으므로 전혀 보수주의적이지 않았다. 또한 제헌 헌법에도 제18조 2항에 "영리를 목적으로 하는 사기업에 있어서는 노동자는 법률의 정하는 바에 의하여 이익의 분배에 균점할 권리가 있다."고 규정되어 있으므로 사기업의 이익을 노동자가 분배하여 균점한다는 지극히 사회주의적 요소가 있었다. 또한 경제 구제에 대해서 규정한 헌법 6장의 조항들은 모두 공산주의에는 미치지 못하지만 서구식 사회주의국가의 경제 질서를 우리나라에 도

---

26) 그런데 보수주의자 이승만이 대통령 취임 이후 견제하기 시작했던 한국민주당은 한국 보수주의 정당(야당)의 원조격이다. 송남헌은 한민당이 한국의 전형적인 보수 우익정당이라고 규정했다(송남헌, 1985: 130). 채정민은 한민당의 보수주의가 이후 한국의 집권 세력이 보수주의화하는 계기로 작용하게 되었다고 주장한다(蔡政旻, 1990: 96). 강정인은 한국민주당을 한국 보수 세력의 정치적 뿌리라고 규정했다(강정인, 2009c: 62).

입하려고 했던 것처럼 보인다.[27] 다시 말해서 그것은 그 당시 사회주의의 영향을 받은 것으로 고전적 자본주의로부터의 이탈을 의미하는 것이다.

그러나 이 조항이 신생 대한민국의 냉전적 경제 질서와 어울리지 않는다는 것이 곧 밝혀졌고, 통치 구조 외 거의 다른 헌법 조문에 대하여 손을 대지 않았던 이승만의 2차 개헌 때, 제85조와 87조의 광물 기타 중요한 자원에 대한 국유 규정 및 중요한 운송 등 공공기업의 국영 또는 공영 규정은 삭제되고, 88조의 사기업을 긴절한 필요에 의하여 국유 또는 공유로 할 수 있게 했던 것을 특별한 경우를 제외하고 할 수 없게 하였으며, 87조 대외무역도 무조건 국가가 통제하는 것이 아니라 법률이 정하는 바에 따라 통제하도록 하였다. 이후 제3공화국 헌법에 이르러 경제상 자유의 한계를 설정한 규정(84조)을 개정하여 "대한민국의 경제 질서는 개인의 경제상의 자유와 창의를 존중함을 기본으로 한다."라고 자본주의의 시장경제 원리를 천명

---

[27] 관련 조항을 소개하면 다음과 같다.
　제84조: 대한민국의 경제 질서는 모든 국민에게 생활의 기본적 수요를 충족할 수 있게 하는 사회정의의 실현과 균형 있는 국민경제의 발전을 기함을 기본으로 삼는다. 각인(各人)의 경제상 자유는 이 한계 내에서 보장된다.
　제85조: 광물 기타 중요한 지하자원, 수산자원, 수력과 경제상 이용할 수 있는 자연력은 국유로 한다. 공공 필요에 의하여 일정한 기간 그 개발 또는 이용을 특허하거나 또는 특허를 취소함은 법률의 정하는 바에 의하여 행한다.
　제86조: 농지는 농민에게 분배하며 그 분배의 방법, 소유의 한도, 소유권의 내용과 한계는 법률로써 정한다.
　제87조: 중요한 운수, 통신, 금융, 보험, 전기, 수리, 수도, 까스 및 공공성을 가진 기업은 국영 또는 공영으로 한다. 공공 필요에 의하여 사영을 특허하거나 또는 그 특허를 취소함은 법률의 정하는 바에 의하여 행한다. 대외무역은 국가의 통제하에 둔다.
　제88조: 국방상 또는 국민생활상 긴절한 필요에 의하여 사영 기업을 국유 또는 공유로 이전하거나 또는 그 경영을 통제, 관리함은 법률이 정하는 바에 의하여 행한다.

하고 현행 헌법까지 이를 이어오고 있다. 또한 농지의 농민 분배 조항도 삭제되고 소작제도 금지 조항으로 대체되어 경제 질서에 대한 제헌 헌법의 사회주의적 편향성이 시정되었다.

이렇게 박정희 시대에 법적으로는 시장경제 지향적으로 정비되었지만 실제 운용은 시장경제에서 이탈되어 있었다. 그가 쿠데타 직후 내세웠던 '지도받는 자본주의'라는 말에서 국가가 주도하는 권위주의의 냄새가 났다.[28] 또한 중요한 것은 재벌에 특혜를 제공해 독과점을 유도하는 등 정경유착이 이루어졌으므로 '완전경쟁의 시장'이라는 관점에서 보면 한참 멀었으며 완전히 반대의 경우였다고 간주될 수도 있다.

물론 한국의 전통 보수주의가 비교적 시장을 중시했지만 부패한 지주와 자본가 그룹은 이승만 체제가 던진 당근이라는 유인책에서 완전히 자유롭지 못했으며 박정희 시대에는 정경유착의 고리에서 역시 해방되지 못했다. 따라서 신자유주의 시대에 시장 만능주의가 도입된 21세기 이전까지 한국 보수주의의 주류는 시장주의가 아니었다.

또한 자유주의나 민주주의, 혹은 양 사상의 결합태인 자유민주주의도 역시 한국 보수주의의 주류 사상이 되지 못했다. 이승만은 미국식 민권 사상의 영향을 받았지만 대중을 민주주의의 주체가 아닌 계몽의 대상으로 간주했을 뿐이었다. 박정희는 애초부터 서구 민주주의를 외세에 아부하는 구지배계급의 사상으로 매도하여 한국적 민주주의를 구축하려 했다. 또한 인도네시아 수카르노의 독재 합리

---

28) 쿠데타 직후 자유 시장주의의 결함을 비판하면서 국가 주도를 내세웠던 '지도받는 자본주의' 개념이 1964년 이후 전면 폐기되지 않았으며 오히려 국가 통제에 기반한 수입 대체 공업화 추진 과정에서 그대로 살아남았다(이상철, 2003: 102, 113).

화 도구인 '교도 민주주의(guided democracy)'를 연상시키는 '한국적 민주주의'[29]라는 용어에서 박정희 정부의 반(서구)민주적인 사상의 완성체를 발견할 수 있다.

따라서 권위주의적 정부였던 이승만, 박정희 정부의 신보수주의 II, 신보수주의 III에서 반민주주의적 경향의 공통점을 발견할 수 있다. 다만 신보수주의 I은 계속 민주화를 요구해 김영삼, 김대중 정부의 출현으로 결실을 맺었으므로 이들의 사상적 기반에는 자유주의가 있었다고 할 수 있다(후술하는 바와 같이 보수주의가 민주적 보수주의와 반민주적 보수주의로 분화되었던 양상이었다). 그런데 이승만 정부가 한국민주당을 야당으로 대우하면서 한국민주당이 '자유주의적 민권'을 내건 것이지 당초부터 민주주의를 강조했던 것은 아니었으며 초기에는 그들도 반공을 기치로 내걸었던 세력이었다. 그후 투쟁으로 점철된 한국 민주화운동의 주체 세력은 학생 등이 중심이 된 시민사회 세력이었던 것과 무관하지 않다.

7. 한국 보수주의의 역사적 전개, 1945~1979

보수주의 논객 김용서는 1945년 광복부터 1948년 정부 수립까지의 해방 정국을 건국기로 보고 사회주의 세력과 중도 세력이 패배하고 보수 세력이 득세하는 제1단계(맹아기)라고 시기 구분을 했다. 제1공화국 이후는 권력 배분의 과정에서 보수 세력이 분열해 자유민주주의 '원형(原型)'과 '변형(變形)' 간의 논쟁이 제기되는 제2단계

---

[29] 박효종은 이승만이 '교도적 민주주의'를 내세웠다고 주장했다. 또한 박정희는 '민족적 민주주의'를 구호로 삼았다고 평가했다(박효종, 2008).

(이승만, 박정희 시대)이다. 제1단계에서는 사회주의 대 자유민주주의의 대립과 함께 민족주의(통일을 지향하는 김구, 김규식 중심의 중도 세력 논리)와 자유민주주의의 대립이 주요 대립 구도였다. 초기 보수주의는 자유민주주의보다는 반공을 더욱 중요시했으므로 중도파 민족주의자들은 극단적 반공주의는 반민족적·반통일적이라고 비판했다. 제2단계에서는 자유민주주의의 성격에 대한 논쟁이 주로 벌어졌다. 자유민주주의 원형(자유민주주의를 옹호하는 정통 보수 야당)과 한국적 상황을 반영하여 변형 표출된 현실적 차원의 한국적 자유민주주의(이승만 세력)의 대립을 의미했다. 제1공화국 수립에 참여했던 집권 세력은 권력투쟁의 결과 내부적으로 분열해 자유민주주의를 둘러싼 논쟁과 투쟁을 벌였던 것이다. 제3단계는 '민주화 과정의 보수주의'라 명명되었는데 박정희 시대의 권위주의가 약화되면서도 지속되는 전반기(전두환 시대)와 권위주의가 완전히 붕괴되는 후반기로 구분할 수 있다는 것이다(김용서, 1992: 68-72).

김용서는 한국 보수 세력이 체제에 대한 불만과 도전 세력에 대해 정교한 이론적 대항 논리를 개발하지 못하고 안이하게 권력의 물리적 탄압과 소득수준 향상의 물질적 보상 방식만으로 대처했기 때문에 지킬 것도 없는 한국의 보수주의가 '무엇을 지키겠다는 것이냐.'라는 야유와 도전을 받게 되어 당황하지 않을 수 없다고 평가했다. 한국의 역사와 문화에서 가장 중요한 전통인 유교가 급속한 근대화 과정에서 외면당하면서 한국은 한국 유교의 정통성도 보수주의의 정당성(legitimacy)도 상실하는 비운을 맞게 되었다고 김용서는 주장한다. 또한 그는 한국의 식민지 역사가 보수주의의 정당성을 붕괴시키는 역사적 요인이 되었다고 할 수 있다는 것이다. 게다가 우리는 정권 교체기마다 과거의 유산을 계승 발전하려는 자세보다 과거를 부정하고 단절하며 언제나 새로운 출발을 시도해왔다는 점에서[30]

서구 보수주의라면 의례히 고수해야 할 전통의 존재를 배척, 탈피해 왔다는 것이다(김용서, 1992: 16-25).

한편 강정인은 1987년을 기점으로 한국 현대 정치사를 민주화 '이전'과 '이후'로 구분하는 기존의 시대구분에 따르지 않고, 1987년을 전후하는 대전환기(또는 과도기)를 설정해 '민주화 이전(1948~79년)', '대전환기(1980~92년)', '민주화 이후(1993년 이후)'라는 세 시기로 구분해 한국 보수주의를 서술하고 있다(강정인, 2009c: 36). 광주민주화운동이 가지는 중요성을 부각해 1980년대(와 1990년대 초)를 독자적인 시기로 구분하고 있는 것이다. 민주화 이전 보수주의는 민주주의의 기본 가치인 자유를 말살했으므로 오늘날 보수주의가 기반하고 있는 자유민주주의와의 관련성이 부정되며 민주화 이후에나 자유민주주의로 수렴되었다고 주장한다.

이 글에서는 1945년부터 1979년까지 한국 보수 세력의 역사를 미군정기, 제1공화국, 제2공화국, 제3~4공화국이라는 정치사의 전통적 시기 구분에 의거해 살펴보고자 한다.

1) 해방 정국 보수주의의 빈곤: 미군정기

해방 후 대한민국에서는 과거의 전통과 역사로부터 단절된 집권 세력이 외세의 일정한 영향하에서 근대화를 추구했으므로 그들이 한국의 전통을 계승하는 보수주의의 철학적 이념을 가지기가 어려

---

30) 우리 현대사에서 새로운 공화국 수립기나 새로운 대통령 당선기에는 전 시대의 어떤 점을 승계할 것인가가 논의되기보다는 항상 '새로운 시작'이라는 구호를 앞세우고 과거와의 단절을 도모했다(박효종, 2008: 111). 역사를 단절로 본 것이다. 그러나 실제 역사는 연속되어 있으며 의도하는 대로 쉽게 단절되거나 급변하지 않는다.

였다. 이러한 철학적 빈곤의 원인은 조선, 한말에 전통의 기반이었던 유교가 당시의 근대화 물결 속에서 창조적인 대응을 하는 데 실패했고 일제의 강제적 민족 말살 정책으로 유교가 가지고 있던 긍정적인 전통 양식마저 구습의 산물로 여겨지면서 한국 보수주의의 철학적 원형을 찾을 수 없었던 데 있다. 이런 배경에서 해방 후 한국 보수주의자는 자유민주주의자와, 진보주의자는 사회민주주의자와 동일시될 수 있다(급진주의자는 공산주의자).

'말 많으면 공산당'이라며 비아냥거리는 구호가 한국 보수주의의 비논쟁적 성격을 상징적으로 보여준다(양승태, 2008: 9). 즉 이념적 대립이 첨예했던 해방 직후 상황에서 말로 따지고 덤벼들면서 논쟁을 유발하는 쪽은 대체로 진보 진영, 특히 나름대로 체계적인 이데올로기로 무장한 공산당이었다는—과연 그들이 맑스 사상을 제대로 깊이 이해했느냐 하는 근본적인 지성사적 문제와 더불어 단순히 행동강령 수준의 이데올로기 및 이에 따른 이념적 경직성이나 고착성 문제 등을 떠나—것이며, 그와 같이 따지고 덤벼드는 말들이 뭔가 미심쩍고 쉽게 받아들일 수는 없으면서도 그것들에 대해 단호하게 논리적으로 대응을 제대로 못하는 보수 진영으로서는 결국 이념 논쟁 자체의 가치를 격하시킬 수밖에 없는 심리 상태가 그 구호에 반영되어 있는 것이다. 그러한 심리 상태는 적어도 제6공화국 등장 전까지 이어졌다.

이렇듯 보수주의 정치 세력은 진보주의 세력과의 대립과 투쟁 과정에서 논쟁적인 태도로 이념적 대립을 적극적으로 주도하지 못했다고 평가된다(양승태, 2008: 9). 물론 사상투쟁을 우익의 입장에서 주도했던 인사들의 입장에서 보면 피상적 평가라고 할 수 있지만 보수건 진보건 유럽에 비해 상대적으로 확고한 사상에 기반하지 못했던 면은 있었다고 할 것이다. 그런데 진보 이론가들은 주장이 참신하며 이론적으로 정교하지만(장훈, 2009) 대체로 지성적 깊이가 부족한 데 비해 서양 보수주의자들은 진부한 반면 그 사상적 깊이는 상대적으로 깊은 편이라는 평가도 있다(양승태, 2008: 8). 물론 한국 보수주의자들은 사상적으로 그렇게 심오하지는 않지만 말이다. 따라서 진보나 보수 모두 서양과 비교할 때 지성적 깊이가 부족한 것은 사실이라고 평가되기도 한다. 진보와 보수 모두 수입한 사상이니만큼 그럴 수밖에 없다는 것이 한계라는 추론도 가능하다.

해방 정국, 미군정기에는 여당 격이었던 한국민주당이 보수 정치세력의 중심이었다. 한민당으로 결집한 보수주의자들은 자신들의 보신과 기득권 유지, 권력 장악을 위해 일본에 협력했던 경력을 희석시켜 친미주의자로 변신했고 미군정과의 결탁은 곧 정국의 주도권 장악으로 이어졌다.

1945년 9월 8일 서울에 진주한 미군정은 9월 15일 남한을 '점화되기만 하면 즉각 폭발할 화약통(a powder keg ready to explode at the application of a spark)'으로 가장 잘 묘사할 수 있다면서 한국은 완전히 선동의 무대가 되었으며 연로하면서 보다 교육받은 한국인들 가운데 수백 명의 보수주의자들(conservatives)이 서울에 존재하고 있다는 점을 가장 고무적인 유일한 요소(the most encouraging single factor)라고 평가했다. 이들 보수주의자들 중 많은 수가 일제에 협력했지만 그러한 오명은 점차 사라질 것이라는 희망 섞인 판단도 덧붙였다. 이는 '진보적 인사=소련의 앞잡이'로 보는 냉전적·반소적 인식을 모든 군정 요원에게 설파했던 하지의 정치고문 베닝호프(H. Merrell Benninghoff)의 견해였다(미국무성, 1984a: 56). 따라서 미군정은 미 국무부 내 리버럴(liberal)과 '용공 분자(pink)'의 중립적인 정책 표방과는 달리 진주 직후부터 좌익을 용인하지 않으려는 편파적인 인식을 보였다(미국무성, 1984e: 231). 그는 보수주의자들의 등용을 일찍부터 예고했던 것이다. 결국 그는 9월 29일 가장 규모가 큰 보수 세력으로 한국민주당을 주목했다. 보수주의자들은 제2차 세계대전 중 1,000여 명에 이르는 지도자들을 포괄하는 전국적인 비밀 조직 등 중앙 조직을 가지고 있었으나 일제의 집회 금지 때문에 태평양전쟁 기간 중 대중적 지지를 얻지 못했다고 평가했다. 그들이 대한민국 임시정부를 지지하고 있다는 것도 부기했다(미국무성, 1984b: 70-71).[31] 베닝호프는 1945년 10월 10일자 보고에서 한국 국내 정치 세력들을 보수파(conservative), 민주파(democratic) 그룹과 급진파(radical), 공산주의자(communist) 그룹으로 양분한 후 보수파 그룹이 급진파 그룹보다 훨씬 덜 공격적이고 대다수 한국인 식자층의 생각을 대변하고 있다고 편향되게 평가했으며 미군정에 대해서도 협조적이라고 말했다(미국무성, 1984c: 80-81).

미군정에 자문 역할을 했던 인사가 초기에는 주로 일본인이었지만 곧 한국인이 높은 비율을 점유하게 되었다. 그런데 점차 많은 비중을 차지하게 된 한국인들 중에는 일본에 협조했던 인사들이 많았다. 왜냐하면 물러나는 일본인들이 미군에 추천했던 경우가 많았는데 그들은 대개 친일적(親日的) 한국인을 추천했기 때문이다. 또한 한국인 통역들에게 자문을 많이 구하기도 했는데 이들은 대개 부유한 집안에서 자라나 미국과 유럽에 유학했던 경험이 있는 사람들이었다. 따라서 통역들은 대개 보수적 성향이었다. 이런 상황이었기 때문에 중립적인 인사가 통역으로 충원되는 것을 기대하기는 어려웠다.[32] 통역정치(interpreter's government)(Bunce, 1945)의 폐해도 이런 연유에서 나오는 것이었다.

---

31) 여기에는 보수주의자들의 과장된 홍보성 평가도 있는 것으로 판단된다.
32) 대중적인 좌익 인사들(popular left wingers)은 배제시키면서 부호와 보수적 인사들을 많이 선발했던 사실을 미군정 당국도 인정했다(미국무성, 1984d: 156-157).

대표적인 예가 1945년 11월 8일자로 관방정보과 과장보로 임명된 이묘묵의 경우였다. 미국 뉴욕 주 시러큐즈대학(Syracuse University)을 졸업한 그는 영어를 구사할 줄 안다는 한 가지 이유 때문에 등용된 다른 인물들과는 달리 그나마 자질을 갖춘 인물이었다. 하지는 그를 전적으로 신뢰하여 통역 겸 고문역을 맡겼으며 국내 정치에 관한 한 그의 평가에 크게 의존했다. 예를 들어 건준 결성 시 일제로부터 돈을 받았다는 여운형에 관련된 소문에 접하게 된 이묘묵은 하지에게 여운형이 '일제의 앞잡이'라고 주장해 이 소문을 직접 전달했다. 따라서 한동안 여운형과 하지의 관계를 불편하게 만들었다. 그는 이런 식으로 공산주의자들을 악평하여 하지의 접촉 상대에서 배제시키고 보수주의자만을 집결시켜 '인의 장벽'을 쌓았다. 따라서 하지에게 잘 보이기 전에 우선 통역에게 줄을 대야 하는 부조리한 상황이 연출되었다. 한국인 고문뿐만 아니라 미국인 자문역도 일본에 편향된 편의주의와 미국식 기능주의에 입각한 시각으로 자문함으로써 냉전 출현 이전인 1945년에 이미 미군정 주변에는 보수적, 반공적 진용이 구축되었다.

사실 미군 진주 후 3~4개월, 즉 1945년 말까지가 이후 시기의 구도를 좌우한 가장 중요한 시기였다고 할 수 있다. 그런데 이 시기에 하지를 둘러싼 통역과 정치고문이 모두 극단적인 반공주의자이며 외세 의존적이며 보수적 인물이었다는 사실이 그후의 정치 구도를 왜곡시키는 요인이 되었다. 해방 당시는 보수주의자들만이 정국을 대변할 그런 상황이 아니었다. 한국 민족 내부의 힘은 미국에 의해 보수주의자들의 입장만 대표될 수 있었던 것이다. 그래서 하지는 1948년 2월 유엔 한국 임시위원회에서 다음과 같이 말했던 것이다.

남한에 도착한 후 미군은 남한에서 공산주의자들의 지도하에

활동하고 있는 인민위원회를 보게 되었는데, 그들은 완전히 조직화되어 있고 권력을 손안에 쥐고 있었다(『유엔총회 공식보고서』: 168).

하지도 인민위원회가 한반도 전역을 통치하고 있음을 잘 알고 있었다. 그러나 남한에서 공산주의를 봉쇄하고자 했던 미국은 이러한 사실을 기정사실화할 수 없었다. 미국은 미군정 외에 어떤 권위 있는 정부도 38 이남에 존재하지 않는다고 천명하면서 인공을 정당 이상으로 대우하지 않았다(『每日新報』1945. 10. 2). 결국 1945년 10월 10일 아놀드 군정 장관은 인민공화국의 구성원이 "고관대작을 참칭하는 자들"이라고 주장하면서 "흥행적 가치조차 의심할 만한 괴뢰극"을 즉시 "폐막해야 마땅할 것"이라고 말했다(『每日新報』1945. 10. 11).

이렇게 인공을 부인하는 정책은 1946년 중반 이후의 '우지원 좌탄압' 정책과 같은 수준의 강력한 냉전 지향적 정책은 아니었으므로 1945년 10월에 이미 한반도에서 냉전이 시작되었다고 할 수는 없지만, 이때 이미 냉전을 준비했다고 평가할 수는 있다. 반공으로 정책을 선회할 가능성이 많았던 미국이 냉전 출현 조짐 포착 때문에 이러한 정책을 준비했던 것은 물론 당연한 일일 것이다.

한국민주당은 '임정을 봉대한다'는 명분 때문에 조선공산당보다 1달가량 늦은 1945년 9월 22일에야 당의 체제를 정비했다. 미군정은 우익을 지원해야 한다는 인식에 따라 이들 한민당 인사를 대거 요직에 기용했는데, 10월 5일에 인선된 고문은 대부분 한민당 인사였고 12월에 임명된 요직 중의 요직 경무국장 조병옥도 원래 한민당원이었다(이외에 학무국장 유억겸, 농상국장 이훈구도 한민당원이었다). 한민당 간부였던 장덕수는 거의 매일 하지와 만나 국내외 정세에 관한 의견을 교환했다고 한다. 따라서 지주·자본가계급의 의사를 대변하는 한민당이 미군정의 여당 격이 되고 한민당과 미군정의 결탁은 여타 정당의 원성을 산 요인이 되었다(1946년 1월 반탁 정국과 1946년 5월 좌우합작 추진 시 한민당에 대한 지원이 잠시 끊어지기도 했지만 한민당의 추천으로 임명한 관리를 해임할 수는 없었고, 1947년 단정 추진 때 다시 밀접히 제휴했다).

이 과정에서 한국민주당 등은 보수주의자임을 자칭했지만 어느 기록이나 언행에서도 그들이 어떤 전통적 가치를 존중하고 수호하고자 하는 보수주의 이념을 견지했다는 자취를 발견할 수 없다. 오히려 해방으로 수립될 새로운 국가는 과거 역사와의 단절을 도모할 수 있게 했고 한국 고유의 전통을 버릴 수 있게 해주었다. 고유의 전통을 버리고 미국 것을 추종하면 되었던 것이다. 이는 역설적으로 자신들의 단합과 정국 장악에는 주효했지만 정작 그후 보수주의 정치 이념의 내용에 무엇을 담아야 하는지의 문제에 봉착하게 했다. 그렇지만 한민당이 역사상 최초의 근대적 의미의 보수주의 정치 세력이라는 점을 부인할 수는 없을 것이다(성보용, 2001: 42-43).

보수주의자들의 총집결체인 한국민주당의 당원 분포는 적극적 친일파, 소극적 친일파, 지주, 해외 유학생 출신, 산업자본가, 무위도식자, 그리고 철저한 민족주의자와 사회주의 전향자, 소수의 독립운동가 등 다양했지만(심지연, 1984: 11-41) 지주와 자본가, 상인, 금융가가 지지 기반이었다는 것을 부인할 수 없다. 배성동은 동아일보 기자 출신, 아전, 향반이라는 배경을 가진 전라도 지역 지주들, 미군정과 일정한 관계를 맺고 있던 유학파 지식인들로 한민당의 구성 요원들을 분류했다(배성동, 1979: 127-129). 한민당 주류의 주요 구성원이었던 당시 보수주의자들은 '무식한 민중'에 대해 우월 의식을 가지고 있었으며 사회주의자들을 민중을 구제하기 위해 무질서를 충동적으로 부추기는 야만적인 사람들이라며 공격하고 민중으로부터 사회주의자들을 격리시킴으로써 보수주의자인 자신들이 주도하는 사회질서를 형성, 유지하려 했다(성보용, 2001: 21-22).

그렇지만 보수 세력이 싸우지 않고 보신만 했던 것은 아니었다. 흔히 건국, 호국 세력이라고 지칭되는 청년운동 세력들은 대한민국 건국 과정에서 테러도 마다하지 않았으며, 그렇게 했기 때문에 대한민국을 지켜냈다고 자부하고 있다. 이들은 월남, 중동의 사막 등 전 세계를 누비면서 대한민국 경제 발전과 민주주의 발전을 위한 물적 토대를 만들어낸 세력들과도 연계될 수 있다고 주장한다. 전체적으로 보수 애국 세력이 있었기에 대한민국이 공산주의자들의 적화 책동으로부터 자유로울 수 있었다고 평가한다(유세환, 2006: 321).[33]

해방 3년의 결과 형성된 남한 체제는 갈등적 이해나 이념을 둘러싼 실질적 경쟁이 배제되고 기존 체제의 수용이 전제된 보수적 성격을 가지게 되었다. 이렇게 반공 체제의 틀에 갇힌 민주주의에 대해 박찬표는 '냉전 자유주의'와 '보수적 민주주의'라고 규정했다(박찬표, 2007: 431).

2) 제1공화국의 보수 세력

미군정의 후원하에 한국민주당과 이승만 세력이 공동으로 1948년 5·10선거를 추진하면서 대한민국 정부가 수립되었다. 남조선노동당(조선공산당이 조선인민당과 남조선신민당의 일부를 흡수해 만든 정당)을 비롯한 좌익들은 선거를 보이콧했으며 중간파도 5·10선거를 단선이라고 거부했고 김구를 비롯한 우익 일부도 참여하지 않았

---

33) 또한 지금도 대한민국을 지키기 위해 선봉에서 싸우는 국가 수호 세력이라는 것이다.

으므로 보수 일색의 정치 지형은 확고해 보였다. 따라서 대한민국은 이승만과 한민당의 공동 정권으로 출범하는 듯했으나 이승만이 최고 지도자가 되고자 의원내각제 헌법 초안을 대통령중심제로 수정하고 대통령에 당선되어 정국을 주도하는 과정에서 한민당이 야당의 길을 걷게 되면서 보수파 대통령과 정통 보수 야당(한민당)의 대립 구도가 정국을 흔들었다. 민주적 보수파와 권위주의적 보수파의 분립과 대립이 시작되었다고 할 수 있다.

한편 일제 잔재 청산은 광복 당시 중요한 정치적 과제들 중의 하나였기에 1948년 7월 제정된 제헌 헌법에 반민특위 구성이 명시되었던 것이다. 그러나 이승만 정부는 완전한 청산을 불가능하게 했다. 이 과정에서는 이승만과 한민당의 이익이 일치했으며 보수주의자들은 행동 통일을 기할 수 있었다.

3) 6·25와 진보 세력의 퇴출

6·25를 거치면서 한반도에는 진보 세력이 남한의 현실 정치 무대에서 공식적으로 퇴출되고 미소 냉전 체제하의 분단 상태가 지속되었다. 이에 따라 한국 정치는 일방적 억압이냐 또는 일방적 저항이냐 차원의 오직 적과 동지의 구분만이 유효한 상황이 전개된다. 그러한 정치적 상황에서는 이념 논쟁 자체가 현실적으로 불필요하게 되었고, 이에 따라 보수주의의 이념적 발전 또한 기대하기 어려운 상황이 전개되었다. 북한의 남침은 대한민국을 수렁에 몰아넣었으나 한국 보수주의 정치집단의 사상적 승기를 마련해주었다. 적어도 한 세대 동안 남한에서 사상투쟁, 이념 논쟁에서 반공주의의 패권을 보장해주었다고 할 수 있다(성보용, 2001: 86). 반공주의는 사회의 모든 영역에서 전 국민을 상대로 무차별적으로 적용되었고, 누구도 그

것으로부터 예외일 수 없고 서로가 서로를 감시하는 남한 사회의 공포의 거미줄 역할을 했다. 이런 일련의 과정 속에서 보수주의 정치 집단은 자유민주주의는 곧 반공주의라는 등식을 확산시킬 수 있었으며 모든 정치적 억압을 반공 이념으로 합리화했다. 따라서 남한의 지배 세력은 사상 문제를 가급적 기피하고 사상 문제에 소극적이 되었으며 이는 현대 한국의 무사상성을 낳은 출발점이었다. 진보 세력에게 사상과 이념을 넘겨주고 보수 세력은 내용이 텅 빈 반공주의만을 움켜쥔 사상과 무사상의 대립을 가져왔다는 것이다(최정호, 1989: 10-16). 1930년대 '독서회'가 '사회주의독서회'를 보통명사화한 것이었듯이 1980년대 '사상범'이나 '이념 서클'이라는 말은 '좌익 사상범'이나 '좌익 이념 서클'의 보통명사였다는 점에서 역사는 반복되는 것이라는 주장도 가능했다. 보수주의자는 사상이 없는 대신 권력, 조직, 돈, 강제력을 독점했으므로 그 사상적 깊이는 갈수록 더 빈곤해졌다. 그래도 일제강점기 보수주의자였던 우파 민족주의자들은 정부 수립 후 보수주의자들이 독점했던 것을 가지지 못했으므로 신간회 등에서 좌익과 만나 사상 토론을 벌여 자신들의 사상을 일으켜 세우려고 노력하기는 했다.

1953년 종전부터 1980년대 이전까지 한국 사회의 이념 지형이 보수 세력 일변도가 되어 있는 듯했지만[34] 좌익들은 지하에서 암약했

---

34) 이러한 보수 세력 일변도라는 규정에 대해 강정인은 거친 판단이라고 주장했다(강정인, 2009b: 13). 이러한 사상적 양분법에 입각한 연구는 제3의 논리의 존재 가능성에 대해서 고려하지 못한다. 그렇지만 강정인도 '보수 독점의 정치 구도'라는 항목에서 '보수 세력에 의한 정치권력의 독점'을 철학적 보수주의가 빈곤한 원인으로 논했다. 해방과 분단 이후 50년 동안 한국 정치는 여야를 불문하고 보수 세력의 독무대였다고 진단했다. 이는 물론 진보 세력의 정치적 진출이 원천적으로 봉쇄되었던 2000년의 상황을 반영한 것이기는 했다. 그는 당시 미국 민주당과 공화당의 대결 구도와 유사한 어느 정도 식별이 가능한 보수와 진보의 선이 드러나고 있다고 평가했다. 예를 들면 민주화 세력과 기존 정치권의

으며 독재 체제에 저항했던 자유주의자들은 체제 밖으로 밀려나 용공 사상을 가진 자로 자의반 타의반 변화되었다. 중도파의 상당수는 이승만 체제가 싫어 전쟁 전후에 월북했지만 잔류한 세력들도 사상 진영의 좌와 우로의 양극화 속에서 선택을 강요당해 우로 전향하거나 급진화하는 경우가 있었다. 이렇게 체제의 억압에 의해 밀려난 세력들이 사회주의적 목소리를 대변하다가 조봉암 사건 등이 발생하기도 했다. 보수주의가 압도적 영향력을 행사했으며 민족주의와 심지어는 자유민주주의에 대한 담론을 보수적인 방향으로 조형해왔지만(강정인, 2009b: 21) 사상계를 독점하지는 못했다. 그럼에도 불구하고 당시 정계에서 반공은 사회주의 등 급진주의를 억압하는 전가의 보도였으며 무소불위의 독점적 이데올로기로 기능했다. 그렇지만 반공은 소극적이며 부정적인 대응 논리였으며 공산주의에 대항할 적극적인 사상, 긍정적인 이념으로서의 우파의 이데올로기가 부재하다는 것을 극명하게 보여주었다(긍정적 이념으로는 자유민주주의를 들 수 있지만, 집권한 보수주의자가 자유주의를 받아들이지 않았으므로 이도 한계가 있었다. 또한 이승만, 박정희가 지배했던 권위주의 시대에는 자유민주주의가 완전히 구현되지 못했으므로 이를 내세울 처지도 못 되었다). 이념적 반대자가 국법에 따라 국가의 적으로 다스리는 대상이 되고 반대 이념의 존재 자체에 대한 시인(是認)이 '사상의 불온'으로 정치적 박해의 대상이 되는 상황이 전개되었다. 그러한 상황에서는 보수주의의 이념적 발전의 단초, 즉 기존 체제에 대한 이념적 도전에 맞서 기존 체제의 정당성을 옹호하는 논리를 전개할 필요성이 현실적으로 절실하게 느껴질 수 없다는 것이

대립(민주와 반민주, 통일과 반통일, 반외세와 외세의 이분법)을 들 수 있다는 것이다(강정인, 2001: 81, 83, 93).

바로 현실 정치의 논리상 당연할 수 있는 것이다. 실제로 기존 체제에 대한 비판이나 도전을 떠나 기존 체제의 정당성 여부에 대한 운위 또한 '사상의 불온'으로 간주될 수 있는 정신적 및 정치적 상황은 그 실체 문제를 떠나서 일반적으로 민주화 시대의 기점으로 간주되는 1987년의 소위 '6·29선언'에 이은 제6공화국 성립 전까지 그 잔영이 남아 있었다고 할 수 있다(양승태, 2008: 10). 보수주의 정치집단은 공산주의가 비민주적 일당독재이며 이에 반대하는 반공주의는 민주주의라는 식의 양분법적 단순 논리를 교육 현장에서 확산시켰으며 자신들이 정치적 헤게모니를 장악함은 물론 국민들에게까지 반공이념을 강요해 사상의 자유를 제약했다. 그래서 그 체제에 저항하는 모든 개인이나 집단을 반체제자, 폭력주의자 그리고 좌경분자로 매도했다. 또한 남한 내에서 일체의 진보적 세력과 개인의 존재를 허용하지 않았고 심지어는 산업화 과정에서 소외된 노동자, 농민의 권익 표출도 반공주의 논리로 일축했다.

이승만은 농지개혁으로 한민당의 주축인 지주계급을 해체하여 견제하고 자영 농민층이라는 새로운 지지 기반을 창출할 수 있었다. 이 와중에 6·25전쟁이 일어났고 전쟁 중에 이승만은 부산정치파동과 사사오입 개헌을 통해 장기 집권을 도모하여 권력 기반을 공고히 할 수 있었다. 장기 집권으로 독재정치를 제도화함으로써 이제 (자유)민주주의는 반공을 위한 수단으로 전락했으며 점차 형해화(形骸化)되고 있었다.

자유당의 창당과 민주당과의 양당정치 지향은 자유민주주의 체제의 공고화를 꾀할 수 있는 기반일 수 있었다. 그러나 보수주의자를 자처한 이승만의 권위주의적 행태는 자유와 민주를 모두 제어하는 방향으로 나아갔으며 결국 보수주의가 지향하고 수호해야 할 정치적 전통으로서의 자유민주주의를 팽개치는 결과를 초래했다. 따라서 그는 1960년 4·19혁명으로 권좌에서 물러날 수밖에 없었다.

진보와 보수 논쟁은 6·25전쟁 직후 죽산 조봉암이 진보당을 창당하고 북한의 간첩으로 몰려 법살(法殺) 당하면서 자취를 감추는 듯했지만 수면 아래로 잠복했다고 할 수 있다.

4) 제2공화국과 보수, 혁신 구도

제1공화국의 권위주의 정부가 1960년 학생을 중심으로 궐기한 4·19로 무너지자 민주주의를 실험할 수 있는 공간이 확보되었다. 4·19혁명의 주체 세력은 아니었지만 당시 야당이었던 민주당은 개헌 작업을 주도하는 등 혁명을 마무리하는 작업을 위임받았다. 이렇게 출범한 장면 총리를 수반으로 하는 제2공화국 정부는 경제 발전과 반공을 우선시했지만 혁신 세력의 정치 참여를 막지 않아 보혁 구도를 용인했다. 물론 반공 이데올로기 덕분에 혁신 세력은 의회에 진출하기 어려웠지만 진입이 불가능하지는 않았다. 또한 혁신계 정당과 학생들을 중심으로 남북 협상론, 남북 교류론, 중립화 통일론이 제기되었으며 교원 노조 운동 등도 조직되었지만 이승만 정부처럼 반공 이데올로기를 동원해 급진적인 통일 논의 등을 반민주적으로 탄압하지는 않았다. 그렇지만 이러한 백화제방 식의 정치 참여를 불안하게 여긴 군의 1961년 5월 16일 거사로 제2공화국 보수정당의 자유주의적 실험은 단명에 그쳤다.

5) 반공을 국시로 한 제3공화국의 혁신 세력 탄압: 전향한 자의 콤플렉스

1961년 5·16 군사 쿠데타로 집권한 군부 세력은 혁명 공약 제1항을 통해 반공을 국시로 내걸었다. 박정희는 군사정부 시절부터 혁신정당을 탄압해 정계를 보수정당 일색의 구도로 만들었다(金炯旿, 1989). 민주당 정권이 "사회불안과 국가의 안위를 물을 경지까지 몰아넣"자 "공산 독아(共産毒牙)는 점차 눈에 보이도록 접근하였으며. 혁신 세력의 자국을 따라 그 세는 가히 해방 이래 최대 규모로 강성하였고, '중립 조선'을 제창하는 등 급기야는 남북한 자체의 공동위원회가 판문점에서 제기되기에 이르렀다."고 진단했다(박정희, 1963: 73). 이에 박정희는 공산주의를 반대하고 자유민주주의를 원칙을 내세웠다고 회고했다(박정희, 1963: 28).

『사상계』(대표 장준하)는 1961년 6월 '권두언'에서 민주당의 오만과 독선이 문제라고 지적하면서 국정의 문란, 고질화된 부패, 비상사태에 빠진 사회적 기강 등 누란의 위기를 극복하고 민족적 활로를 타개하기 위해 최후 수단으로 일어난 것이 5·16군사혁명이라고 평가했다. "4·19혁명이 입헌정치와 자유를 쟁취하기 위한 민주주의혁명이었다면 5·16혁명은 부패와 무능과 무질서와 공산주의의 책동을 타파하고 국가의 진로를 바로잡으려는 민족주의적 군사혁명"이라는 긍정적인 평가를 내려 5·16 군사 쿠데타에 거는 기대를 표명했다(『사상계』 1961년 6월). 비교적 진보적 세력이었던 사상계 그룹은 민주당 정부의 보수적 무능에 대해 비판적으로 보면서 쿠데타 세력의 민족적 성격을 초기에는 상당히 기대했던 것이다. 또한 미국의 콜(1964년 7월 20일 USOM의 주임 이코노미스트가 됨)과 라이만은 군사정부가 매우 민족주의적이었다고 평가했다(Cole and Lyman, 1971: 37).

한편 박정희는 서구의 자유민주주의가 한국에 그대로 적용되어야 한다는 민주당의 주장에 대해 구정치인의 사대주의적 발상이라며 다음과 같이 반복적으로 계속 반박했다. 박정희는 1961년 6월 16일

국가재건최고회의를 통해 간행한 『지도자도(指導者道): 혁명과정(革命過程)에 처(處)하여』라는 팸플릿 15쪽에서 해방 후 자유 민주 사상을 받아들인 우리의 상황을 설명한 후 "우리의 민주주의는 장구한 시일을 두고 자각과 자율과 자유정신이 뿌리를 깊이 박고 피어난 것이 아니라 다른 나라로부터 돌연히 받아들인 것이었기 때문에 자율정신과 자각과 책임감이 따르지 못하였다."라고 평가했다. 박정희는 같은 팸플릿 17쪽에서 서구식 민주주의를 한국에 적용하려면 민족의 고질을 치유해야 하는데 이것은 오랜 시일과 노력이 필요한 과업이라고 주장해 가까운 장래에는 자유민주주의의 확립이 어려울 것이라고 판단했다. 이것이 박정희가 구정치인들에 의한 서구 민주주의의 무분별한 이식을 최초로 비판한 것이라고 할 수 있다("Macdonald to McConaughy and Bacon: 'Leadership' Essay of General Pak Chong-hui(Leadership in the Cause of Revolution)").[35] 또한 1961년 8월 15일 광복절 제16주년 기념사에서 "서구 민주주의 제도를 이식해서 그 형태만을 모방해"왔는데 이것이 우리의 풍토와 생리에 맞지 않는다는 식으로 그간의 역사를 비판적으로 인식했다(박정희, 1965a: 40; 1969a: 119).[36] "비록 우리들이 혁명 단계[군정기]에 있어서 완전한 정치적인 자유민주주의를 향유할 수 없다 하더라도 최소한 행정적 '레벨'에 있어서는 민주주의적인 원칙이 고수되고 민주주주의적인 원칙에 의하여 국민의 의견과 권리가 존중되어야" 하는데, 이것이 행정적 민주주의(Administrative Democracy)라고 1962년 주장했다. 행정적 민주

---

35) 그런데 박정희는 이 책(20-30쪽이 될까 말까 한 『지도자도』)이 대필되었음을 인정했고 이 책이 불만족스럽다고 논평했다.
36) 조갑제는 1961년 8월 15일의 광복절 기념사가 서구적 민주주의에 대한 박정희의 공식 비판으로서는 최초의 것이라고 주장했지만(조갑제, 1998) 이미 6월 16일 간행된 책이 있었음을 인지하지 못한 견해이다.

주의는 우리가 지향하는 서구적인 민주주의는 아니지만 우리의 사회적, 정치적 현실에 알맞은 것이라고 평가했다. 국민들이 스스로 다스려나가는 정치 능력을 배양하는 과도기에는 국민이 주권자의 권리를 일정 부분 행정부에 이양해 '국민에 의한 통치인 민주주의'를 유보하는 것이다. 행정부의 독주를 어느 정도 용인하는 탈정치적인 행정적 민주주의를 하자는 것이다. 박정희는 행정부가 하는 일에 대한 국민의 정당한 비판과 건의를 봉쇄하는 것은 아니며 행정부의 직권 행사가 비록 혁명기라 할지라도 민주주주의적인 절차와 민주주의적인 원칙하에서 이루어져야 할 것이라는 친절한 부언까지 첨가했다(박정희, 1962: 228-230).

민주주의라는 면에서 보면 당연한 원론을 중언부언 첨가한 것에서 오히려 다른 의도가 있음을 의심하게 한다. 박정희가 같은 책에서 스스로 인정했듯이 자신들의 체제가 선거를 거치지 않았기 때문에(박정희, 1962: 229)[37] 한계가 있음을 자인하는 일종의 열등감의 표출이 아닌가 한다. 실제로 군정기의 민주주의가 민주주의적인 절차와 원칙에서 크게 이탈했으며 국민의 정당한 비판과 건의가 수렴되지는 못했으므로 이러한 주장들은 일종의 수사에 불과했으며 자신들의 군정을 민주주의로 포장하려는 시도(전재호, 2000: 47)라고 할 수 있다. 임방현은 수카르노식의 교도 민주주의와 비슷한 냄새가 나므로 박정희가 자유민주주의를 신봉하는 사람인지 의심케 한다고 비판했다(임방현, 1963: 126).

박정희는 1963년에 간행한 『국가와 혁명과 나』에서도 아래와 같이 주장했다. 민주당 정권 시기에 민족 경제가 파탄 농락되고, 구정

---

37) 그런데 이 책도 다른 책과 마찬가지로 박정희가 직접 초안부터 집필했다고 보기는 어렵다.

객들의 망거(妄擧)와 죄악이 극에 달하며 사회가 혼란될 대로 혼란되어 불원한 장래에 망국의 비운을 맛보아야 할 긴박한 사태를 보고 군은 국토방위란 임무만을 고수할 수 없어 거사했다면서(박정희, 1963: 79-80) 민주당 정권을 무능하고 부패한 체제[38]라고 매도했다. 또한 민주당 정권의 무원칙 무정견을 비판하면서 일본의 세(勢)가 짙어져 '해방 전으로 되돌아가지나 않았나.' 하는 착각마저 느끼게 했다면서 이는 정권 내부에 잠재하고 있던 친일 한민당 세력의 대두에서 비롯된 결과라고 비판하기까지 했다(박정희, 1963: 73). 원조 보수 세력 한민당까지 친일파로 싸잡아 매도했던 것이다. 민주당 정권은 4·19혁명의 사명에서 역행한 반혁명적 배신자였으며 역사의 반동이었고 (원내 2/3 선을 능가하도록 절대적인 안정선을 부여함으로써 국가 대권을 백지위임하다시피 하였는데도) 국민의 소망을 완전히 배반한 불신 집단이었다고까지 규정했다(박정희, 1963: 70-71). 친일과 미국 일변도 주의로 우리의 주체 의식을 상실케 한 배타 정권이요, 잠잠하던 적색, 회색, 백색이 재대두하였으나 끝내 오불관으로 방임하던 색맹 정권이요, 조석으로 도시와 농촌에 넘치던 데모대로 인하여 갈피를 못 잡던 유랑 정권이었다고까지 비판했다(박정희, 1963: 73-74). 이에 군은 반민주적인 이승만 정권을 타도한 4·19의거의 민주주의 정신을 계승하려 거사했다고 역설했으며(전재호, 1998:

---

[38] 5·16 거사 즈음 거사 주체들은 "민주당 정부는 정치의 쇄신이나 민생고의 해결은 고사하고 발족 최초부터 신·구파의 권력투쟁으로 영일이 없는 위에 정실과 사욕으로 자유당 정부의 부패를 되풀이하는 한편 데모의 사태(沙汰)와 공산 간첩의 도량으로 국내가 다시 것잡을 수 없는 혼란 속으로 빠져가고 있을 때 국가의 안위를 이 이상 무익무책한 장 정권에 위임할 수 없다고 단정한 우국 장교들은 혁명만이 절박한 국가의 위기를 타개할 수 있는 유일의 방도임을 다시 깨닫고 동지 규합과 조직만의 확충에 열중하였다."고 사후에 회고했다(박동성·심고령 편, 1963: 113-114).

76; 2000: 43) 5·16군사혁명이 4·19학생혁명의 연장이라고 강조했다(박정희, 1963: 74). 또한 "미국은 서구식 민주주의가 우리의 실정에 알맞지 않는다는 것을 이해해야 한다."(박정희, 1963: 227)고 전제하면서 "일률적인 미국화를 기대하여서는 안" 되며 "자유라는 이상과 미국의 경제적인 원조를 밑거름으로 하여 한국 고유의 주체성, 확고한 자아의식이 확립되고, 그 위에 자율적인 사회가 이루어져야만 비로소 미국의 참된 희망은 성취되는 것이요, 또한 외적과도 대결할 수 있는 견고한 방파제가 될 수 있을 것이다."라고 미국에 충고까지 했다. 이를 위해서도 "군사, 경제면에 걸친 미국의 원조는 이왕에 줄 바에야 우리의 뜻에 맞도록 하여 달라."며 "우선 먹고 입는 주의에서, 장차 살아나갈 기틀을 잡기 위하여 사용되어야 하겠다는 것이다. 말하자면 달콤한 사탕보다는 한 장의 벽돌을 우리는 원하고 있다."고 말했다(박정희, 1963: 227-228).

한편 박정희는 그후 민정 이양을 위한 대통령 선거 과정(1963년 9월)에서 윤보선식의 자유민주주의를 특별히 겨냥해 비판하면서 자신의 자유민주주의는 윤보선의 그것과 본질적으로 다름이 없다 할지라도 근본적으로 그 자세와 조건이 다른데 자신의 자유민주주의는 건전한 민족주의의 바탕 위에 존재한다고 주장했다. 그는 자주와 자립의 민족의식을 가진 연후에야 올바른 민주주의를 가질 수 있다고 말했다. 이렇듯 1963년 10월 15일 제5대 대통령 선거에서 박정희는 미국식 자유주의 대 민족주의 간의 대립 구도를 설정했다. 박정희는 15만 표 차로 윤보선을 힘겹게 누르고 대통령에 당선되었는데 박정희는 제5대 대통령 선거운동 과정에서 외세 앞에서 야당이 보인 사대적 추종주의(flunkyism)를 공격하면서 윤보선을 외세에 아부하는 인사로 비판했으므로 미국의 입장에서 보면 반미주의로 해석될 수 있는(MacDonald, 1992: 225) 민족주의적 캠페인을 벌였다. 친미적 야당을 외세에 아부한 사대주의라고 비판한 것에 대해 미국은 노골적인 반미 운동이라고 분석, 평가했다. 미국은 반미·자주·민족주의 노선을 일맥상통하는 것으로 인식했다. CIA 보고서에 의하면 군정의 부패와 박정희의 공산주의 전력을 비판하는 윤보선에 대해 박정희는 윤보선 등의 민간 정치인들이 과거 한국의 가장 중요한 이익을 개인적 이득을 위해 미국에 팔아먹은 미국의 괴뢰라고 비난했다("Special Report: Background for Elections in South Korea"). 박정희는 서구 민주주의를 맹신하는 구정치인에 대한 비판을 통해 민족주의적 재해석(김영수, 2001: 248)[39](후일 한국적 민주주의로 개념화)을 시도했다. 미국의 지원을 받고 있던 고 딘 디엠(Ngo Dinh Diem)이 미국에 의해 암살됨으로써 몇몇 한국인은 '박정희에 대한 미국의 태도'와 남베트남 정부의 전복 사이의 유사성에 주목했고(MacDonald, 1992: 225), 덕분에 박정희는 선거운동 과정에서 '명백한 반미주의'를 활용할 기회를 갖게 되었다. 그렇지만 박정희는 미국이 우리를 해방시켜 주었고 공산 침략으로부터 방어해주었으며 경제 원조를 주는 등 은혜를 주었으면서도 우리를 부려먹거나 무리를 강요하지 않으므로 (즉 부당한 간섭을 하지 않으므로, 만약 부당한 간섭이나 기미가 엿보였다면 저항했을 것이라고 암시했다) 우리는 미국을 좋아한다고 말했다(박정희, 1963: 224). 따라서 그의 미국에 대한 비판적인 태도는 경직된 반미주의의 소산이라기보다는 지지 획득을 위해 슬로건이나 수사를 이용하려는 정치적인 술수의 측면이 있었다고 할 수 있다.

박정희는 스스로를 민족적인 세력으로 설정하고 기성 정계를 사대주의적인 세력으로 반복적으로 강조했다. 민족적 민주주의를 제창했던 것이다. 이러한 민족 자주, 사대주의 논쟁에 대해 당시 동아

---

39) 김영수는 이러한 박정희의 민주주의를 '민족적 민주주의'라고 개념화했다.

일보 논설위원 임방현은 신구 세대 간의 사상논쟁이라고 규정했다. 그는 박정희의 민족적 민주주의가 '극우 파쇼화'로 기울것이냐 '진보적 좌경화'로 기울 것이냐에 주목했다(임방현, 1963: 125-131).[40]

실제로 사상논쟁이 아래와 같이 구체적으로 전개되었다. 윤보선의 민주주의는 민족적 이념을 망각한 가식의 민주주의인데 이번 선거는 이것과 강력한 민족적 이념을 바탕을 한 자유민주주의 사상과의 대결이라고 주장했다. 사상과 사상을 달리하는 세대 간의 대결이라는 말도 했다. 상대방이 사상 문제를 제기하자 정면 돌파했던 것이다. 나아가 윤보선식 민주주의는 알맹이가 없는 껍데기 민주주의요, 사대주의적 바탕 위에 있는 가식적 민주주의라고 비난했다(박정희, 1969b: 348; 1969c: 359; 1973a: 520; 1973b: 529-531). 보다 구체적으로 1963년 9월 23일 박정희 대통령 후보는 "이번 선거는 가식적 민주주의 대 민족주의를 바탕으로 한 자유민주주의와의 사상적 대결"이라고 주장했으며 이에 맞선 윤보선 후보는 9월 24일 박정희의 사상이 의심스럽다고 말했으며 급기야는 유세 막바지에 아래 신문 호외에 나온 물증을 폭로했다.

---

40) 박정희 사상이 진보적인 방향으로 갈 수 있음을 인정했던 임방현은 그후 청와대로 입성했다. 물론 대필한 것이지만 『국가와 혁명과 나』에 자아비판이라는 공산당이 주로 사용하는 단어가 사용되기도 했다(박정희, 1963: 139). 또한 그는 5·16을 이념적으로는 서민적 국민 혁명으로 규정했다. "특수층의 손에 놀던 권리와 주도권을 농민, 어민, 노동자, 소시민 사회로 이행하게 하여 서민 정치, 서민 경제, 서민적 문화를 수립하여 여기에 하근(下根)하는 새로운 '엘리트'로 하여금 금후의 민족국가를 인도할 수 있도록 말하자면 시대적 신세력층을 형성하는 데 있었다."고 회고했다(박정희, 1963: 151). 농민, 노동자, 서민을 강조한 것은 구정치인들의 접근과는 판이한 계급적(사회주의적) 성향을 내포한 방향이라고 아니할 수 없다. 또한 4·19혁명 당시 학생들의 구호에 '기성세대는 물러가라'고 했던 것을 기억하냐면서 기성층(구정치인)의 세대교체를 주장했다. 5·16혁명의 특색을 '기성 세력층 대(對) 국민 의식+군의 힘'으로 표현했던 것이다(박정희, 1963: 152-153).

『동아일보』 1963. 10. 13 호외

    한편 미 대사관은 박정희와 관계를 재정립하며 유지시킬 필요는 있지만 지나친 공조는 피하면서 야당과도 공공연하고 긴밀한 연결 체제를 가질 필요가 있다고 워싱턴에 양대 선거가 끝난 후 권고했다 (MacDonald, 1992: 226). 미국은 박정희의 민족주의적 성향을 그렇게 좋게 보지 않았기 때문에[41] 이렇게 양다리를 걸치려 했다고 할 수 있 다. 미국은 군부 세력의 군정 연장 기도를 좌절시키고 다른 한편으 로는 야당들의 과도한 투쟁 의지를 제어하면서 양쪽 모두를 타협하 게 만드는 일종의 중재자 역할을 했다(홍석률, 2005: 276). 그런데 이 러한 중재자 역할도 엄정중립은 아니었다. 버거는 1963년 9월 9일

---

41) 후일 AP통신의 에드윈 화이트(Edwin White) 기자는 박 대통령이 과묵하고 미군 장교들과 골프를 한 번도 치지 않는 '전형적인 한국인'이라고 평했다(고려서적 주식회사 편, 1967: 57; 유순달, 1985: 9).

현행 헌법은 강력한 대통령 중심제이므로 분열적인 야당이 제대로 역할을 하기는 어렵다면서 "야당의 지도력은 희망적이지 못하다."("Telegram from the Embassy in Korea to the Department of State", September 9, 1963; 홍석률, 2005: 276)고 평가했다. 또한 "만약 야당이 대통령 선거와 총선에 이긴다면 내부 분열에 시달릴 것이며 또 다른 쿠데타 위험과 함께 민간과 군부 사이의 갈등이 일어날 가능성이 있다."("Telegram from the Embassy in Korea to the Department of State", September 2, 1963)고 9월 2일 예측하여 군부 세력의 집권을 선호하는 쪽으로 입장을 정리했다.

그러면서도 미국은 야당이 통합하여 민족주의적인 여당에 맞설 것을 은근히 기대했다. 그러나 대통령 선거의 과정에서 야당이 분열하자 대단히 실망했다. 버거는 다음과 같이 평가했다.

> 선거가 다가옴에 따라 민간인 정치인들은 단일 후보를 옹립하기 위하여 단일 정당을 만들고자 하는 노력을 새롭게 시작했다. 언론과 전 국민이 지켜보는 가운데 수일간 그리고 수 주간 단일화를 성취하기 위한 회합이 이어졌다. 이 회합은 선거에 참여할 후보 등록일이 9월로 다가옴에 따라 점점 더 고조되어갔으나 결과는 실패였다. 진통 끝에 2명의 주요 정당 후보와 4명의 군소 정당 후보가 등록함으로써 민간인 정치인들은 한국인의 눈에 믿을 수 없는 자들임을 드러냈다(Berger, 1966).

또한 1967년 제6대 대통령선거에서 박정희는 자립에 기반을 두지 않는 민족 주체성이나 민주주의는 한갓 가식에 불과하다며 민족적 민주주의를 다시 제창했다(대통령비서실 편, 1973c: 1004-1005; 전재호, 1998: 78; 2000: 50-51). 이에 대해 전재호는 1963년 제5대 대통령 선거 당시 야당의 자유민주주의를 사대적 민주주의라고 매도하기 위해 내걸었던 선거용 민족적 민주주의 슬로건에서 경제적 자립을 성취하는 것을 첨가해 한 발짝 전진한 것이었다고 평가한다. 민족적 민주주의에서 민주주의보다는 '민족적'에 강조가 주어지면서 민주주의에서는 갈수록 멀어져갔다는 것이다(전재호, 2000: 47-51). 그런데 내가 보기에 박정희는 민족적 민주주의 제창 시점부터 경제적 자립에 대해서는 의식하고 있었으므로 당초부터 경제적 자립을 지향했다고 평가하는 것이 좋을 듯하다. 이러한 민족적 민주주의에 대해 당시 지식인들과 학생들은 1961년 6월 사상계 권두언에서 나타난 것처럼 어느 정도 기대했으나 1964년 초 비밀리에 진행되던 한일회담 과정이 공개되면서 크게 실망했다. 당시의 지식인, 학생 그룹은 박정희, 김종필 등 한일 협상을 성급히 체결해 경제개발을 위한 물적 토대를 마련하려던 세력들을 돈 몇 푼에 민족의 자존을 팔아넘기는 굴욕 외교의 화신(친일파, 민족 반역자)으로 평가해 결국 '민족적 민주주의 장례식'까지 치렀다(전재호, 2000: 49).

6) '한국적 민주주의' 주창

1972년 10월유신으로 장기 집권을 도모했던 박정희 정부는 기존의 반공이라는 구호에다가 총력안보, 국민 총화, 안보 제일주의 등 안보라는 군사주의적 구호를 보탬으로써(전재호, 1998: 56-58) 국민들의 안보 불안 심리를 이용하여 국민들을 심리적으로 강압했으며 민주적 정치 참여를 탄압했다. 경제성장은 두 번째로 밀렸으며 서구적 의미의 자유민주주의는 거의 언급되지 않았다. 대신 '한국적 민주주의'가 키워드로 등장했다. 박정희는 10월유신을 선포한 직후 한민족의 고유한 전통과 문화, 북한 공산주의의 직접적 위협 등 한국의 특수한 상황을 들어 '한국적 민주주의'라는 구호를 내세웠던 것이다. 그러나 한국적 민주주의는 그것이 국력 배양의 가속화와 조직화에 기여해 국민 총화를 구축하는 것을 목표로 하는 이상 본래적 의미의 민주주의가 아니었다. 또한 박정희는 유신헌법을 통해 제8대 대통령으로 취임한 다음 해인 1973년 1월 12일에 행한 연두 기자회견에서 '국가는 민족의 후견인'이라고 규정하고 국가 없는 민족의 번영과 발전이라는 것은 있을 수 없다면서 나라와 나는 별개가 아니라 하나이므로 나라가 잘되어야만 우리 개인도 잘될 수 있다고 역설함으로써 국가주의 사상을 전면화하는 한편 유신헌법 체제 내에서도 복수정당제가 보장되고 있다는 점을 지적하면서 유신헌법의 민주성을 강변하기도 했다.[42]

유신 체제가 제도권 내에서 민주주의의 공간을 폐쇄함에 따라 반대 세력의 민주화운동은 민주주의를 원천 봉쇄하고 있는 유신헌법의 개폐 문제를 둘러싸고 '장외'에서 전개될 수밖에 없었다(강정인, 2009c: 82). 이렇게 등장한 재야 민주화운동은 긴급조치 속에서도 단속적(斷續的)으로 전개되어 결국 1979년 10월 26일 박정희 체제의 종식을 간접적으로 만들어냈다.

반공주의는 박정희 시대까지는 확실히 대한민국의 지배 이데올로기였다. 그리고 1987년 민주화 이전까지 오랜 기간 지속적으로 통치해왔던 보수 지배 집단의 이데올로기였다. 그래서 한국 보수주의 정치집단은 반공주의를 자신들이 보수하고 수호하며 나아가 지향해야 할 내용이자 궁극적인 목표로 설정했다. 그러나 문제는 반공주의가 결코 보수주의 정치집단의 이념이 될 수 없다는 해석이 있었다는

---

42) 이러한 사상을 국민교육헌장의 '나라의 융성이 나의 발전의 근본임을 깨달아'라는 구절과 연결시켰다(대통령비서실, 1976: 20, 24; 강정인, 2009c: 80).

것이다. 반공주의는 인류 역사의 냉전 시대 초기에 잠시 표출되었던 이데올로기였으며 국제 질서 형성과 유지의 필요성으로 인해 전파된 시대의 유물일 뿐이지 결코 시대를 초월한 보수의 대상이 될 내용은 아니었다는 것이다. 따라서 박정희 시대가 종언을 고한 1979년 이후 대한민국의 외교적 필요에 의해 반공이라는 국시는 그 기치를 내리고 사회주의정당이 허용되면서 공식적으로는 구호의 차원에서 사라졌다. 반공이나 한국적 민주주의 대신 '자유민주주의 체제 수호'로 그 구호가 변모했다. 1980년대 말 냉전이 해체되자 반공주의를 내세우는 것은 시대착오적인 일이 되었다.

전재호는 박정희가 조국 근대화와 민족중흥이라는 구호를 이용해 국민 동원에 성공했고 어느 정도 경제를 발전시킨 공이 있다고 인정했다. 그러나 당시 한국 민족주의의 핵심 과제인 통일과 민족 통합 그리고 민주주의의 제도화에 큰 해를 끼쳤다는 것은 분명한 사실이라고 주장했다. 따라서 박정희 민족주의는 반동적 성격을 갖는다고 평가했다(전재호, 2000: 34). 그러나 경제개발을 지상 과제로 설정해 이에 소기의 성과를 거두었던 당시 박정희에게 민족주의의 핵심 과제라면서 통일과 민족 통합까지 요구하는 것은 개인 박정희의 능력을 지나치게 높게 평가하는 것이다. 광복 65년 동안 그 과제를 효과적으로 달성한 정치가는 아무도 없었다. 박정희에게 너무 많은 것을 기대한 후 이를 충족했다고 선언해 그를 성인으로 만들거나 혹은 충족하지 못했다고 평가해 민족 반역자로 내몰 수도 있다. 그러나 그는 우리 민족의 성인이거나 우리 민족을 완전히 배신한 반역의 기운으로 똘똘 뭉친 인사 둘 다 아니다. 그는 평범한 한 사람의 정치가이며 당시 민족의 요구를 선택적으로 조합해 나름대로 애쓰려고 했던 지도자에 불과했다. 그런 맥락에서 그는 완벽한 성인 민족주의자는 아니지만 빈곤이라는 민족적 과제를 해결하려고 했던 리더 중의 하나는 되었다고 할 수 있다.

또한 전재호는 박 정권의 전통문화 강조, 호국 유산 복원(군사주의 전통 되살리기), 이순신, 세종대왕에 대한 신격화, 전봉준에 대한 재평가, 충효 사상의 부활, 한국정신문화연구원 설립(1978년) 등 민족 주체성 확립 역사관 구현 사례를 '상무(尙武) 정신과 영웅의 부활'이라는 관점에서 논했다. 박정희는 쿠데타 직후까지만 해도 우리의 역사와 전통을 부정적으로 인식하다가 1960년대 중반부터 점차 민족문화의 우수성을 강조하기 시작했고 국가주의 담론이 등장한 1960년대 말부터 전통문화 부문과 관련된 다양한 정책을 추진하기 시작했다는 것이다. 공보부와 문교부의 문화재관리국, 국립박물관을 합쳐 1968년 7월 문화공보부를 발족시킨 후 1960년대의 원형의 보존 유지에 주안점을 둔 문화재의 부분적이고 지엽적인 보수 위주의 사업에서 1970년대의 "종합적, 근본적인 보수 복원을 통한 적극적인 정화 조성으로 발전"시켰던 것이다. 전재호는 이러한 사례는 박정희 자신이 민족사적 정통성을 가지고 있다는 사실을 보여주기 위한 정치적 의도하에서 추진된 것이라고 평가했다(전재호, 2000: 89).

종합적으로 전재호는 박정희가 한민족의 역사와 전통을 복원하고 부활시키기 위해 많은 노력을 기울였다고 평가하면서도 이것을 박정희 자신의 정치적 목적을 위해 자의적이고 선택적으로 이용했기 때문에 문제라는 지적했다. 군사주의를 정당화하기 위해 호국 유적을 집중 복원한 것이나 국가주의를 정당화하기 위해 충효 사상과 같은 봉건적인 사고를 부활시킨 사례가 박정희 사고의 반동적 성격을 잘 보여주는 것이라고 비판했다(전재호, 2000: 107).

그런데 극단적으로 말하면 정치가는 정치적 의도 없이 '민족의 복리 증진'이라는 순수 민족주의적인 의도만을 가지고 시행하는 정책이 거의 없다. 따라서 박정희가 제한된 자원을 권위적으로 배분했을 때에는 당연히 정치적 의도가 개재될 수밖에 없다. 더 극단화시킨다면 모든 정책은 정파적이다. 따라서 그가 다른 지도자에 비해 상대적으로 덜 편파적으로 정책을 지속적으로 수행했다면 그의 공적을 정당하게 평가할 필요가 있다. 또한 그의 이데올로기적 위상을 '반동적'이라는 말로 평가한다면 그가 보수주의에서 한 발자국 더 나아가 극단화했다는 것인데 이는 그를 보수주의자로 평가할 근거가 될 수 있다.

7) 박정희 경제개발계획 추진의 이념적 배경: 민족주의

박정희는 1961년 민주당 정권이 제출한 추가경정예산안을 예로 들어 정부 예산 중에서 미국 원조가 차지하는 비중이 52%나 되기 때문에 한국에 대한 미국의 발언권이 52%나 된다고 분석하면서 미국의 원조가 없으면 우리 정부는 당장에 문을 닫아야 한다는 자조적인 언급을 했다(박정희, 1963: 35-36; 1965b: 24-25). 박정희는 민주당 정권의 성격과 대미 의존을 대단히 부정적으로 보고 있었다. 그는 자신이 쿠데타를 일으키지 않을 수밖에 없었던 이유 중에서 민주당 정권의 주체성 상실을 들고 있다. 그의 설명에 따르면 민주당 정권은 "친일과 미국 일변도 주의로 우리의 주체 의식을 상실케 한 배타 정권"이라는 것이다(박정희, 1963: 73; 송인상, 1994: 78). 분명 그는 민족주의적 자립 경제를 지향하는 계획을 수립하기를 원했다. 이러한 자립 경제에의 염원은 제2차 세계대전 종전과 더불어 독립한 신생국의 공통적인 염원이니 경제적 독립이 뒤따르지 않고는 정치적 독립이란 없다는 인식에 기반하고 있었다(국가재건최고회의 한국군사혁명사편찬위원회 편, 1963: 920). 「혁명 공약」은 "절망과 기아선상에 허덕이는 민생고를 시급히 해결하고 국가 자주 경제 재건에 총력을 경주한다."고 제시한 바 있으며 이러한 공약을 실천하기 위해 6월 12일에 발표한 「혁명정부의 기본 경제정책」에서 "자유로운 경제활동을 토대로 하는 동시에 경제적 후진성의 극복과 국민경제의 균형적 발전을 도모하기 위한 정부의 강력한 계획성을 가미하는 경제체제를 확립한다."고 명시했다. 이것은 국민의 자유로운 경제활동과 민간 부문의 자발적인 경제활동을 적극 자극하되 국민경제의 자립적 성장을 목표로 정부가 이를 강력히 이끌어나가기 위한 경제계획을 수립하겠다는 것을 의미했다(국가재건최고회의 한국군사혁명사편찬위원회 편, 1963: 922-923).[43] 이러한 자주적 계획안의 이념적 기반은 바로 민족주의라고 할 수 있다. 군사정부는 장면 정부에서 거세게 일었던 민족주의적 요구 중에서 혁신 세력의 남북 교류 움직임에 대해서는 탄압했지만 한미 경제협정 반대 운동[44]에서 보였던 대미 자주(對美

---

43) 당시 아직 수출 지상주의적인 구호가 등장하지 않았다.
44) 이는 1961년 2월 8일 '대한민국 정부와 미합중국 정부 간의 경제 기술원조 협정'이라는 명칭을 가지고 각서 형식으로 체결되었는데 일명 '신경원협정(新經援協定)'이라고 칭해진다. 그간 '대한민국과 미합중국 간의 원조 협정'(1948년 12월 10일 서울에서 서명), '경제조정에 관한 협정'(1952년 5월 24일 부산에서 대한민국과 통합사령부의 자격으로서의 미국 간에 체결. 마이어협정. 교환 각서 및 의사록이 첨부됨), '경제 재건과 재정 안정 계획을 위한 합동 경제 위원회의 협약'(1953년 12월 14일 서울에서 유엔군사령부 초대 경제조정관 우드와 대한민국 국무총리 백두진 사이에 체결. 백-우드 협정), '한국에 대한 군사 및 경제원조에 관한 합의 의사록'(1954년 11월 17일 서울에서 대한민국 외무부 장관과 주한 미대사 간에 서명. 부록A에 경제원조액을 당초 책정했던 1억 달러에서 2억 8,000만 불로 할당하면서 효과적인 경제계획을 위한 조치를 규정함)(임철규, 1965: 165) 등이 있었는데 경제조정에 관한 협정 제3조 제13항을 제외하고는 모두 신경원협정으로 대체되었다(법제처 편, 1990: 3321-3325). 이 협정이 준비될 때 한국인들은 한국 정부의 예산을 미국이 심의 통제하려 한다고 생각해 반대 운동을 전개했다. 대한민국 정부와 미합중국 정부 간의 경제 기술원조 협정 제3항에는 원조 관련 정보를 미합중국에 제공한다는 규정이 있는데 이것이 한국 경제에 대한 감독권 강화를 표현한 것이라고 해석되었던 것이다. 그런데 한국 경제의 동태에 대한 정보 제공 의무는 이전 협정에도 존재했다(조동필·부완

自主)의 움직임에 대해서는 어느 정도 공감대를 형성하고 있었다는 평가가 있다(木宮正史, 1991: 42; 기미야 다다시, 2008).[45] 비록 대필이었지만 박정희의 이름으로 간행된 『국가와 혁명과 나』에서는 당시 국가 민족 불행의 근원인 국토 분단에 미국이 일단의 책임이 있다고 주장했다(박정희, 1963: 225). 반공으로 무장된 이승만 시대에 분단의 책임이 모두 소련과 공산당에게 일방적으로 전가되었던 것에 비하면 인식의 전환으로 볼 수 있다.

또 하나 경제개발의 배후 이념으로 제시할 수 있는 것은 박정희가 주장한 "의회 제도의 뒷받침이 될 수 있는 경제적 발전"의 추구이다(박정희, 1969d: 179). 박정희는 자립 경제 기반 없이는 형식상 민주주의가 혼란과 파멸의 길만을 약속한다고 주장했다(박정희, 1969e: 194). 이는 경제적 기반을 정치적 민주주의의 토대로 보는 일종의 유물론적 인식이라고 할 수 있다. '경제가 자유민주주의의 기초'(박정희, 1962: 32; 신범식 편, 1965: 34)[46] 라는 일종의 토대론적 인식은 사농공상(士農工商) 식의 유교적 윤리를 중시했던 이승만에게는 찾아볼 수 없었고 장면의 '경제 제1주의'에서 그 맹아를 볼 수 있었으며 박정희의 '조국 근대화'에서 본격적으로 집약된 것이다.[47] 이런 맥락에서 박

혁, 1961: 201).
45) 대미 자주가 한편으로는 대일 의존적이었다고 할 수 있다.
46) 그런데 케네디 대통령은 "장기 계획에 의거한 한국 경제 발전의 성공적 완성이 민주주의의 기초를 확립하고 한국의 강력한 반공 태세를 유지하는 데 필수 불가결의 요소라는 것을 인정"했다(공보부 편, 1961: 79). 이 구절에서 경제 발전을 민주주의의 기초인 동시에 반공을 위한 수단으로 간주하는 미국의 인식을 알 수 있다. 그런데 『우리 민족의 나갈 길』에 대해 당시 주한 미 대사관 정치고문이었던 필립 하비브는 이만갑이 초고 작성에 관여했다고 국무부에 보고했다("The Telegram from AmEmbassy Seoul to Department of State: The Sasanggye Circle and Its Vision of Korea's Political Future").
47) 무역을 중시했던 박정희는 상공농사(商工農士)라고 주장했으며 박충훈은 공상농사(工商農士)라고 말했다(박충훈, 1988: 85).

정희 경제개발론에 민족주의적 요소가 있다고 할 수 있다. 박정희는 1964년 한일회담 타결을 위해 박태준을 밀사로 파견하면서 다음과 같이 말했다고 전해진다.

> 국내에서는 한일 수교와 관련해 정치자금 수수의 흑막이 있느니 굴욕적이니 뭐니 해서 비판도 많고 반대도 격심하지만 우리가 언제까지 미국 놈들에게서 밀가루나 얻어먹고 사는 게 자존심을 지키는 것이냐. 나라 경제를 일으키기 위해서는 이 길밖에 없다는 게 내 신념이다. 설사 굴욕적인 측면이 있더라도 우리가 이 기회를 살리지 못하면 왜놈들에게 더 큰 굴욕을 받아가며 살아야 할 것이다. 나는 내 정치생명을 걸고 이 일을 추진할 것이다(이도성 편, 1995: 195).

이렇듯 박정희는 미국과 일본에 대항하여 한국 경제를 일으키려는 생각을 하고 있었으므로 민족주의적 입장을 가지고 있었다고 할 수 있다. 이러한 민족주의에는 지금의 전 지구적(global) 관점으로 생각하면 시대착오적인 면이 있으며 보수적 관점과 일맥상통한다고 할 수 있다.

8. 맺음말

해방 이후부터 김대중 정부 출범 전까지 한국의 지배 세력은 반공과 친미, 경제성장 제일주의와 안보 이데올로기를 사상적 기반으로 하는 보수주의 세력이었다(윤민재, 2004a: 243). 반공과 친미는 미군정기와 이승만 정부 때 이식되었으며 경제성장 제일주의는 장면 정부 이래 국정의 제일 과제로서 박정희 정부 시절에 특히 강조되었다. 안보 이데올로기는 대한민국 정부 수립 60여 년 동안 일관되게 주입되었으며 박정희, 전두환, 노태우 정부라는 이른바 군사정부 시절에 더 심화되었다.

한국 보수주의가 내세웠고 비교적 성공적이었던 구호를 '건국'과 '부국'이라고 할 때 주목할 시기는 역시 각각의 구호가 내실 있게 달성되었다고 평가되는 이승만, 박정희 시대이다. 한국 현대 정치에서 보수는 신생국에 있어서 가장 중요한 과제라 할 수 있는 건국(state-building, 이승만)과 산업화(economic-building, 박정희)를 주도했던 것이다.

보수주의를 보다 더 심층적으로 고찰하기 위해서는 균형 잡힌 시각에서 이승만과 박정희의 공과를 살펴보는 것이 그 전제 작업이 될 필요가 있다. 이승만은 자유민주주의를 이념으로 하는 대한민국의 수립, 교육혁명, 농지개혁, 6·25전쟁 때의 성공적인 국가 방어 등이 공로이면서 권위주의 통치, 장기 집권, 미흡한 친일파 청산, 언론 탄압 등이 결점이자 과오라 할 것이다. 박정희는 경제 건설, 그리고 "하면 된다"는 민족적 자신감의 고취가 공로이고, 군사 쿠데타, 장기 집권, 민주주의 탄압, 유신, 목표 지상주의 등이 결점이자 과오라고 평가하는 것이 공정할 것이다(남시욱, 2008: 10).

1945~1979년 사이의 한국 보수주의는 반공주의가 가장 중요한 요소였으므로 보수주의=반공의 등식이 성립되었다고 해도 과언이 아니다. 또한 이승만 정부와 박정희 정부하 집권 세력의 보수주의는 자유민주주의에서 이탈한 권위주의라고 할 수 있다. 이 당시 한국 보수주의의 또 다른 중요 요소는 발전주의인데 이는 장면 정부부터 박정희 정부까지 지속되었으며 전두환, 노태우 군사정부는 물론 김영삼, 김대중, 노무현 정부에 이어 이명박 정부까지 계승되었다고

할 수 있다. 결과적으로 한국의 보수는 고착화된 분단 상황에서 빛(성장)과 그림자(억압)를 모두 가졌다. 따라서 성공적인 경제성장과 산업화에도 불구하고 한국 보수 세력은 권위주의를 지속시키는 데 실패했다(최장집, 2004: 67). 박정희 보수 정권은 한국 사회를 근대화하는 성공 신화를 창출했고, 다른 한편으로 권위주의를 지속 가능한 체제로 만드는 데 실패함으로써 민주주의로의 탈출 경로를 열어놓았다(김형준, 2008: 1-2). 이렇게 민주주의로 이행이 가능한 출구를 만들었던 것은 물론 의도적인 것은 아니었으며 비의도적인 부작용이었다. 1980년대 민주주의로의 본격적인 이행은 물론 민주화 세력이 투쟁한 성과였으며 전두환, 노태우 등 군부 출신 보수주의자들이 시민사회 세력과의 세력 다툼에서 밀렸던 결과였다고 할 수 있다.

광복 이후부터 박정희 시대까지는 국제적으로는 냉전 체제기였다. 따라서 한국은 미국과 소련 중 어느 한편에 서는 것을 강요받았는데, 대한민국 집권 세력들은 친미에 기울었다. 당시 보수주의에 친미적 성격에 있는 것은 어찌 보면 당연했다. 이승만과 장면의 경우 그 친미적 정도가 강했으며 다소 민족주의적이었던 박정희 정부의 보수주의는 이들보다 상대적으로 약했지만 이러한 경향을 공식적으로 표방할 수는 없는 약소국으로서의 한계를 가지고 있었다.

서구 보수주의자들이 가지고 있는 종교적 신념[48]과 인종적 편견 등은 한국의 보수주의와 그다지 큰 관련성이 없다. 물론 한국의 일부 보수주의가 기독교(혹은 개신교)를 기반으로 하지만 모든 한국

---

48) 그러나 보수주의를 인간의 본질적인 심리적 정향으로 파악하는 오크숏은 종교적 정향 문제는 보수주의에서 배제하거나 보수주의와 분리해서 다루어야 한다고 주장했다. 보수적이라 함은 모르는 것보다 익숙한 것을, 해보지 않은 것보다 해본 것을 하려는 인간의 심리적 선호 경향이라는 주장이다(Oakeshott, 1962: 169; 김용민, 1999: 19).

보수주의에 공통된 것은 결코 아니다. 한편 한국이 전통 사회에서 근대사회로 넘어오면서 전통 지배계급이 몰락하고 신흥 지배계급이 출현함에 따라 한국 보수주의의 전통 지배계급 선호 사상은 매우 옅어졌으며 오히려 신흥 지배계급의 사상으로 변용되었다. 그래도 엘리트주의적 경향은 서구나 한국이나 공통된다고 할 수 있다. 이렇듯 한국 보수주의는 특수성과 보편성을 공히 가지고 있다고 할 것이다. 따라서 우리 보수주의와 서구 보수주의의 공통점과 상이점을 보다 더 엄밀하게 파악해 서구 중심주의를 넘어서면서도 보편적 사조에도 영향을 받은 점을 규명하는 것이 필요하지 않을까 한다.

또한 이승만, 박정희 정부 시기 반공주의의 반지성성(反知性性)을 비판하면서 우리 보수주의가 빈곤하다고 평가하는 견해가 있지만 그렇다고 이것이 우리에게만 국한된 것은 아니었다. 이것은 냉전 시대 서방 세계 보수주의자들의 보편적 이념이었다고 할 수 있다. 따라서 반공을 내세웠다고 한국의 보수주의를 지나치게 폄하하는 것은 그 당시 양극화된 국제정치 속에서 별다른 대안을 가지지 못한 채 반공 국가로 살아가야 했던 우리의 현실을 무시하는 안이한 태도일 가능성이 있다고 할 것이다.

참고 문헌

강정인, 1993, 「보수와 진보: 그 의미에 관한 분석적 소고」, 『사회과학연구』 제2집: 3.

강정인, 1997, 「보수와 진보: 그 의미에 관한 분석적 고찰」, 로버트 니스벳·C. B. 맥퍼슨, 『에드먼드 버크와 보수주의』, 강정인·김상우 옮김, 서울: 문학과지성사.

강정인, 2001, 「한국 보수주의의 딜레마」, 『계간 사상』 2001년 가을: 81, 83, 93.

강정인, 2004, 『서구 중심주의를 넘어서』, 서울: 아카넷.

강정인, 2007, 「에드먼드 버크: 근대 보수주의의 원조」, 강정인·김용민·황태연 편, 『서양 근대 정치사상사: 마키아벨리에서 니체까지』, 서울: 책세상.

강정인, 2008, 「보수주의」, 한국정치학회 편, 『정치학 이해의 길잡이(정치사상)』(정치학핸드북) 1, 서울: 법문사.

강정인, 2009a, 「한국 정치의 진보와 보수: 남북통합과 역사적 화해를 위한 시론」, 한국정치사상학회 2009년 5월 세미나, 『진보와 한국 사회: 정치철학적 접근』 2009년 5월 16일.

강정인, 2009b, 「한국 현대 정치사상의 흐름」, 강정인 외, 『한국 정치의 이념과 사상: 보수주의·자유주의·민족주의·급진주의』, 서울: 후마니타스.

강정인, 2009c, 「보수주의」, 강정인 외, 『한국 정치의 이념과 사상: 보수주의·자유주의·민족주의·급진주의』, 서울: 후마니타스.

고려서적주식회사 편, 1967, 『소박·박력 있는 지도자: 국내외 기자가 본 박정희 대통령』, 고려신서 제5집, 서울: 광명인쇄공사.

공보부 편, 1961, 「한미공동성명」, 『국가재건회고회의 박정희 의장 방미·방일 특집』, 서울: 공보부(1961년 11월 25일).

국가재건최고회의 한국군사혁명사편찬위원회 편, 1963, 『한국군사혁명사』 제1집 상, 서울: 국가재건최고회의 한국군사혁명사편찬위원회.

권순활, 2009, 「우리 시대의 '진짜 진보'」, 『동아일보』 2009. 5 14.

기미야 다다시, 2008, 『박정희 정부의 선택: 1960년대 수출지향형 공업화와 냉전체제』, 서울: 후마니타스.

김병국, 1999, 「한국적 보수: 전통문화의 허와 실」, 김병국, 김용민, 박효종, 서병훈, 함재봉, 『한국의 보수주의』, 서울: 인간사랑.

김비환, 1997, 「전환기 한국 사회의 정치 이념에 관한 고찰: 보수주의, 개혁주의 그리고 그 이분법을 넘어서」, 한국정치학회 월례 발표회 발표 논문.

김성국, 1986, 「한국 보수 세력의 사회계층 배경 연구」, 『사상과 정책』 제3권 3호: 30.

김영수, 2001, 「박정희의 정치 리더십」, 한국정신문화연구원 편, 『장면·윤보선·박정희: 1960년대 초 주요 정치 지도자 연구』, 서울: 백산서당.

김용민, 1999, 「서구 보수주의의 기원과 발전」, 김병국, 김용민, 박효종, 서병훈, 함재봉, 『한국의 보수주의』, 서울: 인간사랑.

김용서, 1992, 『한국형 보수주의와 리더십』, 서울: 을지서적.

김정호, 2009, 「동양 정치사상에서의 진보: 한국의 전통적 진보 사상의 특징을 중심으로」, 『정치사상연구』 제15집 2호(2009년 가을): 42, 56, 59-60.

김한식, 2006a, 『한국 정치의 변혁 사상』, 서울: 백산서당.

김한식, 2006b, 『한국인의 정치사상』, 서울: 백산서당.

金炯旿, 1989, 『韓國保守政黨의 將來』, 서울: 타조기획.

김형준, 2008, 「한국 정치와 보수주의」, 한반도선진화재단 보수 주례 세미나, 『보수를 말한다』 2008년 10월 10일.

김홍명, 1986, 「보수냐 진보냐: 한 사상적 입장」, 『사상과 정책』 1986년 여름: 8.

남시욱, 2005,.『한국 보수 세력 연구』, 서울: 나남.

남시욱, 2008, 「한국 보수 세력의 형성 과정과 당면 과제」, 한반도선진화재단 보수 주례 세미나 2차, 『보수를 말한다』 2008년 10월 24일.

니스벳, 로버트, 1997, 「보수주의(Conservatism)」, 로버트 니스벳·C. B. 맥퍼슨, 『에드먼드 버크와 보수주의』, 강정인·김상우 옮김, 서울: 문학과지성사.

니스벳, 로버트, 2007, 『보수주의』, 강정인 옮김, 서울: 이후.

대통령비서실, 1976, 『박정희 대통령 연설문집』 7, 제8대편 상, 서울: 대통령비서실, 대한공론사.

木宮正史, 1991, 「한국의 내포적 공업화 전략의 좌절: 5·16 군사정부의 국가 자율성의 구조적 한계」, 고려대학교 정치외교학과 박사 학위논문.

미국무성, 1984a, 『해방 3년과 미국』 1, 김국태 옮김, 서울: 돌베개, 56쪽["Benninghoff to the Secretary of State", 15 September, 1945, FRUS, 1945, VI, pp. 1049-1050].

미국무성, 1984b, 『해방 3년과 미국』 1, 김국태 옮김, 서울: 돌베개, 70-71쪽 ["Benninghoff to the Secretary of State", 29 September, 1945, FRUS, 1945, VI, pp. 1061-1062].

미국무성, 1984c, 『해방 3년과 미국』 1, 김국태 옮김, 서울: 돌베개, 80-81쪽

["Benninghoff to the Atcheson", 10 October, 1945, *FRUS*, 1945, VI, p. 1070].

미국무성, 1984d, 『해방 3년과 미국』1, 김국태 옮김, 서울: 돌베개, 156-157쪽 ["Langdon to the Secretary of State", November 26, 1945, *FRUS*, 1945, vol VI, p. 1135].

미국무성, 1984e, 『해방 3년과 미국』1, 김국태 옮김, 서울: 돌베개, 231쪽["Hodge to the Secretary of State", (Received February 24, 1946), *FRUS*, 1946, vol VIII, pp. 641-642].

바오출판사 편집부, 2005, 「머리말」, 박효종 외, 『한국의 보수를 論한다: 보수주의자의 보수 비판』, 서울: 바오출판사.

박근, 2000, 『정과 맛의 한국 보수주의』, 서울: 한국논단.

박동성·심고령 편, 1963, 『여명의 기수』, 서울: 일요신문사.

박정희, 1962, 『우리 민족의 나갈 길』, 서울: 동아출판사.

박정희, 1963, 『국가와 혁명과 나』, 서울: 향문사.

박정희, 1965a, 「광복절 제16주년 기념사」(1961년 8월 15일), 『박정희장군담화문집』, 서울: 대통령비서실.

박정희, 1965b, 『국가와 혁명과 나: 해설판』, 서울: 고려서적.

박정희, 1969a, 「빈곤과 혼란과 위협에서의 탈출: 광복절 제16주년 기념사」(1961년 8월 15일), 『박정희 대통령 선집』3, 서울: 지문각.

박정희, 1969b, 「자주와 자립의 민족의식: 중앙방송을 통한 정견 발표」(1963년 9월 23일), 『박정희 대통령 선집』3, 서울: 지문각.

박정희, 1969c, 「헐뜯고 모략할 때가 아니다: 서울 중·고 교정에서 행한 대통령 선거 연설」(1963년 9월 28일), 『박정희 대통령 선집』3, 서울: 지문각.

박정희, 1969d, 「우호적인 이해와 협조가 계속되기를: 외교 협회에서의 연설, 방미연설」(1961년 11월 17일), 『박정희 대통령 선집』3, 서울: 지문각.

박정희, 1969e, 「자립 정신과 자조의 노력: 국민에게 보내는 연두사」(1962년 1월 1일), 『박정희 대통령 선집』3, 서울: 지문각.

박정희, 1973a, 「중앙방송을 통한 정견 발표」(1963년 9월 23일), 『박정희 대통령 연설문집』1(최고회의편, 대통령비서실 편), 서울: 대통령비서실.

박정희, 1973b, 「서울 중고교 교정에서 행한 대통령 선거 연설」(1963년 9월

28일), 『박정희 대통령 연설문집』 1(최고회의편, 대통령비서실 편), 서울: 대통령비서실.

박정희, 1973c, 「자립에의 의지: 방송연설」(1967년 4월 15일), 대통령비서실 편, 『박정희대통령 연설문집 2: 제5대편』, 서울: 대통령비서실.

박찬표, 2007, 『한국의 국가 형성과 민주주의: 냉전 자유주의와 보수적 민주주의의 기원』, 서울: 후마니타스.

박충훈, 1988, 『貳堂回顧錄』, 서울: 박영사.

박효종, 2008, 「자유민주주의와 역대 통치담론」, 『대한민국 건국 60주년 기념 국제학술회의: 자유민주주의 헌정 60년, 과거·현재·미래』, 한국정치학회.

배성동, 1979, 「한국의 여야는 모두 보수인가」, 『정경연구』 1979년 5월: 127-129.

버크, 에드먼드, 2006, 「에드먼드 버크의 연보」, 『숭고와 아름다움의 이념의 기원에 대한 철학적 탐구』, 김동훈 옮김, 고양: 마티.

버크, 에드먼드, 2008, 『프랑스혁명에 관한 성찰(Reflections on the Revolution in France)』, 이태숙 옮김, 파주: 한길사.

버크, 에드먼드, 2009, 「프랑스혁명 성찰」, 에드먼드 버크·요한 고틀리프 피히테, 『프랑스혁명 성찰/독일국민에게 고함』(WORLD BOOK 111), 박희철 옮김, 서울: 동서문화사.

법제처 편, 1990, 「대한민국 정부와 미합중국 정부 간의 경제 기술원조 협정」, 『대한민국 현행 법령집』 제49권: 제45편 조약(3): 양자협약, 서울: 한국법제연구원.

사회와철학연구회 편, 2002, 『진보와 보수』, 서울: 이학사.

성보용, 2001, 「한국 보수 정치 세력의 형성 과정에 관한 연구: 해방과 제1공화국의 시기를 중심으로」, 경희대 대학원 정치학과 박사 학위논문.

손호철, 1996, 「YS·DJ는 보수, JP는 수구」, 『참여사회』 1996년 5/6월: 39.

송남헌, 1985, 『해방삼년사』 I, 서울: 까치.

송인상, 1994, 『부흥과 성장』, 서울: 21세기북스.

신범식 편, 1965, 『조국의 근대화: 박정희대통령의 정치노선, 저서와 연설을 중심으로』, 서울: 동아출판사.

심지연, 1984, 『한국현대정당론: 한국민주당연구 II』, 서울: 창작과 비평사.

심지연, 1999, 「좌·우익, 보수·혁신의 관점에서 본 이념 논쟁」, 강광식 외, 『현대한국이념논쟁사연구』, 성남: 한국정신문화연구원.

안영섭, 1990, 「미국의 신보수주의 연구」, 라종일 외, 『신보수 우익론』, 서울: 예진출판사.

양승태, 1994, 「한국 보수주의 연구를 위한 방법론적 시론」, 『한국정치학회보』 제28집 제2호: 9.

양승태, 2007, 「보수주의라는 정치 현상과 보수주의 이념」, 『우상과 이상 사이에서: 민주화 시대 이데올로기들에 대한 비판적 성찰』, 서울: 이화여자대학교 출판부.

양승태, 2008, 「한국의 보수주의: 무엇을 지킬 것인가?」, 한국정치사상학회 학술 대회, 『보수주의와 한국 정치―무엇을 보수할 것인가?』 2008년 9월 20일.

양승태·안외순, 1999, 「한국 보수주의 연구 I : 宋時烈과 한국 보수주의의 기원」, 『한국정치학회보』 제33집 제1호: 111-128.

유세환, 2006, 『대한민국 헌법 제3조: 반역을 넘어 북한 해방으로』, 서울: 소갑제닷컴.

유순달, 1985, 「박정희 대통령의 통치 이념 연구」, 경북대학교 정치학과 박사 학위논문.

윤민재, 2004a, 「한국 보수 세력의 이념과 활동에 대한 정치사회학적 연구」, 『사회이론』 통권 제26호: 270.

윤민재, 2004b, 『중도파의 민족주의운동과 분단국가』, 서울: 서울대학교출판부.

윤해동, 2007, 「한반도 민족주의, 폐기 처분 아직 이른가」, 『조선일보』 2007. 2. 3.

이도성 편, 1995, 『실록 박정희와 한일회담: 5.16에서 조인까지』, 서울: 한송.

이봉희, 1996, 『보수주의』, 서울: 민음사.

이상철, 2003, 「박정희 시대의 산업정책」, 이병천 편, 『개발독재와 박정희 시대』, 서울: 창비.

이원영, 2002, 「개화파의 정치사상」, 이재석 외, 『한국정치사상사』, 서울: 집문당.

이택휘, 1999, 『한국정치사상사: 조선조 정치체제와 한국 정치사상』, 서울: 전통문화연구회.

이혁섭, 1990, 「한국 신우익론」, 라종일 외, 『신보수 우익론』, 서울: 예진출판사.

이현출, 2005, 「한국 국민의 이념 성향: 특성과 변화」, 『한국정치학회보』 제39집 제2호: 323의 각주 2.

이혜경, 2008, 『맹자, 진정한 보수주의자의 길』, 서울: 그린비.

임방현, 1963, 「'자주'·'사대' 논쟁의 저변: 이른바 민족적민주주의사상의 주변」, 『사상계』 1963년 11월: 126, 125-131.

임철규, 1965, 「유솜」, 『신동아』 1965년 5월: 165.

장훈, 2009, 「2009년의 숙제, 분열의 정치」, 『동아일보』 2009. 12. 9.

전재호, 1998, 「박정희 체제의 민족주의 연구: 담론과 정책을 중심으로」, 서강대 정치외교학과 박사 학위논문.

전재호, 2000, 『반동적 근대주의자 박정희』, 서울: 책세상.

조갑제, 1998, 「'근대화 혁명가' 박정희의 생애: 내 무덤에 침을 뱉어라!」 『조선일보』 1998. 12. 11.

조동필·부완혁, 1961, 「자립이냐? 예속이냐?: 한·미 경제협정을 비판한다」, 『사상계』 1961년 3월: 201.

조찬래, 2001, 「한국현대사에서 보수와 진보」, 김유남 편, 『한국정치연구의 쟁점과 과제』, 서울: 한울.

蔡政旻, 1990, 「韓國民主黨의 保守主義的 性格」, 慶北大 大學院 정치학과 박사학위논문.

최장집, 2004, 『민주화이후의 민주주의: 한국민주주의의 보수적 기원과 위기』, 서울: 후마니타스.

최정호, 1989, 「무사상(無思想)의 사회, 그 구조의 내력: 현대 한국의 정신적 상황에 관하여」, 『사상』 1: 10-16.

하보, 윌리엄, 1994, 『보수주의 사상의 이론적 기초』, 정연식 옮김, 대구: 경북대학교출판부.

한국경제정책연구회, 한겨레신문사, 2009, 「익명 논평자의 발언」, 『박정희 시대의 재평가 정치·경제 학술 토론회』 2009년 11월 9일.

한국학중앙연구원, 2009, 「양동안 교수님 특별 강연」 2009년 4월 24일.

한승조, 1989, 『한국 정치: 오늘과 내일』, 서울: 일념.

함재봉, 1999, 「한국의 보수주의와 유교」, 김병국, 김용민, 박효종, 서병훈, 함재봉, 『한국의 보수주의』, 서울: 인간사랑.

홍석률, 2005, 「1960년대 한미 관계와 박정희 군사정권」, 『역사와 현실』 56: 276.

홍성걸, 2006, 「박정희 시대의 국제 관계와 외교정책」, 우철구 외, 『청소년을 위한 우리 역사 바로 보기』, 서울: 성신여자대학교출판부.

홍찬식, 2009, 「2010년을 기념하는 방법」, 『동아일보』 2009. 11. 6.

『동아일보』 1963. 10. 13 호외.

『每日新報』 1945. 10. 2; 1945. 10. 11.

『사상계』 1961년 6월(「권두언: 5·16혁명과 민족의 진로」).

『유엔총회 공식보고서』, 제3차 정기총회, 부록 No. 9(A/575), 뉴욕, 1948.

Baradat, Leon P., 1979, *Political Ideologies: Their Origins and Impact*, Englewood Cliffs, NJ: Prentice-Hall.

Berger, Samuel D., 1966, "The Transformation of Korea, 1961~1965," Secret, January 7, 1966, RG 59, Entry 5026, Subject Files of the Assistant Secretary of State for East Asian and Pacific Affairs 1961~1974, Box 305, US National Archives.

Bunce, Arthur C., 1945, "Can Korea Be Free?", RG 332, Box 29, US National Archives.

Cole, David C. and Princeton N. Lyman, 1971, *Korean Development: The Interplay of Politics and Economics*, Cambridge, Mass.: Harvard University Press.

MacDonald, Donald S., 1992, *U.S.-Korean Relations from Liberation to Self-Reliance, The Twenty-Year Record: An Interpretive Summary of the Archives of the US Department of State for the Period 1945 to 1965*, Boulder, CO: Westview.

Oakeshott, Michael, 1962, "On being Conservative", *Rationalism in Politics and other essays*, New York: Basic Books.

"Macdonald to McConaughy and Bacon: 'Leadership' Essay of General Pak

Chong-hui(Leadership in the Cause of Revolution)", July 18, 1961, p. 1, RG 59, Bureau of Far Eastern Affairs, Assistant Secretary for Far Eastern Affairs, Subject, Personal Name, and Country Files, 1960~1963, 1961 Geographic Files, Box 5.

"Special Report: Background for Elections in South Korea", 11 October 1963, Office of Current Intelligence, CIA, p. 4, Countries Series (Korea), General, Box 127, National Security Files, John F. Kennedy Library.

"Telegram from the Embassy in Korea to the Department of State", September 2, 1963, *FRUS, 1961~1963*, Vol. XXII, p. 660.

"Telegram from the Embassy in Korea to the Department of State", September 9, 1963, POL, KOR S, Subject Numeric Files, RG 59, Central Files, US National Archives.

"The Telegram from AmEmbassy Seoul to Department of State: The Sasanggye Circle and Its Vision of Korea's Political Future", Aug. 16, 1983, RG 845, Classified General Records, 1963, Entry CGR 56-63, Box 39, 350: Korea Aug.-Sept., 1963, US National Archives.

4장 개혁적 민주 정부 출범 이후(1998~) 한국의 보수주의:
보수주의의 자기 쇄신?

강정인

1. 들어가는 말

민주화 이후 한국 보수주의의 재정비와 자기 쇄신은 김대중-노무현 개혁 정부의 연이은 출범과 함께, 정부 수립 이후 김영삼 정부에 이르기까지 50년 동안 한국 정치를 장악해온 집권 보수 세력이 야당으로 내몰리는 등 국정 운영의 주도권을 상실하면서 본격화되었다.[1] 이런 자기 쇄신은 보수 세력 역시 민주화된 정치 현실과 게임의 규칙을 수용하고, 이에 적응하는 과정을 수반했다. 자기 쇄신은 제도 정치권에서 보수 세력을 대변해온 한나라당에게도 강요되었지만, 이 글이 관심을 갖는 주제는 종래 제도 정치권의 보호 속에서 안주해오던 시민사회의 보수 세력이 강한 위기의식을 느끼면서 자신

---

1) 정치 이데올로기로서 보수주의의 일반적 성격 및 한국 보수주의의 특성에 대한 체계적인 고찰로는 강정인(2004: 297-354)을 참조.

들의 정치적 입장을 데모와 시위를 통해 거리에서 표출하는 보수 행동주의에 호소하고 자신들의 이념과 세력을 재결집하기 위해 뉴라이트 운동을 결성하는 등 다양한 활동을 통해서 보여준 자기 쇄신이다. 한편 보수 언론과 지식인들은 시민 참여의 확산과 사회경제적 불평등의 완화를 위한, 곧 '더 많은' 민주주의[2]를 위한 민주 정부의 개혁 정책을 '포퓰리즘'이라는 담론 공세를 통해 비판하기 시작했다. 이 과정에서 보수 세력들은 민주화의 산물인 언론·출판·집회·결사 등 표현의 자유, 법치주의, 헌법재판제도 등을 적극 활용하고, 이러한 제도가 자신들의 입장을 분출시키고 방어하는 데 매우 유용한 제도임을 발견하게 되었다.

이전에 다른 글에서 필자는 민주화 이후 한국 보수주의의 생존 가능성을 전망하면서, 한국 보수주의의 생존 전략으로 두 가지 대안을 제시했다. 하나는 한국의 보수주의를 자유민주주의 및 시장경제에 대한 지지와 더욱 탄탄히 연계시키는 전략이고, 다른 하나는 유교 등 전통적인 사상적 자원을 긍정적으로 활용하는 전략이었다(강정인, 2001). 따라서 민주화 이후 한국의 보수주의를 논하기 위해 필자는 이제 김대중 정부에서 노무현 정부에 이르기까지 시민사회를 중심으로 활발하게 진행되어온 보수 세력의 재결집과 자기 쇄신 현상이 자유민주주의 및 시장경제에 대한 지지와 탄탄히 연계되어 있는지, 곧 필자가 제시했던 첫 번째 대안을 적절히 실천하고 있는가를 검토하고자 한다.

---

[2] 나중에 서술하겠지만 '더 많은' 민주주의는 필자가 '민주주의의 내포적 심화'로 개념화한 것에 해당한다.

2. 개혁적 민주 정부의 출범: 시민사회에서 보수의 분출과 자기 쇄신

1993년 김영삼 문민정부의 출범과 함께 민주화는 안정적으로 마무리되는 국면에 진입했다. 김영삼 정부는 과거 권위주의 정권이 남긴 잔재의 과감한 청산, 정치자금법·선거법·정당법을 포함한 정치관계법의 개정을 통한 공정한 선거제도의 정착, 광역 지방자치단체장 선거의 실시 등 일련의 민주적인 개혁과 조치를 단행함으로써 정치적 민주주의의 기초를 닦았다. 그러나 임기 말에 불어닥친 외환위기로 인해 차기 정부는 국제통화기금이 부과한 신자유주의적 개혁을 받아들여야 하는 운명을 안고 출범해야 했다.

뒤이은 김대중 정부의 출범은 현대 한국 정치사에서 선거에 의한 최초의 평화적인 정권 교체를 기록함으로써 민주주의의 정착을 알리는 신호탄이 되었다. 시장경제와 민주주의의 병행 발전을 주장한 김대중 정부는 집권 기간 동안 경제 위기를 비교적 성공적으로 수습하는 한편, 지속적인 햇볕정책을 통해 2000년에는 6·15 남북정상회담을 성사시킴으로써 적대적인 남북 관계를 평화적인 남북 관계로 전환시키는 결정적인 기틀을 마련했다. 또한 국가인권위원회와 여성부의 신설, 복지 정책의 체계적 도입, 과거사 청산 등을 통해 정치적 민주주의를 좀 더 심화시켰다. 하지만 경제 위기를 수습하는 과정에서 신자유주의적 개혁 조치를 무분별하게 도입함에 따라 사회적 양극화가 진행되었다.

노무현 정부는 깨끗한 정부를 자임하고 과거 김영삼·김대중 정부의 치적을 어둡게 했던 권력형 비리 등 정치적 부정부패를 청산하고자 노력함으로써 정치의 투명화에 기여했고, 김대중 정부의 대북 정책의 기조를 이어받아 남북의 화해와 평화를 위한 기반을 다졌다. 노무현 정부 집권 기간 동안 주목할 만한 현상은 2004년 초 국회의 다수를 점한 야당 세력들이 대통령 탄핵 소추를 의결하여 야당에 대한 민심이 극도로 악화된 상황에서, 개혁 지향적 여당인 열린우리당이 2004년 4월 17대 총선에서 과반 의석을 확보함으로써 전통적 보수 세력인 한나라당이 처음으로 다수당의 지위를 상실하고, 사회민주주의 세력인 민주노동당이 비록 의석수는 많지 않지만 일약 제3당으로 부상하면서 제도권 정치에 당당하게 진입함으로써 온건화된 급진 세력이 제도권 정치에 거점을 마련했다는 사실이었다. 따라서 2004년 당시 한국 정치의 민주화는 권위주의적 보수 세력의 쇠퇴와 위축, 자유민주주의 세력의 성장과 확충, 민주노동당으로 상징되는 사회민주주의 세력의 약진으로 요약될 수 있었다.

물론 한국 정치의 민주화는 세계사적 변화로부터 고립된 채 진행된 것이 아니며, 그와 맞물려 진행되었다. 먼저 한국의 민주화는 1970년대 후반부터 전 세계에 걸쳐 진행되어온 이른바 민주화의 '제3의 물결'에 편승하여 진행되었으며, 또한 1989년 이후 본격화된 사회주의권의 붕괴 및 구소련과 동유럽의 자유화·민주화와 함께 진행되었다. 나아가 전 세계에 걸쳐 진행된 이 같은 경제의 자유화 및 정치의 민주화는 한편으로 1980년대부터 진행되어온 시간과 공간의 벽을 허무는 초국경적 운동인 정보화 및 세계화에 의해 촉발되었지만 다른 한편으로 이를 더욱 가속화시키는 계기가 되었다. 한편 경제적 세계화에 편승하여 진행되어온 신자유주의는 20세기 말부터 더욱 위세를 떨치며, 전 세계의 경제를 시장 자유주의의 입장에서 재편해오고 있다. 이런 세계사적 흐름으로 인해 선진국에서는 '사회적 시민권'으로 상징되는 사회경제적 민주주의가 후퇴하고 있으며, 한국과 같은 신생 민주국가에서는 그 도입이 지체되는 것은 물론 오히려 사회적 양극화가 심화되어왔다.

김대중-노무현 정부의 출범과 함께 과거의 권위주의적 집권 보수 세력은 분단 정부 수립 이후 처음으로 정국 운영의 주도권을 상실하게 되었다. 특히 '진보'를 표방한 노무현 정부가 여당의 과반 의석 확보를 배경으로 대북 관계, 대미 관계, 언론 정책, 복지 정책, 경제정책, 교육정책 등의 분야에서 개혁 정책을 전격적으로 추진함에 따라, 보수 세력의 정치적 상실감과 위기의식은 더욱 고조되었다. 그들은 집권 세력으로서의 지위를 상실하는 정치적 반전(反轉)을 경험하게 되었고, 이와 함께 그들이 내세운 보수주의 역시 부분적이고 위상적인 차원에서지만 저항 이데올로기로서의 지위로 전환을 강요받게 되었다. 그 결과 그들 역시 민주주의의 기본 틀에 적응하되, 개혁 정부의 '급진적' 또는 '전격적' 개혁에 반대하는 야당(정치적 소수파)의 입장에서 보수적인 세계관, 사상, 논리, 정서를 법치주의와 헌정주의를 통해 방어하면서 보수주의를 쇄신해야 하는 처지에 내몰리게 되었다. 이런 정치적 반전은 보수주의의 민주적 자기 쇄신을 강제하는 계기로 작용했던 것이다.

보수주의가 제도 정치권을 넘어 시민사회 일반에서 명시적이고 적극적으로 주장되기 시작한 것은 1990년대 후반, 특히 김대중 정부가 역사상 최초로 평화적 정권 교체를 이룩함으로써 군부 정권 이래 집권을 계속해온 보수 세력이 민주화 이후 제도 정치권에서 정치적 영향력의 위축을 경험하기 시작하면서부터였다고 할 수 있다. 김영삼 정부 시기까지만 해도 보수 세력은 정치적 권력은 물론 사회경제적 권력을 거의 독점하고 있었기 때문에 이념적인 자기 무장을 할 필요가 없었다. 또한 보수 세력의 이념적 자기 무장 시도는 냉전의 종언이라는 세계사적 변화와 함께 김대중 정부가 북한과의 관계 개선을 위한 '햇볕정책'을 적극적으로 추진하고, 남북정상회담의 개최 등으로 남북 관계가 획기적으로 개선됨에 따라 한국 보수주의 이념을 뒷받침하던 핵심 이데올로기인 반공·반북주의가 그 뿌리부터 위협받게 되었다는 이념적 현상과도 직접 연관되어 있었다. 1990년대 말부터 단순히 정당이나 정권 차원이 아니라 시민사회 영역에서 보수주의 담론이 활발하게 전개된 것은 바로 이런 정세 변화를 배경으로 하고 있었으며, 이나미의 언급처럼 "보수 세력의 불안과 두려움의 징표"로 읽힐 수 있었다(이나미, 2003: 37).

따라서 김대중 정부 말부터 김대중-노무현 정부의 개혁 정책에 불만과 불안을 느낀 보수 세력의 재결집이 시민사회의 다양한 영역에 걸쳐 활발하게 일어나면서 보수주의의 자기 쇄신이 모색되기 시작했다. 아래에서 필자는 이런 움직임을 전통적인 우익 보수 집단들에 의한 보수 행동주의 그리고 지식인·종교인·변호사·교사 등 시민사회의 광범위한 영역에 걸쳐 과거와는 다른 새로운 보수 집단들이 뉴라이트로 결집되는 현상을 중심으로 분석하고자 한다. 이어서 김대중-노무현 정부에 대해 보수 언론이 주도한 포퓰리즘 담론 공세를 살펴볼 것이다. 마지막으로 이런 보수 세력의 재결집과 자기 쇄신의 결과로 나타난 보수주의와 자유주의의 부분적 수렴을 검토하고자 한다.

3. 보수 행동주의의 출현: 전통 보수 세력의 반발

김대중 정부 말기부터 노무현 정부 초기에 걸쳐 시민사회 영역에서 강한 우익 성향을 지닌 전통적 보수 집단들의 '행동주의'가 점차 거세게 분출되기 시작했다. 이런 보수 행동주의는 개혁적인 김대중 정부의 출범 이후 일어난 정치·사회적 변화에 대한 보수 세력의 반발에서 비롯된 것으로 해석된다. 보수 행동주의는 보수 단체들이 연합하여 2003년에 '반핵반김 국민대회'라는 이름으로 일련의 대규모 대중 집회를 성공적으로 개최함으로써 그 절정에 이르렀다. 보수 단체들은 2003년 3·1절에는 10만여 명이 모여 '반핵반김 자유통일 3·1절 국민대회'를, 6월 21일에는 '반핵반김 한미동맹 강화 6·25 국민대회'를, 8월 15일에는 '건국 55주년 반핵반김 8·15 국민대회'를 잇달아 개최하여 자신들의 위세를 과시했다.[3] 아울러 2003년 4월 19일에는 '인류와 참교육을 짓밟는 전교조를 교단에서 축출하자!'는 슬로건을 내걸고 시청 앞에서 '반핵반김 자유통일 4·19 청년대회'를 개최하기도 했다. 이런 대규모 집회를 이끈 보수 단체들은 '밝고 힘찬 나라 운동본부', '대령연합회', '한반도 전쟁방지 국민협의회' 등 행동력 있는 단체였는데, 대회의 홍보는 주로 '독립신문'이 담당했다. 특히 대령연합회(1990년 3월 창립)는 진성 회원 5,000명을 기반으로 일련의 집회에 수백 명씩 참가하기도 했다(엄한진, 2004: 85-86).

보수 단체들이 주관한 대중 집회들이 성황리에 거행될 수 있었던 데는 개신교 보수 교단들의 역할이 컸다. 일련의 친미 반북 집회의 시발점이 된 3·1절 국민대회는 2003년 1월에 두 차례 열린 구국 기도회, 즉 '나라와 민족을 위한 기도회'(2003년 1월 1일과 19일)가 모태가 되었다. 기도회가 성공적으로 개최된 이후 이를 국민대회로 승화시켜야 한다는 의견이 제기되어 결국 3·1절 국민대회가 성사되었던 것이다. 이 과정에서 기독교계는 재정적 지원뿐만 아니라 교인들의 적극적인 참여를 호소함으로써 물심양면의 지원을 아끼지 않았다(엄한진, 2004: 85-86). 역으로 개신교의 보수 세력들도 대규모의 대중 집회에 대한 지원을 매개로 정치적인 행동에 본격적으로 나서게 되

---

[3] 이에 맞서 2003년 8월 15일에는 진보 단체 역시 통일연대, 민중연대, 여중생범대위 주최로 '반전평화 자주통일 8·15 범국민대행진'을 개최하기도 했다.

었다.[4]

　이런 추세는 사이버 공간으로도 확대되었다. 2004년 11월 11일에는 한국자유총연맹, 해병전우회, 재향군인회 인터넷 동우회 등 54개의 보수 우익 단체와 무한전진, 독립신문, 코나스, 자유북한방송 등 39개의 인터넷 사이트가 참가한 '인터넷 범국민 구국협의회'가 출범했다. 이에 대해 당시 신문들은 진보와 보수 세력 간의 전선이 온라인으로 확대되어, 오프라인뿐만 아니라 온라인에서도 치열한 대결이 벌어지게 되었다고 보도했다.[5] 이런 보도가 확인한 것처럼 이들 90여 개의 단체, 사이트는 모두 명시적으로 보수를 표방하거나 이에 동조하는 입장을 지니고 있었다.

　물론 공적 영역이라고 할 수 있는 '광장'에서 연출된 보수 세력의 화려한 데뷔가 하루아침에 이루어진 것은 아니었다. 앞에서도 언급한 것처럼 보수 단체들의 행동주의는 김대중 정부 이후 나타난 일련의 정치 변화에 대한 대응의 성격을 띠었다. 이들은 "최초의 대북 비적대적 정부"인 김대중 정부의 등장과 그후 지속된 북한에 대한 일련의 전향적 정책—2000년 6·15남북정상회담에서 절정에 이른 햇볕정책—으로 인해 조성된 남북 화해 분위기에 직면하여 이를 "6·25 이후 최대의 안보 위기"로 해석하면서, "이제는 가만히 있으면 안 된다."는 위기감을 느꼈던 것이다. 나아가 "2002년 말에는 북핵 문제

---

[4] 물론 이 기독교 단체들 가운데 한국기독교총연합회는 2004년 4월 3일 동숭동 대학로에서 구국 기도회(경찰 집계 7만)와 4월 10일 광화문 4거리 부활절 비상 구국 기도회를 독자적으로 개최하기도 했다. 민주화 이후 개신교 교단의 전반적인 보수화 및 보수적인 개신교 교단의 움직임에 관한 최근의 글로는 강인철(2002: 2005), 류대영(2004) 및 엄한진(2004) 등 참조.

[5] 「보수 진영 '사이버 사상전(思想戰)' 나서」(『조선일보』 2004. 11. 11), 「인터넷 보수 연합 출범」(『중앙일보』 2004. 11. 11), 「보수 성향 네티즌 5만 명 '사이버 사상전' 펼친다」(『동아일보』 2004. 11. 11).

와 주한 미군 철수론 대두를 계기로 '보수 대결집'이 모색"되었다. 2003년에 성공적으로 개최된 '대중적인 반북 집회'는 바로 "이러한 일련의 흐름의 산물"이었다(이상 엄한진, 2004: 84).

지금까지의 설명에서 시사되었듯이, 보수 단체들이 행동주의로 나선 데는 무엇보다도 먼저 김대중 정부의 출범과 더불어 진행된 "탈냉전화, 민주화, 다원화"라는 한국 사회의 주요 변화에 대한 정치적 위기의식이 작용하고 있었다. 다시 말해 이들의 조직화된 움직임은 "북한에 대한 전향적인 이해를 바탕으로 한 남북 화해와 통일, 개인 및 집단적 삶의 다양성에 대한 인정, 그리고 정치·경제를 포함한 사회 전체의 비권위주의적, 평등주의적 방향으로의 재편 등의 변화에 반대하는 것"으로서 정치적 보수주의의 행동주의적 분출이라 할 수 있었다(류대영, 2004: 60). 류대영은 이들 정치적 보수주의자들이 행동주의로 나서게 된 가장 큰 변화로 "탈냉전의 진행으로 인한 반공주의의 약화, 그리고 남한을 만들어주었고 공산주의의 침략으로부터 지켜주고 있다고 생각하는 미국에 대한 반감의 확산"을 지적한다. "이 두 가지 상호 연관된 변화는 정치적 보수주의자들의 세계관을 근본적으로 뒤흔들어놓는 성격의 것이라서 거기에 저항하지 않을 수 없도록 만들고 있다."는 것이다. 이들은 남북정상회담 이후 전 세계적인 탈냉전적 변화의 한국적 전개가 초래하고 있는 변화, 곧 남북 화해와 미국에 대한 재평가 작업에 위기감을 느끼는 자들로서 이들의 움직임은 결국 "반공주의와 친미주의를 보수하려는 노력"이라 할 수 있었다(이상 류대영, 2004: 60).

물론 이런 보수 행동주의는 근본적으로 한국 정치 역학 관계의 민주적 변화에 의해 초래된 것이었다. 진보적인 김대중-노무현 정부의 연이은 출현과 함께 보수 세력은 국가의 행정부를 비롯한 핵심적 권력기관에 대한 통제를 상실하게 되었고, 나아가 2004년 총선에서는 진보적인 열린우리당과 민노당 등이 국회의 과반 의석을 확보하게 됨에 따라 국회에 대한 통제마저 상실하게 되었다. 곧 보수 세력은 제도 정치권(국가와 정치사회 영역)에 대한 통제를 잃게 되었다. 또 다른 이유로는 시민사회 내 보수 진영 내부의 역학 관계의 변화를 들 수 있다. 김대중-노무현 정부의 출범 이후 보수 세력은 점차적으로 정치사회에 대한 통제력을 잃게 되었을 뿐만 아니라, 그동안 보수 세력의 가장 강력한 거점이 되어온 라디오는 물론 텔레비전 방송 등 주요 대중 언론에 대한 통제력을 잃게 되거나 그들이 장악한 언론의 위력이 현저히 약화되는 상황에 직면하게 되었다. 물론 김대중 정부하에서도 보수 세력은 '조·중·동'으로 상징되는 거대 신문사를 거점으로 집중적인 반격을 시도했고, 일정한 성과를 거두기도 했다(김갑식, 2003; 이우영, 2004). 그러나 노무현 후보의 당선으로 귀결된 2002년 대통령 선거는 인터넷 매체 등 진보적인 대안 언론의 등장으로 인해 거대 신문사들의 정치적 영향력이 퇴조하고 있음을 보여준 극적인 사건이었다. 이런 사태에 직면하여 이제 보수 진영의 주도권이 보수 언론에서 보수적인 시민단체 및 종교 단체로 어느 정도 이동한 것으로 풀이할 수 있다(엄한진, 2004: 84-85).

다른 한편 시민사회 내 보수 세력의 행동주의는 넓은 의미에서 민주화의 부산물이라고 할 수 있다. 민주화 이후 시민사회에 대한 국가의 통제가 약화됨에 따라 시민운동과 진보적인 민중운동이 활성화되었고, 그 결과 한국 사회는 이른바 비정부단체(NGO)의 황금기를 구가하는 듯했다. 특히 1989년에 창립된 '경제정의실천연합'을 필두로 하여 '환경운동연합', '참여연대' 등 많은 시민단체가 등장했고, 이들에 의해 조직된 시민운동은 공명선거감시운동부터 의정감시운동, 국정감사 감시운동, 낙천낙선운동에 이르기까지 정치사회를 개혁하기 위한 다양한 활동을 전개해왔고, 이 점에서 민주화 이후의 민주화를 견인해왔다. 이와 마찬가지로 2002년 대선에서도 시민사회단체는 대선유권자연대를 통해서, 선거비용 감시, 정책 선거 제고, 유권자 참여라는 구호를 내걸고 활발할 활동을 벌였다. 아울러 2002년 대선을 전후해서는 정치적 중립성을 표방하는 시민단체운동의 한계를 넘어 직접적으로 정치에 개입하고자 하는 노력의 일환으로 '노사모'를 비롯한 온라인-오프라인 운동들이 적극적인 행동주의를 개시하여 사실상 노무현의 대통령 당선에 결정적인 공헌을 했다.

이처럼 민주화 이후 진보적인 시민단체에 의해 전개된 다양한 시민운동, 노사모와 같은 온라인-오프라인 단체의 행동주의, 그리고 2002년 미군 장갑차에 의한 여중생 사망을 발단으로 인해 일어난 촛불시위 등이 반사적으로 보수 세력의 행동주의를 촉발하는 계기가 되었던 것이다. 곧 보수 세력의 정치적 행동주의는 이른바 시민운동이나 진보 세력의 행동주의를 모방한 것이라 할 수 있었다. 이 점에서 보수 세력의 행동주의는 노무현 현상이나 반미 촛불시위에 상응하는 동시대적 현상으로 보아야 한다(엄한진, 2004: 99). 2002년 12월 대선 당시 반미 촛불시위의 영향을 보고 자극을 받아 "우리도 행동을 해야 한다고 결심"했다는 한 보수 인사의 언급은 이 점을 잘 보여준다(엄한진, 2004: 99에서 재인용). 그리하여 보수 세력 역시 보수적인 정부에 묵종하던 과거의 태도에서 벗어나, 이제는 진보적인 정부의 정책에 반대하는 대규모의 대중 집회를 기획하고 조직하게 되었던 것이다. 그렇기 때문에 한 보수 인사는 보수 세력의 대규모 군중집회는 종래 정부의 지원하에 개최되어왔는데, "이번 집회들은 관에 의존함이 없이, 관에 대항할 수도 있음을 보여주었다."는 의의를 지닌다고 자평했다(엄한진, 2004: 100에서 재인용). 나아가 이런 보수 행동주의의 분출에 호응하여 2004년 후반기부터는 보수적인 지식인·종교인·시민 단체가 적극적으로 조직·연대하는 '뉴라이트'라는 새로운 운동이 범보수 진영의 결속을 다지면서 조직되기 시작했다.

4. 뉴라이트의 출범과 결집

김대중 정부 말기부터 시민사회 내부에 있는 전통적인 보수 세력의 활동이 보수 행동주의로 분출했다면, 노무현 정부에 들어와서는 2004년 이래 '뉴라이트(new right)'라는 새로운 보수 운동이 출현했다. 보수 행동주의가 대체로 김대중 정부 이래 추진된 남북 화해 정책에 초점을 맞추고 그것에 반대하는 일시적인 반정부적 활동이었다면, 뉴라이트 운동은 '잃어버린 10년'이라는 구호 아래 이른바 '친북 좌파' 세력의 재집권을 저지하기 위해 나름대로 체계적인 사상과 조직적인 운동을 전개한 본격적인 보수주의 운동이라 할 수 있다.

신(新)우파라는 뜻을 지닌 '뉴라이트' 운동은 2004년 11월 23일 '자유주의연대'의 창립을 기점으로 지식인 집단과 시민사회단체들이 잇달아 출범 선언을 하고, 그에 발맞추어 동아일보, 조선일보 등 주요 언론들이 이를 비중 있게 다루면서 한국 사회에 급속하게 확산되었다. 자유주의연대는 '창립 선언문'에서 "자유민주주의와 시장경제라는 이념적 정당성과 대한민국 건국의 역사적 정통성이 집권 세력에 의해 의문시되면서 국가 정체성이 훼손되고 있다."는 말로 보수 세력의 위기의식을 표출했다. 나아가 이런 위기를 조성한 원인 제공자로 기존의 정치 세력을 비판하면서, 집권 세력을 "낡은 이념과 대중 선동형 포퓰리즘"에 몰입하고 있는 "수구 좌파"로, 야당인 한나라당을 환골탈태하여 대안을 제시하기는커녕 "기득권 유지에 전전긍긍하는 기회주의적" 세력으로 몰아붙였다. 자유주의연대는 스스로를 "21세기 대한민국을 이끌 새로운 주체 세력의 형성에 기여"하는 세력으로 자임하고, 새로운 정치를 이끌 이념으로 "21세기형 자유주의"를 주장하면서 자유를 핵심 가치로 내세웠다. 이런 이념에 따라 10개 항에 달하는 자유주의적 개혁 방안을 제시했는데, 이 글의 목적과 관련하여 특히 주목할 만한 부분은 "국가 주도형 방식에서 시장 주도형 방식(작은 정부-큰 시장)으로의 경제 시스템 전환을 통해 선진 경제를 개척한다."는 2항과 "북한 대량 살상 무기 문제의 근원적 해결"과 "북한 인권 개선 및 민주화"를 추구한다는 7, 8항이라 할 수 있다. 자유민주주의, 시장경제의 가치에 대한 재확인 및 핵무기와 인권 문제 등을 소재로 한 북한에 대한 다소 절제된 공세적 표현을 특징으로 한 '창립 선언'은 자유주의연대 등 뉴라이트의 태동이 보수 세력 내부의 위기감에서 출발했으며, 2000년 6·15 공동선언 이후 보수 내부에서 전통적인 극우·반북적 분파의 주도권이 퇴조하고 민주화와 합리화를 어느 정도 수용하는 보수 세력이 힘을 얻게 된 상황을 반영하는 것으로 해석되기도 했다.

자유주의연대의 출범에 뒤이어 2005년 1월에는 '교과서포럼'이, 3월에는 '뉴라이트 싱크넷'이, 10월에는 '뉴라이트 네트워크'가, 11월에는 '뉴라이트 전국연합'이, 2006년 1월에는 '뉴라이트 교사연합', 4월에는 '뉴라이트 문화체육연합'과 '뉴라이트재단'이, 6월에는 '기독교 뉴라이트' 등이 속속 창립되었다. 이 과정에서 '기독교 사회책임', '한국기독교 개혁운동', '바른 교육권 실천운동 본부', '바른 사회를 위한 시민회의' 등 기존의 범보수 진영의 단체들이 뉴라이트 운동에 합류하면서, 학계·종교계·교육계·법조계·의료계·문화계 등에 걸쳐 광범위하고 급속하게 뉴라이트 진영이 형성되었다. 인터넷 공간에서도 뉴라이트의 결집이 이루어졌는데, '업코리아', '데일리안' 등 기존의 보수 성향의 인터넷 신문에 2005년 4월에는 인터넷 웹진 '뉴라이트 닷컴'이 가세했다. 이처럼 범보수 진영을 망라하여 결집된 뉴라이트 운동에는 다양한 정치적, 이념적 성향을 가진 우파들이 참여함으로써, 과거의 보수 세력과는 다른 새로운 인적 구성을 보여주었다. 그 결과 과거 386 운동권의 일부, 반독재 민주화운동에 참여했던 김진홍 목사 등 나름대로 도덕성을 가진 인물들, 이석연 변호사와 같은 자유주의적 보수 세력들이 뉴라이트 운동에 주도적으로 참여하면서, 실제 구성에 있어서 전통적인 반북·강경 보수 세력과 자유주의적 보수 세력이 혼재하는 양상을 나타내었다.[6]

앞에서 언급한 뉴라이트 단체들 가운데, 뉴라이트 네트워크와 뉴라이트 전국연합은 그 명칭이 시사하듯이, 개별 뉴라이트 단체들이 연대를 위해 결성한 연합 단체라 할 수 있다. 전자는 서울을 중심으로 한 지식인 엘리트 운동으로서 뉴라이트 운동을 위한 전략과 기획을 수행하고, 후자는 전국적으로 뉴라이트 운동의 대중적 확산과 조직화를 담당하는 상호 역할 분담이 이루어지는 것으로 보인다. 특히 2005년 11월 뉴라이트 전국연합이 창립된 날에는 박근혜 한나라당 대표, 이명박 서울시장, 손학규 경기도지사, 한화갑 민주당 대표, 신국환 국민중심당 대표 등 다수의 정치인들이 하객으로 참석했는데, 이는 뉴라이트의 정치적 영향력은 물론 보수 정치인들의 각별한 관심을 보여주는 증거였다.

이처럼 뉴라이트 운동이 2004년 후반기에 점화되어 급속하고 광범위하게 확산된 배경에 대해서는 다음과 같은 이유를 생각해볼 수 있다(이윤희, 2005: 20; 정해구, 2006: 219).

첫째, 당시 개혁-진보 진영이 두 차례에 걸친 대선에서 승리함으로써 보수 진영은 '잃어버린 10년'으로 표상되는 위기의식과 상실감

---

[6] 이 단락의 내용은 이윤희(2005)와 정해구(2006)에서 재구성한 것이다.

을 강렬하게 느꼈다. 더욱이 2004년 총선에서는 탄핵 정국을 계기로 하여 개혁적 여당인 열린우리당이 다수석을 확보하여 1987년 이후 줄곧 다수석을 확보하면서 보수 세력을 대변해온 한나라당이 소수당으로 내몰리게 된 상황에서 노무현 정부가 추진하는 4대 개혁 입법과 각종 경제정책이 자유주의와 시장경제를 훼손한다는 비판 의식이 고조되었고, 보수와 혁신의 갈등이 정치권은 물론 시민사회로 광범위하게 확산되었다.

둘째, 범보수 진영은 국가보안법 폐지, 사립학교법 개정 등 4대 개혁 입법 및 행정 수도 이전 등을 둘러싸고 전통 보수 세력인 한나라당이 일관되게 대처하지 못한 데 대한 실망감은 물론 한나라당의 재집권 가능성에 심각한 회의를 느끼면서, 2007년 대선에서 개혁-진보 세력이 다시 집권하게 되면, 한국 사회의 주도 세력이 완전히 뒤바뀌는 것이 아니냐라는 위기의식을 강렬하게 느끼게 되었다.

셋째, 이처럼 보수와 혁신의 갈등이 격화되는 한편, 노무현 정부가 경기 침체, 사회적 양극화, 북한의 핵과 미사일 개발 등에 제대로 대처하지 못함으로써 정부의 국정 운영 지지율이 30%를 밑돌게 되었다. 따라서 불안과 위기의식을 느끼던 범보수 진영은 노무현 정부의 지지도 하락을 반격의 기회로 삼아 뉴라이트 운동으로 결집했다.

이렇게 하여 결집된 뉴라이트 운동은 노무현 정부를 성장보다 분배, 경쟁보다 평등을 앞세우는 정책을 추진함으로써 자유민주주의와 시장경제의 근간을 뒤흔드는 좌파 정부라고 비판했으며, 대안으로 신자유주의의 모토인 '작은 정부와 큰 시장'을 주장했다. 게다가 북한에 대한 무조건적인 포용 정책에 불만을 제기하면서 북한의 인권 개선과 대량 살상 무기의 근원적 해결을 주장했다. 나아가 노무현 정부의 '과거사 청산' 작업이 대한민국 건국의 정통성과 성공한 산업화 및 민주화를 정면으로 부인하는 자기 비하적 역사관이라 비판하면서, 『해방전후사의 재인식』과 한국 근현대사에 대한 대안 교과서의 출간을 추진했다(이윤희, 2005: 218).

그런데 '자유주의 이념을 기초로 386세대를 결집하자.'는 기치 아래 뉴라이트의 기수인 자유주의연대가 출범했을 때, 이 단체가 보수 언론과 일반 국민들의 비상한 관심을 받게 된 이유는 신지호, 홍진표, 최홍재 등 이 단체의 중심적인 인물들이 종래의 전통적인 보수 세력 출신이 아니라 1980년대 운동권 출신으로서 우파로 전향했다는 사실이었다. 나아가 신지호 등 중심인물들은 보수 언론의 적극적인 지원을 받아 유력한 일간지의 칼럼과 '오피니언 지면'의 단골 논객으로 초대받았고, 보수 언론을 대신하여 노무현 정부의 이념적 색깔과 무능력을 집중적으로 비판하면서 보수 여론을 조성하고 확산시키는 선봉장으로 급부상했다.

출범하면서부터 뉴라이트의 핵심적인 인물들은 노무현 정부와 집권 여당에 포진하고 있는 이른바 386세대를 대상으로 공격의 포문을 열면서 노무현 정부를 '친북 좌파' 정권으로 몰아붙였다. '친북'이란 노무현 정부가 (북한 인민에게 유례없는 인권 탄압을 하는) 김정일 독재 정권을 상대로 북한의 인권 문제에는 침묵하면서 화해와 협력을 추구하는 정책을 취하는 것을 비판하기 위한 명칭이었지만, 동시에 노무현 정부에 포진해 있는 386세대들이 과거 운동권 시절에 주체사상을 신봉했던 이른바 '주사파'였다는 과거의 행적과 대북 정책을 연관시켜 대중의 불안감을 선동하는 색깔 공세를 내포하고 있었다. '좌파'란 노무현 정부가 추진하는 분배와 복지를 위한 정책이 시장경제를 부정하는 '좌파'적 정책이라는 점을 지칭하는 것이었다.[7] 이처럼 노무현 정부의 경제정책이 좌파적이고 대북 관계가 친

---

7) 종래 좌와 우는 대체로 정치 경제적 개념으로서 자본주의-자유민주주의 체제를

북적이라는 논거로 이들은 노무현 정부를 친북 좌파 정부로 규정하면서, 민노당은 물론 노무현 정부에 '올드레프트(낡은 좌파)'라는 딱지를 붙였다.

이들은 특히 신자유주의적 경제 논리를 통해 자유방임적 시장경제를 옹호한다. 예를 들어 자유주의연대의 핵심 인물인 이재교 변호

지지하느냐 아니면 사회주의-공산주의 체제를 지지하느냐를 구분하는 개념이었다. 그러나 사회주의 체제의 붕괴 이후에는 북한과 같은 일부 예외를 제외하고는 사회주의 체제가 없어졌기 때문에, 이제 좌와 우는 자본주의-자유민주주의 체제(사회민주주의 역시 포함된)를 전제로 하여 시장에 대한 개입의 정도를 중심으로, 곧 경제정책을 중심으로 구분되고 있다. 이러한 구분은 미국 정치의 이념적 지형이 우파 편향적으로 협소하기 때문에 미국에서는 사회주의 체제 붕괴 이전부터 비교적 널리 쓰이는 개념이었다. 이에 따라 미국 정치에서는 복지와 분배를 중시하며, 필요에 따라 시장에 대한 개입을 좀 더 긍정하는 민주당이 좌파로 불리기도 했다. 미국에서 교육을 받은 한국의 경제학자들 역시 스스로 내면화한 미국 중심적 시각에 따라 시장에 대한 적극적 개입을 주장하는 국내 정파의 입장을 좌파로 규정해왔다. 그렇다 보니 자유주의연대의 핵심 인사인 이재교 변호사는 시장에 대한 국가의 적극적 개입을 통해 경제성장을 주도한 박정희 정권마저 소급적으로 '일종의 좌파 정권'으로 해석하는 아이러니를 드러내기도 했다(『월간 말』 2005. 12: 88). 이처럼 역사적·정치적 맥락을 불문하고 시장에 대한 태도를 중심으로 좌우를 구분하는 입장이 학문적으로 문제가 많다는 점은 새삼 지적을 요하지 않는다. 그 외에도 필자는 미국 정치에서는 좌파 역시 정당성을 가지는 개념인 데 반해, 한국에서 좌파는 여전히 정치적 박해를 정당화하는 불온한 개념으로 남아 있다는 점에 주목하고자 한다. 이처럼 좌파 개념이 지닌 선제적인 부정적 효과 때문에, 이제 한국에서는 시장의 무제한적인 자유를 주장하는 신자유주의에 맞서 시장에 대한 정부의 개입을 옹호하는 입장은, 그 정도를 불문하고, 또 그 목적과 이유의 정당성을 고려할 필요도 없이, 과거의 빨갱이처럼 불온시되고 배척되는 담론 효과의 희생양이 된다. 이 점에서 뉴라이트의 좌파 개념은 다분히 의도적으로 설정되었을 법도 하다. 나아가 이러한 담론 효과에 압도된 나머지, 한국의 진보 진영 역시 시장의 자유를 주장하는 뉴라이트에 맞서 '시장에 대한 정부의 개입'이라는 전통적 용어 대신 '시장' 대 '공공선'이라는 우회적 이분법을 사용하고 있다(『월간 말』 2005. 12: 80). 그 결과 '시장의 자유'라는 무소불위의 신에 맞서 '신의 섭리에 대한 인간의 간섭', 곧 '시장에 대한 정부의 개입'을 감히 주장하지 못하고 '시장 자유 대 공공성 강화'라는 우회로를 사용하는 처지에 내몰리게 되었다.

사는 2005년 말에 『월간 말』지와 가진 인터뷰에서 부를 가진 사람에게 세금을 많이 거두어서 가난한 사람들에게 나눠주는 분배 정책을 실시한다고 해서 빈부 격차가 감소되지 않으며, 오히려 이로 인해 가진 자들이 투자를 더 꺼리게 되고, 그 결과 일자리가 줄어들어 결국 손해를 보는 쪽은 서민 계층이라는 논리를 전개한다. 따라서 정부가 시장에 개입하지 않고, 또 세금도 감면하는 등 가진 자들의 활발한 투자를 보장하여 경제를 활성화시킴으로써 일자리를 많이 만들게 하는 것이 "진짜 복지고 분배"라고 주장한다(『월간 말』 2005. 12: 86). 그렇기 때문에 뉴라이트는 경제성장은 시장에 맡기고 정부는 경찰 역할만 하라는 고전적인 자유방임주의적 자유주의를 주장한다(『월간 말』 2005 12: 88). 곧 작은 정부와 큰 시장을 주장한다.

뉴라이트는 자신들을 '올드라이트'와 구분하기 위해 다음과 같은 주장을 전개한다. 올드라이트, 즉 과거의 보수 세력 또는 산업화 세력은 국가 주도의 경제개발을 수행했기 때문에 경제에 국가가 적극적으로 개입하는 입장을 취했는 데 반해, 뉴라이트는 경제와 시장에 대한 국가의 적극적인 개입에 반대한다는 것이다. 뉴라이트가 보기에 정부의 적극적인 개입 또는 '큰 국가'를 지향한다는 점에서 올드라이트와 올드레프트 사이에는 차이가 없다. 다만 양자 사이에는 정부 개입의 목표가 경제개발이냐 분배와 복지의 추구냐의 차이가 있을 뿐이다(김일영, 2006). 뉴라이트는 북한의 김정일에 대해 적대적이라기보다는 북한 인민의 인권 탄압을 주로 문제 삼으며, 따라서 과거의 보수 세력이 북한 체제의 붕괴를 원했다면, 자신들은 북한의 변화, 정상 국가화를 원한다고 주장한다. 다시 말해 북한을 타도의 대상이라기보다는 대화의 파트너로 인정한다는 것이다(『월간 말』 2005. 12: 89).[8] 이 점에서 뉴라이트는 노무현 정부 등 집권 세력이 스스로 민주화 세력을 자처하면서도 북한의 인권 문제를 방치하고 있다고 비판한다. 비슷한 논리에 따라 뉴라이트는 북한에 대한 인도적인 식량 지원에는 반대하지 않지만, 지원 식량에 대한 투명한 감시는 필요하다고 주장한다(『월간 말』 2005. 12: 89).

5. 보수 세력의 담론 공세: 포퓰리즘

보수 세력이 보수 행동주의와 뉴라이트 운동을 통해 김대중-노무현 개혁 정부를 '친북 좌파' 정권으로 몰아붙이는 동안, 보수 언론과 지식인은 개혁 정부를 '포퓰리즘(populism)'이라는 담론 공세를 통해 압박했다. 전자가 일반 국민으로부터 개혁 정부를 고립시키려는 공세였다면, 후자는 개혁 정부는 물론 이를 지지하는 국민들을 싸잡아서 '인기 영합주의'의 산물로, 민주주의의 타락된 형태인 '중우(衆愚)정치'의 표본으로 몰아세우는 담론 전략이었다. 여기서 보수 세력이 염두에 두고 있는 포퓰리즘은 1940년대에 등장했던 아르헨티나의 페론 정부 등 라틴아메리카 국가들의 포퓰리즘이었다. 포퓰리즘은 라틴아메리카 국가들이 수입대체산업을 중심으로 한 산업화를 수행하고 대중적 정치 참여의 확산이라는 민주화를 겪는 과도기적 상황에서 도시 노동자 계층의 이익을 옹호하기 위해 출현한 사회 정치적 운동을 지칭하며, 포퓰리스트적 지도자는 노동자계급과 중하층계급의 정치적 지지를 획득하여 권력을 장악하고, 농촌의 과두적 지주계층, 외국기업, 국내 대기업 엘리트를 고립시키는 한편, 노동자계급과 중하층계급의 경제적 이익을 위해 복지와 소득재분배 정책 등을 실

---

8) 그러나 뉴라이트가 북한 체제의 민주화 또는 정상 국가화를 통해 사실상 김정일 정권의 붕괴를 기도하고 있다면, 뉴라이트와 올드라이트의 차이는 표면적인 수사학의 차이로 판명될 수도 있다.

시했다. 결과적으로 포퓰리즘적 정부는 경제 실정(失政)을 거듭했고, 종국에는 군부 쿠데타에 의해 전복되었다.

국내의 보수 언론과 지식인은 라틴아메리카에서 등장했던 포퓰리즘을 김대중-노무현 정부를 공격하기 위한 무기로 사용했는데, 20세기 중반 라틴아메리카의 정치 경제적 맥락과 민주화 이후 한국의 정치 경제적 맥락이 판이하게 다름에도 불구하고, 라틴아메리카의 포퓰리즘에서 대중 영합적 측면과 경제적 실정을 단단한 연결 고리로 삼아 김대중-노무현 정부를 공격했던 것이다. 홍윤기의 검토에 따르면 보수 언론은 포퓰리즘이라는 용어를 사용하면서 괄호 속에 '대중 영합주의'라는 한글 번역어를 빈번히 첨가하곤 했다. 본래 포퓰리즘이라는 개념이 대중 영합주의와는 차이가 있는 개념임에도 불구하고, 보수 언론은 한글 번역어를 병기하여 포퓰리즘의 역사적 경험과 기억 속에서 라틴아메리카 포퓰리즘 정권의 '중하층계급에 대한 분배 위주의 정책으로 인한 경제적 실정'을 선택적으로 추려내어 한글 번역어의 '대중 영합주의' 또는 '대중 선동정치'와 연관시킴으로써 김대중-노무현 정부가 제도권 정치, 특히 의회정치를 우회하여 국민에게 직접 호소하고, 국민을 동원하여 자신들의 정치 개혁을 정당화하고, 경제정책에 대한 지지를 이끌어낸다고 비판했다. 그런 과정 속에서 보수 언론은 '포퓰리즘=다수의 지배=중우정치'라는 공식을 이끌어내고자 했다(홍윤기, 2006: 22).

홍윤기의 조사에 따르면 김대중-노무현 정부 이래 서울 지역 발간 10개 종합 일간지 언론에서 포퓰리즘을 언급하는 빈도가 급증한 것으로 나타났다. 예를 들어 노태우와 김영삼 정부에서는 각각 3건, 14건에 불과했던 언급이 김대중 정부에서는 총 432건, 노무현 정부에서는 2006년 4월까지 총 1,158건에 달했다(홍윤기, 2006: 10-11). 김대중 정부 당시 '국민과의 대화' 프로그램이나 '제2건국위원회' 추진, '생산적 복지' 정책, '노사정위원회'의 신설 등을 두고도 포퓰리즘이라는 비판이 쏟아졌는데, '제2건국운동'은 인민주의에 입각한 정치적 포퓰리즘으로, 생산적 복지 정책과 노사정위원회는 경제적 포퓰리즘으로 비난받았다(이원태, 2006: 94-95). 2000년 16대 총선에서 총선시민연대가 열화와 같은 국민의 성원을 등에 업고 전개한 낙천낙선운동 역시 김대중 정부가 직간접적으로 개입한 포퓰리즘적 정치의 일환으로 비판받았다. 그리하여 대표적인 보수 논객인 복거일은 "포퓰리즘(민중주의)의 득세가 '한국 사회의 좌경화'와 밀접히 관련된다면서, 햇볕정책에서부터 기업의 구조조정에 이르기까지 DJ 정권의 모든 개혁 정책이 자유주의와 시장경제에 적대적인 '민중주의적'" 정책이라고 비난했다(이원태, 2006: 95에서 재인용).

포퓰리즘에 대한 비판은 노무현 정부에 들어와서 더욱 강화되었는데, "보수적 지식인들은 노무현 대통령이 사상 최초의 '온라인 대통령'이라는 점과 참여정부가 인터넷 여론을 매우 중시한다는 점에 주목하여 '인터넷 포퓰리즘' 또는 '디지털 포퓰리즘'이라는 새로운 형태의 이데올로기적 담론"을 전개했다(이원태, 2006: 95). 그리하여 탄핵 정국에서 한 보수적 지식인은 포퓰리즘을 바로 '민중민주주의' 또는 '인민민주주의'와 동일시하면서, 국회 내의 표결을 방해한 여당의 행위, 탄핵 소추 후 일어난 촛불시위나 가두시위 등을 "국회의원들을 협박하거나 헌법재판소의 재판관들에게 심리적인 압박을 주려는 행위"로 해석하면서, 이를 "반민주적인 폭민(暴民) 정치"로 규정하였다(이원태, 2006: 96에서 재인용).

한나라당 정책위원회 의장을 지낸 바 있는 박세일은 2006년 펴낸 『대한민국 선진화 전략』이라는 제목의 책에서 선진화에 걸림돌이 되는 5대 사상으로 수정주의(신좌파적) 역사관, 결과 평등주의, 집단주의(전체주의), 반법치주의, 포퓰리즘을 거론하면서 포퓰리즘을

"대중 인기 영합주의", "대중조작주의"로 정의한 후, "정치인이 자신의 단기적·정파적 이해, 즉 정치적 지지나 인기 확보 때문에 국가의 장기적 이익을 저버린 채 국민의 단기적이고 일시적인 요구에 아부하고 영합하는 행위"(박세일, 2006: 205-206)로 정의하면서 한국 사회의 포퓰리즘이 "국민을 적극적으로 반(反)선진화의 길로 오도"하고, "논리적 분석과 합리적 토론"을 거치지 않은 채 "국정 과제를 단순화하고 구호화(口號化)"하며, "세상을 선과 악으로 이분화하여 정치적 상대를 악의 집단으로 몰아간다."고 비판한다(박세일, 2006: 207-208, 강조는 저자). 이어서 박세일은 공격적 포퓰리즘의 대표적 사례 중 하나로 노무현 정부의 수도 이전 정책, 행정 복합 도시(수도 분할) 정책을 거론한다(박세일, 2006: 208).

학술적으로도 포퓰리즘이 관심의 대상이 되기 시작했는데, 철학자들이 모인 학회인 '철학연구회'는 2003년 12월 "디지털 시대의 민주주의와 포퓰리즘"이라는 제목의 학술 대회를 개최하여, 2004년에 학술회의 결과를 같은 제목의 책으로 출간했다. 그런데 그 학술회의의 결과만으로는 포퓰리즘이 민주주의에 대해 제기하는 위협을 일반 대중이 충분히 이해하지 못한다고 우려한 나머지, 급기야는 대통령 선거를 목전에 둔 2007년 가을, 철학문화연구소에서 발간한 『철학과 현실』은 '포퓰리즘과 한국 민주주의의 위기'라는 특집을 기획·출간했다. 그 잡지의 편집인인 이한구는 「포퓰리즘은 중우정치이다」라는 '편집인의 말'을 권두 논문으로 배치하고, 이어서 김일영의 「신자유주의적 포퓰리즘과 진보 정치 10년」, 이춘근의 「노무현 정부의 외교 안보 포퓰리즘」, 안종범의 「경제와 복지 포퓰리즘 감별법」 등 제목만 보아도 상당히 정치성이 강한 논문들을 게재하였다. 잡지의 전체적인 논지를 보건대, 먼저 진보가 포퓰리즘을 통해 중우정치를 초래한다는 점을 지적하고, 나아가 김대중 정부와 노무현 정부의 사례를 들어 포퓰리즘 감별법을 자상하게 해설하는 등 중우정치의 희생이 되기 십상인 대중들에게 직접 다가가려는 노력을 몸소 보여주었다. 결과적으로 보건대, 노무현 정부의 포퓰리즘과 대중 선동정치에 맞서 보수 언론뿐만 아니라 철학자를 위시한 다양한 분야의 학자가 학제적 노력을 통해 민주주의를 구하기 위한 노력에 참여한 셈이었다.

그렇다면 이처럼 주요 보수 신문과 보수학자들이 포퓰리즘을 비판하면서 지키고자 했던 입장 또는 가치는 무엇인가? 그것은 대체로 시장경제와 대의제 민주주의(=자유민주주의)라고 할 수 있다. 곧 권력을 잡았지만, 제도 정치권에서는 소수파의 입장에 있는 김대중-노무현 정부가 정치적 반대 세력이 다수로 있는 의회정치를 우회하여 일반 국민에게 무매개적이고 직접적으로 호소하는 대중 선동적·대중 영합적 담론을 통해 국민의 지지를 동원하고 이에 의거해 자신들의 개혁 정책을 관철시키고자 했으며, 그 대가로 대중 영합적이고 인위적인(반시장적인) 분배나 복지 정책 등을 추진함으로써 시장과 경제의 활력을 떨어뜨렸다는 것이다. 나아가 포퓰리즘에 대한 보수 진영의 공격은 '인민민주주의', '민중민주주의' 등의 용어를 섞어 사용함으로써 김대중-노무현 정부가 이념적으로 자유주의와 시장경제에 적대적인 좌파 정부라는 색깔 논쟁을 머금고 있기도 했다.

그러나 이 과정에서 보수 진영의 정치적 방어선이 자유민주주의라는 점은 민주화 이후 변화된 한국 정치의 이념적 지형을 반영하고 있다는 점에서 주목할 만하다. 첫째, 물론 민주화된 정부의 외곽에서 비판하는 것이기 때문이기도 하겠지만, 보수 진영은 이제 과거처럼 경제 발전의 필요성에 따라 권위주의를 옹호하고 자유민주주의를 비판하는 것이 아니라 자유민주주의의 '수호'라는 차원에서 포퓰리즘을 비판하는 논변을 구사했다. 둘째, 보수 진영의 이런 비판에는 한국 민주주의가 이제 거의 완성된 것이나 다름없는 적정 수준에 도달했기 때문에 더 이상의 추가적인 민주화는 필요하지 않으며, 따라서 김대중-노무현 정부가 추구하는 '더 많은' 민주주의는 다만 민주주의가 타락한 형태인 중우정치나 포퓰리즘에 불과하다는 논리를 함축하고 있었다.

현대 한국 정치에서 포퓰리즘 논의는 한국과 맥락이 다르지만 1970년대 중반 서구의 신보수주의자들이 제기한 바 있는 '민주주의의 위기' 논쟁과 유사한 면이 있다. 미국의 경우 1960년대 중반부터 민권운동, 반전운동, 신좌파 운동 등 운동의 정치가 활성화되어 주류 사회와 보수적인 정계를 압박했다. 하지만 정치적 분위기가 반전하여 1970년대 중반에 이르러 운동의 정치가 퇴조하고 미국 정치가 일상적인 평온을 되찾게 됨에 따라, 신보수주의자들은—예컨대 삼각위원회(Trilateral Commission)의 학자들은—1960년대의 정치를 '민주주의의 과잉(excesses in democracy)'이라 규정하면서 '민주주의의 위기'를 진단했다. 그리하여 프랑스의 크로지에(M. Crozier), 미국의 헌팅턴(Samuel P. Huntington) 및 일본의 와타누키(J. Watanuki)로 대표되는 삼각위원회 학자들은 자신들의 공저인『민주주의의 위기(The Crisis of Democracy)』(1975)에서 '민주주의의 절제(moderation in democracy)'를 촉구했다. 그들이 보기에 뉴레프트 등 운동의 정치는 대의민주제를 우회하여 데모·시위 등 직접행동을 통해 (권력과 부의 근본적인 재분배 없이는 충족될 수 없는) 근본적인 개혁을 요구했기 때문이다.[9]

오늘날 민주주의는 일종의 보편적인 정치 종교로서 긍정적인 의미로 사용되기 때문에 서구의 신보수주의자들 역시 민주주의를 공

---

9) 이 단락의 내용은 강정인(1998: 19-20)에서 끌어온 것이다.

개적으로나 정면으로 공격하지 않고, 대신 '민주주의의 위기' 또는 '통치 가능성의 위기(the crisis of governability)', '민주주의의 과잉' 등의 표현을 통해 '보다 많은' 민주주의의 요구에 대한 자신들의 불만을 우회적으로 표현해왔다. 마찬가지로 한국의 보수 세력들 역시 '포퓰리즘', '중우정치' 및 '경제 위기'라는 개념을 통해 민주주의의 추가적인 진전을 봉쇄하고자 하는 것으로 보인다. 이렇게 볼 때 보수 진영의 포퓰리즘 담론에 비판적인 국내 학자들의 이른바 '포퓰리즘' 옹호가 대의민주주의의 한계 비판 및 시민 참여의 활성화를 추구하는 참여민주주의 또는 직접민주주의의 강화와 연관되어 진행된 것은 결코 우연이 아니다(홍윤기, 2006; 이원태, 2006).

6. 보수주의와 자유주의의 부분적 수렴

민주화 이후 한국 정치에서 이제 자유민주주의는 명실상부한 지배 이념으로서의 지위를 확보했다. 동성애자, 양심적 병역 거부자, 장애인, 이주노동자 등 소수자의 인권을 확보하기 위한 투쟁에서 자유주의가 호명되고 있고, 여성의 지위 역시 주로 자유민주주의의 틀 내에서 향상되어왔다. 또한 민주화와 함께 야당으로 변신한 과거의 보수 세력 역시 민주 정부의 개혁 정책에 반대하기 위해 법치주의와 헌정주의에 호소함으로써 자유민주주의의 입지는 더욱 강화되었다.

문지영이 지적한 것처럼 경제정책 및 대북 정책과 관련하여 민주화 이후 한국 자유주의는 두 가지 변화에 의해 분화의 계기를 맞이하게 되었다. 하나는 세계화 및 신자유주의의 파고에 의해 초래된 결과로서 신자유주의를 지지하는 흐름과 "세계화와 신자유주의에 맞서 그 폐해를 저지·완화"시키고자 하는 "사회적 자유주의"의 흐름으로의 분화이다(문지영, 2007: 100). 다른 또 하나의 분화는 김대중 정부 시기에 평화 공존형 남북 관계의 추진으로 인해 초래된 것으로서 이런 상황 변화에 위기의식을 느끼고 "북한 정권에 대한 불신과 반공적 태도를 고수하면서 섣부른 화해 추구를 경계하는" 반공-자유주의적 입장과 "반공주의의 반자유주의적 폐해를 지적하며 평화 공존적 남북 관계"를 지지하는 평화 공존형 자유주의로의 분화이다(문지영, 2007: 101). 이 두 가지 분화에서 전자의 흐름은 민주화 이후 쇄신된 보수주의의 입장과 중첩되는 면이 많은 것으로 생각된다. 특히 신자유주의는 그 명칭과 달리 서구에서도 자유주의가 아니라 보수주의의 새로운 흐름으로 이해되고 있는바, 민주화 이후 한국 정치에서도 대기업, 일부 관료와 학자, 정치인 등 과거의 보수 세력이 이를 적극적으로 수용함으로써 한국 보수주의의 새로운 흐름을 구성하게 되었다.[10]

앞에서도 설명한 것처럼 민주화 이후 보수주의의 자기 쇄신은 일부 보수 세력이 다원주의와 자유주의를 적극적으로 수용하는 한편 온건한 자유주의자들과 연대하여 법치주의 원리와 헌법재판제도를 적극적으로 활용함으로써 민주 정부의 개혁과 조치에 반대하는 행동으로 표출되었다. 특히 정국의 주도권을 상실한 야당의 입장에서 이들은 법치주의와 헌법재판제도를 정치적 무기로 활용하여 민주 개혁을 저지하거나 봉쇄하고자 했으며, 또 상당한 성과를 거두기도 했다. 이 점에서 이들 역시 민주화의 결실로 인정받고 있는 법치

---

10) 한국 정치의 맥락에서 '신자유주의'라는 명칭과 관련하여 흥미로운 현상은 종래 권위주의적 보수 세력은 그 명칭의 구성 요소인 '자유주의'에 편승하여 (부정적인 권위주의와 대비되는) 자유주의의 긍정적 효과를 누리고자 하는 반면, 좌편향의 진보 세력은 종래 자신들이 유지해온 '자유주의'에 대한 혐오를 '신'자유주의의 부정적 효과(분배와 복지의 철회로 인한 사회적 양극화의 심화)를 이유로 더욱더 정당화하고 이런 입장을 확산시키고자 한다는 것이다.

주의와 헌정주의의 적극적인 수혜자의 대열에 편승한 셈이다. 대표적인 예로 2000년 총선연대의 낙천낙선운동을 두둔하는 김대중 대통령의 언급을 불법 행위를 조장하는 발언으로 비판한 사실, 또 노무현 대통령의 선거 관련 발언을 불법으로 규정하고 국회 내에서의 다수의 지위를 이용하여 탄핵 소추를 결정한 사건, 행정 수도 이전 계획에 관해 헌법재판을 청구하여 위헌판결을 받은 사건 등을 들 수 있을 것이다.[11]

이렇게 볼 때, 민주화 이후 한국 보수주의 역시 분화 과정을 보이는 것 같다. 한국의 보수주의자들은 대체로 시장 자유주의와 친미적 입장을 옹호하고, 정부의 적극적 개입을 통한 평등한 분배를 지향하는 사회보장제도의 확충에 반대하는 데는 의견을 같이한다. 다만 대북 관계에서는 강경한 입장과 온건한 입장이 대립하고 있다. 전자는 미국의 네오콘과 비슷한 입장에서 김정일의 북한 체제를 사실상 '악의 축'으로 규정하고 적극적인 대화나 타협을 추진하기보다는 체제

11) 한편 이들 보수 세력이 법치주의와 헌정주의를 정치적 무기로 이용한 일련의 사태 전개는 법치주의의 남용에 의한 민주주의의 공격이라는 성격을 노정하고 있었다. 따라서 이 사건들은 민주화 이후 한국 민주주의의 미래와 관련하여 헌법재판소의 비민주적 구성이나 법리상 문제가 있는 판결, 민주주의와 법치주의의 충돌에서 빚어지는 갈등보다 법치주의를 빙자한 탄핵 소추 제도의 정치적 남용 그리고 이로 인한 법치주의와 민주주의의 위상이 동반 추락할 위험 등의 문제를 제기했다고 할 수 있다. 한편 당시 한나라당을 비롯한 야당이 법치주의를 정쟁의 도구로 남용한 결과, 지난 대통령 선거에서 압도적인 지지로 당선되어 취임한 지 얼마 안 되는 이명박 대통령 역시 탄핵 소추의 사유가 될 만큼 중대한 위법행위가 없음에도 불구하고, 일련의 실정(失政)에 더하여 미국산 쇠고기 수입을 허용한 조치가 기폭제가 되어 사이버 공간에서 탄핵 청원 서명의 대상이 되었고, 네티즌의 열화와 같은 호응 및 이에 대한 미숙한 대응 등으로 인해 대통령 및 집권 여당에 대한 지지율이 폭락하는 등 집권 세력은 현실 정치에서 심각한 정치적 타격을 입고 있다. 이 점에서 보수 세력은 자신들이 탄핵 소추를 무분별하게 남용한 결과가 빚어낸 부메랑 효과를 톡톡히 누리고 있는 셈이다.

변화(regime change)나 체제 붕괴를 선호한다. 반면 온건한 입장은 북한과의 대화나 협상을 거부하지는 않지만 적극적이기보다는 소극적이며, 또 '퍼주기'식의 경제협력을 거부하고 '주고받는' 식의 경제협력과 인도적 원조에 대한 투명성 감시를 주장한다. 여기서 온건한 보수주의 분파는 사실상, 앞에서 언급한 자유주의의 보수적 분파와 이념적으로 강한 친화력이 있으며 양자는 수렴하는 경향이 있다.

7. 맺는말: 민주화 이후 쇄신된 한국 보수주의에 대한 평가

민주화 이전은 물론 민주화 이후에도 수평적 정권 교체에 의한 김대중 정부의 출범 이전까지 집권 세력의 교체가 사실상 거의 없었기 때문에 한국 정치에서 보수주의는 우선적으로 국가권력을 장악한 집권 세력의 지배 이데올로기로 군림했다. 그러나 개혁적인 김대중-노무현 정부에 들어와 집권 세력의 교체가 상당한 수준에서 이루어짐에 따라, 과거 집권 세력의 비호하에서 보수주의적 입장을 적극적으로 표명할 필요가 없었던 시민사회의 보수 세력은 보수 행동주의, 뉴라이트 운동 및 포퓰리즘 공세를 통해 조직적·이념적으로 보수 세력을 결집·동원하여 시장경제와 자유민주주의의 옹호를 명분으로 내세우면서 (이전 정권에 비해 상대적으로) 복지와 분배를 강조하고 시민의 정치 참여를 활성화하고자 한 김대중-노무현 정부를 '친북 좌파' 정권 또는 '포퓰리즘'(=중우정치) 정권이라 압박하면서 강하게 비판했다.

과연 민주화 이후 재결집된 한국의 보수주의는 스스로 내세운 자유민주주의와 시장경제의 원칙에 충실한가? 지금까지의 검토에서 드러난 것처럼 뉴라이트 운동 및 '포퓰리즘'에 대한 담론 공세는 한국의 보수 세력이 시장경제와 자유를 중시하면서 평등을 지향하는 분배와 복지에 반대한다는 점을 보여준다. 또 시민의 정치 참여의 활성화가 대의민주주의를 위협하는 포퓰리즘과 중우정치를 조장한다는 논거에 따라 사실상 슘페터가 주장한 바 있는 엘리트주의적 민주주의를 옹호하는 것으로 보인다. 그렇다 하더라도 국가보안법의 폐지나 대체입법의 추진에서 보여주는 소극적 태도, 대북 정책에서 여전히 관찰되는 남북 대결형 자세[12] 등은 이들의 자기모순성을 보여준다. 따라서 현재 우리가 목격하는 보수 세력의 자유주의화는 여러 가지 모순과 혼란을 겪으면서 일어나고 있는 '현재진행형'이라 할 수 있다. 하지만 전반적으로 민주화 이후 한국 보수주의가 반공주의와 발전주의만을 내세웠던 과거에 비해 진일보한 측면이 있다는 점은 부정할 수 없다.

달리 볼 때, 뉴라이트 등 보수 세력이 내세우는 민주주의는 어떤 의미에서 김영삼 정부에서 도달했던 민주주의의 수준을 옹호하는 정도에 그치고 있다고 풀이할 수도 있다. 김영삼 정부 역시 '세계화'를 국정의 목표로 제시하면서 금융·외환·투자·무역 및 여타 기업 활동에 대한 정부의 각종 규제의 축소 및 철폐를 통한 시장 자유의 확대, 공기업의 민영화, 노동시장의 유연화 등 신자유주의적 개혁을 적극적으로 추진했고, '신보수주의'를 내세우면서 '작은 정부'를 주장했으며, 노태우 정부에서 미진하게 남아 있던 민주적인 정치 개혁을 추진함으로써 정치적 민주주의의 기본 틀을 마련했기 때문

---

12) 비록 뉴라이트 운동은 북한을 대화의 파트너로 인정한다고 주장하는 점에서 과거의 극우 반공 세력의 보수와 구분되는 일견 의미심장한 차이를 보이는 듯하지만, 김대중-노무현 정부를 비난하기 위해서 '친북'이라는 용어를 쓴다는 사실 자체가, 의식적이든 무의식적이든, 여전히 그들이 북한에 대한 적대적이고 대결적인 자세를 버리지 않고 있다는 점을 시사한다.

이다.[13] 이렇게 볼 때, 뉴라이트 등이 시도한 보수주의의 자기 쇄신은 이념적인 측면에서 새롭게 혁신된 요소가 추가된 것이라기보다는 기존의 주장을 좀 더 일관되고 체계적인 논리를 통해 신성장주의 담론이라 할 수 있는 '선진화' 담론으로 엮어내고, 동시에 과거처럼 국가에 기대지 않고 시민사회의 다양한 보수 세력을 자발적으로 동원·조직하는 데 성공했다는 점에 있다.[14]

마지막으로 뉴라이트 운동 등 최근의 보수 세력이 시장경제와 자유민주주의를 중심으로 자신들의 입장을 방어한다는 사실은 한국 민주주의의 장래와 관련하여 두 가지 점을 시사한다. 첫째, 과거 민주화 이전 시기에 자유민주주의는 권위주의적인 집권 보수 세력에

---

13) 보수 세력의 이런 입장은, 앞에서 문지영이 민주화 이후 자유주의의 분화를 설명하면서 제시한 것처럼 신자유주의를 옹호하는 시장 자유주의 세력과 적극적인 대북 화해 정책에 위기의식을 느끼는 반공-자유주의적 입장에 상응한다. 현대 서구 사회에서 신자유주의는 넓은 의미에서 신보수주의의 흐름으로 파악되지만, 한국 사회에서는 신자유주의자들이 마치 '개혁적'인 자유주의 세력인 것처럼 행세하고, 나아가 '진보적'인 것으로 인식되기도 한다. 이는 한국 등 비서구권 국가들의 정치에서 목격되는 '비동시성의 동시성' 때문에 빚어지는 현상이기도 하다. 한국의 신자유주의 세력은 과거의 국가 주도적 경제 발전 모델을 타파하고 '선진화'를 위한 시장 주도적 경제 운영이라는 '선진적인 개혁'을 주장하는 입장으로 비치기도 하기 때문이다.

14) 이와 관련하여 2002년 대선에서 보수 세력의 패배를 이념적 차원에서의 패배가 아니라 조직과 동원의 영역에서의 패배로 해석한 한 보수적 지식인의 예리한 지적은 2007년의 대선 결과와 관련하여 깊이 음미할 만한 가치가 있다. 그의 해석에 따르면 당시까지 보수 세력은 "국제적 냉전"과 "분단 체제" 및 "국가 주도 경제성장"의 성과에 안주하면서 스스로를 조직화·세력화하는 노력을 게을리 해온 데 반해, 진보 세력은 "척박한 정치사회적 환경과 물리적 탄압에 맞서 나름대로 이념적 정체성"을 부단히 형성·확장해왔고, "생존과 세력화"를 위한 전략과 조직을 능동적으로 개발해왔기 때문에 종국적으로 2002년 대선에서 승리를 거두었다는 것이다. 다시 말해 "결국, 고유한 이념적 정체성도 선명하지 않은 채, 자생적 조직화마저 무심했던 보수 세력이 이념적 차별화를 꾀하며, 전략적 동원화에 박차를 가한 진보 세력에게 정치적 일격을 당한 것이 지난 대선이었던 것이다."(전상인, 2003: 58)

의해 가식적인 수사학으로 남용·남발되어왔는데, 이제는 시민사회를 거점으로 자발적으로 조직하여 출현한 뉴라이트 운동이 자유민주주의를 옹호·방어하고자 하기 때문에 국가보안법의 개폐와 대북화해 정책에 대한 미온적인 태도로 말미암아 일부 문제가 없는 것은 아니지만, 정치적 민주주의의 기본 틀은 비교적 견실하게 유지될 것이라는 전망이다. 둘째, 필자는 민주화 과정을 논하면서 "민주주의의 내포적 심화"라는 개념을 제시하고 이를 "(정치적 평등의 전제 조건인) 사회경제적 평등"의 확보와 "참여민주주의"의 확산으로 요약한 바 있다(강정인, 1997: 170-171). 그러나 현재 한국의 보수 세력은 자유와 시장경제를 강조하면서 복지와 분배에 반대하고, 시민 참여의 활성화를 포퓰리즘과 중우정치라는 논거로 비판하고 있다. 이 점에서 이들은 민주주의의 내포적 심화에 반대하는 것이다. 복지와 분배 그리고 시민 참여의 활성화가 사회적 약자의 경제적 이익 및 정치적 자율성의 증진에 도움이 되는 것이라면, 한국의 보수주의는 이제 한국 정치의 '정상화'(=민주화)와 함께, "……민중적 정부의 효율성에 회의적이며, 온건 좌파의 개혁안이나 극좌의 혼란스러운 기도에 반대하고, 그 지지자의 대부분이 기존 질서의 유지에 물질적·심리적 이해관계를 갖는"(Rossiter, 1968: 291) 사회적 강자 또는 기득권 세력의 정치적 입장을 좀 더 분명하게 표명함으로써 보수주의에 대한 서구의 고전적 정의에 수렴하는 과정에 있는 것처럼 보인다. 그러나 서구와 달리 복지와 분배 정책이 미비한 신생 민주국가인 한국의 경우 경제 영역에서 자유와 시장경제에 대한 강조가 사회적 약자의 경제적 지위를 악화시킴으로써 사회적 양극화를 더욱더 악화시킨다면, 현재 성취한 정치적 민주주의의 존립마저 위태로울 수도 있다.

참고 문헌

강인철, 2002, 「민주화 과정과 종교: 1980년대 이후의 한국 종교와 정치」, 『종교연구』 27: 25-57.

강인철, 2005, 「한국 개신교 반공주의의 형성과 재생산」, 『역사비평』 봄호: 40-63.

강정인, 1997, 『민주주의의 이해』, 서울: 문학과지성사.

강정인, 1998, 『세계화, 정보화 그리고 민주주의』, 서울: 문학과지성사.

강정인, 2001, 「한국 보수주의의 딜레마」, 『계간 사상』(사회과학원) 가을호: 73-100.

강정인, 2004, 『서구중심주의를 넘어서』, 서울: 아카넷.

김갑식, 2003, 「햇볕정책과 지식인: 신문 기고문 내용 분석」, 김만흠 외, 『한국의 언론 정치와 지식 권력』, 서울: 당대, 185-214.

김일영, 2006, 「한국 정치의 새로운 이념적 좌표를 찾아서: '뉴라이트'와 '뉴레프트' 그리고 공통된 지평으로서의 자유주의」, 『한국정치외교사논총』(한국정치외교사학회) 27(2): 373-401.

김일영, 2007, 「신자유주의적 포퓰리즘과 진보정치 10년」, 『철학과 현실』(철학문화연구소) 74(가을호): 26-39.

류대영, 2004, 「2천 년대 한국 개신교 보수주의자들의 친미·반공주의 이해」, 『경제와사회』 62(여름호): 54-79.

문지영, 2007, 「민주화 이후 한국의 "자유"민주주의: 의미와 과제」, 『사회과학연구』(서강대학교 사회과학연구소) 15(2): 94-130.

박세일, 2006, 『대한민국 선진화 전략』, 서울: 21세기북스.

안종범, 2007, 「경제와 복지 포퓰리즘 감별법」, 『철학과 현실』(철학문화연구소) 74(가을호): 68-79.

엄한진, 2004, 「우경화와 종교의 정치화: 2003년 '친미 반북 집회'를 중심으로」, 『경제와 사회』 62(여름호): 80-115.

이나미, 2003, 「한국 보수주의 이념의 내용과 의미」, 『평화연구』(고려대학교 평화연구소) 11(1): 35-66.

이우영, 2004, 「북한관과 남남 갈등: 여론조사와 신문 기사를 중심으로」, 경남대학교 극동문제연구소 편, 『남남 갈등: 진단 및 해소방안』, 서울: 경남대학교 극동문제연구소, 101-131쪽.

이원태, 2006, 「인터넷 포퓰리즘과 한국 민주주의」, 『시민사회와 NGO』(한양대학교 제3섹터연구소) 4(1): 81-110.

이윤희, 2005, 「대응 사회운동(Countermovement)의 사회적 역할—한국의 '뉴라이트 운동' 사례를 중심으로」, 『담론201』(한국사회역사학회) 8(1): 5-31.

이춘근, 2007, 「노무현 정부의 외교 안보 포퓰리즘」, 『철학과 현실』(철학문화연구소) 74(가을호): 54-67.

이한구, 2007, 「포퓰리즘은 중우정치이다」, 『철학과 현실』(철학문화연구소) 74(가을호): 6-12.

전상인, 2003, 「2002 대선과 한국의 보수」, 『신보수주의의 등장』(신아세아질서연구회, 2003년 추계세미나자료집, 2003년 9월 26일), 49-59쪽.

정해구, 2006, 「뉴라이트 운동의 현실 인식에 대한 비판적 검토」, 『역사비평』 76(가을호): 215-237.

홍윤기, 2006, 「한국 "포퓰리즘" 담론의 철학적 검토: 현실 능력 있는 포퓰리즘의 작동 편제와 작동 문법 탐색」, 『시민사회와 NGO』(한양대학교 제3섹터연구소) 4(1): 7-41.

『동아일보』 2004. 11. 11(「보수성향 네티즌 5만 명 '사이버 사상전' 펼친다」).
『조선일보』 2004. 11. 11(「보수 진영 '사이버 사상전(思想戰)' 나서」).
『중앙일보』 2004. 11. 11(「인터넷 보수 연합 출범」).
『월간 말』 2005. 12(「'좌파 재집권 저지' 깃발 아래 '따로 또 같이' 뭉친 뉴라이트」): 80-85.
『월간 말』 2005. 12(「미숙한 민주화 세력이 뉴라이트 인기 불렀다: 인터뷰-뉴라이트 대표 주자 이재교 변호사」): 86-91.

Rossiter, Clinton, 1968, "Conservatism", in David L. Sills and Robert K. Merton eds., *International Encyclopedia of the Social Sciences 3*, New York, U.S.A.: Macmillan, pp. 290-295.

5장 한국에서 보수주의의 의미에 대한 하나의 해석

최치원

1. 문제 제기

오늘날 한국의 현실은 사회경제적 양극화 문제와 교육·주택문제 및 (강남·강북 간의) 지역 문제 그리고 (경제와 정치 그리고 문화의) 중앙 집중화 문제 등의 심화로 특징지어지고 있다. 이러한 거시적인 차원의 문제들은 기업화된 몇몇 거대 언론이 여론 시장을 독점하고, 마찬가지로 기업화되고 관료화된 종교 집단(교회) 및 대학이 지식과 권력을 독점하는 상황 속에서도 관찰될 수 있다. 이와 더불어 일상적·개인적 차원의 문제로 관찰 가능한 것이 일류 지향적인, 출세 지향적인 가치의 절대화와 이에 따른 생존경쟁의 과열화 현상이다. 사회경제적 양극화와 주택 및 교육 문제로부터 생존경쟁의 과열화 문제에 이르기까지의 현실은 한국인의 전반적인 삶의 문제를 그대로 반영하고 있다.

한국에서 나타나고 있는 (그리고 앞으로도 계속 지속될 것 같은)

이러한 삶의 문제는 홉스(Thomas Hobbes)의 개념으로 표현하자면, 하나의 거대한 인조인간(Artificial Man), 즉 리바이어던(Leviathan)의 모습에 비유될 수 있는 형상을 갖는다. 리바이어던에 있어 신체의 각 부분의 조화(Concord)가 "건강"을 의미하고, 난동(Sedition)이 "병"을 의미하며, 내전(Civil War)이 "죽음"을 의미한다면, 이러한 비유는 한국인의 현실을 이해하는 데도 적용된다. 마치 리바이어던이 영혼, 관절, 신경 그리고 이성과 의지 등의 "조화"로운 결합을 토대로 자신을 작동시키고 유지하듯이(Hobbes, 1968: 81 참조), 한국인의 삶 역시 각각의 부분(즉 사회경제적 양극화로부터 주택과 교육 문제 그리고 생존경쟁의 과열화 등)의 조화로운 결합을 토대로 자신을 작동시키고 유지한다고 볼 수 있다.

역설적이긴 하지만 예컨대 교육 문제는 사회경제적 양극화나 출세 지향적인 가치의 절대화 문제와 조화롭게 결합되어 있으며, 거대 기업화된 언론, 대학 및 종교의 문제는 중앙 집중화 문제와 조화롭게 결합되어 있다. 어느 한 문제를 제거하려는 것은 '난동'이나 '내전'을 의미할 수밖에 없으며(왜냐면 그것은 결국 각 문제들 간의 '조화' 자체가 만들어낸 균형을 깨뜨리는 것이 되기 때문이다), 그것은 최악의 경우에 한국인의 삶 자체를 '죽음'으로까지 몰고 갈 수도 있을 것이다. 따라서 모든 문제를 건드리지 않고 현상 유지('조화')를 시켜 생명을 지속시킬 수밖에 없는 현실이 오늘날 보수주의로 일컬어질 수 있는 한국인의 삶의 모습이다.[1]

이 글은 이러한 현실을 '보수주의'로 개념화하고 이에 관해 연구하고자 한다. 즉 이 글은 보수주의라고 하는 것을 일반적으로 우리

---

1) 그것은 마치 평화의 최대 위협인 핵무기라는 문제 자체의 조화가 '건강(평화)'을 가져오는 역설과 유사한 상황이라 볼 수 있다.

가 이해하듯이 정치 현상에 대한 특정의 정치적 자세나 정치 이데올로기적 측면에서라기보다는 한국인의 총체적인 삶 자체를 의미하는 특정의 행위 양식의 조화가 만들어낸 하나의 현상 유지적 상태로서 이해하고 이것에 관해 탐구하고자 한다. 이러한 보수주의적 삶의 문제에 대한 이해는 오늘날 우리가 목도하고 있는 민주주의의 퇴보 현상을 보다 심화된 측면에서 성찰할 수 있게 하는 단서가 될 수 있다. 그러나 이 글은 시론적 성격의 연구이다. 따라서 이 글의 목적은 한국인의 삶의 모습 자체를 직접적으로 분석하고 그 내적 연관성을 따지는 데 있지는 않다. 시론적 연구라는 의미에서 이 글은 보수주의에 관한 기존의 주장들을 비판적으로 분석·정리해보고, 그것들이 놓치고 있는 측면에 중점을 두어 보수주의의 문제에 접근해간다는 제한된 목적을 갖는다.

　이 글은 4개의 절로 구성되어 있다. 2절에서 한국에서 보수주의의 의미에 대한 기존의 해석 내용을 비교·분석하고, 그 의미를 비판적으로 검토해볼 것이다. 3절은 2절의 논의에 대한 보완 내지는 안티테제이다. 2절의 논의가 주로 보수주의 문제에 대한 인식론적 접근을 통해 이루어진다면, 3절의 논의는 한국의 역사적, 사회적 현실을 포괄하는 삶의 현실 자체라는 측면에서 이루어질 것이다. 3절의 분석의 초점은 근대화라는 국가 총력전 속에서 그 특징적 모습을 갖추게 되는 보수주의적 삶의 형성의 문제에 맞추어진다. 마지막 절은 전체 논의에 대한 결론 부분이다. 여기서는 보수주의적 삶의 문제가 다시 거론되며, 앞서의 논의를 기반으로 사라져가고 있는 정치의 의미를 되찾고 의미 있는 민주주의의 실현을 위해 필요한 것이 무엇인지에 관해 간략히 언급된다.

2. 인식과 관점으로서 보수주의의 문제

어원적으로 라틴어 conservare(보존, 보관, 저장, 간수, 정돈, 손질, 구조, 구출하다)에서 기원하고, 정치적으로는 프랑스혁명의 이념들에 대한 대항 운동으로 탄생해서, 19세기 초의 복고(Restauration)의 반동이라는 극단적 형태로 표출되고, 19세기 말에는 소렐(Georges Sorel)에 의해 자유주의에 대항하여 혁명적 보수주의로 등장했던[2] 보수주의라는 개념이 우리에게 문제를 던져주고 있다. 보수주의 문제에 접근하는 데 나타나는 이러한 어려움은 오늘날 보수주의의 대부로 인정받고 있는 버크(Edmund Burke)가 정작 '보수주의'란 말을 전혀 사용하지 않았던 실례에서 이미 확인이 된다.[3]

한국에서 보수 혹은 보수주의의 의미는 무엇일까? 이에 대한 답변

---

2) 보수적(conservative) 그리고 보수주의(conservatism)라는 개념은 처음부터 자신의 정치적 대항 개념들, 즉 자유주의, 민주주의 그리고 급진주의에 대립되어 강력하게 그 성격이 결정된 신조어였다. 이러한 정치적 성격은 무엇보다 프랑스의 정치가이자 문필가인 샤토브리앙(François René de Chateaubriand)이 편집자로서 자유주의적인 *Minerve française*에 대항해 창간했던 왕당파 주간지 *Le Conservateur*(1818년에서 1820년까지 발간됨)의 경우에서 분명하게 드러난다. 그는 인민주권과 자유의 이념에 대항하여 (입헌군주제 이전의 시대로의 회귀를 주장한 것이 아니라) 단지 입헌군주적인 권위와 정당성을 강조하기 위해 이 잡지를 창간했던 것이다. 그러나 'conservateur'라는 개념은 이후 유럽의 여타 국가들에 의해 수용되어 프랑스혁명 이전의 정치 및 종교(교회) 질서의 복고에 봉사하게 되는 계기를 제공하였다. 영국의 경우, 1679년에 설립된 왕당파 계열의 토리당을 모태로 창설된 보수당이 의식적으로 'Conservative Party'라는 명칭을 사용하였다. 이에 관해서는 페흐만(Pechmann, 1990), 하겐마이어(Hagenmaier, 1977), 슈만(Schumann, 1984), 브룬더(Brunnder, 1992) 참조.
3) 버크는 '보존하다'라는 동사를 사용하기는 했으나 '보수주의'라는 명사는 사용하지 않았다(비레크, 1981: 13). 맥락이 다르게 이해될 필요는 있지만, 예컨대 미국의 신보수주의와 관련해서 신보수주의가 "전통적 정치철학의 성과"나 "엄격한 정치 이론가" 혹은 "일반적으로 인정된 신보수주의 운동의 회원"(Chapman, 1984: 357)이 없다는 지적이 1960년대 초반에 제기된 적이 있었다.

은 보수주의에 대한 학자들의 입장이 직접적으로 재현되고, 비교·분석되었을 때 잘 제시될 수 있다. 이정식은 1980년대 중반에 한국에서 "보수주의의 실재가 인지되면서도, 정치 기능의 측면에서는 그것을 개별적으로 인식하기가 사실상 어려웠다."는 문제의식을 개진하고 있다. 그는 한국에서 보수주의를 이해하는 어려움을 최초로 제기한 학자가 아닌가 한다. 그의 생각은 한국의 "보수(주의) 세력들"이 "역사의 시간을 차지했었던 만큼 그들 나름대로의 정립된 개별적인 역사를 간직하고 있지 않은 것 같다." 혹은 "정치적 보수주의가 평화적으로 그리고 합리적으로 평가받아볼 만한 기회를 갖지 못한 것도 사실이다."라는 주장으로까지 전개된다(이정식, 2007[1986]: 84).

그렇다면 한국의 보수주의와 관련된 '역사의 시간'은 무엇이며, '합리적 평가'의 기준은 과연 무엇일까? 이 문제에 대한 명확한 해답을 한국에서 찾는 것은 어쩌면 현재로서는 불가능할 수도 있을 것이다. 아직 보수주의에 대해 그 어떤 통일된 의견이 존재하고 있지도 않으며, 또한 한국의 정치 전통이 그 질문에 대한 명확한 대답을 줄 만큼 충분한 '역사적 시간'을 가지고 있지도 않기 때문이다. 대답은 아직도 현재진행형이라 할 수 있다.

한국에서 보수주의 문제와 관련된 어려움은 "보수 세력이라고 불리는 정치집단은 존재하되 그러한 집단의 정체성을 이루는 보수주의의 이념은 존재하지 않는 한국 정치"(양승태, 1995: 7, 9)의 상황에 대한 양승태의 이해 속에서 요약되어 나타나 있다. 양승태의 문제의식 속에는 이정식의 문제의식이 세련화되어 나타나고 있다. 그에게 문제가 되는 것은 한국인의 "정신적 빈곤성"을 의미하는 한국 보수주의의 "무이념성"이다. 이러한 한국 정치의 상황에 대한 이해를 토대로 그는 한국 보수주의가 "진정으로 지켜야 할 것이 무엇인가를 밝히고, 그것을 어떻게 구체적인 제도나 정책을 통하여 실현시키느냐하는 실천적 처방까지 갖춘, 진정한 의미의 보편적인 …… 정치철학으로 승화될 수 있는 가능성"을 염두에 두어야 한다는 점을 강조한다. 결론적으로 그는 보수주의의 문제를 해결하기 위해 "한국의 전통 중에서 지켜야만 될 가치의 요소를 발굴해내고, 그것을 보편적인 철학 체계로 승화, 발전시킬 수 있는 가능성을 모색하며, 그러한 모색을 통하여 면밀하고 체계적인 이념으로 형상화하는 작업"이 필요하다고 제안한다(양승태, 1995: 29 f.).

강정인은 "남한 정치에서 보수 세력은 있어도 보수 이념은 없다."라는 기본 전제에서 출발하여 보수주의의 문제를 다루고 있는 기존의 여러 연구를 검토하고, 이것들에게서 공통적으로 발견되는 문제점이 "의식적이건 무의식적이건 보수주의를 그 원산지인 서구의 개념과 경험을 기준으로 설명하고자 하는 태도, 곧 서구 중심적인 학문적 경향을 내면화"하는 자세에 있다고 주장한다. 즉 서구 중심주의적 입장에 서서 서구적=객관적=보편적이라는 등식을 받아들이게 되면, 서구의 보수주의와 다를 수밖에 없는 한국의 보수주의는 서구적인 것의 "일탈, 왜곡 또는 굴절"로 이해될 것이며, 그 결과 한국에 보수주의가 없다고 결론을 내리거나 혹은 한국 보수주의의 이념적 빈곤 등을 이유로 들어 한국의 보수주의를 서구 보수주의의 "일탈형"으로 규정하게 된다는 것이다(강정인, 1998: 100-101).

강정인의 문제의식은 양승태의 예에서도 알 수 있지만 한국에서 보수주의 철학이 왜 빈곤한가라는 진단적 물음에 맞추어져 있다. 그는 그 이유를 대체로 근대화의 문제와 정치권의 문제라는 두 가지 측면에서 설명하고 있다. 첫째, 한국은 서구와는 서로 상이한 역사 과정을 밟았기에 그러한 결과에 이르렀다는 것이다. 즉 유럽의 경우 전통·권위·종교·역사야말로 보수주의 정치철학을 "생육시키는 비옥한 토양"인 데 반해, 한국의 경우 근대화가 "서구(타자)와의 동화적인 관점에서 과거로부터 물려받은 고유한 전통·권위·종교·역사를 철저히 부정하는 자기부정적인 차원에서 진행"되었기에 보수주의의 정치철학이 "정상적으로" 성장할 수 없는 당연한 결과를 갖게 되었다는 것이다(강정인, 1998: 106). 둘째, "보수 세력의 독무대"였던 해방 이후 지난 50년의 한국의 정치권에 문제가 있다는 것이다. 다시 말해 한편에서는 보수 세력이 정치 이념과 정치자금의 독점, 언론의 조작 그리고 지역 대결 구도의 이용 등을 통하여 "쉽게 권력을 장악하고 유지"하고 그리고 다른 한편에서는 대안을 가진 진보 세력이 정치권에 진입하는 것이 차단되는 동안, 보수 세력은 "권력에 대한 맹목적 의지와 마키아벨리적 권력투쟁 이외에는 기존의 질서의 무엇을, 왜, 어떻게 보수해야 하는지에 필요한 정보, 경험 및 판단을 습득"할 수가 없었다는 것이며, 이러한 상황이 한국에서 보수주의의 이념적 빈곤을 만들어냈다는 것이다. 이처럼 강정인은 "어느 정도 뿌리"를 내린 한국의 "정치적 보수주의는 철학적 보수주의의 뒷받침 없이는 온전히 성장할" 수 없기에 (양승태의 주장과 비슷한 맥락에서) 정치적 보수주의에 풍부한 양분을 줄 수 있는 "철학적 보수주의라는 비옥한 토양"은 필요하다는 점을 강조하고 있다(강정인, 1998: 100, 108). 그렇다면 근대화의 문제와 정치권의 문제가 뒤얽혀서 만들어낸 이상과 같은 한국 "보수주의의 딜레마"(강정인·이지윤, 2003: 14)의 해결책은 어디서 찾아질 수 있는가? 강정인은 그 해결책을 유교와 같은 보수주의의 철학적 기반을 "충실히" 채워줄 수 있는, 전통적 종교, 문화 혹은 권위의 복원에서 보고 있다(강정인, 1998: 106-108).

보수주의에 관한 강정인의 논의에 대하여 두 가지 의문이 제기될 수 있다. 첫째, 전통과 무엇보다 유교 교리에 근거한 보수주의의 이론화 가능성이 구태여 "우리 식 자본주의, 우리 식 민주주의, 우리 식 기독교, 우리 식 기업 경영, 우리 식 발전 모델을 창조하는 작업에서 출발"(강정인, 1998: 114)해야 하는가에 관한 것이다. 물론 이러한 제안이 서구 중심주의에 대한 문제의식에서 비롯되었다는 점에서는 그 나름대로 의의가 있을 수도 있다. 그러나 그것은 '우리' 중심주의라는 또 다른 하나의 시각을 정당화하는 결과를 낳을 수도 있을 것이다. 둘째, 강정인의 문제의식은 유교가 결국에는 (자유주의가 아니라) 보수주의의 철학을 위한 이론적 토대로 기능할 수밖에 없다는 것을 명시적으로 인정하고 있다. 이 경우에 제기될 수 있는 물음은 (역설적이지만) 모든 현실이 변해버린 오늘날에 유교가 정말 보수주의의 이론적 토대로 기능할 수 있는가라는 의문이다.

보수주의 혹은 보수가 있느냐 없느냐의 문제는 우리가 이 문제를 현실 정치의 맥락에서 이해할 때 더욱 모호해진다. 여기서 현실 정치의 맥락이라는 것은 현실이 "총체적으로, 전면적으로 왜곡되어 있다거나 철저하게 완전무결하다는 극단적인 태도"가 지배하지 않는 상황, 다시 말해 "사회의 기본 질서에 관한 문제가 아니라 다양한 문제를 둘러싸고 논쟁이 전개"되는 상황이다. 이러한 상황하에서는 진보나 보수 개념의 틀을 가지고 서로를 명확하게 대립시키는 것이 어렵다는 것이다(김원식, 2002: 58).[4] 이러한 주장은 한국인의 의식의 특성을 진보-보수의 측면에서 실증적으로 연구한 한 논문의 결과

---

[4] 김원식은 기든스(Anthony Giddens)의 문제 틀에 입각해서 다음과 같이 주장한다. "강압적 독재 정권에 대해 항거하는 상황에서 보수와 혁신이, 수구와 반동과 급진적 혁신의 세력이 첨예하게 대립할 수밖에 없을 것이다. …… 그러나 만일 민주주의가 구현되어 정치적 대립이 다원화되고 사회적 이슈가 …… 다양해지게 된다면, 한 가지 획일적인 기준에 따라 보수주의, 혁신주의의 전선이 뚜렷하게 구별되는 것 자체가 어려워지게 될 것이다. 노동자와 서민들에게 더 많은 복지 혜택이 주어지도록 제도를 개혁하기를 원하는 혁신주의자는 여성 문제나 동성애 문제에서 얼마든지 보수주의적 태도를 취할 수 있다. …… 이는 구체적으로 어떤 선택이 우리 사회의 객관적 진보를 가져올 것인가에 대한 판단 자체가 상이하기 때문일 것이다."(김원식, 2002: 58f.)

와 결부시켜 이해하면 보다 설득력이 있게 다가온다. 예컨대 한국인은 국가권력에 대해서 "이중적"인 자세를 보인다는 것이다. 한국인은 "권력 남용에는 반대하지만 국가의 질서유지는 계속적으로 지켜지길 바라고" 있으며, "체제 문제"에 관해서는 "친자본주의적이고 문화적 전통을 고수"하고 있지만 노동자 농민들의 권리가 "사회운동을 통해서라도 지켜져야 하며 이를 위해 국가에 의한 분배 정의가 우선적으로 실현되어야 한다."는 이념적 태도를 보이고 있다는 것이다.[5]

한국적 상황에서 나타나는 보수주의의 모호성은 한국 보수주의를 체계적인 이념을 갖춘 정치 이데올로기가 아니라 단지 마음의 상태(state of mind)로 이해하려는, 따라서 "한국의 보수를 하나의 체계화된 이념으로 만드는 지적 작업의 기초"를 놓으려는 이상우의 보수주의에 대한 이해에서도 나타나고 있다. 그는 보수주의의 '보수'라는 개념이 갖는 모호성을 뛰어넘어 "한국 내의 사상투쟁", 보다 구체적으로는 "보수 대 혁신"이라는 "좌우 투쟁"의 맥락에서 보수주의를 이해해야 한다고 주장한다. 그에 따르면 보수란 "대한민국의 자유민주주의의 정체성을 수호하려는 세력"을 말하며, 혁신이란 "대한민국을 해체하고 인민민주주의의 사회주의국가를 건설하려는 혁명 세력"을 말한다. 그는 좌파가 사회주의 이행에 관한 발전적 역사 인식을 토대로 한국을 "하루빨리 혁명을 통하여" 사회주의사회로 진보시켜야 한다고 주장하면서 자신을 "진보"라고 자처하는 반면에, "대한민국의 자유민주주의 체제를 지켜나가자는 세력을 뒤쳐진 시대 역행적 수구 세력이라고 몰아 보수"라고 이름 붙였다고 주장한다. 요컨대 "혁신 세력은 맑스-레닌주의, 사회주의, 주체사상 등 잘 정비된 체계화된 급진 혁

---

5) 물론 이 경우에도, "국가와 사회질서"에 대해서 진보주의와 보수주의가 "가장 날카롭게 대립"해 있다는 사실은 남는다(최석만·국민호·박태진·한규석, 1991: 100f.).

명 이데올로기로 무장된 세력인 데 반하여 대한민국의 정체성을 수호하는 보수 세력은 통일된, 그리고 잘 짜인 이념을 갖추고 있지 않아 누가 보수 세력인지 분간하기 어렵고 하나의 집단을 이루고 있지도 않다."고 한다(이상우, 2007: 5-7).

최장집은 6공화국을 비판하는 한 연구에서 비판적, 진보적 이론에 비해 보수주의 이론이나 철학의 부재가 "두드러지게" 나타나고 있다는 점을 인정하고 있다(최장집, 1990: 260). 이 부분에서 그는 한국 보수주의의 이념적, 철학적 빈약성을 지적하는 다른 학자들(양승태, 강정인, 이상우)과 문제의식을 공유하고 있다. 그러나 그는 보수주의의 정체성을 찾기 위한 철학적 자기 쇄신이나 이념의 체계화의 필요성 혹은 전통의 복원 문제가 중요하다고는 간주하고 있지 않다. 또한 그는 보수주의가 갖는 집단적 정체성의 모호함이 보수주의가 한국에 없다는 중요한 근거가 될 수 없다는 것을 강조한다. "풍부한 철학적, 과학적 내용을 담은 텍스트가 부재한다는 것이 우리 사회에 있어 보수주의 지배 이념이 없다."는 것을 의미하는 것은 아니라는 것이다. 즉 정부 당국의 정책 천명과 홍보물, 정치의 실제 또는 실천, 정치적·사회적 교육 기능을 중심적으로 수행하는 언론 매체의 내용 및 대학 교육의 인문 사회 이론의 지배적 패러다임으로부터 보수주의적 "지배 이념 및 그 요소들을 추출"할 수 있다는 것이다(최장집, 1990: 261). 한마디로 국가의 홍보 기관, 거대 언론 기업, 사설 연구 기구, 대학의 연구 기관 등이 "반공주의의 이념의 패러미터를 벗어나는 진보적 이념의 확산에 대응하여 개혁 없는 체제 안정에 기여하는 보수 이념을 전파, 홍보하는 이데올로기 또는 일종의 문화투쟁(Kulturkampf)"을 전개하고 있다는 것이다(최장집, 1990: 259).

최장집에 따르면 정치적으로 이러한 보수주의 집단의 실체에 상응하는 것이 "극우적 민주주의의 개념"으로 볼 수 있는, 반공주의를 지도 이념으로 하는 정치체제이며, 경제적으로는 서구의 고전적 자유주의 사상에서 출발하는 재산권의 신성불가침의 원리에 토대를 둔 사적 소유관계와 자본주의 시장경제체제라는 것이다(최장집, 1990: 266). 요컨대 그가 이해하는 한국적 보수주의의 내재적 문제는 다음과 같은 것으로 요약될 수 있다. 첫째, 한국의 보수주의는 "재산권과 국가독점자본주의의 구조가 민주적, 공적 결정의 대상이 될 수밖에 없고 또 되어야 한다는 관념"을 "곧바로 급진, 좌경, 용공, 폭력혁명적 사상으로 범주화"하며(최장집, 1990: 284), 둘째, "권위주의 체제에 긍정적으로 기여하고 있는" 사람들을 민주주의자로, "반체제 민주화 세력"을 혁신, 좌경, 용공 세력으로 간주하며(최장집, 1990: 263), 셋째, "사회의 다양한 이익이 스스로를 조직하고, 이들이 서로 경쟁, 갈등, 타협하는 다원주의적 정치과정을 …… 기본 내용으로 하는 형식적 절차의 체계"를 인정하지 않는다는 것이다(최장집, 1990: 266).

정해구는 한국의 역사의 맥락에서 실체가 잘 드러나진 않는 보수주의가 분명히 존재하고 있다는 점을 (최장집과 유사한 맥락에서) 강조한다. "논리와 체계가 부족한 상태라 할지라도 그것이 보수 세력의 세계관을 보여주고 보수 세력을 정당화시켜주는 이데올로기적 기능을 수행하는 한, 우리는 그것을 보수주의라 할 수 있을 것이다." 즉 그에 따르면 논리성과 체계성의 결여만을 근거로 한국에 보수주의가 없다고 말할 수는 없다는 것이다. 한국에서 보수주의의 존재는 "각 시대적 상황" 속에서 지배를 정당화하기 위해 이데올로기가 어떻게 만들어져왔고 활용되어왔는지를 살펴본다면 확인될 수 있다는 것이다. 정해구는 한국 보수주의가 가진 "결정적 약점"이 민주주의와 한반도 전체의 민족주의와 결합되지 못한 데 있다고 결론 내리고 있다(정해구, 2006: 376).

마지막으로 언급될 수 있는 것이 한국에서 종교와 보수주의의 관계에 대한 연구들이다. 이 연구들은 한국에서 보수주의를 이해함에 있어 다른 연구들이 놓치고 있는 중요한 단서를 제공하고 있다. 우선 이나미는 인간 한계에 대한 인식이 보수주의로 하여금 종교와 밀접한 관련을 갖게 한다는 테제에서 출발하여, 서구와 마찬가지로 한국에서도 보수주의는 기독교와 긴밀한 관계를 갖고 있다고 자신의 연구를 결론짓고 있다. 특히 이나미는 한국에서 보수주의가 갖는 "반혁명주의, 반유토피아니즘이 우리나라에서 가장 큰 특징으로 드러나는 것"이 반공주의에서라고 주장한다(이나미, 2002/2003: 40, 64).

이상과 같은 주장을 받아들인다면, 한국에서 보수주의는 이념과 철학이 빈곤한 것이 아니라, (맥락은 다르게 이해될 필요가 있지만 최장집과 정해구의 입장과 마찬가지로) 반공주의라는 강력한 이념적 토대에 덧붙여져 기독교라는 강력한 종교적 이념을 기반으로 존재하고 있는 것으로 이해될 수 있다. 즉 한국의 보수주의는 양승태와 강정인의 연구가 강조하듯이 유교와 같은 전통적인 이념적 혹은 철학적 기반은 결여되었을 수 있겠지만,[6] 기독교라는 든든한 근대적인 이념적 기반을 가지고 있는 것이 된다. 이처럼 이나미는 "숫자로 치면 보수적인 기독교인들과 단체가 더 많으며 또한 서울의 강남구, 서초구 등 부유한 지역에 기독교인들이 많다는 것을 생각해볼 때 이들 교회

---

6) 한국의 보수주의가 유교와 같은 전통적인 이념의 기반을 갖고 있지 못하다는 주장은 이론의 여지가 있을 수 있다. 위계적 권위와 과거의 성현의 말씀으로 표현되는 규범에 의해 안정과 조화를 구현한다는 유교의 근본이념 자체(현상윤, 1977 참조)는 이미 보수주의라 할 수 있으며, 오늘날에도 문화적 전통과 습속으로 남아 보수주의로 기능하고 있기 때문이다. 설혹 유교가 "특별히 역사적이고 근대적"인 현상으로서의 보수주의는 아닐 수 있더라도 최소한 "자연적 보수주의"(Mannheim, 1984: 26 참조), 즉 상황 여하에 따라서 언제든지 보수주의로 발전해갈 수 있는 요소는 될 수 있다.

가 기득권층 신자들의 선호를 고려하여 보수적 목소리를 내는 것은 어떻게 보면 당연"(이나미, 2002/2003: 44)하다고 주장한다. 이러한 주장은 오늘날 한국에서 많은 논란이 되고 있는 소위 말하는 뉴라이트 운동을 위시한 보수주의의 의미에 대해 생각해볼 수 있는 계기가 될 뿐만 아니라, 보수주의에 대한 최장집의 문제의식과 연결하여 이해해볼 수 있는 계기가 된다.[7]

한국의 보수주의는 이상에서 살펴보았지만 기독교라는 강력한 (근대적) 종교적 이념에 근거하고 있다. 그렇다면 이러한 이념이 한국에서 어떠한 역할을 수행하면서 보수주의를 형성해왔는가는 보수주의를 이해하는 데 간과될 수 없는 물음이 된다. 류대영은 "기독교의 신학적 보수주의가 정치·사회적 보수주의와 어떤 연관이 있는지"(류대영, 2004: 56)를 분석하고 있다. 그에 따르면 복음주의 우파를 핵심으로 하는 한국 기독교 보수주의의 특징이 "반공주의와 친미주의를 보수하려는 노력"에서 나타난다고 한다. 반공과 친미는 기독교 보수파와 정치적 극우 보수파를 함께 행동하게 한 "논리적, 실질적" 공감대이자 "이념적" 공감대라는 것이다(류대영, 2004: 60).

그렇다면 왜 반공과 친미를 보수하려 하는가? 이 문제를 이해하는 것은 한국의 보수주의의 의미를 종교적 삶의 맥락에서 포착하는 열쇠가 될 수 있다. 우선 류대영은 미국의 역사적 전례를 한국적 상황에 "분별력 있게 적용"(류대영, 2004: 61)할 필요가 있다는 단서를 달기

---

7) 최장집은 보수주의의 구체적 실체가 "군부 엘리트, 대자본가, 보수적 이스태브리시먼트"와 "족벌 경영하의 사학 재단 및 학교 행정 당국"뿐만 아니라 보수적 이스태브리시먼트의 한 부분으로서 부르주아지와 "지배적 이념, 생활양식, 에토스를 공유하면서, 구조적으로 저항하고 현상 유지 민주주의를 지향"하며 "위험한 노동자계급의 이미지와 대비되는, 그리고 이들이 일으킬지 모르는 혁명 또는 잠재적인 혁명에 대한 해독제 역할을 해줄 수 있는 일정하게 진보적이면서도 안정적인 사회집단"에서 확인될 수 있다고 주장했다(최장집, 1990: 264, 265, 268).

는 하지만, 공산주의를 포함하는 모든 종류의 진보적 사고를 반대하는 미국식 기독교의 보수주의의 논리가 미국 선교사들의 공산주의에 대한 반감과 결부되어 한국에 전래되어 재현되었다고 주장한다.[8] 특히 류대영은 한국의 기독교가 개혁적·현실 참여적 성격을 상실하고 "내세 지향적인 개인적 차원의 감성적 종교"로 방향을 전환한 것이 일제의 침략이 본격화되는 시점인 1907년의 '대부흥'에서 일어났다고 보고 있다.[9] 죄의식과 감정에 호소하는 부흥 운동은 당시의 한국인들이 갖고 있던 실망과 좌절을 종교적 카타르시스를 통해 해소시켜주고 내세 속에서 희망을 가지게 함으로써 오늘에 이르기까지 한국 기독교의 보수화의 "결정적인 계기"가 된다는 것이다. "대부흥에 영향을 받은 대부분의 한국 기독교인들은 일본과의 갈등을 피하기 위해 '하나님께서 정하신' 위정자(the power that be)들에게 순종할 것을 가르친 미국 선교사들의 교훈을 받아들였다. 정치에 순응하는 태도는 미국 개신교의 숨겨진 특징 가운데 하나였다. …… 이런 태도로 말미암아 대부흥 이후의 한국 개신교는 20세기에 걸쳐 대부분의 미국 복음주의자들이 보였던 비정치적, 반정치적 태도를 지니게 되었다. 그때 한국 개신교가 가지게 된 내세적, 탈정치적 성격은 선교사들이 물려준, 위정자에 순응하는 태도와 함께 오늘날까지 한국의 보수 교회의 사회 정치적 성향을 특징짓고 있다."(류대영, 2004:

---

8) 류대영에 따르면 미국식 기독교의 보수주의 논리는 시대에 뒤떨어진 복음적 기독교(evangelical Christianity)관을 고수하는 근본주의자들의 생각, 미국이 '기독교 국가'라는 믿음, 전 천년주의(premillennialism) 성경 해석에 토대를 둔 극단적인 종교적 애국심, 마니교적 선악의 이원론적 세계관과 밀접하게 연관되어 있다(류대영, 2004: 61-65). 무엇보다 그는 근본주의(fundamentalism)를 특징으로 하는 미국 선교사들의 신학인 19세기의 '복음적 기독교'가 초기 한국의 개신교에 "고스란히" 전수되었다고 지적한다(류대영, 2004: 57, 65).
9) 이것은 평양 대부흥 운동을 말한다. 이것의 역사적 개요와 의미에 관해서는 김진호(2007: 42-44) 참조.

68). 부흥회적 성격의 한국의 기독교는 일본의 식민 지배가 남겨놓은 반공 교육과 각종의 사회주의 탄압 정책의 유산을 발판으로 그리고 해방 공간하의 좌우 대립과 한국전쟁의 경험 속에서 반공주의와 결탁하면서 "철저하게 반공적이고 친미국적"이 되었다(류대영, 2004: 68).

류대영의 연구는 비록 종교에 국한된 것이긴 하지만 한국의 보수주의가 '보수'하려 하는 목표가 예컨대 양승태나 강정인의 연구가 주장하듯 모호한 것이 아니라 분명하고도 일관된 것임을 보여주고 있다. 또한 그의 연구는 앞에서 언급된 연구들(보수주의를 반공주의와 연관시켜 이해하려는 최장집과 정해구의 연구와 보수를 '대한민국의 자유민주주의의 정체성을 수호하려는 세력'으로 규정짓는 이상우의 연구)을 보완해주는 의미를 갖는다.

3. 역사적 삶의 총체로서 보수주의의 문제

보수주의에 관한 기존의 논의에서 가장 쟁점이 되는 문제는 한국에서 보수주의가 과연 존재하고 있느냐 그렇다면 그것의 이념적-철학적 기반은 어떻게 이해될 수 있느냐 하는 물음이었다.

내가 보기에 한국에서 보수주의의 문제는 '있다' 혹은 '없다'의 문제, 혹은 보수주의 자체의 철학이나 이론의 부재 문제, 혹은 서구 중심주의 같은 특정의 편향된 자세의 유무와 연관되어 있는 문제, 혹은 보수주의에 특정의 이념적-철학적 기반을 제공하는 문제, 혹은 국가의 정체성을 수호했냐 그렇지 않냐의 문제, 혹은 특정의 계급·계층의 문제, 혹은 특정의 종교적 기반을 가지고 있냐 없냐의 문제라기보다는 한국인들의 삶에 관한 전반적인 역사적 성찰과 철학적 반성의 문제가 아닐까 생각된다. 다시 말해 한국에서 보수주의의 의미는 근대 혹은 보다 특수하게는 근대화라고 칭해지는 역사 경로의 맥락 속에서 성찰되고 반성될 필요가 있다. 어느 한 측면에 대한 부분적 고찰은 보수주의의 문제의 본질을 파악하는 데 도움이 못 될 것이다.

한국에서 보수주의의 문제를 역사적 성찰과 철학적 반성의 측면에서 이해하려는 이 글의 의도에 중요한 시사점을 주는 것이 근대의 문제를 거시적인 근대화의 통합 모델 속에서 성찰한 무어(Barrington Moore)의 이해 방식이다.[10] 우선적으로 지적될 수 있는 것은 무어의 유형 개념인 근대에 이르는 민주적 경로(route)의 문제 혹은 서구적 민주주의 형태에서 절정에 이른 부르주아 혁명들(Moore, 1966: 413-414)의 문제가 한국을 이해하는 데 고려될 수 있을지는 논란이 될 수 있다는 점이다. 아직 한국에서 1987년의 민주화운동의 의미나 그 이전의 4·19혁명이나 5·18 민주화운동의 의미가 전체 세계사와 근대의 맥락에서 명확하게 정리되어 있지 않은 상황에서 이 유형을 적용하기에는 무리가 따를 수 있기 때문이다. 공산주의의 역사 경로 유형은 한국(남한)을 이해하는 데 더더욱 적용될 수 없을 것이다. 그러나 본 논의의 주제가 한국에서 보수주의의 문제에 관계한다는 측면에서 고려해본다면, 이 문제를 무어의 또 다른 유형 개념인 "파시즘으로 귀착된 위로부터의 보수주의 혁명들"(Moore, 1966: 414)의 문제와의 맥락 속에서 다룰 수는 있을 것이다.

이 경우 우리는 무어가 강조하는 "보수주의적 근대화의 과정에 대한 하나의 두드러진 사실"에 주목해볼 수 있는데, 그것은 은하수와

---

10) 그에 따르면 근대로 이행하기 이전의 세계에서 나타나는 잠재화된 발전 가능성으로서 역사가 각각의 개별적 발전을 통해 근대로 이행한 결과로 나타난 것이 파시즘이나 공산주의 혹은 의회제 민주주의라는 것이다.

도 같은 특출한 정치 지도자들이 출현한다는 점이다. 그들은 이탈리아의 경우에는 카보우르(Camilo Benso Cavour)이며, 독일의 경우에는 슈타인(Heinrich Friedrich Karl vom und zum Stein)과 하르덴베르크(Karl August von Hardenberg) 그리고 비스마르크(Otto von Bismarck)이며, 일본의 경우는 메이지 시대의 정치가들이었다. 이들 모두는 그들이 살던 시대와 국가에서 정치의 스펙트럼에 있어 "보수주의자들"이었고 "개혁, 근대화 그리고 민족 통합"에 있어 주도적이었다는 것이다. 요컨대 가장 성공적인 보수주의자들의 특징은 구질서를 해체하고 동시에 신질서를 수립하는 데 있어 큰일(deal)을 완수했다는 데서 찾아볼 수 있다(Moore, 1966: 440). 가장 성공적인 보수주의 정권은 강력함을 특징으로 한다. 즉 강력한 정부는 단기적으로 확연한 이점들을 갖는데, 무엇보다도 경제성장을 촉진하고 통제할 수 있을 뿐만 아니라, 하층계급들이 큰 분쟁을 만들지 못하게 할 수 있다는 것이다. 그는 군대와 경찰 같은 억압 기관들을 포함하는 "충분히 강력한 관료장치"의 중요성을 언급하면서 민주주의자들에게 대항하여 도움을 줄 수 있는 자들은 오직 군인들이다(Gegen Demokraten helfen nur Soldaten)라는 독일 말을 상기시키는 것을 잊지 않는다(Moore, 1966: 441-442).

이러한 무어의 입장에 크게 반대하지 않는 한에 있어서, 박정희 정권은 구질서의 해체와 신질서의 수립이라는 큰일을 완수하고 민주주의자들에 대항해서 나타난 군인들의 보수주의적 근대화의 유형으로 이해될 수 있다.[11]

---

11) 본 논의가 박정희 시대로부터 문제에 접근해가는 것은 그 나름의 이유가 있다. 일반적으로 근대의 특징적 모습이 프랑스대혁명으로 대변되는 민주화와 영국의 산업혁명으로 대변되는 산업화 과정에서 나타나는 인간 삶의 구조와 가치관 그리고 행위 양식의 급격한 변화 속에서 찾아진다고 했을 때, 국가 주도의

그런데 문제는 근대화 혹은 근대의 의미가 피상적으로만 이해되어서는 안 된다는 것이다. 예컨대 박정희 정권을 "정부의 조직을 근대적으로 창건하고 이를 운영한, 그리고 그 지지 기반을 적극적으로 동원했다는 점에서 한국 역사상 최초의 근대적 정부"(최장집, 2002: 74)로 이해하려 하는 방식이 그것이다. 이와 마찬가지로 박정희 "발전 모델이 역사적 기여로서 무엇인가를 평가할 것이 있다면, 그것은 한국의 산업화와 경제 발전이 라틴아메리카적 경로로 빠지지 않게 하는 데 결정적으로 기여한 것"(최장집, 2002: 79)이라는 생각 역시 본질적인 문제를 보고 있지 못하다.

요컨대 근대 혹은 근대성의 의미와 귀결이, 박정희 정권이 (정치적 의미에서) 정부 조직을 '근대적'으로 창건하고 운용했다 혹은 한국 '역사상 최초의 근대적' 정부였다 혹은 (경제적 의미에서) 한국의 산업화를 라틴아메리카적 경로로 빠지지 않게 하는 데 '결정적으로 기여'했다와 같은 사실 확인에서 찾아져서는 안 될 것이다. 이 문제에 보다 가까이 접근하기 위해 다시 무어의 문제의식으로 돌아가보자. 그는 독일이나 일본 등의 근대화 과정에 있어 "원래 해결 불가능했던 하나의 문제", 즉 딜레마가 있었다는 점을 지적하고 있다. 그것은 국가를 "사회구조들을 변화시키지 않고 근대화시키는 것"의 딜레마이며, 이것의 해결책은 군국주의였다는 것이다. 무어는 군국주의는 국제적 갈등의 상황을 격화시켰고, 그럼으로써 산업의 발전에 대한 요구를 "더욱더 지상명령(imperative)"으로 만들어버렸다고 주장하고 있다(Moore, 1966: 442).

그렇다면 한국적 상황에서 지상명령으로서 근대화의 귀결이 갖는

> 산업화를 압축적이고도 효율적으로 달성한 박정희 시대는 한국의 어느 역사보다도 이러한 근대의 의미를 가장 선명하게 포착할 수 있는 조건을 제공해준다.

의미는 어떻게 이해될 수 있을까? 다수의 학자가 흔히 주장하듯 산업의 발전이 다소간의 희생을 요구하기는 하지만 경제성장을 가져오게 되고(소위 말해서 파이의 크기를 증대시키고) 그리고 이것이 다시 궁극적으로는 국민 전체의 물적인 복지를 증진시킨다는, 우리가 근대에 대해 일반적으로 알고 있는 그러한 의미로 이해되어야 할까? 놀랍게도 무어는 산업 발전의 귀결의 의미를 다음과 같이 간명하게 이해하고 있다. "근대의 테크놀로지를 인간의 복지에 합리적으로 이용하는 것이 이들[독일, 일본의 군국주의] 정부들의 정치적 비전으로부터 벗어나버렸다."(Moore, 1966: 442)

한국에서 박정희 정권하의 보수주의적 근대화는 독일이나 일본의 경우처럼 국제적 갈등 상황을 군사·정치적으로 격화시켰던 군국주의와는 관련이 없다. 그 대신 그것은 북한과의 군사·정치적 상황을 격화시키는 방향으로 나아갔다. 그리고 군국주의의 침략 내지는 식민화의 주된 대상은 (일본이나 독일의 경우에서처럼 타국이나 외국인들이 아니라) 전적으로 한국 국민들 자신이었다. 홍윤기가 적절하게 표현했듯이 박정희식 군국주의는 "거의 편집광적으로" 산업화를 추진한, 따라서 잘못 이해하면 "이전이나 이후, 아니 동시대의 어떤 정치 세력과 비교해보아도 진보적"(홍윤기, 2002: 34)으로까지 보일 수 있는 체제였다.

박정희 정권의 진보성은 농촌과 도시를 가릴 것 없이 전국을 산업 발전과 경제성장을 위한 식민지로 개척해나갔다는 데 있다. 박정희 정권은 정말 '구질서를 해체하고 동시에 신질서를 수립하는 데 있어 큰일을 완수'하기 위해, 특히 무엇보다 하층계급들이 큰 분쟁을 만들거나 혁명적 상황이 오는 것을 막기 위해 근대의 온갖 정치 공학적 테크놀로지들, 즉 물리적 폭력(직접적인 신체적 상해나 인권유린, 체포, 암살, 구금 혹은 추방 등)과 비폭력적이고 은밀한 형태의 폭력

(여론 및 상징조작, 적과 동지 편 가르기, 정치적 담합, 종교에 호소, 전통적 유교 가치의 조작 등) 그리고 보다 정교하고도 교묘한 심리적 폭력의 형태(위협, 공포심이나 수치심 유발 등)를 동원하였다.

큰일을 수행해내는 데 주도적이었고, 성공적이었으며, 반대자에 대해 강력하게 억압적이었던 박정희식 군국주의의 침략 내지는 식민화의 대상이 되었던 대다수의 중·하층민들은 강제된 산업화와 경제성장의 희생자이자 다른 한편에서는 자의에서든 타의에서든 간에 산업화와 경제성장이라는 식민화의 노예였다. 한국인들에게 강요된 삶 혹은 한국인들 스스로가 선택한 삶은 정치는 더 이상 중요한 의미나 가치를 갖지 않는다는 그러한 삶이었다. 한국인들은 근대화에 수반되는 각종 변화 속에서 이득을 얻기 위한 자신만의 논리와 개념을 전개시킬 수 있었고, 무엇보다도 이러한 변화의 계기들을 자신의 성장의 적극적 기회로 활용하여 이득을 취할 수 있는 방법을 터득해갔다. 산업화와 경제성장의 논리에 결박당한 한국인들의 삶 속에서 자라나고 있었던 것은 정치 없이도 정치가 이루어지고 있고(박정희 정권이 정치에 관한 모든 것을 해결해주고 있었다), 정치 없이도 세계가 물질적 의미에서 (성장과 발전을 통하여) 개선되고 있다는 세계관이었다.

이러한 삶의 양식은 기본적으로 비정치적(unpolitical)이지만, 산업화·근대화를 통해 얻어진 성과를 지켜내고 영속화하기 위해 각각의 상황과 조건에 따른 변화에 잘 적응해간다는 점에서는 정치적이라고 볼 수 있다. 성장과 발전의 열매가 커지면서 이러한 삶의 양식은 거기서 자양분을 공급받아 급속하게 성장하게 되었다. 그것은 오늘날 한국인들의 행위와 구석구석에서 확인될 수 있으며, 저질화된 한국 정치의 토대가 되고 있다. 대통령을 포함한 대한민국의 주요 대표 정치인들은 물론이고, 고위 관료 및 사회 지도층 인사 그리고 무엇보다 일반 서민이라 자처하는 한국인들이 땅 투기, 부동산 투기, 주식 투기 등의 온갖 행위에 몰입하고 있다. 박정희 스스로가 유신 체제라는 영구 집권의 정치를 꿈꿀 수 있었던 것도 그리고 지금의 소위 말하는 '경제 대통령'[12]이 현실화될 수 있었던 것은 바로 이러한 한국인의 삶 자체의 반영이자 그 귀결이었다.

더구나 한국인들은 독일이나 일본 군국주의 경우에서처럼 대외 침략이나 식민지 정책의 결과로 얻어지는 이득의 일부가 부수적으로 자국민에 돌아갔던 것과 같은 그러한 정신적, 물질적 보상을 받지 못했다. 그만큼 한국인들의 (한국이라는 하나의 폐쇄적 공간 속에서 갇혀 노예화된 상황을 통해 분출되는) 물질적 보상에 대한 욕구 그리고 물질적 이득에 대한 집착욕은 보다 강렬하고 집요했다고 볼 수 있다. 이 욕구는 마르쿠제(Herbert Marcuse)의 개념으로 표현하면 "고통, 공격성, 비참함 그리고 부정의(injustice)를 영속"시키는 "거짓의" 욕구이다(Marcuse, 1964: 5).

박정희 정권은 바로 이러한 욕구를 근대의 테크놀로지와 결합시켜 산업화와 경제성장의 에너지로 전환시켰다. 그것의 핵심은 인간의 현존재를 도식적, 계량적 틀에 맞추어 오직 빵만 만들어내고, 빵만 먹는 기계로 치환시키는 데 있다. 근대화·산업화를 향한 경제성장의 에너지는 정치를 포함한 다른 차원의 삶을 압도할 만큼 너무나 강렬했다. 근대의 테크놀로지를 통해서 체계화되고 구조화된 이러한 에너지에 비하면 4·19혁명을 통해 분출한 "시민사회의 민주적 에너지"(정해구, 2006: 368) 같은 무정형의 에너지는 그것이 결집되어 인간의 건전한 복지를 위해 합리적으로 사용되기에는 너무나도 보잘

---

[12] 측근들과 친척들의 온갖 비리와 범법 행위의 중심에 서 있는 그리고 그 스스로도 개인적인 비리와 범법 행위의 당사자인 한나라당(지금은 새누리당으로 당명이 바뀜)의 이명박 씨를 말한다.

것없는 것이 되어버렸다.

　한국에서 보수주의적 삶의 형성과 전개는 '조국 근대화' 혹은 '민족중흥'으로부터 (박정희의 직접적 표현에 따르면) "한국적 민주주의의 토착화를 위한 실천 도장이요, 참다운 애국심을 함양하기 위한 실천 도장인 동시에 10월유신 이념을 구현하기 위한 실천 도장"(박정희, 1973: 177)인 '새마을' 건설에 이르기까지 일사불란하게 추진되었던 국가 총력전 속에서 탄생하였다. 국가 총력전은 전체 한국인의 삶에 대해 새로운 방향을 제시하고 실제로도 그것을 재편할 만큼 포괄적이고도 강력하게 전개되었다.

　국가 총력전의 목적은 경제성장, 이윤 획득, 효율적 업적 수행 및 정확하고도 기만한 결과를 산출해내는 데 있었다. 실제로 박정희의 머릿속에는 온통 국가를 재건하고 재편하려는 이념들, 예컨대 경제와 관련된 건설, 증산, 수출의 이념뿐만 아니라 군사와 관련된 자주국방, 국방력 강화, 총력안보의 이념 그리고 정치와 문화와 관련된 국민 총화, 총화 단결의 이념으로 가득 차 있었다. 이승만 정권하에서 부활한 친일파 출신 관료들은 박정희 정권하에서 과거에 일본으로부터 습득한 식민 지배의 감각을 경제적 식민지 개척으로 계승 발전시켰다.

　한국을 산업화와 경제성장이라는 식민지로 만드는 국가 총력전의 설계자이자 지휘자는 청와대와 경제기획원 중심의 행정부였다. 그리고 국가 총력전의 공개적인 지원자는 공화당이라는 정당 조직이었으며, 비공개적 지원자는 중앙정보부와 보안사와 같은 비밀경찰과 비밀 부대였다. 이들 비밀 조직들은 모든 국가 정보의 독점적 활용이라는 무기를 통해서, 그리고 다른 한편에서는 폭력과 테러라는 무기를 통해서 총력전을 막후에서 받쳐주었다. 국가 총력전의 궁극적 척도는 인간과 물건의 존재론적 차이를 제거시키고 인간을 업적 달성을 위한 지배와 조작의 대상물로 만드는 데 맞추어졌다.

총력전은 무엇보다 '반공', '승공' 혹은 '멸공' 등의 전일적인 이데올로기적 실천과 결부된 반자유주의적이고 반민주적인 각종 제도들과 단체들의 활동을 통해 보다 효과적으로 전개될 수 있었다. 지식은 이러한 이데올로기적 실천의 합리화와 이것의 실현을 위해 필요한 제도들과 단체들의 조직화를 위한 이념적 도구를 제공하였으며, 그럼으로써 한국에서 보수주의적 삶의 형성에 결정적으로 기여했다. 무엇보다 지식인들은 유교의 핵심 사상인 충효를 "국가의 가부장적 구조"를 떠받치는 이념으로, 그리고 "실학적 정신"을 "경제 제일주의"를 떠받치는 이념으로 자리매김시킴으로써 "전통주의와 보수주의를 밀착"시켰다(김석수, 2002: 140).

박정희에서 절정에 이르고 이승만에서 시작되어 전두환으로 이어지는 일련의 독재와 권위주의의 변주곡의 작사에 안호상, 박종홍, 이규호 등의 지식인들이 참여하였다. 권력은 지식을 필요로 했고, 지식은 권력을 필요로 했다. 박종홍은 국민교육헌장(1968)과 새마을운동 그리고 반공 교육에 이념적 기반을 제공하였고, 이규호 역시 (자의든 타의든 간에) 반공 교육을 정치교육과 밀접히 결합시키는 이념을 개발함으로써 박정희 정권의 총력전을 정당화시켰다. 교육에 대한 이규호의 생각은 조국 근대화, 민족중흥 그리고 새마을 건설을 향한 박정희의 국가 총력전에 관한 생각을 그대로 답습하고 있다(그는 실제로 국민교육헌장 제정 심사위원을 역임했다). 그에게 "사회와 국가의 발전"을 위한 노력은 "조금이라도 늦출 수" 없는, 그리고 군사, 경제의 영역을 넘어 교육의 영역에서도 이루어져야 하는 긴요한 것이었다(이규호, 1975: 14). 권력을 이념적으로 뒷받침해주어야 하는 교육은 그에게 정말 필수 불가결한 것이다. "시대적인, 인류사적인, 민족적인, 국가적인, 거의 절대적인 요청에 따라서 일반 국민의 교육에 대한 이해와 우리나라의 전체적인 교육 체제를 개혁하지 않을 수 없다."(이규호·차인석, 1976: 31-32)

그러나 그는 헤겔(Georg Wilhelm F. Hegel)과 맑스(Karl Marx)의 철학적 이론을 토대로 해서 시대 비판적인 요구에 상응하여 전개된 프랑크푸르트학파의 '비판 이론'조차도 국민 윤리 교육을 정당화시키는 이론으로 활용하고 있을 만큼 이념적 빈곤을 보여주었다.[13] 이러한 이념적 빈곤이 바로 오늘날 한국인들의 전체 삶을 지배하고 있는 보수주의의 실제 내용이다.

4. 맺는말: 보수주의적 삶과 민주주의의 문제

청와대, 경제기획원, 중앙정보부, 보안사 그리고 공화당이 산업, 행정, 군대 및 경찰 그리고 지식과 정보의 독점을 기반으로 하는 총력전의 현장에 오늘날 근면함과 불철주야의 정신으로 물질적 결실을 만들어낸 당사자로 평가받는 경제 왕국인 재벌들이 있다. 재벌은 정치가 없이도 정치가 이루어지고 세계가 개선되었다는 것을 실제로 입증해 주는 거대한 실험장 역할을 하였다. 이 실험장에 오늘날에도 모든 한

---

13) 『현대철학의 이해』(1977)라는 책에서 이러한 의도는 분명해진다(김석수, 2002: 146 참조). 이규호의 이율배반적 측면은 교육혁명에 대한 다음과 같은 그의 생각 속에서 극명하게 드러나고 있다. 그는 제1의 혁명이 프랑스혁명이고, 제2의 혁명이 러시아혁명이라면서, "제3의 혁명"인 교육혁명의 중요성을 다음과 같이 강조하고 있다. "교실에서의 추상적, 관념론적, 개인주의적인 교육이 아니라 사회체제 전체와 관련된 교육입니다. 그러므로 앞으로는 교육혁명을 통해 인간성 자체 내의 문제를 해결하는 방향으로 나아가야만 정말 나은 사회를 꿈꿀 수 있겠습니다. …… 그와 같은 암시를 하버마스나 마르쿠제 같은 학자에게서 받았다는 점에서 프랑크푸르트학파에게서 배울 점이 많다고 생각합니다."(이규호·차인석, 1976: 221)

국인이 자발적으로 참여하여 정치 없는 정치를 실천하고 있다. 정치 없는 정치는 진정한 의미의 정치의 상실, 정치의 봉쇄를 의미한다. "전태일을 넘어 박정희를 보자."(이종록, 2006: 271 참조)는 뉴라이트들의 외침은 정치의 상실이 무엇인지를 상징적으로 보여주고 있다.

인간의 삶은 살아갈 가치가 있으며, 또한 그렇게 만들어질 수 있고 만들어져야 한다는 판단은 한국인의 삶 속에서 커다란 가치나 의미를 갖지 못한다. 이성적 자각보다는 효율적 산출을, 자율권보다는 순종의 가치를 우선으로 하는 무수히 많은 프로젝트가 오늘날 정치 속에서뿐만 아니라 사회, 기업, 종교 그리고 일상생활 속에서 그리고 무엇보다도 학계 속에서 실현되고 있고, 이에 따라서 프로젝트형 인간들이 산출되고 있다.

역사적 삶의 총체로서 보수주의는 근대화 과정과 그것이 만들어낸 역사 구조가 없이는 이해될 수 없다. 오직 최후의 성공과 승리만을 목적으로 하는 국가 총력전의 정치적 비전이 이성적인 복지 건설의 비전과는 처음부터 양립할 수 없었듯이, 국가 총력전을 통해 탄생하고 성장한 한국인의 삶 역시 이러한 비전과는 거리가 먼 것이었다. 역사적 삶의 총체로서 보수주의는 한국인의 전체적인 존재 양식 혹은 행위 양식과 관계하고 있으며, 따라서 그것은 산업화와 경제성장의 과정에서 이득을 독점한 집단들뿐만 아니라, 이 과정에서 다소간의 이득을 부수적으로 얻어낸 집단들과 전혀 특별한 이득을 얻어내지 못한 집단들의 존재와 행위 양식에서도 공통적으로 나타나고 있다. 그것은 오늘날에도 한국인들로 하여금 정치에 대한 비판적 반성의 능력을 무력화시키고 있는 기반이 되고 있다.

그것의 본질은 정치의 상실과 무사유성(unthinking)에 있다. 비판적 반성 능력의 무력함은 한국인들을 아직 산업화와 경제성장의 신화에 사로잡히게 하는 원천이자 삶의 문제를 효율성, 업적, 성공 그리고 승리의 한 문제로 치환시키고 정치를 정치 공학의 문제로 치환시키는 원천이 되고 있다.[14] CEO 총장이니 경제 대통령이니 혹은 시민 성공 시대와 같은 착상 혹은 서울을 '하나님께 봉헌'하겠다 아니면 대한민국을 '하나님께 봉헌'하겠다는 착상이 주장되어 인기를 끌고, 선거철이 되면 뉴타운 건설 같은 공약들이 남발되고 그러한 공약이 거짓임에도 불구하고 실제로 득표에 결정적인 역할을 하고 있는 것은 우연이 아니다.

오늘날에 한국에서 보수주의라는 하나의 삶이 구체화되어 나타난 것이 경제를 독점하고 있는 재벌이고, 이념, 여론, 지식을 독점하고 있는 기업화·관료화·권력 기구화된 종교 집단(교회), 언론, 대학이며, 미시적 차원에서 구체화된 것이 생존경쟁의 과열화 및 이에 따른 출세 지향적인 가치의 절대화 현상이다. 이러한 것들이 오늘날 한국인의 삶의 총체성을 이룬다.

본 논의의 서두에서 언급된 리바이어던의 비유로 돌아가보자. 리바이어던이 마치 세속적 권력의 상징인 칼을 오른 손에 쥐고 종교적 권력의 상징인 교회 봉을 왼손에 쥐고 '난동'과 '내란'을 언제든지 내려쳐 평화를 유지시키는 형상을 하고 있듯이, 한국인의 삶 역시 국가의 정치권력과 재벌의 경제 권력(혹은 그것은 국가·재벌의 정치 경제 권력과 기독교의 종교 권력일 수도 있다)이라는 각각의 팔이 언제든지 '난동'과 '내란'을 내려치려는, 그래서 '조화'롭게 문제들의 균형을 만들어내는 형상을 하고 있다. 다시 강조하지만 어느 한 문제를 해결하려는 것은 각 문제들 간의 조화가 만들어낸 균형 자체를 깨뜨리는 것이 될 것이며, 최악의 경우에는 한국인의 삶 자체를 '죽

---

14) 그것은 예컨대 용산참사(2009년 1월 20일)에서 그대로 재현되었던, "유신 체제가 목적으로 했던, 성장과 업적의 원칙 그리고 이를 위해 모든 것을 제거시킨다는 [사고 및 행위] 논리"(최치원, 2012: 26 참조)이다.

음'으로까지 몰고 갈 수도 있을 것이다. 사교육 문제를 해결한다고 사설 학원을 없앨 수는 없으며, 서울 강남·북 지역 문제를 해결하기 위해 신도시·뉴타운 개발을 중지할 수 없으며, 학벌 문제를 해결하기 위해서 서울대를 폐지할 수는 없을 것이다. 신행정수도 건설, 종부세 도입, 도시재개발, 종교세 등은 각각 중앙 집중화 문제, 사회경제적 불평등 문제, 주택문제, 종교 권력의 문제를 해결하기 위한 목적으로 추진되거나 구상되었지만, 궁극적으로는 리바이던적인 '조화'를 깨트리는 결과를 초래하였다. '조화'라는 의미에서 한국인의 삶의 각각의 부분들은 긴밀하게 얽혀 있다. 도시재개발, 신도시 개발, 택지 개발, 각종의 규제 철폐, 그린벨트 해제, 대운하 및 각종의 정비 사업, (서울의) 동·서 그리고 남·북을 관통한다는 각종의 도로 및 지하철 사업, 학생 서열의 효율적 관리를 위한 초등학교 일제 고사 실시 등 무수히 많은 문제가 끊임없이 생산되어 균형을 이루면서 한국인의 삶을 유지시켜주고 있다. 문제를 해결하기보다는 문제를 만들어내는 것이 어쩌면 한국인의 삶의 유지에 필수적이라고 할 수 있다. 모든 문제가 현상 유지(조화)된 상황하에서 자신의 생명을 지속시킬 수밖에 없는 현실이 보수주의로 일컬어질 수 있는 한국인의 삶의 본질적 모습이다.

한국에서 정치의 문제는 이러한 보수주의적 삶의 해체 내지는 전환의 한 문제가 된다. 단지 특정한 집단들의 삶의 양식으로서 보수주의에 대항해 오늘날 한국에서 민주주의의 의미를 되돌아보고, 이를 통해서 사라져가고 있는 정치의 의미를 다시 고찰해볼 필요가 있다. 무엇보다 민주주의와 관련된 다양한 이론이나 철학에 의거하여 정치적으로나 사회적으로 미성숙한 한국인들의 삶의 양식을 인간의 이성적 자각에 근거하는 다른 삶의 양식으로 이동시키는 것이 필요하다. 보수주의 문제가 한국인의 전반적인 삶의 문제와 관계한다는 점에서 그것의 해결에 대한 단서는 보다 근원적이며 심층적인 차원에서도 찾아질 필요가 있다. 총체적 삶의 양식이라는 의미에서 한국의 보수주의는 민주주의 이론과 철학이 대안을 제시해줄 수 있는 것 이상의 다른 대안을 요구로 하고 있다. 근대화의 관철 속에서 물신화되고, 기계화되고, 수학화되고, 무감각해진 한국인들의 삶의 총체성은 에로스(eros)적인 감각과 감성이 충만하고, 또 그것이 구속받지 않고 자유롭게 표출되는 삶의 총체성으로, 그리고 이론과 실천의 문제가 관심을 갖고 소통되는 삶의 총체성으로 해체되거나 전환될 필요가 있다.

참고 문헌

강정인, 1998, 「전환기에 선 남한의 보수주의」, 『경제와 사회』 37권.
강정인·이지윤, 2003, 「한국 보수주의의 딜레마」, 『신아세아』 10권 3호.
김석수, 2002, 「한국 현대 철학사에 등장하는 기형적 보수주의 측면에 대한 반성적 고찰: 1945년 해방이후부터 1980년대 초반까지」, 『사회와 철학』 4권.
김원식, 2002, 「한국사회의 진보와 민주주의의 발전: 진보-보수 논쟁의 국면 전환을 위한 제언」, 『사회와 철학』 4권.
김진호, 2007, 「'퇴행적 기도교'에서 '미학적 기독교'로—그 불온한 발전과 한국 보수주의의 전개 가능성에 대하여」, 『기독교사상』 582.
김흥수, 2008, 「이승만의 비전, 기독교 국가건설」, 『성결교회와 신학』 19호.
류대영, 2004, 「2천 년대 한국 개신교 보수주의자들의 친미·반공주의 이해」, 『경제와 사회』 62호.
박정희, 1973, 「전국 새마을 지도자 대회 치사(1973.11.21)」, 『박정희 대통령 연설문집』 5(상).
비레크, 피터, 1981, 『보수주의』, 김태수 옮김, 태창문화사.

양승태, 1995,「한국 보수주의 연구를 위한 방법론적 시론」,『한국정치학회보』 28권 2호.

이규호, 1975,『우리교육의 혁신과 전망』, 배영사.

이규호·차인석, 1976,『현대사회의 철학적 이해』, 배영사.

이나미, 2002/2003,「한국 보수주의 이념의 내용과 의미」,『평화연구』11권 1호.

이상우, 2007,「한국의 보수」,『신아세아』14권 4호.

이정식, 2007[1986],「한국 보수주의의 현실 세계와 그 전망」,『사상과 정책』11, 경향신문사.

이종록, 2006,「미국과 한국의 보수적 기독교—미국과 한국의 기독교 우파 비교와 성서적 비판」,『담론 201』9-4.

정해구, 2006,「보수주의의 뒤틀린 역사와 전망」,『시민과 세계』8.

최석만·국민호·박태진·한규석, 1991,「한국에서 진보-보수적 태도의 구조와 유형에 대한 연구」,『한국사회학』24권.

최장집, 1990,「6공 보수주의에 대한 하나의 비판」,『사상』6.

최장집, 2002,『민주화 이후의 민주주의. 한국민주주의의 보수적 기원과 위기』, 후마니타스.

최치원, 2003,「유럽의 신보수주의?—그렇다면 샤토브리앙(François René de Chateaubriand)'과 프랑스의 미네르바(Minerve française)는 이제 어디에?」,『시대정신』2.

최치원, 2011,「5·18 민주화운동에 대한 하나의 실존적 해석: '어두운 시대'에 감추어진 '악의 평범성' 문제」,『민주주의와 인권』11권 3호.

현상윤, 1977,『조선유학사』, 민중서관.

홍윤기, 2002,「민주적 공론장에서의 담론적 실천으로서 '진보-보수-관계'의 작동과 그 한국적 상황」,『사회와 철학』4권.

Brunner, Otto, 1992, "Konservatismus", *Geschichtliche Grundbegriffe* Bd. 3, Otto Brunnder (Hrsg.), Stuttgart.

Chapman, Philip C., 1984, "Der Neukonservatismus. Kulturkritik gegen politische Philosophie", *Der Konservativismus*, Hans-Gerd Schumann

(Hrsg.), Athenäum 2, erweiterte Aufl.

Hagenmaier, Winfried, 1997, "Konservativismus", *Herder Lexikon* (Geschichte 1), Verlag Herder (Hrsg.), Freiburg/Basel/Wien.

Hobbes, Thomas, 1968, *Leviathan*, C. B. Mcpherson (ed.), Middlesex/ New York/Ontario: Penguin Books.

Mannheim, Karl, 1984, *Das konservative Denken: Soziologische Beiträge zum Werden des politisch-historischen Denkens in Deutschland, Der Konservativismus*, Hans-Gerd Schumann (Hrsg.), Athenäum 2, erweiterte Aufl., 1984.

Marcuse, Herbert, 1964, *One Dimensional Man. Studies in the Ideology of Advanced Industrial Society*, London: Routledge & Kegan Paul Ltd.

Moore, Barrington, Jr., 1966, *Social Origins of Dictatorship and Democracy. Lord and Peasant in the Making of the Modern World*, Boston: Beacon Books.

Pechmann, Alexander von, 1990, "Konservatismus", *Europäische Enzyklopädie zu Philosophie und Wissenschaften* Bd. 2, Hans Jörg Sandkühler (Hrsg.), Hamburg.

Schumann, Hans-Gerd (Hrsg.), 1984, *Der Konservativismus*, Athenäum 2, erweiterte Aufl.

제3부

유럽의 보수주의

6장 영국 보수주의 사상의 형성과 진화: '변화에 대한 태도'를 중심으로_김비환
7장 미국 신보수주의의 이론적 구성과 한계_장의관
8장 독일 바이마르 시기의 '보수 혁명' 담론과 정치의 우선성: 국가, 시장, 민주주의에 대한 이해를 중심으로_김동하

6장 영국 보수주의 사상의 형성과 진화:
'변화에 대한 태도'를 중심으로

김비환

1. 머리말

이 글의 목적은 사회 정치적 변화에 대한 영국 보수주의의 특유한 '태도 혹은 관점'을 영국 보수주의의 가장 중요한 성공 요인으로 보면서, 그런 태도 혹은 관점이 3세기 반에 걸친 영국 보수주의 '사상사'에 얼마나 일관되게 흐르고 있는가를 고찰해보는 것이다.[1]

영국 보수주의의 성공 요인으로는 여러 가지가 지적된다. 그중 하나는 역사적 토대에 관련된 것으로, 영국이 일찍이 의회주의와 입헌주의 전통을 확립하고 교회와 국가를 통합함으로써 변화를 수용할

---

[1] 강원택(2008)은 영국 보수당 혹은 보수 정치의 성공적인 진화 과정에 대한 역사적 설명을 제공해준다. 강원택의 책은 영국 보수 정치의 역사적 전개에 초점을 맞추고 있다는 점에서 정치사상적 관점에서 영국 보수주의의 진화 과정을 다루는 이 글과 성격이 다르다. 영국 보수주의의 정치적 배경에 관한 이 글의 설명은 강원택의 책에서 많은 도움을 받았다.

수 있는 안정된 제도적·문화적 토대를 마련했다는 점이다(Eccleshall, 1990: 21; Suvanto, 1997: 21). 그리고 다른 중요한 요인들로는 사회를 여러 사회계급의 조화로운 공존 관계로 인식하는 사유 방식, 추상적인 일반 이론보다는 구체적인 현실 조건에서 최선의 해결책을 도모하고자 하는 실용주의적인 태도 및 시대적인 변화에 직면하여 자기 정체성을 위협할 정도의 과감한 정책까지도 수용했던 리더십 등이 지적된다. 하지만 이 글은 사회 정치적 변화를 피할 수 없는 숙명으로 받아들이면서 그 변화에 능동적으로 적응하고자 했던 유연한 태도야말로 영국 보수주의를 성공으로 이끈 가장 중요한 근본 요인이었다고 보고,[2] 그런 유연한 적응의 노력이 보수주의 사상사를 통해 얼마나 일관되게 반영되고 있는가를 역사적으로 개관함으로써 영국 보수주의 사상사를 재구성한다. 그리고 이에 덧붙여 프랑스혁명부터 디즈레일리 시대에 걸쳐 확립된 영국 보수당 내의 두 가지 사상적 조류—정치경제학적 수요/공급을 강조한 자유방임주의 대 서민층에 대한 온정주의적 개입을 강조한 온정주의적 보수주의—의 긴장적 공존의 전통이 사회 정치적 변화에 대한 보수당의 성공적 적응을 뒷받침했던 사상적 자원이었다는 것을 부각시키고자 한다. 보수주의는 현실 속에 확립되어 있거나 구현되어 있는 제도들과 가치들을 전통의 바람직한 요소들에 입각하여 정당화하는 경향이 있다. 그렇기 때문에 추상적인 논리보다는 현실적인 문제들을 중심으로 논리를 전개하는 특성이 있는바, 보수 세력의 현실적 관심과 사상 사이에는 밀접한 연관성이 있을 수밖에 없다(Green, 2002: 3-4, 10).[3] 따

---

[2] 사회 정치적 변화에 대한 이와 같은 유연한 태도 혹은 시각은 다른 중요한 요인들과 엄격히 구분되는 요인이라기보다는 가장 근본적인 수준에서 보수주의적 입장과 사상을 조건 짓는 성향적 특징이라고 할 수 있다.
[3] 형식적인 차원에서 보수주의의 일반적인 공통적 특징들을 다루는 것은 다른 정

라서 영국 보수주의의 역사는 보수주의 사상에 국한된 역사로서가 아니라, 상이한 사회 정치 세력들의 관심과 개입을 촉발시킨 구체적인 현실적 문제나 상황에 대한 보수주의자들의 사상적 대응의 역사로서 조명될 때만이 온전히 이해될 수 있다. 이에 따라 이 글에서는 보수주의 역사에 있어 의미심장한 변화가 있다고 판단되는 시기들을 구분하고, 각 시기에 대두했던 사회 정치적 문제들에 대해 보수 세력이 사상적으로 (그리고 정책적으로) 어떻게 대처했는가를 조명해보는 방식으로 영국 보수주의의 역사를 개관해보고자 한다. 영국 보수주의에 대한 역사적 개관은 현 시기 한국 보수주의의 상대적인 지적·도덕적·이념적 빈곤을 드러내줄 것이며, 향후 한국 보수주의의 성숙과 발전을 위해 시사하는 바가 적지 않을 것으로 본다.

2. 영국 보수주의의 기원: 왕정복고에서 프랑스혁명까지

이론이 없지는 않지만, 근대 영국 보수주의는 통상 1660년 왕정복고 이후 의회와 국왕의 대립 과정 속에서 형성된 것으로 이해된다.[4] 왕정복고 이후 비교적 우호적이었던 의회와 국왕의 관계는 찰스 2세의 친가톨릭 입장으로 인해 균열되었다(강원택, 2008: 25-30; Cranston, 1986). 의회는 찰스 2세가 가톨릭으로 개종한 요크 백작 제임스 2세를 왕위 계승자로 임명하자 1673년 심사법(Test act)을 통과시켜

치 이데올로기와의 차별성을 부각시키는 데는 효과적이지만, 각국 보수주의의 구체적인 특징을 이해하는 데는 별 도움이 되지 않는다. 왜냐하면 보수주의는 보수할 대상으로서의 각국의 특수한 전통과 문화와 연관되어 있기 때문이다(Haywood, 2007: 66).

4) 예컨대 셀든과 스노우든은 영국 시민혁명 과정에서 영국 정당정치의 기원을 찾을 수 있다고 보지만 이는 소수설에 속한다(강원택, 2008: 23).

정부와 군부에 가톨릭 신자가 임명되지 못하도록 조치를 취했으며, 1679년 1월 찰스 2세가 의회를 해산하자 그해 3월 왕위배척법으로 가톨릭 신자였던 제임스 2세의 왕위 계승을 봉쇄하고자 했다. 이에 국왕은 또다시 의회를 해산함으로써 맞대응했고, 결국 토리의 도움을 받아 제임스 2세를 새로운 국왕에 취임시킬 수 있었다. 하지만 제임스 2세가 심사법을 폐지하려고 시도하면서 친가톨릭 입장을 노골적으로 드러내기 시작하자, 국왕에 대한 충성과 영국국교회에 대한 충성 사이에서 고민하던 토리는 결국 국교회에 대한 충성을 선택하고 휘그와 협력, 오렌지의 윌리엄에게 도움을 요청하여 제임스 2세를 몰아내고 윌리엄과 그의 부인인 메리를 새로운 국왕으로 추대하게 되었다. 이후 의회의 권한 강화와 신교자유령(Act of Toleration) 그리고 전쟁 비용 부담을 위한 토지세의 부과와 같은 일련의 사태들로 인해 토리와 휘그의 정쟁은 격화되기에 이르렀는바, 1714년 앤 여왕의 사망 이후 왕위 계승을 둘러싼 갈등 상황은 결국 하노버 왕가의 조지 1세를 지지한 휘그의 승리로 일단락되었다.

이상에서 개관한 왕정복고 시기는 토리와 휘그라는 영국 정치의 양대 정파가 형성된 시기인 동시에 이데올로기적 전통으로서의 영국 보수주의의 근간이 형성된 시기이다. 왕정복고 이후 심사법과 왕위배척법과 같은 정치적 사안들을 둘러싼 갈등 속에서 보수 세력들은 이미 준비된 지적·도덕적·종교적 자원들을 동원하여 자신들의 정치적 입장을 정당화하거나 진보 세력들의 입장을 비판하기 위한 정교한 논리를 제시하는 가운데 보수주의 이념의 토대를 확립했다.

왕정복고 초기 가장 중요한 토리 사상가들 중 하나는 샌더슨(R. Sanderson)이다. 그는 당시 대주교 어셔(James Ussher)가 쓴 『왕이 군주에게 준 권력과 신민에게 요구되는 복종』(사후 1661년 출간)이라는 책의 서문에서 혼합군주정(mixed monarchy) 이론과 왕은 동등한 세 계급(three co-ordinate estates) 중 하나에 불과하다는 주장을 비판했다(Eccleshall, 1990: 23-24). 특히 그는 성서의 권위에 입각하여 정치적 권위가 자연 상태에서의 자유롭고 평등한 개인들 간의 동의로부터 발생했다는 사회계약설을 강력하게 비판했다. 그는 자연의 피조물들에 대한 아담의 권위가 재산권과 정치권력의 기원이었다고 확신하고, 신이 아담에게 부여한 무제한적인 권위가 대홍수 이후 노아(Noah)에게 승계되어 재산권과 왕권의 원천이 되었다고 주장했다. 그에 의하면 성서는 절대군주정을 제외한 어떤 정부 형태도 정당한 것으로 간주하지 않는다.

이 같은 왕정복고 절대주의는 1670년대 샤프츠버리 백작(Earl of Shaftesbury)이 이끈 신생 야당(휘그파)이 교회와 국가의 절대주의 경향을 막기 위해 투쟁하기 시작하면서 중대한 도전에 직면하게 되었다. 샤프츠버리는 1675년에 출간한 서한집에서 주로 고위 성직자들과 왕당파로 구성된 궁정파(즉 여당, court party)가 군주의 절대 권력과 성공회의 유일성을 공고화시키려 획책하고 있다고 비판했다(Eccleshall, 1990: 24).

궁정파와 재야파(country party) 사이의 균열은 1679년과 1681년 사이에 가톨릭 신자였던 제임스 2세의 왕위 계승을 둘러싼 갈등으로 인해 더욱더 깊어졌다. 각 당파는 절대군주제와 제한군주제를 옹호하는 문헌들을 양산해내는 가운데 서로를 휘그(Scottish Covenanters, 스코틀랜드의 계약자들)와 토리(Irish brigands, 아일랜드의 산적들)로 부르게 되었다.[5] 휘그들은 가톨릭과 절대주의의 지배를 피하기

---

5) 토리와 휘그의 분화 못지않게 궁정파와 재야파 사이의 분화도 독립적인 의미가 있다. 윌리엄 3세와 앤 여왕 통치 시기에는 근대적인 정당정치의 틀이 아직 형성되지 않았기 때문에 정당의 정체성과 의원들이 소속 의식이 아직 분명하지 않았다. 따라서 토리와 휘그의 분화와 궁정파와 재야파 사이의 분열이 꼭 일치했던

위해 계약주의적 논리를 사용하여 개신교 신자들의 권리와 자유를 위협할 수 있는 가톨릭 군주의 왕위 계승을 막고자 했다. 반면에 토리들은 세습적 군주의 권력은 인민주권의 조건부 위임에 의해서가 아니라 전적으로 신에 의해 하사된 것이라 주장했다. 필머(R. Filmer) 의 『패트리아카: 혹은 왕의 자연적 권력』—내란 전에 쓰였지만 1680년에 처음으로 출판됨—은 이 논쟁에서 토리들이 가장 빈번히 사용한 권위였는데, 샌더슨처럼 필머 또한 성서와 역사적 증거들을 동원하여 아담과 노아에게 부여된 절대적인 가족 지배권은 장자상속의 원칙에 따라 후계 군주들에게 세습되어왔다고 주장했다(Filmer, 1991). 그에 의하면 공동체는 주권이 없기 때문에 군주의 입법 행위에 참여할 수 없으며, 상상에 불과한 사회계약의 조건을 위배했다는 이유로 군주를 퇴출시킬 권리가 없다. 또한 상원(귀족원)과 하원은 왕에게 인민의 불만에 대해 조언해줄 수 있는 훌륭한 매개체이긴 하지만 국왕과 동등한 권위를 누릴 수 있는 집단은 아니다. 왕위 배척 위기의 맥락에서 『패트리아카』의 핵심적 논지는 휘그들에게 제임스 2세의 왕위 계승을 변경시킬 수 있는 권한이 없다는 것이었다.

왕당파의 왕권신수설에 대해 휘그들은 사회계약적 동의 이론으로 대응함으로써 왕정복고 시기 정치적 양분화를 고착화시켰다. 휘그였던 티렐(J. Tyrrell)—대주교 어셔의 손자—은 『가부장은 군주가 아님(Patriarcha non monarch: The Patriarch Unmonarch'd)』에서 그리고 로크는 1689년에 출판된 『정부론 1, 2편』에서 필머의 『패트리아카』를 표적 삼아 정치적 권위주의와 교회의 권위주의를 비판했다(Wooton, 1986: 92; Clark, 1985: 125-126). 예컨대 로크는 『정부론 1편』에서 필머의 가부장주의적 왕권신수설을 조목조목 비판한 후, 『정부론 2편』에

것은 아니었다. 이에 관해서는 Dickinson(1977)의 3장을 볼 것.

서 주권은 공동체로부터 조건부로 군주에게 위임되고, 군주는 신민들의 권리와 자유를 보호하기 위해 체결된 원초적 사회계약의 조건들에 의해 제약되며, 만일 정부가 이런 조건들을 무시하고 폭군처럼 행동한다면 정치적 권위는 혁명에 의해 인민의 집합체이자 정치권력의 원천인 공동사회로 되돌아올 수 있다고 주장했다(Locke, 1960).

명예혁명 후 왕권신수설의 현실적 토대가 붕괴된 상황에서 이론적으로도 곤경에 빠진 토리는 제임스 2세의 친가톨릭 정책에 대한 우려와 헌정주의 기제의 중요성에 대한 자각에 입각하여 내란기에 통용되었던 혼합군주정 이론과 (국왕, 상원, 하원의) 동등한 권위 개념을 복원시킴으로써 명예혁명 체제를 수용하고자 시도했다. 1701년 맥워쓰(H. Macworth)의 견해에 의하면 영국 정체는 국왕의 특권과 신민의 권리를 동시에 보장해주는 '신중한 권력 배분'을 특징으로 한다(Eccleshall, 1990: 28). 헌정적 균형은 국왕과 상원 그리고 하원의 동등한 권위를 통해 보존된다. 일반적으로 역사가들이 18세기 영국 휘그주의와 연관시켜 이해하고 있는 이 균형 정체(balanced constitution) 이론은 실상 17세기에서 18세기로 넘어가는 전환기에 일부 토리들이 고안해낸 것이었는바, 그 시초부터 영국 보수주의 사상은 정치적 변화를 숙명적인 것으로 받아들이고 그 변화에 적응하려는 유연한 태도를 보여주었다고 할 수 있다.

엑스터의 주교 블래컬(O. Blackall)과 같은 이들은 일종의 잡종 토리즘을 제시함으로써 변화에 대한 영국 보수주의의 유연한 태도를 사상적으로 반영해냈다(Dickinson, 1977: 49). 그는 법제정 시 군주는 의회와 협력해야 한다고 주장하는 한편 인민주권론도 거부함으로써 자코바이트 토리들과 급진 휘그들의 극단적 요구들을 모두 거부했다. 그는 군주, 상원 그리고 하원의 세 계급으로 구성된 입법체를 영국의 주권적 권위로 인정함으로써 비저항 이론을 강조했을 뿐만 아니라, 반드시 왕권신수설과 세습적 절대군주론을 고수할 필요가 없다는 것도 인정했다. 그에 의하면 명예혁명을 통해 정부는 헌정 체제의 골격을 바꾼 것이 아니라 왕위 계승의 방식만을 변경했을 뿐이며 국왕에게 새로운 조건을 부과했을 뿐이다. 토리 우파들은 이런 잡종 토리즘을 비판했다. 하지만 상당수의 토리들은 블래컬의 토리즘이 자의적인 왕정과 자의적인 인민주권론의 양극단을 피하고 당시의 표준적인 성공회 정치신학을 대변한다고 보았다(Eccleshall, 1990: 30).

  18세기 초반 볼링브록 자작(Viscount Bolingbroke) 헨리 세인트 존(Henry St. John)은 혼합정체론에 입각하여 당시 월폴이 이끌던 휘그 집행부가 세 계급의 동등한 권위에 기초한 균형 정체의 이상을 무시하고 금권 과두정으로 타락하고 있다고 비판하고, 균형 정체의 이상을 복원하고자 시도했다. 그에 의하면 영국인들의 소중한 자유는 노르만 정복 이전 시기부터 수립되어 엘리자베스 여왕 통치기에 가장 완전하고 훌륭하게 실현되었다(Quinton, 1978: 44). 엘리자베스 통치기를 가장 이상적인 상태로 보았던 볼링브록은 권리장전을 산출한 명예혁명을 선조들이 전수해준 헌정적 균형을 복구시키기 위한 지속적인 투쟁사의 일부로 파악했다. 그가 볼 때 월폴의 휘그 정부는 그토록 어렵게 복구한 헌정적 균형을 다시 허물고 있었기 때문에 휘그든 토리든 상관없이 월폴 행정부의 독재에 맞서 균형 정부의 이상을 복원하기 위해 뭉칠 필요가 있었다. 볼링브록의 계획은 실패했지만, 그의 염원은 뜻밖에도 1760년 왕위를 계승한 조지 3세가 휘그 과두정을 퇴출시키고 당 소속이 뚜렷하지 않은 정치인들을 포진시키면서 실현되었다. 그리고 1760년대 일시적으로 부상한 급진파가 로크의 사회계약설적 주권론을 앞세우며 선거권 확대와 성공회 특권의 폐지를 요구하자, 노리치(Norwich) 주교 혼(G. Horn)과 같은 토리들은 가부장주의 논리에 입각하여 (절대군주가 아닌) 균형 정체의 제약 내에서 주권을 행사하는 자들에 대한 복종의 의무를 강조하는 한편 자의적인 정부와 인민주권 사이의 중도 노선을 취함으로써 교회와 국가에 대한 급진파의 공격에 대응했다.

18세기 후반기의 영국 정치는 정당 정체성의 혼란기라 불릴 만하다. 이 시기에는 스스로를 토리라 부르는 정치인들이 거의 없었다. 그렇기 때문에 조지 3세의 임명으로 1770년에 수상이 되어 1782년까지 집권한 노스 경(Lord Norht) 정부와 1783년에 수상이 되어 1806년까지 집권한 (소)피트(William Pitt, the Younger) 정부에 대해 야권의 휘그들은 토리 정권이라고 불렀지만, 집권파들은 어떤 명칭도 사용하지 않으려 했거나 사용할 경우 토리보다는 휘그라는 명칭을 선호했다. 이는 노스 수상도 스스로를 휘그라 생각했고 피트 역시 반(反)월폴파 휘그에 속해 있었으며 토리의 핵심 가치인 성공회 신자가 아니었다는 사실을 통해 확인할 수 있다(강원택, 2008: 32-33). 하지만 찰스 폭스(C. Fox)가 이끄는 야권의 휘그는 피트 내각을 토리 내각이라 부르며 맞섰기 때문에 이후 휘그와 토리는 서로 경쟁하는 정치 세력으로서의 뚜렷한 위상을 정립할 수 있게 되었다.

정리해보면, 왕정복고기에서 18세기 후반기까지의 시기는 영국 보수주의—그리고 보수주의 일반—의 중요한 특징이 된 '점진적 변화의 원칙'과 '변화에 대한 숙명주의적 수용의 태도'가 확립 혹은 확인된 시기라고 할 수 있다. 이런 원칙과 태도는 무엇보다 명예혁명이 초래한 정치적 변화를 전통적인 균형 정체의 회복이라는 관점에서 해석하고자 하는 입장을 통해 정립되었다. 균형 정체론은 급진적인 인민주권론의 확산을 막는 대가로 왕의 자의적인 지배 원칙을 양보하는 현실적 타협의 이론적 근거로 활용되었는바, 사회 정치적 변화를 숙명적인 것으로 받아들이고 그런 변화에 적응하려는 영국 보수주의의 유연한 태도를 반영한 것이었다.

3. 프랑스혁명부터 1860년대까지

1789부터 1792년 사이 프랑스에서는 구체제에 대한 대대적인 공격이 진행되었다(Weiss, 1977: 16-17). 출생과 서열 그리고 특권에 대한 집중 포화가 가해짐으로써 작위가 폐지되었고, 공직은 능력에 따라 분배되기 시작했으며, 모든 사람이 동등하게 세금을 내게 되었다. 법 앞에서의 평등이 수립되었고, 각양각색의 봉건적인 족쇄가 파괴되었으며, 농노들에 대한 봉건 영주의 사법적 권리도 몰수되었다. 군대로부터 귀족들이 축출되었고 각종 위원회에 모든 계급이 참여할 수 있게 되었으며, 교회가 누리고 있었던 십일조와 재정 부담에 대한 면제권도 박탈되었으며, 교회의 재산도 국유화되었고 종교적 관용이 인정되었다. 반혁명 세력과 결탁한 왕은 프랑스로부터 도피하고자 했지만 사형 집행을 당했다. 명예, 왕권, 충성과 신앙 등 그들이 신성한 질서로 생각했던 문명의 종말을 목도한 유럽의 보수 세력들은 혁명 세력과 자유주의적 중간계급에 대항하여 자신들의 특권을 지키기 위해 결집하지 않으면 안 되었고, 진보적 이념 체계에 대항할 수 있는 보수주의 이념 체계를 절실히 필요로 하게 되었다.

프랑스혁명 시기 영국의 보수주의 사상은 버크(E. Burke)와 리브(J. Reeves)에 의해 대변되었다. 프랑스혁명의 분위기를 업고 분출한 급진적 정치 개혁 운동들—예컨대 페인(Tom Paine)은 종교적 자유와 인간의 여러 권리가 성문헌법에 의해 보장되는 민주공화국을 주창했다—에 대응하는 과정에서 토리와 일부 휘그들은 영국의 구체제를 옹호하는 정치적 동맹을 결성한 동시에 더욱더 분명한 보수주의 이데올로기를 형성해냈다. 하지만 이들의 보수주의 사상은 급진적이고 과격한 변화, 곧 전통과 단절된 급격한 변화를 거부한 것이었지 점진적인 변화마저 거부한 것이 아니었다.

버크는 프랑스혁명이 영국 사회에 충격을 가하는 와중에 절친한 친구인 폭스가 프랑스혁명을 열렬히 지지하자 이에 실망하여 토리로 옮긴 휘그였다. 그는 폭스주의자들이 모든 사회적 위계질서를 파괴하려 한 프랑스혁명과 명예혁명을 유사한 사건으로 취급한 것에 분노를 느꼈다(1790년 2월 의회 발언에서). 그는 1790년에 출판한 팸플릿 형식의 저서『프랑스혁명에 대한 고찰』에서 영국의 보수주의라는 제한된 측면뿐만 아니라, 근대 보수주의의 전체적인 측면에서도 매우 중요한 보수주의 이념들을 체계화했다.[6] 그는 더블린대학 재학 시절부터 신의 계시된 말씀(성경)과 그 유효성, 미학과 미덕, 그리고 사회의 선을 위한 권력과 부의 역할에 큰 관심을 갖고 있었으며, 당시에 유행했던 이신론(deism, 理神論)에 대항하여 불평등을 인정한 신의 의도를 전폭적으로 지지함으로써 사회·정치적 불평등을 자연스럽고 바람직한 것으로 정당화했다(Harris, 1993: xvi-xxxiii).

이런 버크에게 프랑스혁명은 하나의 악몽이었다. 버크가 볼 때, 평등을 기치로 한 운동은 사회가 존속하고 번영할 수 있는 조건 자체를 파괴하는 것이다. 그것은 법적 특권뿐만 아니라 사회적 불평등의 파괴이며 그것과 결부된 모든 것의 파괴를 의미한다.『프랑스혁명에 대한 고찰』은 신의 섭리에 의해 철저히 규제되고 있는 사회와, 인간의 불완전한 통찰력의 산물인 혁명적 제도들의 부적절함을 극적으로 대조시켜놓은 것이다. 버크에 의하면 17세기 영국의 경험―곧

---

[6] 그의 프랑스혁명에 대한 평가는 프랑스의 혁명 이전 상황에 대한 무지와 오해로 인해 왜곡된 측면이 많다(Lewis, 1977: 17-23).

명예혁명—에는 인간의 신에 대한 의존성과 한계가 잘 반영되어 있다. 반면에 18세기 말의 프랑스혁명은 사리사욕으로 충일한 상인계급과 무신론을 옹호한 지식인들이 자신들의 지도적인 사회적 역할을 가로막았던 구체제의 불평등성을 맹렬히 공격한 것에 불과했다. 버크에게 있어 그 공격은 단순히 구체제의 불평등성에 대한 공격이 아니라, 구체제에 실현된 신의 섭리와 명령에 대한 공격이었다. 그러므로 버크에게 있어 프랑스혁명은 위대한 진보가 아니라 위대성으로부터의 커다란 후퇴에 불과했다. 프랑스혁명 속에서, 영국의 국교반대자들과 개혁주의자들의 의식 속에서, 그리고 전통에 대한 경제적·종교적·철학적 반항들 속에서 그는 일종의 악마적 음모를 보았던 것이다(Nisbet, 1986: 19-36).

경제정책과 관련된 버크의 견해는 향후 영국 보수주의의 한 가지 특징이자 논쟁점이 되기 때문에 언급할 가치가 있다. 버크는 1795년 흉년으로 인한 곡물가의 급등을 둘러싼 의회의 논쟁에서 일시적인 경제적 곤경을 완화시키기 위한 정부의 개입에 강력하게 반대했다(Eccleshall, 1990: 41). 버크는 시장의 작용에 개입하려는 욕구는 당시에 유행하게 된 모반적인 정신(rebellious spirit), 곧 모든 사회적 악은 즉각적인 정치적 행위에 의해 치유될 수 있다는 환상을 퍼트린 비전적 사변(visionary speculation)—즉 프랑스혁명주의자들의 사고처럼 추상적·연역적 사고를 통해 유토피아를 구성하는 사고 경향—에서 연유하는 것으로 파악했다.

버크는 노동을 자연의 법칙 속에 구현되어 있는 신법에 따라 작용하는 자본주의 시장 내에서의 한 가지 상품으로 묘사함으로써 빈곤구제에 대한 필요성을 부인했다. 국가는 사람들이 자리(自利)를 추구할 때, 그것을 상호 혜택을 주는 생산/소비 체계로 전환시키는 수요/공급 법칙에 대해 간섭해서는 안 된다. 물론 버크의 이와 같은 주장은 궁핍한 자들을 그대로 방치하는 것이 옳다는 의미는 아니다. 궁핍한 사람들에 대한 원조는 공적인 부조에 의해서가 아니라 사적인 자선에 의해 이루어져야 한다는 뜻이다. 궁핍한 자들은 사적인 자선을 받으면서 기독교에서 정신적인 위안을 받으며 견뎌야 한다. 이런 주장을 통해 버크는 신분과 부의 불평등이 존재하는 '질서 정연한' 위계질서 속에서의 자본의 축적을 인정했다.

버크의 사상은 향후 형성된 보수주의적 전통의 기초를 제공했다. 신의 무한한 지혜에 대비되는 인간 이성의 불완전성에 대한 겸손함, 냉철한 추상적 이성보다는 경험적 지혜를 존중하는 태도, 전통과 단절된 급진적인 개혁의 부적절성에 대한 강조, 개인의 권리보다는 도덕 공동체의 건전성을 지탱할 의무에 대한 강조, 사회적·정치적 불평등의 수용 등은 19세기에 형성된 보수주의적 전통의 이론적 근간으로 자리 잡았다.[7]

독실한 성공회 신자로서 성공회 반대자와 가톨릭 신자에 대한 차별법을 지지했던 리브스(J. Reeves)는 프랑스혁명의 여파로 부상한 급진주의 운동을 억압하기 위해 진지한 노력을 기울였다(Clark, 1985: 264-265). 리브스는 일련의 서한을 통해 당시에 일어난 열렬한 왕당주의에 대해 기술하면서 전통적인 균형 정체의 이상을 거부하는 견해를 피력했다. 그에 의하면 세 계급—국왕, 상원 그리고 하원—의 동등한 권위를 인정한 균형 정체관은 "왕과 신민들 사이의 모든 관계, 왕과 양원 사이의 파생과 의존 원칙을 송두리째 없애버리고", "의회 내의 왕과 의회 바깥의 왕을 별개의 인격체로 만들어", "의회를 왕에게 속하는 위원회가 아닌 별개의 독립된 제도로 만들어버린다."

---

7) 버크의 『프랑스혁명에 대한 고찰』은 이내 급진주의자들로부터 맹렬한 비판에 직면했다. 특히 그중에서도 페인의 『인권』이 가장 유명하다(Clark, 1985: 185-186).

고 비판했다(Eccleshall, 1990: 35-36). 이와 같은 리브스의 주장은 이제는 거의 사멸해버린 절대군주제에 대한 마지막 옹호로서 반동적인 성격이 없지 않았다. 19세기에 들어서면서 이제 누구도 구식 절대주의를 주장하지 않고 혼합 정부 체제의 정당성을 인정하게 되었기 때문이다.

하지만 한 가지 측면에서 리브스의 사상은 영국 보수주의의 중요한 이념을 담고 있다. 그것은 이미 수년 전 버크에 의해 체계화된 보수주의 이념과 비슷한 것이다. 리브스는 인민주권을 반박하는 과정에서 사회를 축적된 지혜를 통해 점진적으로 진화하는 유기체적인 공동체로 묘사했다. 또한 그는 영국 정체의 핵심적 특징은 추상적 사변이나 연역 논리를 통해서가 아니라 오랜 경험의 산물인 수많은 법령과 세세한 행정 관행에 대한 이해를 통해 발견되어야 한다고 주장했다. 이런 주장을 펼침으로써 리브스는 프랑스 자코뱅주의를 상속한 급진 휘그들과 노동계급의 동맹이 질서 정연한 영국 정체의 안정성을 해치지 못하도록 영국 정부가 단호히 대처할 것을 기대했다. 요컨대 한물간 구시대의 왕당주의를 옹호했음에도 불구하고 리브스는 영국 보수주의의 원칙과 이념을 정리함으로써 버크와 더불어 영국 보수주의의 이념적 토대를 쌓는 데 일조했는바(Eccleshall, 1990: 38), 전통과 단절되지 않은 점진적인 변화의 요구는 (마지못한 것이긴 했지만) 버크와 리브스의 보수주의 사상에서도 일관되게 관철되고 있다.[8]

피트 이후 1812년부터 리버풀이 이끄는 토리 정부는 프랑스혁명이 영국 사회에 가져온 충격에 직면하여 다소 억압적인 정책들로 대

---

[8] 이들의 보수주의 사상이 다소 반동적인 측면이 강했던 것은 프랑스혁명의 급진성과 과격성이 불러일으킨 공포 때문이었다.

응했다(강원택, 2008: 38-43). 피트는 부패 선거구 폐지, 가톨릭 해방 그리고 노예무역 폐지를 시도하는 등 개혁 정치를 시도하기도 했지만 프랑스혁명의 두려움으로 인해 공공 집회와 노조를 금지시키는 등 일련의 억압적인 정책들을 실시했다. 리버풀 역시 프랑스혁명 이후 사회 동요를 염려하여 법과 질서를 엄격히 지킬 것을 강조하는 한편 산업혁명과 더불어 진행된 급속한 사회 변화에 대해 억압적인 정책으로 맞섰다. 그럼에도 불구하고 이 시기는 토리가 보수주의적인 가치를 보다 분명히 설정함으로써 하나의 명실상부한 근대 정당으로 부상했던 시기로서 버크가 체계화시킨 보수주의의 요체에서 크게 벗어나지 않았다.

1832년의 선거법 개혁은 아이러니하게도 보수당의 발전에 중요한 계기가 되었다. 1830년대 초 토리라는 명칭 대신 보수당(conservative party)이란 명칭을 쓰기 시작한 보수당은 1834년 말 로버트 필이 수상이 되면서 당의 근대화를 추진해나갔다. 필은 1834년 탐워쓰 강령(Tammworth Manifesto)을 제시함으로써 선거법 개혁의 정신을 수용하는 한편, 보수당의 우익 강경파의 입장과 휘그 급진파의 입장을 동시에 지양함으로써 보수당의 지지 기반을 확대하려고 시도했다 (Suvanto, 1997: 31). 그는 영국의 귀족계급은 프랑스의 귀족과 달리 인민과의 일체감을 유지함으로써 그 영향력을 유지해왔다는 것을 강조하며 맹목적으로 기득권을 유지하려는 대신 시대의 변화와 요구에 부응하여 스스로 변화해야 한다고 주장했다. 그는 버크와 리브스 이래 영국 보수주의의 기조가 된 '혁명 대신 점진적 변화'의 정신을 재천명하였던 것이다.

보수주의 혹은 보수당의 역사에서 필이 지닌 또 하나의 중요성은 수요/공급 법칙으로 대변되는 정치경제학과 자유무역을 보수주의(당)의 기본 원칙으로 도입했다는 점이다(Eccleshall, 1990: 79-81). 그는 노동시간과 노동조건에 대한 정부의 규제는 생산성을 감소시키고 이윤을 감소시킴으로써 결국은 노동자들의 임금을 삭감시키게 될 것이라 주장했다. 이와 같은 필의 주장은 새로운 상공업 세력의 이익에는 부합하는 것이었지만 당내 일각에서는 상당한 반발이 일었다. 이 불만 세력에는 골수 토리파는 물론 디즈레일리와 토리의 황금시대로의 회귀를 꿈꾸는 '젊은 영국 그룹(Young England group)'이 포함되어 있었다(Suvanto, 1997: 34-35). 이들은, 상품과 현금의 유통이 전통적인 사회적 유대를 파괴할 가능성을 우려하면서, 귀족계급 혹은 엘리트층은 하층민들에 대해 온정적 관심을 갖고 그들의 삶을 개선시킴으로써 하나의 통합된 국가(One Nation)를 건설하기 위해 노력해야 한다고 강조했기 때문에 온정주의자들(paternalists)로 분류된다. 이들은 보수주의 전통 내에서 자유방임적 시장경제주의와 주도권을 다투는 경쟁적 흐름을 형성했다.

선거법 개혁, 곡물법 폐지 논쟁 그리고 온정주의자들과 자유방임주의자들의 대립을 중심으로 전개되었던 1800년대 초·중반기 영국의 주요 보수주의 사상은 워즈워스(W. Wordsworth), 사우디(R. Southey), 콜리지(S. T. Coleridge)로 대표되는 낭만주의자들과 새들러(M. Sadler)와 애슐리(Lord Ashley) 그리고 디즈레일리로 대표되는 박애주의적 온정주의(philanthropic paternalism)자들에 의해 대변되었다.

워즈워스, 사우디 그리고 콜리지와 같은 낭만주의자들은 부유층의 노블레스 오블리주 정신이 사람들로부터 존경심을 불러일으켰던 목가적인 전통 사회의 소멸을 한탄했다(Suvanto, 1997: 30). 과거에 대한 동경은 특히 1815년부터 시작된 경제 침체로 인해 서민들의 불만과 동요가 고조되었을 때 강하게 표출되었는데, 콜리지는 이 시대의 서민들의 불만과 동요는 근본적으로 "상업 정신의 과잉을 막을 수 있는 균형적 힘—특히 세습적 부와 성공회—이 없거나 약해진

탓"이라고 진단했다(Suvanto, 1997: 30). 워즈워스는 특히 성공회가 목회의 소명을 잘 감당하지 못하고 당시 숫자가 급격히 늘어나고 있었던 기계공들과 장인들을 껴안지 못한 것이 중요한 원인이었다고 파악했다. 사회의 균형을 회복시키려고 노력했던 사우디에 의하면 정치경제학은 그와 같은 상업 정신의 신격화로서, 아담 스미스의 냉혹한 『국부론』이야말로 정치경제학의 성경이라고 비판했다(Eccleshall, 1990: 83).

1827년 리버풀의 사임 이후 가톨릭 해방 문제로 토리가 내홍을 앓고 있던 시기 보궐선거로 의회에 진출한 온정주의자 마이클 새들러는 가톨릭 해방법은 1688년 헌정 체제를 전복시키기 위한 시도이며 의회개혁법은 수세기 동안의 지혜가 담긴 균형 정체의 이상에 배치되는 것이라고 비판하면서, 개혁의 홍수는 소유의 특권은 물론 빈민을 보호해주는 방벽들마저 해체시켜버렸다고 주장했다(Eccleshall, 1997: 86-89). 그는 맬더스의 입장을 전복시켜 출산은—맬더스의 주장이 함축하는 것처럼—굶주림의 공포에 의해서가 아니라 생활수준의 향상에 의해 조절된다고 주장하고, 과학적 법칙을 가장한 정치경제학이 빈곤과 같은 비참함을 자연법이나 신법의 탓으로 돌림으로써 부유 특권층들이 가난하고 비참한 자들에 대해 가져야 할 노블레스 오블리주를 없애버리고 있다고 비판했다. 이와 같은 그의 주장 속에는 사회를 상이하지만 서로 상보적인 기능을 수행하는 계급들의 호혜적이고 조화로운 통합체로 보는 관점이 놓여 있다. 그는 각 계급은 각자가 맡은 의무와 책임을 수행함으로써 모두가 함께 통합되어 있는 사회라는 건축물이 흔들리지 않도록 노력해야 한다고 강조하고, 이와 함께 재산이라는 것도 빈자들의 복지를 위해 부자들에게 맡겨진 것이므로 부자들이 빈민들에 대한 보호 의무를 회복해야 한다고 주장했다.

탁월한 지적 재능을 갖추었고, 12살이나 연상인 부유한 여성과 혼인해 지도층의 귀족 출신 정치인들과 유대를 형성함으로써 정치적 기반을 확고히 닦은 디즈레일리는 전통적인 귀족적 가치들을 옹호하고 조화 사회의 이상과 사회 개혁을 지지했다(Suvanto, 1997: 37). 그는 엥겔스가 영국 노동계급의 상황에 대한 저술을 펴냈던 1845년에 사회 개혁 문제를 다룬『시빌 혹은 두 국가(Sybil or The Two Nations)』란 소설을 발표했다. 이 소설에서 그는 빅토리아 여왕의 영국은 두 국가로 쪼개져 있고 이 두 국가 사이에는 어떤 교류도 동정도 존재하지 않는바, 두 국민들은 서로 다른 행성에 사는 사람들처럼 서로의 습관과 사고 또는 느낌에 대해 전혀 아는 바가 없는 듯이 살고 있다고 묘사했다. 그리고 이 와중에서도 휘그와 토리는 서민들의 복지에는 아랑곳없이 정쟁이나 일삼는다고 비판했다. 디즈레일리는 이와 같은 비참한 상황이 봉건 체제에 기인하는 것이 아니라 당대의 야만주의에 기인한다고 진단하고 사회의 조화를 회복함으로써 이 문제를 해결할 수 있다고 주장했다. 그는 특히 귀족계급이 그 책임을 통감하여 하층민들을 돕기 위해 그들에게 맡겨진 부를 사용해야 한다고 역설하고, 만일 귀족계급이 그와 같은 책임을 지지 않을 경우 최악의 사회악들이 소멸되지 않을 것이라고 주장했다.

지금까지 고찰한 바와 같이, 프랑스혁명으로부터 1860년대까지의 시기는 영국 보수주의의 주된 구조적 특징이 된 내적 긴장과 균형—자유방임주의적 정치경제학을 옹호하는 입장과 온정적 박애주의를 강조하는 입장 사이의 긴장 및 균형—의 원리가 형성된 시기이다. 이 원리는 이후 영국 보수주의(혹은 보수 정치)의 중요한 구조적 특징으로 고착화됨으로써 영국 보수주의가 상황의 변화에 따라 신축적으로 대응할 수 있는 원리적 토대로 작용했다. 자유방임적 정치경제학의 전통과 온정적 박애주의 전통의 공존은 때로 당 내부에 분열을 일으키는 원인으로 작용하기도 했지만, 그보다는 역사적 상황 변화에 따른 사회로부터의 압력에 성공적으로 대응할 수 있는 중요한 자원이 됨으로써 영국 보수주의의 장기적인 성공에 기여하는 요인이 되었다. 요컨대 프랑스혁명으로부터 1860년대까지의 시기는 보수주의 내부의 대립적인 두 전통이 확립되는 한편, 이 두 전통이 사회 정치적 변화에 대한 영국 보수주의 특유의 태도와 결합됨으로써 영국 보수주의의 고유한 성격이 완성된 시기였다고 할 수 있다.

4. 1870년대부터 제1차 세계대전까지

곡물법 폐지 이후 약 20년 동안 보수당은 때때로 소수당 내각을 구성하기는 했지만 독자적인 정책도, 뚜렷한 당의 노선도 제시하지 못함으로써 국민들로부터 인기를 얻지 못했다. 이런 상황에서 1867년의 2차 선거법 개혁은 보수당이 1868년에 당수 겸 수상이 된 디즈레일리의 리더십하에 재건될 수 있는 기회를 제공했다. 디즈레일리는 1865년 파머스턴 수상의 사망 이후 자유당이 선거법 개혁 문제로 러셀(Earl Russell)파와 글래드스턴파로 분열된 틈을 타 정국의 주도권을 장악해가기 시작했다. 그는 한때 글래드스턴의 온건한 개혁법조차 반대했었지만 일단 권력을 장악하자 영국이 총체적 혼란 상태에 있다고 판단하고 이를 극복하기 위해 글래드스턴보다 더 개혁적인 선거법의 도입을 주도했다. 그의 개혁법은 도시 유권자의 수를 대폭 늘린 것으로 자유당 내 급진파들의 지원 및 상원 내 더비 경(Earl of Derby)의 개인적 권위에 힘입어 통과되었다(강원택, 2008: 73). 보수당은 새로운 선거법에 입각한 1868년 총선에서 이전보다 더 많은 의석을 차지했음에도 불구하고 패배를 당했다. 하지만 디즈레일리는 1874년 총선에서 승리할 때까지 6년 동안을 당 조직을 재정비하고 당의 강령을 개발하는 데 집중했다. 그런 노력과 함께 1869년의 아일랜드 국교회 폐지 및 각종 개혁안으로 지지 세력들부터 불만을 사고 있었던 자유당을 비판하며 보수당이 사회의 새로운 요구와 필요에 적극적으로 부응할 수 있는 정당임을 보여주고자 노력했다. 그리하여 디즈레일리는 1867년의 진보적인 선거권 개혁에 더하여 보수당이 서민들의 삶의 개선에 관심을 갖고 계급적 분열을 극복하고자 노력하는 민주적이고 국가적인 대중정당임을 부각시켰다(Eccleshall, 1990: 121). 유산계급에게는 교회와 국가라는 전통적인 제도들을 보존함으로써 질서와 안정을 보장해준다고 약속하는 한편, 새로운 유권자층에게는 공장개혁법과 같은 이슈들을 상기시키며 보수당이 사회 개혁을 꺼려하는 자유당과는 달리 서민의 삶을 향상시키는 데에도 깊은 관심을 갖고 있는 정당임을 강조했다. 동시에 그는 대영제국의 전통적인 위신을 강조하면서 영국인들의 민족적 자긍심도 고취시켰다. 사회 개혁, '일국주의(One nation)'와 대영제국의 옹호, 민주주의의 수용, 전통적 제도들에 대한 옹호를 결합시켜 그는 보수당을 명실상부하게 전국적인 대중정당으로 확립시켜놓았다.

사회주의가 확산되고 노동계급이 조직화되고 있던 시기에 노동계급의 지지를 끌어안기 위해 사회 개혁과 민주주의라는 대의를 수용하게 된 보수당은 1881년 디즈레일리의 사망 이후 수년간 구심점을 잃고 노선상의 혼란을 겪게 되었다. 상공업을 통해 재산을 축적한 중산계급이 보수당에 대거 진입함에 따라 보수당 내에는 전통적인 온정주의 정신을 내세우며 사회 개혁의 당위성을 옹호하는 세력들―토리 민주주의자들―이 점점 더 줄어들게 되었다.

1885년부터 솔즈베리(R. Salisbury)의 지도하에 들어간 보수당은 당시의 절박한 재정적·사회적 문제들을 성공적으로 돌파하기 위한 실효성 있는 정책들을 입안하지 못했다. 솔즈베리는 도시와 농촌의 재산 소유자들이 그들의 부와 특권을 유지할 수 있도록 동맹을 결성하도록 도왔으며, 사회질서를 존중하고 전통적인 귀족적 특권 및 군주정 그리고 국교회 등을 옹호하는 등 매우 보호적이고 방어적인 토리주의를 옹호했다(강원택, 2008: 103). 비록 그가 일부 사회 개혁 프로그램에 대해서는 유연성을 보였다고 해도 그것은 토리 온정주의나 토리 민주주의의 이상을 지지했기 때문이 아니라, 더 급진적인 사회 개혁 압력을 배제시키기 위해 어쩔 수 없이 채택하게 된 전략적인 선택의 결과였다. 노동계급을 끌어안기 위한 적극적 개혁 정책을 추진하지 않았음에도 불구하고 솔즈베리가 이끈 보수당이 거의 17년 동안 집권할 수 있었던 이유는 자유당이 글래드스턴이 주도한 아일랜드 독립 정책 때문에 심각하게 분열되었기 때문이었다. 자유당의 내홍이 상상력도 개혁성도 지니지 못했던 솔즈베리의 장기 집권을 가능하게 했던 것이다(강원택, 2008: 104).

그런데 이 시기는 이데올로기적 측면에서 볼 때 매우 중요한 변화의 시기였다. 자유무역을 지지하는 자유주의가 이미 시대정신으로 자리 잡아가고 있었기 때문에 보수당의 기반 세력이었던 지방에 토지를 소유한 귀족계급들 역시 자유무역에 기초한 비즈니스를 자연스럽게 받아들이게 되었다. 더구나 당시는 노동운동이 급진화되고 있었기 때문에 자유주의가 아니라 (국가)사회주의가 보수주의자들의 진정한 적이 되었다. 그래서 일부 보수주의자들은 1882년 '자유재산수호연맹(the Liberty and Property Defence League)'을 결성하여 국가사회주의의 위협을 저지하고 자유 시장경제의 수호를 위해 노력할 것을 선언하기도 했다. '자유재산수호연맹'의 입장은 기본적으로 스펜서의 사회진화론에 부합하는 것이었다. 스펜서에 의하면 그 연맹의 입장은 '개인주의 대 사회주의'란 모토를 수용한 것으로, "토리들이, 자유주의자들이 대중적 복지를 추구한다 하면서 발아래 짓밟아버린 자유의 수호자가 된" 놀라운 변화였다.

이 시기 대표적인 보수주의 이론가로는 스티븐(J. Stephen), 메인(H. Maine), 맬록(W. H. Mallock), 세실(Lord Hugh Cecil)을 들 수 있다. 1873년에 발표된 스티븐의 『자유, 평등, 박애』는 19세기 후반기의 가장 세련된 보수주의 사상을 담고 있는데, 그는 더 많은 자유가 있을수록 권력의 필요는 줄어들게 된다는 자유주의자 밀(J. S. Mill)의 입장에 반대하여, 자유에 대한 인민의 권리를 보호하기 위해서 권력이 필요하며, 그 전제 조건으로 도덕적이고 준법적이며 효율적인 정부가 필요하다고 주장했다(Suvanto, 1997: 69). 그는 법이란 도덕적 권위이며 평등주의적 실험은 무용하다는 입장을 표명했다.

특히 정부 형태에 대해 관심을 가졌던 메인은 『대중 정부』(1886)에서 순수 민주주의를 주창하는 운동을 비판했다. 사람들은 '인민의 의지', '여론' 등과 같은 표현들을 좋아하지만 실상 권력은 당내 회의나 인민의 의지를 대표하지 않는 선동가들에 집중된다고 주장했다. 그리고 영국의 복지 제도 역시 소수에 의해 구축되었다고 보았으며, 민주주의가 실행되었더라면 종교개혁도 군주정에 대한 제한도 불가능했을 것이라고 주장했다.

'자유재산수호연맹'의 열렬한 멤버였던 맬록은 『귀족계급과 진화』(1898)에서 칼라일의 영웅 사관과 사회진화론의 자연도태 개념에 기초한 세계 지배적 경쟁 관념을 결합시켜 사회주의를 비판하고 자유방임주의를 옹호했다(Suvanto, 1997: 70-71). 맬록에 의하면 불평등은 인간적 특징의 일부이다. 평등은 생산성을 낮추며 개인적 창의력을 질식시키고, 기업가들의 의욕을 약화시키며, 부자들뿐 아니라 가난한 자들에게도 고통을 안겨준다. 이와 같은 맬록의 입장은 당시 자유주의에 끌리고 있던 신흥 기업가 계층의 입장을 반영한 것이다.

이상의 보수주의 사상들로부터 알 수 있듯이 세기의 전환기에 보수주의는 자유주의를 대폭 수용했다고 말할 수 있다. 급진주의인 사회주의가 흥기하면서 상대적으로 보수적인 자유주의가 보수주의의 주요 이념과 제도의 일부로 통합되었다. 보수주의자들이 민주주의의 확산에 대해 가졌던 두려움은 다소 과장된 것이었지만, 대중운동으로서의 노동운동은 급진적 혁명의 위험성을 알리는 지표가 됨으로써 보수주의와 자유주의의 부분적 통합을 가능하게 했던 것이다.

제1차 세계대전은 영국 정치에서 보수당의 입지를 강화시켜주었다. 대영제국 체제와 징병제의 중요성을 강조한 보수당의 입장이 옳았음이 확인되었기 때문이다. 하지만 제1차 세계대전의 종료와 더불어 부각되기 시작한 새로운 문제들은 보수당으로 하여금 더욱더 적극적으로 자기 변신을 시도해야 할 필요성을 부각시켰다. 러시아 혁명의 성공과 사회주의 정권의 등장, 노동당의 부상, 보통선거제도의 확립, 경제공황과 고실업으로 인한 국가 개입의 문제, 복지국가의 발전 등 과거와는 전혀 다른 문제들이 보수당의 적응력을 테스트하게 되었다.

1918년 선거법 개정으로 유권자가 약 2,100만 명으로 늘어난 가운데 치러진 1922년 11월 15일 총선에서 로(Bonar Law)가 이끄는 보수당은 345명의 의원을 당선시킴으로써 142석을 얻은 노동당, 62석을 얻은 국민자유당(National Liberal)과 연립정부에 참여하지 않은, 54석을 얻은 자유당을 압도적으로 누르고 명실상부한 집권당이 되었다(강원택, 2008: 153-155).[9]

---

9) 1922년 선거에서 드러났듯이 이제 자유당은 급격히 쇠퇴하기 시작했고 노동당이 보수당과 집권을 놓고 경쟁하는 정당으로 발돋움하게 되었다. 물론 이 배경에는 급격한 노동자들의 증대와 조직화, 민주화(선거법 개정) 및 사회주의국가의 탄생이라는 역사적인 사건들이 있었다.

1923년 수상이 된 볼드윈(S. Baldwin)은 변화된 시대 상황에 맞는 '새로운 보수주의(New Conservatism)'를 주창하고 좌우의 양극단을 회피하는 중도주의 노선을 택했다(강원택, 2008: 173-174; Suvanto, 1997: 106). 독일 이탈리아에서 우파 파시즘이 득세하고 러시아에서 좌파 사회주의가 정착되어가던 상황에서 볼드윈은 좌우의 극단적인 입장을 지양하고 일종의 제3의 길을 걸어가게 되었다. 따라서 보수당으로서는 파격적이라 할 수 있는 매우 전향적인 사회 개혁 조치들을 취했으며 1928년에는 '동등선거법(the Equal Franchise Act)'을 제정, 21세 이상의 모든 남녀에게 선거권을 부여하였다.

볼드윈의 전향적인 개혁 정책에도 불구하고 1929년 총선은 노동당의 승리와 자유당의 몰락으로 귀결되었다. 하지만 1929년에 시작된 대공황은 특히 처음 집권한 노동당에 큰 시련을 안겨주었다. 1931년의 금융 및 재정 위기는 노동당 내각의 사임으로 이어졌고, 국왕 조지 5세의 요구로 보수당, 노동당, 자유당이 참여한 거국내각이 구성되었다. 노동당 당수 맥도널드가 수상을 맡았으나 사실상 볼드윈이 이끄는 보수당이 주도하는 정부였다. 거국내각 시기는 대공황으로 인해 신고전주의적 통화 이론이 결정적으로 퇴조하고 이미 케인즈주의에 기초한 혼합경제체제가 새로운 대세로 자리 잡아가기 시작한 때로서 보수당 내에서도 경제개혁을 위한 국가의 역할을 강조하는 경향이 대두하던 시기였다. 예컨대 맥밀런(H. Macmillan)이 그와 같은 흐름을 대표했던 인물로, 그의 '중도(Middle Way)'는 '혼합경제'체제에 대한 선호를 분명히 표현했다(Suvanto, 1997: 105; Ecclesahll, 1990: 179-187).

1933년 대공황의 와중에 맥밀런은 『재건(Reconstruction)』이란 책을 통해 각 산업이 생산과 가격을 조절할 수 있게 국가위원회(National Councils)를 만들 것을 제안하면서 집산주의와 개인주의를 조합한 '질서 정연한 자본주의(orderly capitalism)' 혹은 '관리된 자본주의(managed capitalism)' 개념을 제시했다. '질서 정연한 자본주의'는 파시스트 및 공산주의 이념의 확산을 견제하기 위해 제시된 것으로 맥밀런은 제2차 세계대전 직전 '중도' 노선에 부합하는 정책들을 제시함으로써 그와 같은 목표를 달성하고자 했다. 기간산업 공영화, 영국은행의 국유화 및 최소 생계 수준의 보장 등이 그가 제시한 정책들이었다. 『중도』에서 맥밀런은 앞서 제시한 정책들과 '계획경제(planned economy)' 개념을 종합, 경제적 탈구와 사회적 불만을 제거함으로써 민주주의를 강화시킬 수 있는 방향을 제시하였다(Eccleshall, 1990: 181). 이 책에서 맥밀런은 크게 세 가지를 제안했다. 첫째는 석탄과 같은 필수 산업을 국유화시키는 동시에 오래된 기업들을 통폐합시켜 생산을 재편하고, 둘째는 국유화한 영국은행과 케인즈주의 재정 정책을 통해 정부가 투자 방향을 결정하며, 셋째는 복지 정책을 확대하여 최소 생활수준을 유지할 수 있도록 하는 것 등이다. 이런 입장은 자유 시장경제와 국가사회주의 사이의 중도 노선을 견지하고자 한 맥밀런의 의도를 반영한 것이었다.

19세기 후반부터 20세기 초반에 이르는 시기에 영국의 보수주의는 거대한 역사적 변화에 유연하게 대응해감으로써 성공적으로 진화했다. 특히 급진 사회주의의 흥기에 대응하기 위해 자유주의적 가치들과 제도들을 수용함으로써 보수주의와 자유주의의 부분적 통합을 가능하게 했다. 그리고 당시에 발전하고 있었던 정당 체제는 정당들이 보다 광범위한 대중적 지지를 확보하기 위해 중도로 쏠리게 함으로써 민주주의를 통한 사회주의혁명 가능성을 차단, 보수주의를 민주주의에 친화적으로 만드는 데 기여했다. 요컨대 이 시기에도 영국 보수주의는 역사적 변화를 불가피한 것으로 수용하면서도 그 변화를 최대한 점진적인 것으로 만들기 위해 노력했던바, 자유주의와의 통합은 그런 전략의 일환이었다.

5. 제2차 세계대전 이후부터 현재까지

유럽 파시스트 극우 정권들에 대한 혐오와 전시체제하에서 자연스럽게 받아들여진 국가 개입 및 국유화의 추세, 전쟁 수행의 필요성에 따른 시민권의 확대 및 복지정책의 도입 등은 다수 인민들이 노동당의 정책에 호감을 갖게 된 배경이 됨으로써 보수당이 자유방임 시장경제와 반(反)복지 정책에만 집착해서는 안 된다는 점을 깨우쳐주었다. 1945년에 실시된 총선에서 노동당의 압도적인 승리는 보수당에 그런 필요성을 더욱 강하게 일깨워주었다. 당시의 수상 처칠은 1946년에 버틀러를 산업정책위원회(Industrial Policy Committee)의 의장으로 임명하여 1947년에 산업에 대한 정부 개입과 노사 간 협력을 지지하는 산업헌장(Industrial Charter)을 제정토록 했으며, 국가건강보험(National Health Service)을 설립하고, 철도, 석탄, 가스 산업의 국유화 조치를 단행함으로써 보수당이 복지국가화의 추세에 역행하는 반동적인 당이 아니라는 것을 확실히 부각시켰다(강원택, 2008: 230-231).

1951년 총선에서 운 좋게 승리한 보수당은 노동당 정부의 정책적 기조와 크게 다르지 않은 노선을 걸었다. 버츠켈리즘(Butskellism)이란 용어는 보수당의 재무상 버틀러의 정책이 이전의 노동당 재무상 게이츠켈(Hugh Gaitskell)의 정책과 다르지 않은 것을 빗대는 신조어로서 당시 보수당과 노동당 간에 묵시적으로 이루어졌던 국내 정치에 대한 합의를 반영했다(Eccleshall, 1990: 186). 노동당 정부는 경제계획과 국가 개입이라는 직접적인 개입주의를 선호했고 보수당은 신용 규제나 통화정책과 같은 간접적인 방법을 선호했다는 차이는 있었지만, 보수당 역시 완전고용과 노동계에 대한 유화정책 및 국유화의 기조를 유지했다. 다만 처칠이 이끄는 보수당은 냉전의 시작과 함께 강경한 반소련 정책을 유지하고자 했으며, 대영제국의 유지에 우호적이었고 애국주의를 강조했다는 점에서 노동당과 차이를 보였다.

1957년부터 1963년까지 당권을 잡은 맥밀런은 일찍이 1920년대부터 '중도'를 표방했던 사실에서 예상할 수 있듯이 당내 유파의 저항에도 불구하고 경제성장과 복지 정책을 동시에 추구해나갔다. 그에 의하면 '중도'는 19세기의 극단적 개인주의와 현대 사회주의의 전체주의적 경향 사이의 타협을 지향했다(Green, 2002: 173). 그리하여 그는 사유화와 자본주의를 정당한 경제 제도로 인정했지만, 시장 조절을 위해 국가의 개입이 필수적이라고 보았다는 점에서 그는 분명히 자유방임적 시장경제에 대한 회의론자였다. 맥밀런의 '중도' 노선은 오랫동안 보수주의 내부의 유력한 전통으로 내려온 온정주의의 현대판으로 보수주의가 자유방임주의로 규정되어서는 안 된다는 것을 확인시켜준다. 1964년 보수당이 발간한 팸플릿은 보수당의 온정주의 전통을 다시 한번 확인하고 있다. 그 팸플릿에 의하면 "토리즘은 토리당이 항상 거부해온 자유방임 교리와 혼동되지 말아야 하며", "국가의 의무는 질서를 유지하고 국민에게 자기 성취의 기회를 주고, 사회의 희생자들을 보호하는 것이다."(Suvanto, 1997: 137)

맥밀런의 '중도'는 당시로서는 최상의 결과를 산출했다. 사람들은 그를 슈퍼맥(Supermac)이라 불렀으며 그의 통치 기간을 보수주의의 역사에서 가장 행복한 시기로 평가하기도 했다. 하지만 계속되는 재정 적자 및 긴축재정으로 인한 노동계의 반발 그리고 전쟁성 장관 프로퓨머(J. Profumo) 스캔들에 대한 맥밀런의 대처에 대한 회의 등은 1951년부터 1964년까지 계속된 보수당의 집권에 종지부를 찍는 계기가 되었다. 국민들이 보수당의 장기 집권과 국내문제로 인해 보수당에 염증을 느끼기 시작하던 1964년에 노동당의 새로운 당수가 된 해럴드 윌슨은 노동계와 중산층의 지지를 받으며 총선에서 승리함으로써, 1970년부터 1974년까지 히드가 이끈 보수당 정권을 제외하면, 1979년 대처가 이끄는 보수당 정권이 들어설 때까지 영국 정치를 주도하게 되었다.

이 시기에 가장 주목할 만한 보수주의 사상은 오크숏(M. Oakeshott)과 포웰(E. Powell)에 의해 제시되었다. 오크숏과 포웰은 영국 보수주의의 근본적 특징을 성찰해볼 수 있는 중요한 계기를 제공했다. 먼저 오크숏은 버크 이래 보수주의 이데올로기의 근본 특징으로 굳어진 '회의의 정치(politics of scepticism)'를 정치적 지식의 성격에 대한 분석을 통해 확인하고 있다. 퀸튼에 의하면 오크숏은 후커(R. Hooker)와 클라렌돈(Lord Clarendon)으로부터 핼리팍스(Marquess of Halifax)와 볼링브룩을 거쳐 디즈레일리와 솔즈베리로 이어져 내려온 영국 보수주의 전통의 최후의 계승자이다(Quinton, 1978). 퀸튼이 파악한 영국 보수주의의 근본 특징은 인간의 지적·도덕적 불완전성에 기인하는 '불완전 정치(politics of imperfection)'에 대한 지지이다. 인간은 지적·도덕적으로 불완전하기 때문에 정치에 관한 완전한 진리나 지식을 얻기 어렵다. 따라서 추상적인 이론에 따라 정치세계를 급속히 개조하려 해서는 안 되고 지금까지 유지되어온 정치 세계가 균형을 잃지 않고 존속될 수 있도록 노력하는 것이 현명하다.

영국 보수주의에 대한 퀸튼의 이해가 적절한지에 대해서는 충분히 이견이 있을 수 있다(Eccleshall, 1997). 하지만 오크숏을 포함하여 그가 영국 보수주의 전통에 포함시키고 있는 상당수의 사상가들은 보수주의적 사상가들로서 일종의 '불완전 정치'를 수용하고 있다.

오크숏은 현대 정치가 외래적인 이데올로기에 입각하여 완전의 정치를 추구함으로써 정치사회에 불행한 결과를 가져왔다고 주장하고 있다는 점에서 '불완전 정치'의 계승자라고 할 수 있다(Oakeshott, 1991: 5-131). 정치를 전통과 상관없는 합리적 사유의 산물―외래 전통의 추상화―인 이데올로기적 청사진에 따라 구조화 또는 개조하고자 하는 합리주의 정치에 대한 오크숏의 우려와 비판은 18세기 말 계몽주의적 합리주의와 그것의 한 극단적 표현이었던 프랑스혁명에 대한 버크의 우려와 비판과 그 맥을 같이한다. 버크가 프랑스혁명 시기에 정치를 기하학처럼 적용하고자 했던 자코뱅주의자들의 경향을 날카롭게 지적한 바 있듯이 오크숏 역시 정치적 합리주의의 가장 극단적 표현인 집산주의와 생디칼리즘을 자유에 대한 최악의 위협이라고 간주했다. 오크숏은 개혁 프로그램을 너무 기대하지 말고 변화된 환경에 알맞게 기존의 규칙들과 제도들을 적응시킴으로써 사회체제를 관리하는 것이 정치의 주 임무라고 보았다.

에녹 포웰은 다른 측면에서 영국 보수주의의 근본 특징에 관한 이슈를 다루고 있다. 그는 최소 국가의 옹호자로서 자본주의의 장점을 극력 예찬한다(Green, 2002: 228). 그는 "종종 교회에서 무릎을 꿇을 때 나는 자본주의라는 선물을 주신 것에 대해 신, 곧 성령에게 얼마나 큰 감사를 드려야 할지를 생각한다."고 말한 적이 있을 정도다(Suvanto, 1997: 139). 그에 의하면 자유기업은 많은 이익을 가져다준다. 자본주의적 자유기업 체제는 개인들의 에너지를 분출시키며 창의력을 증진시키고 성장을 촉진시키며 무엇보다 사적 개인에게 선택의 자유를 제공해준다. 에녹이 자본주의적 자유기업 체제를 예찬한 배후에는 경제적인 번영을 구가했던 제국적 황금시대가 지나가 버렸다는 애국주의적 정서가 깔려 있다. 애국자로서 포웰은 위대한 영국을 미래에 재현하기를 원했다. 그는 유색인종의 이민에 반대했고, 경제적으로 독립적인 영국을 원했으며, 대영제국과 유럽공동체 모두에 반대했다.

1979년 집권 이후 대처 수상은 전후 합의 정치의 주된 내용을 이룬 완전고용 정책과 복지 정책을 과감히 청산하며 일관되게 시장경제주의와 작은 정부—하지만 강한 정부—를 지향했다(Kavanagh, 1987: 10-12). 그로 인해 실업이 증가하면서 대중적 불만과 노조의 압력이 증대되고 당내에서도 전후 합의 정치의 틀을 지지한 세력(Wets)들의 반대에 직면하는 일시적 위기를 맞기도 했으나 대처는 히스와 달리 강경 기조를 유지하면서 신자유주의적 개혁 기조를 늦추지 않고 추진해나갔다. 1982년 아르헨티나와의 포클랜드 전쟁을 승리로 이끈 대처는 1983년경부터 시작된 경제 상황의 호전에 힘입어 1983년 총선에서 대승을 거둠으로써 당 내외에서 확고한 리더십과 인기를 확립해갔다.

이 시기 대처에게 깊은 지적 영향을 미친 케이스 조셉(K. Joseph)은 신자유주의의 전도사였다(Green, 2002: 215-216; Kavanagh, 1987: 114-118). 그에 의하면 인간은 공적인 목적보다는 사적인 목적을 더 열심히 추구하는 존재이다. 정부의 임무는 이와 같은 인간 본성의 경향을 지탱시켜주는 것이다. 조셉에 의하면 영국은 결코 자본주의적 아이디어에 진지한 관심을 가져본 적이 없다. 양육과 교육 전체가 자본주의와는 전혀 다른 가치들을 지향하도록 설정되어 있었다. 학생들은 공무, 예술 혹은 농업에 대비하여 교육을 받아왔지 자본주의적 비즈니스를 위해 교육을 받지 않았다. 이와 같은 관점에서 보면 영국의 낡은 계급 구조는 현대적인 기업 문화의 형성에 장애가 된다.

조셉의 논조는 1970년대 중반기의 급변하는 이념적 분위기를 반영하고 있다. 1976년 노동당 당수이자 수상이었던 캘러한(J. Callaghan)마저도 케인즈주의의 효과에 강력한 의문을 갖게 되었기 때문이다(Kavanagh, 1987: 127-128). 높은 인플레와 고실업의 교호 작용에 대처하려면 오직 감세와 정부 지출을 줄이는 방법밖에 없었다. 조셉은 이와 같은 급변하는 분위기를 잘 읽음으로서 대처가 이끄는 영국이 신자유주의적인 변화를 주도해갈 수 있는 지적·정책적 방향을 제시할 수 있었다. 따라서 적어도 1970년대 후반기에는 미국보다 영국이 더 통화주의에 기초한 신자유주의적 정책을 선도해갔다고 볼 수 있다.

1983년의 총선 대승을 기반으로 하여 대처는 민영화를 가속화시키고 노조의 세력과 특권을 약화시킬 수 있는 법을 도입함으로써 신자유주의 정책을 밀고 나갔다. 동시에 대처는 계획경제와 전후의 케인즈주의 노선하에서 부가된 새로운 정부 기능들 대부분을 제거했다. 그리하여 대처 정부 시기 영국은 전후의 합의 정치의 틀에서 완전히 벗어나 미국을 제외한 다른 어떤 나라보다도 더 강력한 시장경제주의로 나아갔다.

이와 같은 대처의 철저한 시장경제주의 정책은 전통적인 보수주의 노선으로부터 일탈한 듯 보이지만, 사실은 버크와 필에 의해 보수주의의 한 축으로 확립된 입장—정치경제학의 수요/공급 법칙을 강조한 입장—의 현대판이라 할 수 있다. 이미 살펴보았듯이, 버크는 국가의 자비로운 구제 행위는 부유한 자들이 기독교적인 자선의 의무를 이행할 기회를 축소시킬 것이라고 주장한 바 있다. 대처 또한 이와 같은 버크적 관점에서 "국가가 부유한 자들이 솔선수범하고 빈곤한 자들이 자기 수양을 할 수 있도록 가만히 옆에 서 있지 않는다면", 경제적으로 번창하지도 도덕적으로 건전하게 되지도 못할 것이다."라고 주장한 바 있다. 그러므로 대처는 자유 시장경제를 표방하면서도, 시장경제 질서를 뒷받침할 수 있는 자조 정신(culture of self-help) 및 법과 질서를 확고히 세울 수 있는 '작지만' '강한 국가

(strong state)'의 필요성을 강조했다(Giddens, 1994: 38).[10] 대처는 국가는 제한될 필요가 있지만 약해서도 비활동적이어서도 안 된다고 생각했던 것이다.

자유 시장경제와 (작지만) 강한 국가의 결합을 지향한 대처주의는 신보수주의적인 솔즈베리 그룹, 그중에서도 특히『솔즈베리 리뷰(Salisbury Review)』의 편집자이자 교수인 로저 스크루톤(R. Scruton)으로부터 '비판적인' 지지를 받았다(Kavanagh, 1987: 105). 솔즈베리 그룹과 스크루톤은 특히 경쟁적 개인주의를 지나치게 강조하는 신자유주의적인 경제정책은 공공질서의 유지에 높은 가치를 부여하는 보수주의 전통을 가려버리는 누를 범할 수 있다고 경계하고, 국가의 전선을 후퇴시키려는 시도는 위험하다는 불편한 사실을 부각시키면서, "국가는 필요할 뿐만 아니라 크고 강해야 한다."는 점을 강조했다(Scruton, 1985: 34).

피터하우스 보수주의 학파(Peterhouse School of Conservatism)로 불리기도 하는 이들은 보수주의와 자유방임적 시장 지상주의를 구분한다(Kavanagh, 1987: 105). 열광적 자유지상주의자들은 보수주의를 특정한 경제 이론과 혼동하는 경향이 있다. 그들에 의하면 자유방임적 시장 지상주의자들은 보수주의를 가장한 자유주의자들일 뿐이다. 그들은 개인의 자유를 가장 우선적인 정치적 가치로 내세움으로써 유기적 국가를 위태롭게 만든다. 따라서 보수주의자들은 시장경제를 옹호하되 그것을 보다 적극적인 국가관, 즉 개인의 권리와 자유를 의무와 권위에 종속시키는 국가관에 통합시켜야 한다고 강조한다(Kavanagh, 1987: 105-106). 솔즈베리 그룹에 의하면 진정한 보수주

---

10) 강한 국가와 개입 국가는 구분되어야 한다. 비개입적인 작은 국가는 자유경쟁적이고 효율적인 경제활동을 위해 법과 질서를 확고히 세울 수 있는 강력한 국가가 되어야 한다.

의는 시민사회를 어떤 평등한 권리들의 구조나 이데올로기적 청사진의 근사치로 이해하지 않고, 강제와 전통, 충성과 애국주의 감정에 의해 결합된 연약한 명령의 네트워크로서 이해한다(Eccleshall, 1990: 216). 그들은 국가의 응집과 문화적 동질성을 회복하기 위해서는 체형이나 극형의 구형도 필요하며, 젊은 실업층을 징집하며, 이민자들을 본국으로 송환하는 조치들도 채택할 수 있다고 주장한다. 이처럼 이들은 '경제문제연구소'나 유사 우익 조직들이 협소한 정치 경제적 관점에서 대처주의를 규정하려는 데 반해, 전통적인 도덕이나 행위 양식을 복구시킨다는 보다 포괄적인 계획 속에 시장경제에 대한 옹호를 통합시키고자 한다. 조금 더 극단적으로 표현하면, 그들은 정치 경제의 원리들을 청교도적인 정치신학 속에 편입시키고 있다.

예상할 수 있듯이, 대처주의는 당내의 '중도'주의자들로부터 꾸준한 저항을 받았다. 당내의 반대자들은 크게 세 가지 측면에서 신우익 입장에 이의를 제기했다(Eccleshall, 1990: 219). 첫째, 이들은 정부의 대립적이며 분파주의적인 행태에 반발했다. 이들에 의하면 보수당은 자칭 의롭다고 여기는 근본주의자들에 의해 장악됨으로써 다양한 입장을 포용하지 못하는 협소하고 독단적인 분파로 전락해가고 있다. 둘째, 이들은 이와 같은 당파적 독단성은 일종의 이데올로기적 도취와 연계되어 있다고 파악·비판했다. 그들에 의하면 대처주의는 정치 경제의 추상적 법칙과 단순한 묘책을 경험과 실용주의보다 앞세우기 때문에, 진정한 의미의 보수주의가 아니다. 대처주의자들은 '맨체스터 자유주의라는 안개'에서 길을 잃고 방황함으로써 실업자들과 혜택으로부터 소외된 자들을 양산했다. 셋째, 이들은 보수당의 새로운 책임자들이 전통적으로 보수당 리더들이 서민들의 생활 여건에 대해 가져왔던 관심을 끊어버리고, 소유 집착적 개인주의의 성취에 몰두함으로써 기업 문화에 적응하지 못한 서민들의 필요를 충족시켜주어야 할 귀족적인 책임을 던져버렸다고 비판했다.

당내의 주류 입장을 비판하면서 길모어(Sir I. Gilmour), 프라이어(J. Prior), 비펜(J. Biffen) 등은 모두 헤즐타인(M. Haseltine)이 이른바 '보살피는 자본주의(caring capitalism)'라 불렀던 것, 즉 자유 사회의 특권을 누리는 사람들이 만인에게 기업 문화의 혜택을 분산시킴으로써 그들의 온정적 의무(paternal obligation)를 이행하는 자본주의 형태를 지지했다(Kavanagh, 1987: 266, 280-282). 그리고 이를 실천하기 위해 부유하고 힘 있는 자들이 노블레스 오블리주의 정신을 현대적 상황에 알맞게 개조·실천할 필요가 있다고 역설했다. 요컨대 '중도'의 이상을 추구한 이들은 워커(P. Walker)가 묘사한 것처럼 "사회란 상호적 의무라는 도덕적 유대에 의해서만 결합되어 있다."고 보았으며, "가장 근본적인 상호적 의무는 가장 비천한 사람들에게도 품위 있는 삶을 향유할 수 있는 수단을 보장해줄 의무"라고 보았다(Eccleshall, 1990: 220). 이와 같은 그들의 관점은 당내의 주류 세력이 사회의 조화로운 통일을 지향하는—디즈레일리로부터 맥밀런으로 이어져 내려온—전통적인 '일국주의'로부터 벗어나 추상적인 경제적 도그마에 경도됨으로써 보수주의로부터 일탈했다는 인식을 반영했다(Kavanagh, 1987: 280).

1990년 대처를 이어 보수당의 당수가 된 메이저는 보수당 평당원들과 지역구의 활동가들로부터 많은 호감을 얻었지만 대처처럼 자기 소신이나 철학이 뚜렷했던 인물은 아니었다. 그는 결코 대처주의자는 아니었다. 대처에 의해 확립된 정책적 기조를 계승하고 정착시켰지만, 유럽 통합에 대해서는 중도적인 관망적 자세를 취하였다. 그의 집권 시기 경제가 다소 활성화되고 경제성장이 이루어졌으며 낮은 물가 상승이 억제되었다. 하지만 그는 당내의 갈등을 잠재우고 대중적 인기를 구가하는 데 필요한 강력한 리더십을 갖추지 못했으며 새로운 정책적 기조를 개발해내지 못했다. 더구나 18년 동안의 보수당 집권으로 인한 피로감이 만연한 상황에서 토니 블레어(T. Blair)라는 젊고 참신한 인물이 노동당 당수로 부상하자 보수당의 인기는 하락할 수밖에 없었다. 이렇게 하여 1997년 5월 마침내 18년간의 보수당 장기 집권이 종식되었다.

노동당의 성공적인 장기 집권 중 치러진 수차례의 총선에서 참패한 보수당의 당권은 헤이그와 스미스를 거쳐 2005년 마침내 현재의 수상인 캐머런(D. Cameron)으로 이양되었다. 캐머런은 당의 압도적인 지지에 힘입어 그리고 블레어가 이끄는 노동당에 대항하기 위해 보수당의 전통적인 정책적 기조를 유지하면서도 약자를 배려하는 '온정적 보수주의(paternalist conservatism)'를 표방해왔다. 캐머런의 정책적 기조 변화는 오랫동안의 노동당 정권에 대한 피로감과 맞물려 보수당이 노동당 정권을 무너뜨리는 데 중요한 역할을 수행했다. 그런데 이 글의 기본 입장에서 보면 정치경제학적 수요/공급 법칙을 강조했던 대처의 신자유주의 노선으로부터 최근에 캐머런이 강조하고 있는 '온정적 보수주의'로의 변화는 영국 보수주의의 근본적인 성격 변화를 나타내기보다는 최근의 사회 정치적 변화에 적응하기 위해 영국 보수주의 내에 이미 존재해온 또 다른 사상적 조류를 다시 강조한 결과로서 이해할 수 있다. 다시 말해 영국 보수주의는 내부의 또 다른 사상적 조류—온정적 박애주의—를 활성화시키며 21세기의 변화된 상황에 유연하게 대응해가고 있는 것이다.

8. 맺음말

대처의 사임 이후 보수당은 쇠퇴의 내리막길을 달려왔으나 지난 총선의 (상대적) 승리로 재건의 기회를 맞이하고 있다. 하지만 지난 10여 년 동안의 골디락스(goldilocks) 경제가 이제 양극화의 심화에 따른 불만과 자산 거품 붕괴로 인한 장기적 침체의 골짜기로 접어들고 있고, 그와 함께 신자유주의 이데올로기의 장악력이 약화되기 시작하면서 대안적 철학이나 사조의 출현이 기다려지는 상황에서 보수당이 보수주의 전통의 내적 자산들을 어떻게 개조·재조합함으로써 생존을 담보하고 나아가서 대중적 인기를 다시 구가할 수 있을까 하는 문제가 오늘날처럼 절박하게 제기된 적은 없다. 하지만 3세기 반 동안 온갖 변화를 성공적으로 극복해온 영국 보수주의의 저력을 두고 볼 때, 영국 보수주의의 미래를 지나치게 어둡게 볼 필요는 없을 것이다.

장구한 영국 보수주의의 역사에 비추어보면 한국 보수주의의 역사는 매우 초라하다는 생각이 든다. 하지만 그 초라함은 역사적 길이의 짧음에 기인하는 것이 아니라 오히려 그 내용의 빈곤함에 기인한다. 한국 보수주의는 어떤 지적·문화적·도덕적 자원을 가지고 있는가? 그리고 그 자원들을 활용하여 어떤 전통, 제도, 가치를 보수하고자 하는가? 이와 같은 물음 앞에서 한국 보수주의는 어떤 대답을 할 수 있을까?

조선 오백 년에 걸쳐 정착·확산된 유교 문화와 군주제적 전통, 유교적 민본주의와 멸사봉공의 정신, 이런 문화와 가치들이 한국 보수주의가 보수하고자 하는 것들인가? 조화롭게 통합된 국가 사회를 건설하기 위해 사회의 기층민들을 껴안을 수 있는 온정주의적 태도나 노블레스 오블리주 정신을 체현하고 있는가? 그렇다고 자유분방하고 경쟁적인 개인주의 문화의 확산으로 인해 널리 퍼진 '방종' 혹은 '멋대로 자유'를 스스로 규제할 수 있는 도덕성 혹은 덕성을 배양하기 위해 노력하고 있는가?

현재 한국 사회의 보수 세력들은, 일부 복고주의자들 혹은 전통주의자들을 제외하면, 전통적인 유교적 가치와 덕목들을 결코 보수하려고 하지 않는다. 민본주의 정신도 멸사봉공의 정신도 그들이 지지하는 가치가 아니다. 그렇다고 노동자들과 기층민들의 삶을 개선시켜주고자 하는 온정주의적 태도도 노블레스 오블리주도 없다. 더구나 약육강식의 자유경쟁 논리로 물질적 성장만을 추구하고자 하는 보수 세력들은 경쟁 사회의 거칠고 삭막한 인간관계를 보완해줄 수 있는 시민사회의 도덕적 건전성을 배양하기 위해 어떠한 노력도 기울이지 않는다. 한국 보수 세력은 영국(혹은 유럽) 보수주의에 특징적인 사회관, 즉 사회를 모든 사회계층의 유기적 통합 관계로 보는 관점을 결코 지지하지 않는다. 그렇다면 한국 보수주의가 보수하고자 하는 가치들은 도대체 어떤 것인가?

현대 한국 정치를 주도해온 의미 있는 정치 세력의 입장 혹은 이념으로서의 한국 보수주의의 기원은 어느 정도 이런 질문들에 답변할 수 있는 근거를 제공한다. 미국의 절대적 영향하에서 그리고 전통적인 가치 체계와 제도 형태들에 대한 전면적인 무시 혹은 부정 위에서 추진된 근대화 과정은, 여전히 상당한 기득권을 유지하고 있었던 친일 세력을 포섭하면서, 새로 수립된 체제로부터 혜택과 특권을 누리게 된 새로운 보수 세력을 형성하게 되었다(김왕식, 1995; 최운봉, 1995; 백운선, 209). 하지만 이 과정은 전통적인 제도 형태들과 가치 체계에 대한 부정을 수반했기 때문에 새로운 보수 세력들은 새로 도입한 근대적 제도들 혹은 체제와 전통적인 지적·문화적·도덕적 자원과의 정합성을 고려할 필요 없이 일방적으로 근대적 제도들과 반공주의를 보수할 가치로 채택하는 경향을 보였다. 서구의 근대적 제도들은, 우리 공유의 지적·도덕적 자원들이 붕괴된 상황에서 그리고 서구의 지적·도덕적 자원들이 이식·정착되기도 전에 도입되었던 관계로, 어떠한 뚜렷한 지적·문화적·도덕적 토대도 없는 아노미 상태 속에서 채택·실행됨으로써 그 자체가 절대적 가치로, 말하자면 보수되어야 할 지상 가치로 여겨지게 되었다.

전통적인 지적·문화적·도덕적 토대와 근대적인 제도 형태들의 부정합성 혹은 단절성은 전통/근대의 이분법적 인식의 확산과 더불어 한국 보수주의가 보수해야 할 제도 혹은 가치의 주된 내용을 틀 짓게 되었다. 그리하여 자유방임적인 경제적 자유주의와 그 역사적 쌍생아인 반공주의, 그리고 그로부터 파생된 경쟁, 성장, 효율성 및 물질적 부의 축적과 기득권의 보존이 보수주의자들이 보수하고자 하는 주요 가치들이 되어버린 것처럼 보인다. 한마디로 문화적·도덕적 기반이 없는 방임적 시장경제 체제의 수호, 이것이 현 시기 한국 보수주의의 거의 지배적 가치인 것처럼 보인다.

1970년대 말부터 신자유주의 체제로의 변화를 주도했던 대처도 자유방임적 시장경제 체제를 굳건히 뒷받침할 수 있는 문화적 토대로서 '자조의 문화'를 강조했다는 사실과, 대처리즘의 '비판적' 보완자인 스크루톤이 엄격한 도덕주의로 보완되지 않은 자유방임주의 시장경제는 진정한 보수적 질서가 될 수 없다고 강조했다는 사실은, 도덕성과 시민적 덕성에 의해 무장되지 않은 기성 체제의 수호는 적나라한 기득권의 옹호에 지나지 않는다는 것, 그리하여 사회 통합도 국가의 위대성도 담보해낼 수 없다는 점을 경고해주고 있다.

한국 보수주의는 자기 자신에 대한 엄격한 도덕주의와 국가 사회에 대한 책임과 의무 정신을 고양시킴으로써, 그리고 유기적인 사회 통합을 위한 진정성 있는 정책적 대안들을 제시하려는 치열한 노력을 통해서, 점진적으로 도덕적 깊이를 갖춘 책임 있는 사회 세력으로 거듭날 수 있고 또 거듭나야만 한다. 변화하는 사회 정치적 상황에 직면하여 한국 보수주의 세력은 유연하고 능동적인 태도로 임함으로써 시대에 뒤쳐진 낡은 제도와 가치에 집착하는 반동적인 세력이라는 오명을 벗어버릴 필요성이 있다. 그래야만 새로운 세대의 관심과 지지를 받으면서 장기적으로 존속할 수 있는 국민의 정당이 될 수 있다. 영국 보수주의의 역사는 한국 보수주의의 자기 쇄신에 필요한 귀중한 역사적 교훈을 제공해주고 있다.

참고 문헌

강원택, 2008, 『보수정치는 어떻게 살아남았나: 영국 보수당의 역사』, 서울: 동아시아연구원.

김왕식, 1995, 「미군정 경찰의 정치적 위상」, 한국정치학회 편, 『한국 현대 정치사』, 서울: 법문사.

백운성, 1995, 「이승만정권 리더십의 起源과 資源」, 한국정치학회 편, 『한국 현대 정치사』, 서울: 법문사.

최은봉, 1995, 「미군정하의 정치사회변동과 교육정책」, 한국정치학회 편, 『한국 현대 정치사』, 서울: 법문사.

Clark, J. C. D., 1985, *English Society 1688-1832*, Cambridge: Cambridge University Press.

Cranston, Maurice, 1986, *Revolutionary Politics and Locke's Two Treatises of Government*, Princeton: Princeton University Press,

Devigne, R., 1994, *Recasting Conservatism: Oakeshott, Strauss, and the Response to Postmodernism*, New Haven and london: Yale University Press.

Dickinson, H. T., 1977, *Liberty and Property: Political Ideology in Eighteenth-Century Britain*, London: Methuen.

Eccleshall, R., 1990, *English Conservatism since Restoration*, Sydney: Unwin & Hyman.

Filmer, Robert, 1991, *Patriarcha and other Writings*, Cambridge: Cambridge

University Press.

Giddens, Anthony, 1994, *Beyond Left and Right*, Cambridge: Polity.

Haywood, Andrew, 2007, *Political Ideologies: An Introduction*, 4th Edition, New York: Palgrave Macmillan.

Harris, I., 1993, "Introduction", in *Burke's pre-revolutionary Writings*, edited by I. Harris, Cambridge: University of Cambridge Press. xvi-xxxiii.

Kavanagh, Dennis, 1987, *Thatcherism and British Politics*, Oxford: oxford University Press.

Locke, John, 1960, *Two Treatises on Government*, ed. P. Laslett, Cambridge: Cambridge University Press.

Nisbet, R., 2001, *Conservatism: Dream and Reality*, Transaction Publishers.

Oakeshott, M., 1991, "Rationalism in Politics", in *Rationalism in Politics and Other Essays*, Indianapolis: Liberty Fund.

Quinton, A., 1978, *The Politics of Imperfection*, London & Boston: Faber and Faber.

Scruton, R., 2002, *The Meaning of Conservatism*, 3rd edition, St. Augustine's Press.

Suvanto, P., 1997, *Conservatism from the French Revolution to the 1990s*, Basingstoke: Macmillan Press LTD.

Weiss, J., 1977, *Conservatism in Europe: Traditionalism, Reaction and Counterrevolution*, Thames and Hudson.

Wootton, D. ed., 1986, *Divine Right and Democracy: An Anthology of Political Writing in Stuart England*, London: Penguin Books.

7장 미국 신보수주의의 이론적 구성과 한계

장의관

1. 서론

미국의 정치와 사회를 이해하는 데 신보수주의(neoconservatism)의 지대한 영향력을 외면하기란 불가능하다. 신보수주의라는 용어는 1970년대 초반에 형성된 것으로 알려지고 있다.[1] 신보수주의는 1960년대 중반을 풍미했던 신좌파의 "새로운 정치(New Politics)"에 반발하여 자유주의 진영의 일부 학자들이 자신의 진영을 이탈하며

---

1) 신보수주의자라는 용어는 미국 독립혁명기에 대한 진보적 해석을 반대하는 일부 역사학자들을 지칭하거나, 또는 바이마르 시대 독일의 민족 통합주의자들을 지칭하여 사용된 바가 있다. 하지만 이들은 현재 일반적으로 사용되는 신보수주의자의 개념과는 차이를 지닌다. 우리가 논의하는 신보수주의자는 애초에는 보수 진영으로 전향을 꾀했던 일부 맑스주의자들을 지칭하며, 이후 자유주의 진영에서 이탈한 우파 성향 학자들을 포함한다. 현재는 그 개념이 더욱 확장되어서 종교적 보수주의자 등 다양한 우파 보수주의자들을 포함하는 형태를 취하고 있다. 신보수주의의 용어 탄생과 경계의 확장에 대해서는 로스(Ross, 2007: 77-79) 참조.

공화당을 지지하자 이들을 비하하여 일컫는 어휘로 시작한다. 신보수주의는 1980년대에 접어들면서 보수화되는 미국 사회 분위기와 편승하면서 자체적 영향력을 확장하게 된다. 그리고 2000년대 조지 부시(George W. Bush) 행정부에 이르러서는 미국의 대내외 정책 틀을 설정하는 가장 주도적인 정치 이데올로기 중 하나로 부상한다. 물론 신보수주의가 그 명성만큼이나 부시 행정부의 대내외 정책에 실제적 영향력을 행사했는지는 논란의 대상이다. 하지만 최소한 이론적·수사학적 차원에서 신보수주의가 미국 보수 정치에 현저한 영향력을 행사했음은 의문의 여지가 없다.

신보수주의의 높은 유명세에도 불구하고 신보수주의의 가치 정향성이나 논리 체계에 대한 이해를 시도하는 것은 수월한 일이 아니다. 이는 신보수주의의 논리가 1980년대 이래 다양한 자체 분파를 생성하게 되고, 특히 동구권 사회주의의 몰락 이후에는 분파적 분열과 통합의 자기 진화를 가속화했기 때문이다. 또한 현실의 구체적 정책 이슈에 특별한 관심을 가졌던 신보수주의자들이 학술지보다는 일반 저널에 의견을 기고하는 등 정치화된 주장들을 펼치는 데 주력하면서 신보수주의의 이론적 체계화에는 상대적으로 등한했기 때문이다(Williams, 2005: 308). 아울러 모든 이데올로기가 그러하듯이 타 이데올로기들과의 경쟁 및 선택적 융화의 과정에서 이들과의 차별성이 점차 퇴색한 것도 신보수주의의 독창적 논리를 명쾌하게 설정하기 힘들게 만드는 요인이다. 특히 보수주의 진영 내 상이한 분파들과의 내용 교류와 융화는 현재의 신보수주의를 여타 보수주의 분파들과 명확히 구분하는 것을 어렵게 만들고 있다.

신보수주의는 근대성의 정치로 알려진 자유주의 정치에 대한 비판으로부터 그 논리 전개를 시작한다. 신보수주의자들은 자유주의가 개인적·사회적 허무주의를 생산하고 있으며, 이러한 허무주의는 사회와 국가의 쇠퇴를 불가피하게 초래한다고 주장한다. 신보수주의자의 중심 과제는 미국의 정치적 유산과 자원을 복원하고 재활용하여 미국 사회 및 국가의 쇠퇴를 저지하는 것이다. 신보수주의자들은 미국 사회가 그간 보존해온 가치와 제도들에 대해 지적이고 도덕적인 확신을 재건하는 데 주력하는 한편, 이러한 확신을 국내 정치의 영역뿐만 아니라 대외 정치에서도 일관성 있게 적용하고자 시도한다. 이들은 미국의 가치와 제도를 안전하게 보존하고 이를 대외적으로 확산시키기 위해 미국이 강한 군사력을 가질 것을 요구하며, 미국의 힘을 도덕적 대의를 위해 대외적으로도 사용해야 한다는 신념하에서 미국 정부의 팽창적 외교정책을 주문한다. 도덕적·외교적 강성 국가의 구현은 대다수 신보수주의자의 주장이 공통적으로 수렴하는 부분이다.[2]

이 글은 신보수주의의 사상적 기조와 논리적 구성에 대한 분석을 토대로 신보수주의의 이론적 체계성을 평가하는 한편, 정치 수사학으로서의 기능적 효율성을 검토하는 데 그 목적이 있다. 이 글은 그간 신보수주의에 대한 폭넓은 논의가 이루어져왔음에도 불구하고 신보수주의의 이론적 체계성과 관련해서는 깊이 있는 논의가 제한적임에 주목한다. 또한 신보수주의에 대한 논의가 외교정책 분야에만 편중되어 있고 대내 정책 분야에서는 상대적으로 빈곤하다는 사실에 주목한다. 따라서 이 글의 초점은 대내 정책과 대외 정책을 관통하는 신보수주의의 철학과 논리를 확인하고 그 체계성 및 일관성을 평가하는 데 맞추어진다. 이 글은 신보수주의의 주장들이 여타 보수주의의 주장들과 상호 절충 및 융합의 과정을 밟아온 점을 감

---

[2] 신보수주의의 이론적 토대를 제시하는 고전적 저서로는 크리스톨(Kristol, 1983 & 1999), 포도레츠(Podhoretz, 2004) 크라우트해머(Krauthammer, 2004), 케이건(Kagan, 2004) 등을 참조.

안하여 우선적으로 현대 미국 보수주의의 전반적 경향을 살펴본 후, 여타 보수주의와 차별화되는 신보수주의의 특성 및 신보수주의를 둘러싼 논쟁점들을 분석할 것이다.

2. 현대 미국 보수주의의 다면적 양태

정치 현장에서 보수라는 용어만큼 흔하게 사용되면서도 그 의미가 불명확하게 이해되는 용어는 찾기 힘들다. 보수의 개념에 대한 논쟁은 정치이론 영역에서 지속적으로 전개되어왔지만 개념의 모호성은 여전히 종식되지 않고 있다. 보수라는 개념의 불명확성 혹은 다질성은 본질적으로 보수주의가 "변화에 대한 신중한 대응"이라는 극히 일반론적인 원칙 이외에는 자체적 논리를 사실상 결여하는 데에서 비롯된다고 할 수 있다. 다시 말해 보수주의는 본원적이고 독자적인 이념 체계를 설정함이 없이 변화의 움직임에 대응하는 상황적, 한시적(限時的) 비판 이론으로서의 한계를 원초적으로 내재하고 있다. 현재의 상황(status quo)을 지속시키려는 내성을 지닌 보수주의는 현재를 규정하는 것이 무엇인지 그리고 현재를 일탈하려는 변화의 방향이 무엇인지에 따라 그 시공간적 특성을 달리하며 내용을 담는다. 유기체적 전통을 강조하는 사회에 반발하여 개인주의나 자유주의가 태동하는 경우 보수주의는 흔히 반개인주의나 반자유주의의 속성을 표출한다. 사회주의나 공산주의로부터 체제 전환을 시도하는 사회의 경우 공산주의적 가치의 수호가 해당 사회의 보수주의 주장 속에서 구현될 가능성이 높다. 민주화가 진행 중인 사회에서 보수주의가 비민주적 가치를 옹호하는 사례들도 흔하게 목격된다.

보수주의가 독자적 이념 체계를 구성하기보다는 상황적 대응 이념으로서의 역할에 주력하는 한 보수주의 개념의 일반화는 학문적 난제로 남게 된다. 상황의 변화에 따라 보수주의가 주장의 초점을 변화시키고, 이러한 과정에서 내적 통합성을 유지하기 힘든 다양한 주장이 보수주의의 테두리 안에 진입하기 때문이다. 현대 미국의 보수주의 또한 이러한 지적에서 결코 자유롭지 않다. 미국의 보수주의 역시 시대적 상황의 추이에 대응하면서 주장의 초점들을 변화시켜 왔고, 현재에 이르러서는 그 테두리 안에 서로 상충적일 수도 있는 다양한 형태의 주장들을 포함시키고 있다.[3]

20세기 초반부까지 미국 보수주의는 에드먼드 버크(Edmund Burke)에 의해 대변되는 고전적 보수주의의 논리적 토대 위에 미국적 특성이라고 할 수 있는 강한 개인주의적 가치를 용해시킨 형태로 나타난다.[4] 경제적 자유의 강조와 더불어 작은 연방 정부론, 주정부의 역할 확대 등은 미국적 예외주의(American exceptionalism)의 특성을 반영한다.[5] 미국 보수주의는 개인주의의 영향으로 인해 사회적 유기체성의 개념이 유럽의 보수주의들에 비해 약화된 형태로 나타나지만, 시민적 덕성이 풍만한 공화주의의 구현을 목표로 한다는 점에서 고전적 보수주의의 주장으로부터 크게 벗어나지 않는다.

미국 보수주의의 내용은 미소 냉전의 시기에 접어들면서 심대한 변화를 꾀하게 된다. 소련식 사회주의와 대립적 관계를 설정하는 반공주의의 깊숙한 투영은 미국 보수주의를 정치적으로는 반전체주의, 경제적으로는 자본주의적 시장경제를 지향하도록 이끈다. 특히

---

3) 미국의 다양한 보수주의 분파의 주장과 발전 흐름에 대해서는 내쉬(Nash, 2006) 참조.
4) 버크의 보수주의 이론은 버크(Burke, 1987) 참조.
5) 미국적 예외주의는 서구 유럽 국가들과 대조되는 미국의 고유한 정치적, 경제적, 사회 문화적 속성을 지칭한다. 미국적 예외주의 요소들에 대해서는 립스(Lipse, 1996) 참조.

자본주의 지지 논리는 미국적 개인주의 전통과 혼합되면서 경제적 영역에서 국가 간섭을 최소화하는 자유방임주의와 개인 자유의 극대화라는 주장으로 정리되어 미국 보수주의에 편입된다.

동서 데탕트의 시기에 접어들면서 미국 보수주의의 주장 속에는 반공의 기치가 완화되는 대신 경제적 개인주의 내지는 경제적 자유 지상주의의 기치는 더욱 강화된다. 1980년대의 레이건 행정부 시기는 경제적 개인주의의 기치를 전면에 내세우면서, 다른 한편으로 1960-70년대 진보 운동에 반대하던 사회 제 세력들을 정치적으로 동원하기 위한 사회적 보수주의를 조직했던 시기로 특징지어진다. 경제 영역에서는 개인의 자율성과 국가 간섭의 최소화를 강조하지만, 사회 영역에서는 개인의 자율성을 제한하는 대신 국가의 확장된 후원주의적 정책 리더십을 허용하는, 이른바 영역별로 차별화된 원칙을 적용하는 보수주의가 이 시기에 설정된다. 영역별 차별화 원칙은 소극적 자유와 적극적 자유의 구분을 통해 미국 보수주의의 기본 가치를 소극적 자유와 일치시키던 관행을 변화시킨다. 사회적 보수주의의 주장이 강화되면서 종교적 가치를 정치에 이입시키고자 시도하는 우파 종교 단체들의 정치 참여가 증대하는 현상도 이 시기 동안 나타나게 된다.

1990년대에 접어들면서 미국의 보수주의는 전반적으로 수세적 입장을 견지하게 된다. 이는 대외적으로는 소련의 몰락 그리고 대내적으로는 민주당의 집권이라는 정치·외교적 환경의 변화와 밀접한 연관성을 갖는다. "역사의 종언(end of history)"이란 표현으로 극화된 자유주의의 승전적 분위기 속에서 반공의 어젠다는 소실되고, 레이건의 보수주의 경제정책이 파생시킨 빈부격차의 심화 등 사회적 문제점들이 표출되면서 보수주의의 목소리는 한동안 위축의 시간을 경험하게 된다.

부시 행정부의 등장과 9·11 테러로 시작된 2000년대는 미국 보수주의의 양태를 획기적으로 전이시키는 계기를 마련한다. 9·11 테러 이후 부상한 신보수주의의 정치적 목소리는 대내적으로는 미국적 애국주의를 강조하고 대외적으로는 일극 패권 체제하의 미국의 힘과 자신감을 토대로 미국적 가치와 도덕성을 전파하는 적극적 외교 정책을 주문하게 된다. 테러 사건 이후 국가 안보에 대한 신보수주의자들의 과도한 강조는 대내적으로는 개인 자유의 위축을 초래하고 대외적으로는 미국 중심적 일방주의를 야기한다는 비판을 초래한다. 이러한 비판은 자유주의 진영에서뿐만 아니라 보수주의 진영 안에서도 제기되면서 신보수주의를 둘러싼 논쟁은 한층 가열된다. 한편 테러 사건 이후 노정된 미국 사회의 아노미 현상을 종교적 도덕성 등을 통해 극복하려는 사회적 보수주의 분파가 정치적으로 부상하는 등 미국 보수주의 내 분파간 세력 및 논리의 재편성이 이 기간 동안 이루어진다.

현대 미국 보수주의의 전통적 기조를 평가할 때 첫 번째 특성으로 지목되는 것은 개인주의의 토양 위에 설정되는 정치적 및 경제적 다원주의 풍조라고 할 수 있다. 미국의 다원주의적 사회구조는 유기체적 위계질서 속에서 구성원들의 역할과 위치를 설정하고 이를 합리화하는 버크식 근대 보수주의 시각과는 차이가 있는 미국 보수주의의 형성에 기여한다. 개인주의의 바탕 위에 구축된 미국적 다원주의의 중심 주체는 사회라기보다는 개인이다. 따라서 국가가 집산주의적 시각에서 펼치는 정책은 보수주의 진영의 우호적 반응을 확보하기 힘들다. 개인적 다원주의의 저변에는 국가의 과대한 영향력 행사에 대한 두려움이 항상 내재되어 있다. 개인적 이니셔티브에 의해 조직화된 다양한 이익집단이 상호 간의 견제와 경쟁을 통해서 안정적 균형점을 도출시키는 다원주의적 사회체제는 국가에 대한 견제

기능에 있어서뿐만 아니라 근대 보수주의자들이 강조하는 점진적 사회 변화의 추구라는 측면에서도 효율성을 지니는 것으로 인식된다. 정치적, 경제적, 사회적 이해들 간의 자율적 조정으로 특징화되는 미국식 다원주의는 정부 주도의 사회공학적 개혁 시도에 비순응적인 성향을 노정한다.

미국적 다원주의 전통은 경제적 영역에 대한 보수주의의 입장 속에 충실히 반영된다. 미국 보수주의의 주요 특징 중의 하나는 자유 시장경제에 대한 폭넓은 확신으로 정리될 수 있다. 이는 정부 규제의 완화 및 정부 기구의 축소로 연결되며 또한 복지국가에 대한 회의적 견해로 나타난다. 근대 보수주의자들이 자본주의에 대한 불신을 표명했던 것과는 대조적으로 미국의 보수주의자들은 시장 중심의 자본주의를 거리낌 없이 받아들인다. 제1차 세계대전 이후 채권국으로서 자본주의 세계의 지도적 위치를 확보한 미국의 대내외 경제정책의 기조는 인위적 장벽이 없는 시장의 활성화였다고 할 수 있다. 자유 시장에 대한 확신은 1930-40년대에 루스벨트(Franklin D. Roosevelt) 대통령의 사회보장 정책이나 1960년대 존슨(Lyndon Johnson) 대통령의 "위대한 사회(Great Society)"를 위한 복지정책 기간 동안 위축되기도 한다. 그럼에도 불구하고 자유 시장을 강조하는 미국 사회의 전통은 유럽의 어느 자본주의 국가보다도 굳건히 유지되어 왔다고 할 수 있다. 규제 완화, 사유화, 세금 인하, 복지 예산 축소, 균형예산 등 미국 보수주의자들의 일상적 주제어들은 자유 시장에 대한 확신을 반영하고 있다.[6] 1990년대 이후 공화당 내 주요 세력으로 성장한 티파티(Tea Party) 지지자들의 주장 또한 세금 인하와 복지 예

---

6) 이들 경제적 보수주의자들은 통상 경제적 자유지상주의자(libertarian)로 호칭된다. 자유지상주의자들의 견해를 대변하는 고전적 저서로는 하이예크(Hayek, 1944)와 프리드먼(Friedman, 1962), 그리고 노직(Nozick, 1974) 참조.

산 축소 등 이들 주제어에서 크게 벗어나지 않고 있다.

시장이 과연 개인의 자유와 자율성을 효과적으로 보장하고, 효율적 생산과 공정한 분배를 산출하며, 균형적 가치와 도덕에 순응하는 공적 공간으로 기능할 수 있는지에 대한 긍·부정의 판단은 좌우 이념 논쟁의 중요한 준거점을 형성한다. 시장은 통상 개인들이 자신의 행동 영역 내의 다양한 선택에 대한 보상과 비용의 위험성을 신중하게 평가 비교하여 자율적으로 최선의 행동 양식을 결정하는 공간적 장으로 이해된다. 문제는 이처럼 개인 자율성을 토대로 한 분권적 의사 결정 구조하의 시장에서 불가피하게 파생되는 낙오자들을 어떻게 처리하는가이다. 복지정책을 지향하는 진보주의자들은 시장의 구조가 정의의 원칙과는 무관한 배분의 임의성을 지니는 만큼 시장의 낙오자들을 위한 안전판이 마련될 필요가 있으며 이러한 임무를 국가에 배속시켜야 한다고 주장한다. 이들은 시장 사회가 산출하는 과대한 경제적 불평등과 이에 따른 빈곤의 문제 등이 개인적 차원이 아닌 사회구조적 차원의 요인에 기인한다는 관점을 견지한다. 공공의 이익을 위해 시장은 규제되어야 하며 또한 시장의 문제들은 정부의 적극적 간여를 통해 해결될 필요가 있다는 것이다.

이에 대해 보수주의자들은 정부의 간여는 과대한 관료주의만을 초래하고 나아가서 불필요한 규제 및 조세의 증대만을 야기하여 궁극적으로 자본가의 투자 위축과 '전적인 손실(dead-weight loss)'이라는 경제 위축을 발생시킨다고 주장한다. 개혁 정책의 시도는 예견치 못한 부수적 사회 비용들을 유발시키고 결국은 실패로 끝나게 된다는 근대 보수주의자들의 믿음을 이들은 계승한다. 이러한 부수적 비용 중의 하나가 도덕적 해이(moral hazards)라고 할 수 있으며, 이는 보수주의자들이 시장 중심의 경제적 자유지상주의 논리를 수용하는 계기로 작용한다. 보수주의자들은 복지정책과 같은 경제적 후원주의 정책이 개인 행위의 신중함과 노력 의지를 상실시키고 사회 내에 종속적인 경제 및 도덕 주체들을 양산할 뿐이라는 입장을 견지한다. 시장의 자율적 배분 구조를 뒤흔드는 국가의 인위적 경제 간여는 경제 효율성의 차원에서나 사회 도덕성의 차원에서 역기능적임을 이들은 강조한다.

현대 미국의 보수주의가 다원주의의 전통과 모호한 관계를 설정하는 부분은 사회적 다원주의의 수용과 관련하여 나타난다. 미국적 다원주의는 원칙적으로 개인의 가치 선택에 대해 존중을 표명하는 한편 도덕적 제국주의(moral imperialism)로 규정되는 국가의 위압적 가치 부여는 단호히 거부한다. 물론 이러한 다원주의가 지나치게 팽창될 때 무원칙적인 도덕적 상대주의로 일탈될 위험성은 존재한다. 문제는 사회적 다원주의의 토대를 형성하는 개인의 도덕적 선별력에 대해 현대 미국의 보수주의자들이 대체로 부정적인 시각을 표명한다는 점이다. 1960년대 과도한 자유주의의 사회변동 움직임에 놀란 보수 진영이 미국적 도덕성의 복원을 위한 국가 역할을 꾸준히 강조한 것은 그 일례가 아닐 수 없다. 국가의 힘을 빌려 종교적 교리를 개인 도덕성의 보편적 기준으로 설정하려 들면서 이에 반대하는 이들을 "비미국적"이라고 비난하는 사회적 보수주의자들의 시도는 또 다른 사례일 것이다(Lipset, 1996: 176). 역설적인 사실은 이들 보수주의자들이 자신들의 입장을 강화하는 데 미국적 다원주의의 전통을 선택적으로 활용한다는 점이다. 보수주의자들은 다원주의의 전통을 빌려서 개인이 결정을 주도하는 폭넓은 개인의 사적 영역을 상정한 후, 사적 영역 내의 개인 행위에 대한 책임성을 강조한다. 예를 들어 마약 정책의 수립에 있어서 보수주의자들은 마약 문제를 사회구조적 관점에서보다는 개인적 책임성의 관점에서 조명하여 책임 소재를 해당 개인에게 집중시키는 한편 마약 복용에 대한 엄한 법적 처벌안을 모색한다.

보수주의자들이 선호하는 처벌 만능주의의 한계는 이미 폭넓게 지적되어왔다. 법적 규제를 통한 도덕성의 강요는 과도한 가치 통제 및 행동의 사회적 규제를 초래하여 억압적 도덕주의 내지는 도덕적 선민주의를 배태하고 나아가서 민주정치에 대한 본원적 위협 요소로 작용할 수 있다(Zafirovski, 2001: 15). 또한 처벌만으로 문제 해결이 불가능한 상황은 더욱 강력한 법적 처벌의 요구로 이어짐으로써 처벌을 재강화하는 악순환의 구조를 낳게 되고, 이는 사회적 보수주의의 목소리를 강화시키는 편의적 여론 환경을 조성할 뿐이다. 다시 말해 사회적 병폐에 대한 본원적 해법이 없는 처벌 강화는 사회적 보수주의의 정당화에 유용한 환경으로만 활용될 수 있다(Bourdieu & Haacke, 1995: 50ff). 사회적 보수주의자들이 허용하는 국가 주도의 도덕적 기준 설정은 미국적 다원주의의 전통에 역행하는 것으로, 특히 독단적 선악의 기준을 내세우는 종교 분파의 정치 참여가 활성화된 2000년대에 들어와서는 다원주의적 전통과의 갈등을 확대하고 있다.

근대의 고전적 보수주의가 그러했듯이 현대 미국의 일부 보수주의자들은 '대중의 정치'에 강한 의구심을 보유한다. 물론 이들이 정치적 엘리트의 리더십을 강조한다고 하여 근대 보수주의자들이 주장한 유기체적인 위계사회로의 지향을 의미하는 것은 아니다. 하지만 이들 미국의 보수주의자들은 대중들이 비이성적 충동에 휩쓸리기 쉬운 성향을 갖는 만큼 대중의 과도한 정치적 참여는 바람직하지 않다는 견해를 견지한다. 이들은 정치적 참여가 정치적 욕구만을 배가시킬 가능성이 높다는 점을 강조한다. 대중의 정치는 상식의 정치 이상의 공공선을 창출하기 어렵다는 판단하에서 이들 보수주의자들은 엘리티즘에 근거한 국가의 능동적 리더십을 요구한다. 이들은 미국적 윤리관의 기준을 설정하고 개인 및 사회 윤리의 제고를 위한 국가의 적극적 역할을 주문한다. 가족제도의 재확립, 범죄에 대한 강력한 대응, 다문화 교육에 반대하며 미국적 동질성의 회복을 강조하는 교육, 의존적 복지 인구에 대한 자격 심사 강화 등의 정책에서부터 음주, 마약 복용, 외설과 포르노, 낙태, 호모 섹스 등에 대한 규제안에 이르기까지 이들은 국가가 시민사회의 여론을 단순히 반영하는 수준을 넘어 창의적으로 이끄는 역할을 수행하기를 기대한다.

한편, 정치와 종교의 연계성 여부와 관련해서 미국 보수주의자들은 분열된 입장을 보이고 있다. 메이페어(Mayfair)호의 이주 정신을 잇는 종교적 박해로부터의 자유는 미국의 건국 사상의 기초를 형성하는 셈이었고, 이후 종교에 대한 어떠한 제재 움직임에 대해서도 강건히 대응하는 전통은 미국 보수주의 속에 깊이 뿌리내리고 있다. 근대 보수주의가 종교 단체를 사회적 유대감의 재생산 기능을 수행하는 중위 그룹으로 파악하면서 그 중요성을 강조한 전통은 유럽의 현대 보수주의에서도 지속되고 있다. 다수의 보수적 이념 정당들이 당명에서부터 종교적 색체를 띠는 현상은 유럽의 정치에서 흔하게 나타난다. 이와는 달리 미국 보수주의는 종교를 사적인 신념 체계의 문제로 엄격히 제한하여 그 공적 영향력을 극소화하는데 주력해왔다고 할 수 있다. 비록 각종 국가 행사에 종교적 성향의 의식과 어구가 사용되기는 하였지만 이는 통상 단순한 관행 이상의 의미를 갖지 않았다. 아울러 국가에 의한 종교의 규제 역시 지극히 제한적인 형태로 이루어지는 전통이 유지되었다. 정치의 종교에 대한 불간여의 원칙은 일부 극우적 성격의 폭력 종교 단체에 대해 국가의 제재가 예외적으로 시행된 경우를 제외하고는 비교적 엄격히 지켜져왔다.

종교를 국가의 규제가 적용되는 공적 영역에서 철저히 분리하여 개인들의 사적인 정신 활동 영역으로 유지하고자 한 미국 보수주의의 입장은 1970년대 말 이래 주류 종교인 프로테스탄티즘의 종교적 가치관을 정치 및 사회 이슈의 영역까지 확장하고자 하는 종교 단체들의 움직임이 활성화되면서 변화하기 시작한다.[7] 1980년대 팻 로버트슨(Pat Robertson)과 같은 공공 매체 복음주의자(tele-evangelical)가 공화당의 대통령 경선에까지 진출하여 무시할 수 없는 수준의 지지율을 확보하는 등 종교적 보수주의의 팽창은 미국 보수주의의 지형도를 바꾸는데 일조한다. 종교의 자유는 개인이 원하는 종교를 선택할 수 있는 자유이자 바로 타 종교의 교리나 신념 체계에 의해 구속되지 않을 자유를 의미한다. 사회 내 종교적 관용성을 폭넓게 강조하는 미국의 전통은 종교적 자유에 대한 신념의 표현이자 다원주의적 가치관의 전통과도 호응하는 것이다. 현재 미국 보수주의의 일부 대변자들이 내세우는 배타적 종교관과 종교적 선민주의는 기존의 전통에 대한 도전이라고도 할 수 있다. 이들은 타종교에 대한 사회적 관용성은 축소시키려 하는 한편 자신들의 종교관은 공적인 영역으로 끌어내어 국가적 도덕관의 설정 및 정책 결정에 적용시키고자 시도한다.[8]

복음주의 기독교 단체에 의해 주도되는 종교적 보수주의의 움직임은 1994년의 중간선거에서 '보수주의 혁명'이라고 일컬어질 정도

---

[7] 적극적인 정치 활동에 참여하는 미국의 기독교 우파는 주로 복음주의 종파들로서, 이들의 규모는 현재 미국의 총인구 대비 25~33% 수준인 것으로 분석되고 있다(Hoover et al., 2002: 354).

[8] 립셋(Lipset)은 미국의 보수주의에 프로테스탄티즘의 도덕적 십자군 성향이 오래 전부터 내재되어 있음을 지적한다(Lipset, 1996: 176 참조). 웨그너(Wagner) 또한 바이블 벨트(Bible-Belt)로 불리는 남부 지역의 문화적 전통이나 1920년대의 금주법 사례 등은 선악에 대한 미국인의 종교적 집착과 이의 현실투영 노력을 예증한다고 주장한다(Wagner, 1997 참조). 서구 유럽의 타 기독교 국가들과도 현저히 차별화되는 미국인의 높은 종교적 가치 수용 태도에 대한 경험론적 데이터로는 정치학연구 국제콘소시엄(International Consortium for Political Science Research, 2000)을 참조.

로 보수 진영이 압도적 승리를 기록한 후 급격히 활발해진다. 종교적 보수주의의 주장은 신우파(New Right)들에게 깊은 영향을 미치며 신보수주의의 도덕 논리 속으로 편입된다. 종교적 보수주의는 '도덕적 죄악(moral sins)'을 '도덕적 범죄(moral crimes)'로 전이시키는 다양한 법제화의 노력을 도모한다.[9] 정치와 종교의 유대를 강화하려는 미국 보수주의의 움직임은 정치적, 이념적으로 올바른 시민을 넘어서서 도덕적, 종교적으로 선한 시민을 육성하는 법제 구축이라는 신정정치적 성향을 노정한다. 물론 레이건 행정부 이래 종교적 보수주의가 정치의 현장으로 이끌려진 데는 신교도들의 투표권을 결집하기 위한 보수 진영의 정치적 전략도 한몫을 하고 있다.

현대 미국 보수주의의 또 다른 전통적 특징은 공산주의에 대한 강한 불신으로 정리된다. 민주주의와 자본주의에 대한 미국인들의 확신의 저변에는 공산주의의 위협에 대한 위기의식과 더불어 강한 적대감이 존재한다. 공산주의자들에 대한 불신은 1950년대 조셉 매카시(Joseph McCarthy)가 주도한 반공산주의 사회 정풍 운동에서도 잘 나타나고 있다. 미국의 보수주의자들은 자유 진영을 공산주의로부터 수호하기 위한 단호한 대처 방안을 요구한다. 이들은 공산주의자들의 교묘한 술수와 책략을 강조하며 동서 화해의 데탕트 외교에 대한 불신을 표명한다. 공산주의자들과의 타협은 실패로 끝날 수밖에 없으며, 따라서 군비 증강과 반공산주의적 도덕관의 확립 등 적극적 대응만이 미국을 지킬 수 있다는 것이다. 이들은 외교정책 및 군사정책을 국가 정책의 우선순위에 배치하고 이 정책들이 여타 정책으로 인해 희생되는 것을 반대한다. 복지정책 예산을 삭감하면서 군

---

9) 자피로브스키(Zafirovski)는 도덕적 범죄화의 조치들이 범죄에 대한 강력한 처벌 움직임과 합쳐지면서 1980년대 초반 이래 미국 내 감옥 수감률의 급격한 증대를 초래했다고 주장한다(Zafirovski, 2001: 14).

사비 지출 증대를 시도한 레이건 보수주의는 그 전형적 일례라고 할 수 있다. 이들 보수주의자는 공산주의에 대항하기 위해서는 민주주의 가치를 외면하는 제3세계 독재자들과도 기꺼이 결탁할 수 있다는 입장을 견지한다.[10]

미국 보수주의 내 반공산주의의 기조는 소련 및 동구권 체제의 붕괴와 더불어 변화를 꾀한다. 공산주의에 대한 위협이 현저히 감소된 상황에서 반공산주의에 대한 미국 보수주의자들의 목소리는 위축되는 대신, 9·11 테러 이후 "불량 국가(rogue state)"에 대한 우려와 이들의 공통적 정체인 독재 체제에 대한 공세적 비난은 확대된다. 한편 미국 주도의 일극 체제로 전이된 이후 제고된 미국의 지도력을 어떻게 활용해야 하는지를 둘러싸고 보수 진영 내의 논쟁이 이어지고 있다. 향후 미국이 자신의 위상에 걸맞은 군사력 및 대외 외교력의 증대를 계속 꾀해야 할 것인지 아니면 실리 위주의 노선을 걸으면서 대외 정책의 범위를 축소시켜야 할 것인지에 대한 논쟁은 아직 합의점을 찾지 못하고 있다. 레이건 시절 미국 군사력의 지속적 확대가 소련의 해체를 초래했다는 신보수주의자들과 팽창적 대외 정책이 수반하는 불가피한 비용들을 강조하며 절제된 외교정책의 수행을 주장하는 전통적 보수주의자들 간의 논쟁은 당분간 지속될 전망이다.

---

10) 일부 신보수주의자들의 경우 반공산주의를 미국 외교정책의 도덕적 소명으로까지 평가절상 시킨다. 이러한 입장으로는 무라브칙(Muravchik, 2007: 20).

3. 신보수주의의 논리 형성과 진화

　미국의 신보수주의는 1970년대 이래로 논점을 정립하기 시작하면서 현재에 이르고 있지만 신보수주의의 명쾌한 정체성을 확인하기는 여전히 쉽지 않다. 신보수주의 집단 내의 다양한 목소리와 신보수주의 논리 자체의 계속되는 진화로 인해 신보수주의를 일목요연하게 정리하는 작업은 한계를 지닐 수밖에 없다. 여기에서는 신보수주의의 대표적 주창자로 알려진 이들의 논점을 중심으로 신보수주의의 내용을 정리한다. 물론 사상적 흐름의 평가에서 초기 주창자들의 주장에 가중치가 과대 부여되는 것은 불가피할 것이다.

　신보수주의자들의 공통적 적은 1960년대의 역혁명운동(counter-revolution movement)과 공산주의로 집약된다. 역혁명운동의 사회 풍조가 미국적 가치와 제도에 대한 조소와 비하를 배태하고 이것이 국가적 자부심을 침식하며 나아가서 국가 안보의식의 퇴조를 초래하여 결국 공산주의와 대치하고 있는 자유세계에 위협을 야기한다는 신보수주의의 논리 속에서 역혁명운동과 공산주의는 일정 수준의 연계성을 갖는다. 물론 역혁명운동에 대한 신보수주의의 반발이 대체적으로 국내정치 영역의 논의에 집중하는 데 비해, 반공산주의의 논의는 대내외 정치의 양 영역에 분산되어 나타나고 있다. 또한 초기 신보수주의자들의 관심이 전자에 편중되는 데 비해, 후기 신보수주의자들의 관심은 후자의 논의와 연관된 외교정책 분야에 모아지고 있다.

　어빙 크리스톨(Irving Kristol)이 주장하는 신보수주의의 핵심적 미덕은 자유주의나 보수주의 양자가 결여하고 있는 미래에 대한 비전을 제시한다는 것이다(Kristol, 1983: 253). 그는 자유주의적 근대성(liberal modernity)의 정신을 토대로 한 1960년의 과격한 신좌파 운동은 필연적으로 개인의 도덕적 몰락을 가져오며 사회 및 국가의 쇠퇴를 초래한다고 분석한다. 신좌파 운동은 미국의 전통적 가치와 체제에 대한 과도한 부정으로 일관할 뿐 긍정적 변화를 위한 미래적 해법을 제시하지 못한다는 것이다. 반면 자유주의의 반대 진영에 위치한 전통적 보수주의자들의 경우 급변하는 환경적 변화에 진취적으로 대응하는 인간의 이성적 사고역량을 너무 쉽게 부정함으로써 미래를 향한 진보적 변화의 추동력을 포기한다고 비판한다. 그는 신보수주의만이 전통적 보수주의가 결여한 진보적 미래 비전과 신좌파 운동을 극복하는 생산적 정책 대안을 제공할 역량을 보유한다고 주장한다.

신보수주의는 과도한 개인주의로 경도된 자유주의에 대해 비판을 제기한다. 자기 이익에만 충실한 개인들은 삶의 목적을 상실한 채 허무와 절망의 정신적 아노미로 이끌리게 되고 이러한 아노미의 순간적 탈피를 위해 향락주의에 빠질 수 있다는 것이다. 상호 고립된 개인들은 소비주의 문화에 집착하는 가운데 시민적 덕성(civic virtue)의 요건들을 망각하게 된다. 극도로 개인주의화된 의식 속에서 공동체의 유대와 공존의 가치는 소멸되고 이에 따라 사회적 안정성은 위협받게 된다. 비등하는 사적 이익들 앞에서 공적 이익은 설 땅을 잃게 되고 공적 이익을 창출하는 정치의 역할은 제한되면서 정치에 대한 냉소주의가 사회적으로 확장된다. 정치적 의무감이 소실되고 사회적 유대감이 상실되는 사회에서 민주적 가치와 체제의 보존을 위한 사회 구성원들의 협동 의식과 동기를 기대하기는 힘들 것이다. 신보수주의자들은 현대 자유주의가 궁극적으로 자기 파괴적 정향성을 지니며, 이러한 정향성을 저지하기 위해서는 공화주의적 덕성의 복원이 필요하다고 주장한다. 시민적 덕성을 지닌 자율 규제적 개인들의 존립이야말로 질서 있는 자유를 보장하는 정치 공동체를 가능하게 하고, 이러한 공동체의 존립 위에서만 경제적 번영도 가능하다는 것이다(Kristol, 1983: 89ff). 신보수주의자들은 자율 규제적 개인들의 존립을 위협하는 가장 대표적인 정책으로 사회적 차별 완화를 위한 인위적 혜택을 특정 소수자에게 제공하는 '적극적 차별 철폐 정책(affirmative action)'을 지목한다. 이들은 적극적 차별 정책은 완전히 실패하고 있으며, 이는 자유주의의 사회공학적(social engineering) 기능이 실패한다는 것을 보여주는 대표적 사례라고 규정한다.

자유주의가 설정한 개인 권리들은 인위적으로 설정된 추상적 개념인 만큼 역사 속에서 생성된 권리들이 가지는 현실성을 결여한다는 점은 고전적 보수주의가 오랜 기간 지적해온 사항이다. 이는 권리란 외쳐서만 성립되는 것이 아니고 역사 속에서 검증받아서 사회 내에 관행으로 정립되었을 때만이 그 효력을 갖는다는 시각에 근거한다. 버크와 같은 고전적 보수주의자들은 추상적 사고 속에서 설정된 권리는 개인들의 기대감만 증폭시켜서, 이러한 기대감이 현실에서 충족되지 못할 경우 폭력적 의사 표현을 조장하고 정치적 혼란만을 야기한다는 우려를 내비친다. 초기 신보수주의자들은 자신들의 사상적 연원이 근대 자유주의에서 비롯된다는 점을 강조하며 초기 자유주의로의 가치 복원을 요구한다. 이들은 고전적 자유주의가 개인들의 권리 이면에 존재하는 사회적 책무를 강조했음을 지적한다.[11] 고전적 자유주의를 대하는 신보수주의자와 고전적 보수주의자의 차이는 현저하다. 그러나 이들 양자가 제시하는 자유주의 사회에 대한 처방은 큰 차이를 나타내지 않는다. 고전적 보수주의자들이 공동체, 권위체, 종교체, 혈연체 등의 경험에서 전통의 가치를 확인하

---

11) 아담 스미스(Adam Smith)가 주장하는 공감(sympathy)이라는 인간의 원초적 본성과 이에 근거한 도덕적 감성(moral sentiment) 등은 어빙 크리스톨 등 신자유주의자들이 빈번하게 차용하는 개념이다.

고자 노력한 것처럼 신보수주의자들은 미국의 정치적, 역사적 유산과 자원을 복원하고 재활용하고자 노력한다.

신보수주의자들은 자유주의의 인식론적 상대주의가 지니는 문제점을 지적한다. 이들은 인식론적 상대주의에 매몰된 자유주의 정치 하에서 정치의 본원적 영역은 위축될 수밖에 없음을 강조한다. 자유주의 정치는 상호 고립된 개인들 간의 시장 거래적 공간 이상을 제공할 수 없으며 따라서 단순한 절차적 정치(procedural politics)에 머물게 될 위험성을 지닌다고 경고한다. 개인을 도덕적 시민으로 전이시키는 정치의 본원적 역할이 없이는 인간 삶 및 사회 문화의 타락은 불가피하다는 것이다. 신보수주의자들이 공화주의적 덕성의 복원을 전면에 내세우는 것은 도덕적 삶의 유지가 진중함을 요구하며 진중함을 되살리는 것이 공화주의의 주된 과제라는 인식에 기초한다. 신보수주의자들의 이러한 시각은 스트라우스(Strauss)의 사상을 차용한다는 해석을 초래하기도 한다.[12]

신보수주의자들은 자신들의 주장의 전면에 도덕주의를 내세운다.

---

12) 신보수주의의 사상적 토대를 레오 스트라우스(Leo Strauss)에서 찾는 대표적 시각으로는 드러리(Drury, 1999) 및 노턴(Norton, 2004)이 있다. 반지성적 대중 민주주의에 대한 스트라우스의 비판이 신보수주의의 시각과 상통하는 측면은 일부 존재하지만, 역사 및 역사주의에 대한 회의적 시각과 종교적 신념의 정치적 역할에 대한 비판적 시각 등 스트라우스의 기본 입장은 그를 신보수주의 혹은 여타 보수주의 분파와 단순 연계시키는 것을 어렵게 만든다. 특히 이성(reason)과 계시(revelation) 사이의 긴장이야말로 삶에 진중함을 부여하고 따라서 이러한 긴장을 이해하는 것이 개화된 인간 삶을 영위하는 활력소라는 스트라우스의 주장이 우파 기독교 단체들의 정치 참여를 확대시키는 이론적 토대로 기능했다는 주장은 상당한 논란을 초래한다. 스트라우스는 종교적 계시의 한계성을 명백히 인지하며, 그의 정치철학은 일관성 있게 "진중함의 미덕을 보유한 인간 이성"의 편에 서고 있다. 종교적 계시의 정치적 유용성에 대해 스트라우스가 비판적인 입장을 취한다는 주장은 메릴(Merrill, 2000: 77-105) 참조. 상기 논의와 연관된 스트라우스의 시각에 대해서는 스트라우스(Strauss, 1995: 179-208) 참조.

자유주의자들이 지지하는 사회복지정책을 비판할 때도 신보수주의자들은 사회복지정책이 복지 수혜자의 영혼을 부패시킨다는 주장을 전개한다. 이들은 복지 재정의 낭비보다는 복지 제도가 초래하는 개인의 정신적 몰락에 비판의 초점을 맞춤으로써 여타 보수주의 분파와의 차별화를 꾀한다(Kristol, 1995: 90). 강력한 도덕주의 수사학을 내거는 신보수주의가 정부 개입의 최소화를 부르짖는 경제적 자유지상주의나 종교적 도덕성의 구현을 외치는 종교적 보수주의와 손쉽게 현실적 타협을 꾀하는 것은 의외가 아닐 수 없다. 신보수주의자들은 인간 사회의 병폐를 개선하기 위한 도덕성의 복원을 꾸준히 강조하여 왔다(Podhoretz, 1996: 26-27). 이러한 신보수주의자들의 입장이 시장사회 내 개인들의 탈도덕적(amoral) 지위를 강조하는 경제적 자유지상주의자들의 입장과 순조롭게 조화될 수 있을지는 의문이다.[13] 또한 자신의 뿌리를 고전적 자유주의에서 찾는 신보수주의자들이 종교적 신념을 사회도덕의 기준으로 적용시키려는 종교적 보수주의자들과 정치적 동거를 안정적으로 유지할 수 있는지도 의문이 아닐 수 없다. 신보수주의가 "정치적인 것(the political)"의 복원이라는 도덕적 수사학을 내세우면서 다른 한편으로 정치에 대한 종교의 침범을 허용하는 우를 범하는 것은 아닌지에 대한 우려가 초래되고 있다.

신보수주의의 도덕주의적 기치는 대외 정책 영역에서도 폭넓게 표출된다. 신보수주의자들은 국내 정치와 대외 정치의 도덕적 기준

---

13) 일부 신보수주의자들은 자본주의가 사회주의보다는 국부의 확대를 위해 훨씬 효율적일 뿐만 아니라 전체주의에 대항하는 효율적 기제로서 자유의 확대에 순응적인 사회 환경을 조성한다는 근거를 내세우며 자본주의를 지지한다(Podhretz, 1996: 23 참조). 이러한 주장이 경제적 개인주의의 병폐를 지적한 초기 신보수주의의 주장을 뒤엎을 수 있는 논리적 설득력을 확보하고 있는지는 의문이다.

의 일관성을 강조한다. 일국의 외교정책은 명확한 도덕적 목적과 기준을 수반할 때만이 대외적 정당성과 내적 추진력을 확보할 수 있음을 이들은 강조한다. 이들은 도덕적 목적과 궁극적 국가이익이 상호 조화될 수 있다는 신념을 견지한다(Kristol & Kagan, 1996: 27). 현실주의자들의 편협한 실용주의적 시각은 이 같은 신념의 결여에서 비롯된 것으로, 이는 자유주의의 문제점을 답습한 것이라고 신보수주의자들은 비판한다. 도덕적 소명 의식의 부재는 외교정책의 위축으로 이어지며 이는 국내외적 지지 여론의 약화를 동반하게 된다는 것이다(Kristol & Kagan, 1996: 28ff). 또한 이들은 내적으로 건강한 국가만이 강력하고도 일관성 있는 국제적 행동을 펼칠 수 있음을 지적하며 대내 정치와 대외 정치의 자연스런 연계를 설정한다(Williams, 2005: 321). 신보수주의자들은 9·11 테러 이후 부시 행정부의 외교정책에 일관성 있는 미래 비전과 구체적 정책 옵션을 제시한 것이 자신들이며, 이 점에서 자유주의자나 현실주의자의 한계를 자신들이 극복했다고 주장한다(Muravchik, 2007: 29).

초기 신보수주의자들이 자유주의 진영에서 이탈한 주요 이유 중 하나는 공산주의에 대한 자유주의자들의 입장이 충분히 강경하지 못했다는 점이다. 신보수주의자들은 소련과 같은 사회주의 국가를 타협이 불가능한 악의 제국으로 이해하며, 소련을 여타 서구 국가들과 동일하게 패권 추구의 속성을 지닌 일반 국가로 간주하는 전통적 보수주의자들을 비판한다. 이들은 1970년대 닉슨(Nixon)과 키신저(Kissinger)가 주도하는 현실주의적 외교정책에 대해 불만을 표명한다. 신보수주의자들에게 있어서 데탕트와 군축 협상의 수용은 사회주의국가의 속임수에 빠지는 어리석은 행위로 인식된다. 이들은 강한 군사력만이 미국의 안전을 지키는 확실한 해법임을 강조한다.[14] 신보수주의자들은 공산주의가 서구 문명에 대한 심대한 위협임에도 불구하고 자유주의 국가들의 위기의식은 너무 미약하며, 자유주의의 상대주의 가치관은 서구 문명을 수호하는 데 본원적 한계를 지닌다고 주장한다. 유화적 대소 외교를 반대하며 강경하면서도 호전적인 반공주의적 대응을 요구하는 신보수주의자들은 1970년대에 자유주의 진영을 분열시켰고, 1980년대 레이건 행정부 시절 이래 공화당에 동조하면서 정치적 입지를 넓혀갔으며, 2000년대의 부시 행정부와 함께 완전히 개화하게 된다.[15]

냉전의 어젠다를 상실한 1990년대 이후 신보수주의는 도덕주의적 외교의 초점을 전체주의적 공산주의 국가와 유사한 정치 양태를 나타내는 독재 체제들의 민주적 전이에 집중시킨다. 민주주의적 가치의 국제적 확산을 지향하는 공세적 외교는 9·11 테러 이후 반테러전을 수행하면서 극대화된다. 신보수주의자들은 민주주의의 확산만이 미국의 안보를 궁극적으로 증진시킨다는 견해를 내세운다. 이들은 자유를 위한 가장 효율적 방어는 자유의 공간적 확장과 질적 진전임을 설파한다(Krauthammer, 2005: 22). 군사적 수단만으로는 테러와의 전쟁에서 승리할 수 없으며 테러의 구조적 요인을 개선해야 한다고 이들은 주장한다. 이슬람 테러 세력과 관련하여 이들은 젊은이들을 순교로 내몰며 폭력을 조장하는 이슬람적 정치 문화를 변화시키지 않고서는 반테러전의 궁극적 승리는 불가능하다는 입장을 표명한다. 민주화를 통해 중동 사회의 내재적 폭력성을 제거하고 평화의 신사고를 이식시키는 것만이 확실한 해법이라는 것이다(Murav-

---

14) 신보수주의자들 중 일부는 이스라엘이 중동이라는 핵심적 이해가 걸린 지역에 위치한 서구 문명의 전초지이자 대리인이기 때문에 미국의 힘으로 철저히 보호해야 한다는 친유대적 시각을 추가한다(Podhoretz, 1996: 21-22).
15) 부시 행정부의 외교정책이 모든 면에서 신보수주의자들과 일치하는 것은 아니다. 차이점에 대해서는 허스트(Hurst, 2005: 75-96) 참조.

chik, 2007: 26-27). 미국적 가치 및 정치 체계의 도덕적 우월성을 전제로 한 "민주주의의 확산"은 대내적으로는 자국민들에게 무한한 애국주의적 정책 지원을 요청하고 대외적으로는 대상국들에게 미국적 일방주의 도덕 외교의 조건 없는 수용을 요구한다. 무력의 임의적 사용까지를 포함하는 적극적 간여 정책이 도덕성의 외교 수사학 위에서 개진되는 셈이다. 이는 신보수주의의 논리가 일방적 도덕주의와 공세적 현실주의의 조합으로 표출되고 있음을 보여준다. 신보수주의의 도덕주의 수사학 뒤에서 국력과 동맹과 봉쇄와 위협을 토대로 한 현실주의 외교 전략이 펼쳐지는 셈이다.

"강경한 무력적 수단을 동원하는 윌슨주의(Wilsonianism)"로도 지칭되는 신보수주의자들의 입장은 현실주의와 이상주의의 경계를 넘나드는 논리적 구성을 취하고 있다. 신보수주의자들은 국제기구나 외교 혹은 경제적 제재의 유용성에 대해 지극히 회의적인 시각을 견지한다. 이들은 군사력의 적극적 활용을 요구하는 한편 미국의 안보를 위협할 수 있는 대상에게 선제적 공격을 가하는 것을 주저 없이 허락한다. 한 발 더 나아가서 신보수주의자들은 미국이 "도덕의 제국"으로서의 임무를 수행하기를 희망한다. 이들은 미국이 "시혜적 세계 패권국가(benevolent global hegemony)"가 되어야 한다고 주장한다 (Cox, 2003: 1ff). 신보수주의자들의 적극적 제국론에 대해 전통적 보수주의자들은 제국이 공화정과는 양립할 수 없다는 견해를 피력한다. 제국은 9·11 테러 이후 미국 내 현실에서도 나타나듯이 국민의 기본권 침해, 행정부의 권력 집중, 전쟁으로 인한 경제적 손실 등 공화정의 정치적, 경제적, 도덕적 기반을 근본적으로 흔들 것이라고 이들은 우려한다.[16] 아울러 향후 지속될 대미 테러가 제국 유지의 불가

---

16) 대내적으로는 작은 정부와 대외적으로는 불간섭의 원칙을 내세우는 전통적 보

피한 비용을 구성하게 될 것이라고 예견한다. 전통적 보수주의자들은 이슬람 세계에 세속적 민주주의를 이식하려는 신보수주의자들의 목표는 비현실적이라고 비판한다. 이에 대해 신보수주의자들은 자신들의 목표가 충분히 실행 가능한 것임을 강조한다. 이들은 레이건 행정부 시절 대외적 군사력의 확대를 꾸준히 추구한 것은 소련의 해체를 이끈 원동력이었으며, 소련의 해체는 자신들의 외교정책이 성공했음을 입증한다고 설파한다(Podhoretz, 1996: 25).

요약컨대 미국의 신보수주의자들은 사고의 혁신 및 전이야말로 정치의 새로운 지평을 구축한다는 이른바 구성주의적 시각을 수용하면서 자신들의 독창적인 사회공학을 시도한다. 자유주의의 사회공학에 비판적 견해를 피력했던 신보수주의가 자신들의 사회공학을 추구하는 것은 아이러니가 아닐 수 없다. 한편 신보수주의는 경제적 자유지상주의, 사회적 보수주의, 반공산주의 등과 경쟁 및 타협을 시도하면서 이들을 포괄하는 이념적 집산체로서의 발전적 과정을 밟는다. 경제적 자유지상주의가 미국적 자본주의의 속성을 대변했다면, 사회 문화적 보수주의는 미국의 전통적 엘리티즘 및 종교-정치의 긴밀한 사회 연계 구조의 소산이며, 반공산주의는 미국적 선민민주주의 시각을 배태한다. 이들 다양한 분파의 사조를 포괄함으로써 얻는 가장 큰 이득은 신보수주의에 대한 국내적 지지 기반의 확대일 것이다. 그러나 이러한 이득은 동시에 신보수주의의 내적 통일성을 저하시키는 비용을 불가피하게 수반할 것이다.

수주의의 대표적 입장으로는 뷰캐넌(Buchanan, 2004) 참조. 신보수주의자들의 호전적 외교정책 기조에 대한 여타 보수주의자들의 비판은 더햄(Durham, 2006: 44-45) 참조.

4. 신보수주의의 논쟁점

현대 자유주의의 오도된 정향성과 전통적 보수주의의 무정향성 모두를 비판하면서 신보수주의는 올바른 정향성의 이념을 구축하고자 시도한다. 올바른 정향성을 주창하는 이데올로기가 강한 도덕주의를 수반하는 것은 당연한 귀결일 수 있다. 쇠퇴하는 사회와 문화를 구제하고 원칙 없는 실용주의적 대외 정책의 관행을 개선하고자 신보수주의는 대내적으로는 문화와 가치와 제도의 복원을 시도하고 대외적으로는 도덕성에 근거한 일관된 외교의 정립을 주창한다. 신보수주의자들의 공세적 정책은 시민사회를 선도하는 정치의 역할을 강조하는 한편 사회 구성원의 공공 윤리(public morality)를 증진하고 고질의 문화(high culture)를 조성할 임무를 국가에게 부여한다. 또한 대외 정책의 추진에 있어서 도덕성의 개입을 배제하려 드는 현실주의자들과 차별화를 꾀하면서 도덕적 판단의 일관성 있는 적용을 요구한다. 이들은 단기적 평화의 추구에 머무는 것이 아니라 자유의 적극적 확장을 통해 평화의 본원적 환경을 조성해야 한다는 외교 전략을 주문한다. 이처럼 강한 도덕주의의 외침은 현대의 다원주의 사회의 구성원들에게 지나치게 순응적인 사고와 행동을 요구할 수 있으며 대외 정책에 있어서는 미국적 가치를 일방적으로 강요한다는 비판을 초래한다. 신보수주의자들은 미국 국민들에게 미국적 신념에 대한 높은 자부심과 미국적 가치와 제도에 대한 충성심을 가질 것을 요청한다. 하지만 이러한 요청의 이면에는 비순응자를 비미국적이라고 매도할 수 있는 배타성과 이로 인한 위험성이 존재한다.

도덕주의의 외침이 불충분하다고 여겨질 때 신보수주의는 기꺼이 현실주의적 목적과 수단을 수용하는 타협을 시도한다. 현대 자유주의의 대중 영합적 성향을 비난하면서 그 자신은 상이한 철학적 기조를 보유한 경제적 자유지상주의, 종교적 보수주의, 그리고 외교적 신현실주의 등과 정치적 절충을 시도한다. 신보수주의가 도덕주의와 정치적 현실주의의 어색한 결합으로 귀결될 때 신보수주의의 독자적 차별성은 퇴색하게 된다. 현실 외교정책의 추진과정에서도 도덕성의 원칙 고수라는 강한 수사학과는 달리 신보수주의자들은 반공산주의 게릴라 집단의 지원, 회교 테러집단에 대응하기 위한 독재국가와의 전략적 타협 등 현실주의 외교를 종종 지지한다. 신보수주의자들은 과거 미국이 공산주의의 팽창을 저지한다는 명목하에 독재자와 외교적으로 타협했던 관행을 수정해야 한다는 견해를 피력한다. 그러면서도 다른 한편으로 중동의 과격한 회교주의에 대응하기 위해서는 무샤라프와 같은 독재자와 타협하는 것이 현실적으로 불가피하다는 이중성을 노정한다(Podhoretz, 1996: 25).[17]

미래지향적이고 진보적인 비전과 정책을 제시한다는 신보수주의자들의 주장은 기존 보수주의와의 차별화를 위한 전략적 수사학의 측면이 강하다고 할 수 있다. 신보수주의자들은 기존의 보수주의자들이 미래의 비전을 제시하지 못한 채 과거에 집착하는 퇴행적 사고를 한다고 비판한다. 신보수주의자들이 "현상(status quo)의 보존"에 주력하는 보수주의자들과는 달리 미국 사회와 국가가 추구해야 할 미래적 지향점을 제시하기 위해 노력했음은 분명 인정할 필요가 있다. 물론 미래지향적임을 강조하는 신보수주의가 기존의 가치와 제도에 대한 낭만적 회고주의를 일부 엿보이는 것은 자기모순적이 아닐 수 없다. 신보수주의자들이 제시하는 미래 비전이 진정 미래지향적이라고 간주될 수 있는지도 논란 사항이다. 신보수주의자들의 처

---

17) 일부 신보수주의자들은 자신들이 최악으로 상정한 공산주의나 회교 근본주의에 대응하기 위해 차악인 독재정부와 타협하는 것이 불가피하다는 견해를 피력한다(Acharya, 2006: 196ff 참조).

방이 대내적으로는 정치적 보수화의 성향을 답습하고 있고 대외적으로는 지나치게 독선적인 미국의 가치를 투영할 뿐 미래지향성과는 거리가 멀다는 비판들도 폭넓게 이루어지고 있다.

이중 신보수주의의 규제적이고 강요적인 도덕성의 주창과 비이성적 애국주의의 요구가 역민주화(de-democratization)를 초래할 수 있다는 비판은 특히 주목할 만하다(Brown, 2006: 702).[18] 권위에 대한 순응과 복종의 요구 및 비순응자에 대한 불관용의 사회적 분위기는 국가주의를 견제할 수 있는 시민사회의 역량을 손상시킬 것이다. 행정부로의 과대한 권력 집중, 애국법(Patriot Act)과 국토방위청의 월권 등에서 비롯되는 법치의 빈번한 소실, 민주적 정치 문화의 공동화, 수동화된 시민들의 자율적 민주의식 소멸 등은 종종 신보수주의와 연관성을 가지는 부정적 사회현상들로 지적되고 있다. 혹자는 신보수주의가 권위주의적 보수주의(authoritarian conservatism)로 전락하면서 입헌 민주주의에 대한 심대한 위협을 초래한다는 비판을 가하기도 한다.[19]

신보수주의가 미국적 도덕성의 임의적 기준을 외교정책에까지 확장 적용시키는 것과 관련해서도 비판은 제기되고 있다(Williams, 2005: 325ff). 미국적 위대함에 대한 과도한 확신과 애국주의는 절제와 신중함을 결여한 외교정책을 낳을 수 있다. 애국주의를 호전적 민족주의, 군사적 모험주의 혹은 일방적 팽창주의와 구분할 수 있는 경계는 매우 얇기 때문이다. 일방주의적 외교정책은 장기적으로 미

---

18) 유사한 맥락의 주장으로는 스미스(Smith, 2006) 참조.
19) 자피로브스키는 미국적 애국주의에 집착하며 '자유의 제국(empire of liberty)'의 기치를 내거는 미국의 권위적 보수주의는 독일 민족의 우월성에 대한 맹목적 믿음을 바탕으로 천년왕국을 부르짖던 나치의 주장과 구조적으로 큰 차이가 없다는 비판을 가한다(Zafirovski, 2001: 13).

국의 패권에 대한 범세계적 저항을 조장할 수 있다는 우려도 제기되고 있다. 신보수주의자들은 일반적으로 상대 국가의 자발적인 동화와 추종(co-option)을 이끌어내는 연성 권력의 중요성을 인정하는 데 소극적인 자세를 취한다.[20] 신보수주의 외교정책의 비판자들은 미국적 위대함이란 다른 국가들에 의해 인정되는 것이지 자기주장으로 확인되는 것은 아님을 강조한다(Fukuyama, 2004: 63). 이들은 신보수주의의 일방주의 외교정책이 막대한 경제적 손실을 초래하고, 군사적으로 과대한 확장의 부담을 주며, 동맹국들과의 긴장을 야기하는 등 현저한 부수비용을 수반함을 지적한다(Ikenberry, 2004: 7-22). 민주주의의 확산을 통한 이슬람 사회의 변화 도모가 대서방 테러의 축소 및 근절로 이어질지에 대해서도 부정적 시각들은 제기된다. 신보수주의의 비판자들은 종교적 근본주의의 삶을 장기간 지속해온 이슬람 사회에 갑작스러운 민주화와 같은 환경 변화는 이들 사회의 구성원들을 정신적 공황 상태로 내몰 수 있음을 우려한다. 인식 체계와 경험적 환경 사이의 과도한 괴리는 종종 그 상황의 당사자들로 하여금 적응과 동화의 의지 자체를 상실시키는 결과를 초래할 수 있다. 그리고 이러한 정신적 공항은 테러의 종식보다는 확산으로 이어질 수 있다.[21]

모든 정치 이데올로기가 진화의 과정에서 일정 수준의 이론적 경쟁과 절충의 과정을 밟듯이 신보수주의 역시 보수 진영 내의 다양한

---

20) 연성 권력의 개념 및 특성에 대해서는 나이(Nye, 2004: 5ff) 참조.
21) 후쿠야마(Fukuyama)는 회교 근본주의자들의 과격성의 원인을 이들이 가진 신념 체계와 변화된 주변 환경과의 현저한 괴리로부터 찾는다. 다시 말해 사고 체계와 환경과의 지나친 괴리가 정신적 공황을 초래하고 이러한 공황이 테러 행위로 표출된다는 것이다. 후쿠야마는 회교 국가들을 민주화하고 이들의 체제를 근대화시킴으로써 테러의 근본 원인을 제거하겠다는 부시 행정부의 의도는 실패로 이어질 수밖에 없다고 진단한다(Fukuyama, 2006: 16).

분파와의 교류를 통한 영역의 확장을 시도한다. 미국의 보수주의 분파들은 미국 사회의 다양한 내적 갈등에 대응하며 자신들의 주장점을 설정해왔다. 미국 사회의 전통적 가치인 종교적 자유는 다수 인구가 신봉하는 신교도의 사회 내 영향력이 확대되면서 그 반사작용으로 위축을 경험하고 있다. 다원주의적 사회질서의 형성이라는 전통적 가치의 이면에는 이민 제한과 소수민족 우대 정치의 폐지를 선호하는 주류 사회의 반동적 정서가 폭넓게 존재하고 있다. 또한 잭슨(Andrew Jackson) 대통령 시대 이래로 대중민주주의를 지향해온 미국의 전통은 기득권적 사회 주류 세력의 엘리티즘과도 충돌하고 있다. 미국의 대중민주주의가 저속한 대중 정치의 지향 속에서 반지식주의(anti-intellectualism)로 빠지고 있다는 지적 또한 엘리티즘과의 갈등적 현주소를 반영한다. 저급 대중문화에 대한 규제나 가정 중시의 전통적인 가치관으로의 복귀 등은 개인의 자율적 도덕관을 존중하는 미국적 개인주의의 전통에 회의적인 프로테스탄티즘 및 엘리티즘의 입장을 대변한다고 할 수 있다. 또한 강한 국방력에 근거한 미국적 도덕성의 대외적 구현 의지는 미국적 실용주의의 전통과 때로는 상충하면서 외교정책의 변화를 도모하기도 한다.

이처럼 상충적일 수 있는 미국 사회의 성향들을 각기의 독자적 시각에서 수용하는 보수주의 분파들의 다변화된 목소리는 어쩌면 자연스런 현상일 수 있다. 보수주의의 분파들이 다양한 목소리를 나타내는 것은 현대사회의 복잡성을 반영하는 것이기도 하지만, 다른 한편으로는 보수주의가 일체화된 논리 속에서 정립된 사상이라기보다는 상이한 시공간적 현실 상황에 대한 대응 논리로서 임의성과 특수성이 가미된 연합 논리임을 반증하는 것이기도 하다. 이들 보수주의 분파들과 절충 및 융합을 시도하는 신보수주의는 통일된 내적 논리 체계를 확보해야 한다는 과제를 안고 있다. 신보수주의의 과제 중

하나는 신자유주의 혹은 경제적 자유지상주의와의 공존의 논리를 확보하는 것이다. 다시 말해, 탈도덕적 자유 시장 철학과 개인주의적 합리성을 내세우는 신자유주의가 사회도덕성의 기준 제고와 도덕적 국가 규제를 지향하는 신보수주의와 과연 조화롭게 공존할 수 있는지를 확인하는 것이다. 공공선에 대한 협소한 인식을 내재한 자유 시장 이데올로기가 도덕적 질서의 복원을 위해 도덕적 십자군 국가를 요구하는 보수적 이데올로기와 이론적으로 융합될 가능성은 결코 높지 않다. 전자가 원칙적으로 탈도덕성을 전제를 국가의 간섭을 최소화하고자 한다면 후자는 국가의 도덕적 규제 등 선별적 국가주의 시각을 견지하기 때문이다.[22]

신보수주의의 논리적 통일성에 대한 논란은 신보수주의가 정치적으로 부상하면서 여타 보수주의 분파들과의 전략적 연대를 확대한 데 따른 필연적 결과이다. 신보수주의는 초기 지지자들이 구축한 논리 체계의 심화를 추구하기보다는 보수주의 내 분파들과의 수평적 융합과 논리적 절충에 치중해온 측면이 있다. 하지만 이처럼 취약한 논리 구조에도 불구하고 변화하는 정치 및 사회 환경에 신속히 부응하며 미국의 대중들에게 강력한 호소력을 발휘해온 신보수주의의

---

22) 신자유주의와 신보수주의는 양자 간의 논리적 상충성에도 불구하고 종종 정치적이고도 전략적인 타협과 공조를 이끌어낸다. 양자 간의 공조는 통상 신보수주의가 국가를 통한 시장의 활성화를 선물하는 대신 신자유주의는 이에 대한 보답으로 국가주의 및 팽창주의에 대한 경제적 지원을 수행하는 형태로 나타난다. 두 이념 체계 간의 상호 공조의 역사에 대해서는 하비(Harvey, 2005) 참조. 한편 신보수주의와 신자유주의의 정략적 결탁은 현대 민주주의에 우호적인 환경만을 생산하지는 않는다. 브라운(Brown)은 양자의 결탁이 정치적 자율성의 퇴색, 사회적 이슈의 비정치화(혹은 개인 문제화), 시장 중심적 해결책에의 몰두, 공적 지성을 결여한 수동적 소비자 시민의 생성, 법적 정당성, 책임성 및 진실성을 방치한 채 효율성에만 의존하는 국가주의의 정당화 경향 등 반민주적 환경을 조성한다는 비판을 제기한다(Brown, 2006: 703).

수사학적 역량은 결코 평가절하될 수 없다. 신보수주의가 경제적 자유방임 대 사회적 권위주의 통제, 견제와 균형의 국가권력 대 집중된 국가권력, 종교적 가치의 현실 정치 투영 대 정치와 종교의 철저한 분리, 균형적 정부 재정 대 대외적 팽창을 위한 군사비 지출 증대 등 서로 상충되는 목표와 과제들을 향후 어떻게 정리하며 내적 논리의 일관성을 제고시킬 것인가는 시간이 답변할 것이다.

1960년대의 사회변혁 운동에 비판적 자세를 견지하면서도 다른 한편으로는 자유주의적 사상 기조에 미련을 갖던 초기 신보수주의자들의 시각은 소멸의 과정을 밟게 된다. 이들은 자신들이 보수주의의 논리에 귀속하는 순간 자유주의의 유산을 보유한 자신들의 정체성이 상실되는 것을 두려워한다. 자유주의의 유산을 선별적으로 수용하면서 보수주의와의 절충을 시도하고자 한 이들의 노력은 결코 성공적일 수 없었다. 이들은 자유주의의 과격한 실천 계획이 오도되었을 뿐 자유주의의 건전한 정신은 근대의 자유주의 논리 속에 내재하고 있다고 주장하며 근대 자유주의의 정신 속에서 공화주의적 미덕을 찾으려는 결코 성공할 수 없는 과제를 수행한다. 이들의 실패는 자유주의의 이념 자체가 본원적으로 공화주의적 미덕을 생산하는 환경적 토양과는 상당한 거리를 갖는 데 기인한다. 결국 신보수주의의 논리적 진화 과정 속에서 자유주의의 유산들이 유실되는 것은 예측 가능한 결과였다고 할 수 있다.

신보수주의의 논리는 도덕주의와 현실주의 논리의 거북한 동거로 특징지어진다. 신보수주의자들은 한편으로 강경한 도덕적 가치들을 주창하지만 다른 한편으로 미국적 자본주의 체제와 미국 사회의 종교적 보수성 등 현실 세계와의 타협을 시도한다. 이들은 미국적 가치 및 체제에 대한 자부심, 애국주의, 선민주의 등의 기치를 동원하며 여타 보수주의자들과는 달리 현상(status quo)의 보존을 넘어서서 미국의 과거 자산을 미래적으로 재복원한다는 주장을 펼침으로써 자신들의 이념이 보수적이라는 비판을 무력화시키고자 노력한다. 또한 냉전의 상황과 9·11 테러 이후의 안보 상황을 전략적으로 활용하며 국가 안보의 기치를 내건 보수적 사회 통합의 중심에 서고자 시도한다. 그리고 결국 초기의 자유주의적 사고에서 완전히 이탈하면서 시장 중심적이고, 반복지국가적이며, 미국의 내적 통합을 강조하고 한편으로 국가의 도덕적 리더십을 요구하는 경제적 및 사회적 보수주의의 모습으로 안착하게 된다.

대외적으로 신보수주의자들은 미국적 체제와 가치를 확산시키는 적극적 대외 간섭 정책을 후원한다. 신보수주의자들은 반공산주의 및 민주주의의 확산이라는 도덕적 슬로건으로 무장한 채 아군과 적군, 선과 악의 이분법적 구성을 시도하며 미국적 선민의식을 탑재한 적극적 외교를 추구한다. 하지만 이러한 도덕 외교의 이면에는 일극 체제하의 미국의 압도적 힘을 토대로 한 현실주의적 정책 사고가 병존한다. 양극체제하에서는 반공산주의에 대응하는 봉쇄와 세력 균형 등 철저한 현실주의 외교정책을 추구하고, 소련 붕괴 이후 일극 체제에 들어와서는 미국적 가치 구현을 위한 과감한 힘의 일방주의 정치를 도모한다. 신보수주의가 내세우는 반공산주의 및 민주주의적 가치 확산이라는 도덕 외교의 이면에는 철저한 국익 추구의 현실주의 정치가 도사리고 있다. 이는 신보수주의의 대외 정책이 가치와 원칙의 실현을 위한 정책인지 아니면 가치와 원칙의 수사학을 전면에 내세운 위장된 힘의 정치이자 국익 추구의 정책인지를 구분하기 어렵게 만든다. 반공산주의와 반전체주의를 전면에 내세운 신보수주의자들의 외교적 기치가 이들의 가치 정향성에 부응한 측면도 있지만, 다른 한편으로는 양극체제와 이후 일극 체제라는 현실 정치의 구조에서 미국의 국익 추구 외교를 정당화하기 위한 수사학적 전략이라는 비판을 회피하기는 어려워 보인다.

4. 결론

신보수주의는 도덕주의의 기치를 전면에 내세우지만 현실주의적 힘의 정치에 과도하게 의탁하는 이중성을 노정한다. 이는 신보수주의의 수사학과 실체의 현저한 괴리를 초래하는 핵심 요인을 구성한다. 신보수주의의 주창자들이 폭넓은 논리적 변형들을 추구함에 따라 이론적 일관성을 지닌 이데올로기로서의 신보수주의의 특성은 약화된다. 하지만 신보수주의는 여전히 보수주의 진영 내의 다양한 주장을 포용하면서 정치적 동원력을 가진 정치 수사학의 기능을 효율적으로 전개한다.

초기 신보수주의자들은 자유주의 진영에서 이탈한 이들이지만 이들이 차후에 추구한 신보수주의의 가치와 체제는 자유주의와는 현저한 괴리를 나타내는 것이었다. 이들 신보수주의자들은 자유주의보다는 반공산주의라는 이념적 정향성에서 보다 명확한 공통점을 서로가 발견할 수 있었을 것이다. 신보수주의자라는 용어가 초기에는 자유주의의 변절자라는 멸시적 의미를 내포할 만큼 자유주의자로서의 과거 궤적은 신보수주의자들에게 부담으로 작용한다. 하지만 신보수주의자들은 이러한 과거 궤적을 교묘히 역활용하여 창조적 보수주의자로서의 이미지를 구축하는 지혜를 발휘한다. 이들은 현상(status quo)의 보존이라는 원칙 이외에는 내재적 가치와 정향성을 갖기 어려운 여타 보수주의자들로부터 자신들을 차별화시키면서 독자적 가치와 정향성을 가진 보수주의자로서의 위상을 확보한다. 자유주의의 변절자가 원칙 있는 미래지향적 보수주의자로 탈바꿈된 것이다.

전통적 보수주의 등 보수 진영 내 분파들과의 소통과 절충의 과정에서 신보수주의의 독자성은 상당한 희석의 과정을 경험하게 된다. 보수 진영에 대한 신보수주의의 가장 큰 기여는 대중들에게 보수주의를 자체적 가치와 원칙을 지닌 미래지향적 이념 체계로 인식시킨 점일 것이다. 물론 이는 신보수주의가 대중에게 호소하는 정치적 수사학의 수준에 대한 평가일 뿐 신보수주의의 실질적 이론 체계가 신보수주의가 주장하는 만큼의 내실을 갖추었음을 의미하는 것은 아니다. 도덕주의와 현실주의 논리의 거북한 동거로 특징지어지는 신보수주의가 논리적 일관성의 측면에서 취약함을 노정하는 것은 불가피하다. 그러나 이러한 취약성에도 불구하고 대중을 설득하는 보수적 정치 수사학으로서의 신보수주의의 잠재력은 여전히 강력하다. 신보수주의의 정치적 부상은 상당 부분 신보수주의의 주장이 미국이 처한 대내외적 상황 변수와 적절히 조응한 데 기인한다. 향후 환경의 변화에 맞추어 신보수주의가 어떠한 내용적 변화를 도모할 것인지는 신보수주의의 미래 위상을 결정하는 주요 변수가 될 것이다. 하지만 이 모든 것을 차치하고라도 미래를 논의하는 보수주의는 그 자체로 매력적이지 않을 수 없다. 신보수주의의 미래 논의가 실패로 확인되기 전까지는 신보수주의에 대한 관심은 비록 위축은 될지언정 소멸되지는 않을 것이다.

참고 문헌

백창제, 2003, 「미국 신보수주의 분석」, 『국가전략』 9권 3호: 83-99.
이삼성, 2005, 「미국의 신보수주의 외교이념과 민주주의: 현실주의와 도덕철학의 한 결합양식」, 『국가전략』 11권 2호: 81-112.

Acharya, Sukanta, "American Exceptionalism: A Neo-conservative Face to Future", *International Studies* 43-2 (2006): 185-202.

Bourdieu, Pierre & Hans Haacke, 1995, *Free Exchange*, Stanford: Stanford University Press.

Brown, Wendy, 2006, "American Nightmare: Neoliberalism, Neoconservatism, and De-Democratization", *Political Theory* 34: 690-714.

Buchanan, Patrick J., 2004, *Where the Right Went Wrong: How Neoconservatives Subverted the Reagan Revolution and Hijacked the Bush Presidency*, New York: Thomas Dunne Books.

Burke, Edmund, 1987, *Reflections on the Revolution in France*, J.G.A. Pocock, ed. Indianapolis: Hackett Publishing.

Cox, Michael, 2003, "The Empire's Back in Town: Or America's Imperial Temptation Again", *Millennium* 32-1: 1-27.

Drury, Shadia B., 1999, *Leo Strauss and the American Right*, New York: St. Martin's Press.

Durham, Martin, 2006, "The Republic in Danger: Neoconservatism, the American Right and the Politics of Empire", *The Political Quarterly* 77-1: 43-52.

Friedman, Milton, 1962, *Capitalism and Freedom*, Chicago: University of Chicago Press.

Fukuyama, Francis, 2004, "The Neoconservative Moment", *The National Interest* 76 (Summer): 57-68.

Fukuyama, Francis, 2006, "Identity, Immigration, and Liberal Democracy", *Journal of Democracy* 17-2(April): 5-20.

Harvey, David, 2005, *Brief History of Neoliberalism*, Oxford: Oxford University Press.

Hayek, Friedrich von, 1944, *The Road to Serfdom*, Chicago: University of Chicago Press.

Hoover, Dennis R., M. D. Martinez, S. H. Reimer & K. D. Wald, 2002, "Evangelicalism Meets the Continental Divide: Moral and Economic Conservatism n the United States and Canada", *Political Research Quarterly* 55: 351-74.

Hurst, Steven, 2005, "Myths of Neoconservatism: George W. Bush's 'Neoconservative' Foreign Policy Revisited", *International Politics* 42-1: 75-96.

Ikenberry, John, 2004, "The End of the Neo-Conservative Moment", *Survival* 46-1: 7-22.

International Consortium for Political Science Research, 2000, *World Values Survey*, 4th Wave. Ann arbor: University of Michigan Press.

Kagan, Robert, 2004, *Paradise and Power: America and Europe in the New World Order*, London: Atlantic Books.

Krauthammer, Charles, 2004, *Democratic Realism: An American Foreign Policy for a Unipolar World*, Washington, D.C.: AEI Press.

Krauthammer, Charles, 2005, "The Neoconservative Convergence", *Commentary* (July/August): 21-26.

Kristol, Irving, 1885, "American Conservatism 1945-1995", *Public Interest*(Fall): 80-91.

Kristol, Irving, 1983, *Reflections of a Neo-Conservative*, New York: Basic Books.

Kristol, Irving, 1999, *Neoconservatism: The Autobiography of an Idea*, New York: Ivan R. Dee.

Kristol, William & Robert Kagan, 1996, "Toward a Neo-Reaganite Foreign Policy", *Foreign Affairs* 75-4: 18-32.

Lipset, Seymour Martin, 1996, *American Exceptionalism: A Double-Edged Sword*, New York: Norton.

Merrill, Clark A., 2000, "Leo Strauss's Indictment of Christian Philosophy", *Review of Politics* 62-1: 77-105.

Muravchik, Joshua, 2007, "The Past, Present, and Future of Neoconservatism", Commentary(October): 19-29.

Nash, George H., 2006, The Conservative Intellectual Movement in America,

2nd. ed., Wilmington, Delaware: Intercollegiate Studies Institute.

Nisbet, Robert A., 1986, *Conservatism*, Minneapolis: University of Minnesota Press.

Norton, Anne, 2004, *Leo Strauss and the Politics of American Empire*, New Haven, Conn.: Yale University Press.

Nozick, Robert, 1974, *Anarchy, State, and Utopia*, New York: Basic Books.

Nye, Joseph S., 2004, *Soft Power: The Means to Success in World Politics*, New York: Public Affairs.

Podhoretz, Norman, 1996, "Neoconservatism: A Eulogy", *Commentary*(March): 19-27.

Podhoretz, Norman, 2004, *The Norman Podhoretz Reader*, New York: Free Press.

Ross, Benjamin, 2007, "Who Named the Neocons?", *Dissent*(Summer): 77-79.

Smith, Grant, 2006, *Deadly Dogma: How Neoconservatives Broke the Law to Deceive America*, Washington, C.D.: Institute for Research, Middle Eastern Policy.

Strauss, Leo, 1995, "Jerusalem and Athens: Some Preliminary Reflections", in S. Orr, ed., *Jerusalem and Athens: Reason and Revelation in the Works of Leo Strauss. Lanham*, Maryland: Rowman & Littlefield.

Wagner, David, 1997, *The New Temperance: The American Obsession with Sin and Vice*, Boulder, Colorado: Westview Press.

Williams, Michael C., 2005, "What is the National Interest? The Neoconservative Challenge in IR Theory", *European Journal of International Relations* 11: 307-37.

Zafirovski, Milan Z., 2001, "The Spectacle of American Conservatism: A Quantum Leap Into the Darkness of Authoritarianism?", *Critical Sociology* 27-3: 1-42.

8장 독일 바이마르 시기의 '보수 혁명' 담론과 정치의 우선성:
국가, 시장, 민주주의에 대한 이해를 중심으로

김동하

1. 서론

'보수 혁명(Konservative Revolution)'이란 독일 바이마르공화국 시기(1918~1933)의 보수적인 지식인들이 이끌었던 다양한 우파적인 흐름을 총칭하는 용어이다. '보수 혁명'에 대한 이러한 용어법은 1950년 아르민 몰러(Armin Mohler)가 자신의 박사 논문 「독일의 보수 혁명 1918-1932」에서 이 용어를 다섯 개의 다양한 그룹—'민족' 그룹(die Völkischen), '청년보수주의자' 그룹(die Jungkonservativen), '민족혁명가' 그룹(die Nationalrevolutionären), '동맹' 그룹(die Bündischen), '농촌민중운동' 그룹 (die Landvolkbewegung)—이 형성하는 정치적 스펙트럼을 포괄하는 개념으로 사용하면서 학문적 연구에 본격적으로 도입되었다(Mohler, 2005: 87-177). 물론 이 개념의 대중적 사용은 이미 1927년 후고 폰 호프만슈탈(Hugo von Hofmannsthal)이 「민족의 정신적 공간으로서의 문학」이라는 제목으로 행한 뮌헨대학 강연까지 거슬러 올라간다. 이 강연에서 호프만슈탈은 제1차 세계대전 후 정체성의 위기에 직면한 독일이 자신의 현존을 이끌어갈 사회적 동력을 상실했다고 진단하고 정체성의 회복을 위해 새로운 민족 형성을 내용으로 하는 보수 혁명을 언급한다. 여기서 보수 혁명이란 낡은 독일을 혁신하고 새로운 독일의 현실을 창조하기 위해 유산으로 물려받은 구유럽의 문화적 가치와 전통을 성찰하고 이용한다는 맥락에서 사용되었다(Hofmannsthal, 1927: 390-413; Rudolph, 1971: 211-224; Koch, 1989: 139). 보수 혁명에 대한 이러한 용어법은 이미 1921년에 토마스 만(Thomas Mann)이 쓴 니체에 관한 에세이에 등장하는데 여기서 토마스 만은 니체의 사상적 특징을 설명하기 위해 '보수 혁명'이라는 개념을 사용하였다. 그러나 이들 바이마르 시기 논자들에 의해 사용된 보수 혁명이라는 개념은 사용자 각자의 취향에 따라 다양한 의미로 사용되었을 뿐, 아르민 몰러의 경우처럼 서로 모순적인 보수적 경향들을 포괄적으로 총칭하는 개념으로 사용된 것은 아니었다. 그런 점에서 오늘날 사용하는 '보수 혁명'이라는 개념은 아르민 몰러의 사용법에 힘입었다고 할 수 있다.

독일 바이마르 시기의 '보수 혁명'은 근대 독일 보수주의의 기원과 특성을 이해하는 데 관건이 되는 일련의 우파 보수주의 지식인들의 정치 운동이자 지적 담론이며, 나아가 유럽 근대 보수주의 연구에서 중요한 의미를 지니는 지적 조류라고 할 수 있다. 그러나 이 분야에 대한 국내의 연구는 놀라울 정도로 빈약하다. 그나마 지금까지 이루어진 국내의 연구는 주로 '역사적이고 문화적인' 관심에서 역사학계를 통해 이루어져왔고(전진성, 2001: 11-13) 정치학적인 관심에서 이루어진 연구는 전무한 실정이다.[1] 사실 서구 근대 보수주의

---

1) 보수 혁명에 대한 연구가 국내에서 부진한 까닭은 아마도 일차 자료에 대한 접근

형성에 관한 연구는 정치학의 주요한 주제 중의 하나임에도 불구하고 지금까지 국내 정치학계의 이 분야에 관한 연구는 에드먼드 버크(Edmund Burke)의 주위만 맴돌고 있다고 해도 과언이 아닐 정도로 편향된 연구 경향을 보이고 있다.

독일의 경우도 '보수 혁명' 이후에 전개된 독일 파시즘의 역사 때문에 다수의 학자들에 의해 '보수 혁명'은 파시즘을 태동시킨 지적 원천으로만 협소하게 이해되어온 것이 사실이다. 보수 혁명의 반동적이고 반민주적 성격에 주목한 쿠르트 존트하이머(Kurt Sontheimer)가 대표적인데 이러한 입장은 1960년대에서 80년대에 이르기까지 보수 혁명에 대한 해석의 주류를 이루었다(Sontheimer, 1962; Petzold, 1978). 90년대 이후부터 이러한 연구 경향은 독일과 유럽에 등장한 "신우파"의 사상적 기반을 보수 혁명의 이념 속에서 찾으려는 해석으로 이어지고 있다(Jaschke, 1992: 3-10; Pflüger, 1994; Pfahl-Traughber, 1998). 그러나 보수 혁명을 파시즘이나 극우 정치 이념과 등치시키려는 단순하고 이데올로기적인 접근 방식은 '보수 혁명'의 복잡성과 특수성을 제대로 조명하지 못하는 한계가 있다. 기존 연구의 이러한 한계 때문에 보수 혁명이 파시즘에 이념적으로 연결되는 부분과 단절되는 부분을 명확히 하면서 보수 혁명의 특수성을 해명하려는 연구가 90년대 슈테판 브로이어(Breuer, 1993)와 롤프 페터 지펠레(Sieferle, 1995) 등에 의해 이루어지면서 새로운 연구 경향으로 자리 잡아가고 있다.

이러한 맥락에서 이 글은 독일 바이마르공화국 시기의 '보수 혁명' 담론에 나타난 국가와 시장의 관계, 공동체와 민주주의에 대한

의 어려움, 그리고 난마같이 얽힌 바이마르 시기의 복잡한 역사적 상황과 다양한 지적·사상적 조류에 대한 이해의 난해함 등이 작용한 탓으로 생각된다.

이해 방식의 분석을 통해 전통적 보수주의는 물론이고 독일 파시즘의 국가사회주의와 구분되는 보수 혁명의 고유한 정치적 특성, 즉 독일 '보수 혁명'이 추구한 '정치적인 것'의 성격과 내용을 새롭게 재구성해보고자 한다. 이것은 보수 혁명이 단순히 파시즘으로 환원되지 않는 자신의 고유한 정치적 담론을 가지고 있다고 할 때 그것의 구체적 내용과 성격은 어떤 것인지를 해명하는 것이다. 이를 통해 보수 혁명에 대한 기존 연구 경향이 지니는 협소한 해석의 지평을 넓히고 동시대 다른 유럽 국가의 보수주의와 구분되는 근대 독일 보수주의의 특수성을 해명하고자 한다. 이러한 시도는 유럽 근대 보수주의의 형성 과정에 대한 국내의 협소한 이해의 틀을 넓히는 데 기여할 수 있을 것으로 생각된다.

보수 혁명이 추구한 '정치적인 것'의 성격을 재구성하려는 이 글의 문제의식은 이들 보수 혁명론자들이 추구한 정치적 대안들이 많은 한계가 있음을 인정하면서도, 동시에 당시 독일에 도입된 근대 자본주의 시장과 자유주의 그리고 서구의 민주주의 등이 낳은 폐해에 대한 그들의 정치적 비판은 여전히 현대의 정치적 상황에 많은 시사점을 준다는 생각에서 나온 것이다. 특히 보수 혁명론자들이 주장하는 시장의 과잉으로 인한 정치의 위기와 정치의 과소로 인한 시장의 위기에 관한 테제는 시장 우위적인 질서 안에서 민주적인 정치가 제 기능을 상실할 때 시장의 위기와 더불어 어떻게 극우적인 파행적 정치 행태가 등장할 수 있는가를 보여주는 좋은 사회 분석의 모델이 될 수 있다는 것이 이 글의 주장이다. 이것은 특히 신자유주의라는 이름으로 시장이 절대화되면서 사회가 점차 양극화되고 정치적인 것이 설 자리를 잃어가는 현대사회의 흐름 속에서 많은 시사점을 줄 것으로 생각된다.

보수주의 연구에서 오래된 논쟁 중의 하나는 보수주의가 과연 내적인 일관성을 지닌 이념의 집합체인가 아니면 서로 모순되는 경향들이 혼재하는 이념들의 혼합체인가 하는 것이다. 이 논쟁의 틀 속에서 보수 혁명을 본다면, 적어도 표면적으로 보수 혁명은 후자에 가깝다. 보수 혁명은 앞서 언급했듯이 상이한 분파들이 서로 다른 이해와 관념들을 가지고 전개하였기 때문에 이들을 관통하는 통일적인 상을 찾아내는 것은 대단히 어려운 일이다. 이런 이유로 슈테판 브로이어(Stefan Breuer)는 보수 혁명론자들의 상이한 분파들은 정치적이고 이념적인 측면에서 많은 공통점을 가지고 있지 않기 때문에 이들을 보수 혁명이라는 하나의 개념으로 묶어서 칭하는 것은 부적합하다고까지 주장한다(Breuer, 1993: 181).

물론 브로이어의 주장처럼 보수 혁명의 다양성과 모순성은 부인할 수 없는 사실이다. 그러나 브로이어의 해석은 하나의 실존했던 역사적 현상이던 '보수 혁명'에 대한 설명을 방기하는 비역사적인 해석이다. 그리고 보수 혁명을 단순히 다양성과 모순성의 측면에서 보는 것은, 보수 혁명을 이끈 지식인들을 추동하였던 공통의 동기 구조와 가치 기반, 즉 '집단적 의도들'을 간과하는 문제가 있다. 라이문트 폰 뎀 부쉐(Raimund von dem Bussche, 1998)는 이러한 맥락에서 지금까지의 보수 혁명에 대한 연구는 보수 혁명을 하나의 통일적인 전체적 관점에서 서술하는 데 실패했다고 적절히 지적한다.

이러한 맥락에서 이 글은 다음과 같이 내용을 구성하고자 한다.

먼저 이념적인 다양성에도 불구하고 특정한 역사적인 조건 아래서 '보수 혁명'이라는 전체 '과정'을 관통하며 '기능적'으로 작동한 보수 혁명론자들의 집단적 의도들에 주목하면서 보수 혁명의 고유한 정치적 특성들을 규명하고자 한다. 여기서 집단적 의도들이란 다양한 이데올로기적인 차이에도 불구하고 시장에 대한 정치의 우선성을 주장하기 위해 동원되는 '민족'과 '국가'라는 공통의 가치 기반을 이해하는 방식 및 동기와 관련된 것이다.

다음으로 이 글은 보수 혁명의 제 분파들 중에서 '청년보수주의자' 그룹들의 담론을 중심으로 보수 혁명이 추구한 정치적 내용을 규명하고자 한다. 보수 혁명의 다섯 개 그룹 중 청년보수주의자 그룹의 담론을 분석의 중심 대상으로 삼은 것은 이 그룹이 당시 바이마르공화국의 공적 담론 영역에 가장 큰 영향력을 미치면서 사실상 보수 혁명 이념의 실질적 대변자 역할을 했기 때문이다. 보수 혁명 분파 중 민족 그룹과 동맹 그룹 그리고 농촌민중운동 그룹은 정치적으로나 이념적으로 큰 영향력을 미치지 못했고 당시의 극우적인 사회운동 분파들의 이데올로기적인 경향을 강하게 내포하고 있었다. 그래서 보수 혁명을 대표하는 두 그룹은 청년보수주의자 그룹과 민족혁명가 그룹이었다고 할 수 있다. 이중에서 청년보수주의자 그룹이 정치적 구성 원리로서의 민족에 대한 개념뿐만 아니라 보수 혁명론자들의 국가주의적 입장을 가장 잘 구체화하고 있다. 그런 점에서 청년보수주의자 그룹이 보수 혁명의 집단적 의도를 잘 드러내면서 전통적 보수주의 및 파시즘과 구분되는 보수 혁명의 특성을 가장 잘 보여줄 수 있는 분석 대상이라고 할 수 있다. 청년보수주의자 그룹의 대표적인 인물로는 우리가 잘 아는 카를 슈미트(Carl Schmitt)를 비롯해 에드가 융(Edgar J. Jung), 아르투어 묄러 판 덴 브루크(Arthur Moeller van den Bruck), 하인리히 폰 글라이헨(Heinrich von Gleichen), 한스 그림(Hans Grimm), 오스발트 슈펭글러(Oswald Spengler), 한스 프라이어(Hans Freyer), 한스 체러(Hans Zehrer)와 TAT 그룹(TAT-Kreises) 등이 있다.[2]

---

[2] 이 외에도 청년보수주의자 그룹의 주요 인물로는 막스 힐데베르트 뵘(Max Hildebert Boehm), 에른스트 포르스트호프(Ernst Forsthoff), 빌헬름 슈타펠(Wilhelm Stapel) 등이 있다.

2. 보수 혁명의 성격: 전통적 보수주의 및 파시즘과의 관계를 중심으로

'보수 혁명'은 '보수'와 '혁명'이라는 두 개의 서로 화해할 수 없는 개념의 모순적 결합으로 이루어져 있다. 그러나 역설적으로 이 개념 안에 내재된 '형용모순'이 영국이나 프랑스 같은 다른 유럽의 보수주의와 구분되는 독일 근대보수주의의 본질적인 특성을 보여준다. 본래 '보수적'이란 말은 무엇을 보존한다는 의미이다. 그래서 보수주의는 일반적으로 전통이나 과거의 보존 속에서 자신의 정체성을 찾는다. 그러나 제1차 세계대전이 끝난 1918년 이후의 독일은 더 이상 보수해야 할 과거나 전통이 존재하지 않는 '무(無)'의 세계였다. 보수 혁명론자들에 의하면 이 '무'의 세계를 점령하고 있는 것은 오직 영미식 자본주의의 폐해와 다원주의를 표방하는 정치적 자유주의 및 의회주의의 혼란이었다. 시장이 국가를 점령하고 의회민주주의는 대기업과 노동조합의 이해관계 안에서 질식하고 있었다.

독일의 이러한 특수한 상황들 때문에 보수 혁명론자들에게 현상유지(Status quo)란 서구의 정신에 오염된 바이마르공화국을 옹호하는 것을 의미했고, 전통을 보수한다는 것은 이미 19세기에 역사 속으로 사라진 귀족들의 반동적인 전통적 보수주의로의 회귀를 의미했다. 개혁이라는 단어도 당시 집권 세력을 이루던 사회민주주의 세력의 전유물이 된 지 오래였다. 이렇게 보수할 만한 과거도 없고, 시장과 서구적 가치 및 제도에 점령된 현존 질서를 수용할 수 없을 때 이들이 택할 수 있는 유일한 길은 미래밖에 없었다. 이 미래를 향한 급진적인 경향 속에서 '혁명'이라는 형용모순적인 단어가 독일 보수주의 전통 속에 채용되었다. 이러한 '혁명'의 목적은 무엇보다 새로운 정치 경제 질서의 건설을 위한 시작점을 무엇으로 할 것이며, 어떻게 체계화할 것인가로 모아졌다. 그러나 여기서 혁명이란 일반적인 용어법처럼 당시의 사회 정치적 구조를 실제적으로 변혁시킨다는 의미가 담긴 개념이기보다는 전후 심리적으로 위축된 독일의 현실을 정신적으로 극복한다는 의미가 더 강하였다. 이러한 보수 혁명의 딜레마는 근대 독일 보수주의의 태생적 특성으로 이것은 양상은 다르지만 파시즘의 역사 때문에 보수할 만한 과거나 민족을 드러내놓고 이야기할 수 없는 현대 독일 보수주의의 불구적인 역사 인식에도 여전히 나타난다.

보수 혁명이 가지고 있는 이러한 자기모순적 성격 때문에 보수 혁명의 성격을 어떻게 이해해야 하는가는 보수 혁명 연구의 중심적 과제이자 논쟁점이다. 이중 첫 번째 논쟁점은 보수 혁명이 과연 '보수적'인가 하는 것이다. 보수적이면 어떤 점에서 보수적이며 혁명적이면 어떤 점에서 새로운 것인지를 묻는 것이다. 이것은 주로 과거의 전통적인 보수주의와 보수 혁명의 관계 속에서 제기되는 질문이다. 먼저 아르민 몰러는 바이마르공화국 시기의 보수 혁명을 이전의 전통적 보수주의와는 구분되는 "독일 보수주의의 전환기"(Mohler, 1978: 68)로 이해한다. 전환기 이전의 보수주의가 과거와 전통을 향해 있었다면, 전환기 이후는 미래와 새로운 시작을 향해 열려 있었다는 점에서 보수 혁명은 독일 보수주의의 새로운 전환점이라는 것이다. 실제로 보수 혁명론자들은 바이마르 이후 독일의 변화된 정치적 조건 속에서 새로운 보수 담론을 구성해야 할 필요가 있었고 이 때문에 이전의 보수주의와는 달리 새로운 혁신적 내용으로 자신들의 담론을 구성할 수밖에 없었다.

묄러 판 덴 브루크는 몰러의 이해 방식을 수용하면서 자신의 주저인 『제3제국』에서 다음과 같이 언급한다. "오늘 우리가 혁명적이라고 부르는 것이 내일은 보수적인 것이 될 것이다. 우리는 혁명 자체가 아니라 혁명의 이념을 찾고 있다. 우리는 이 혁명의 이념을 보수주의 이념과 결합할 것이다. 우리는 혁명적 이념을 우리의 삶을 회복할 수 있는 상태에 이를 때까지 혁명적이지만 보수적으로 추구할 것이다."(Moeller van den Bruck, 1931: 22) 전통적인 보수주의가 담고 있는 보수주의의 본래적 의미와는 달리 그에게 '보수적'이라는 것은 "보수할 만한 가치가 있는 것을 새롭게 창조"(Moeller van den Bruck, 1931: 206)하는 것이었다. 이것은 보수할 전통이나 가치가 없는 상황에서 새로운 보수적 가치를 만들어내야 하는 독일 근대 보수주의의 현실을 통찰한 지적이다. 이러한 이유에서 독일의 '보수 혁명'은 수동성을 특징으로 하는 보수주의의 일반적 특성과는 달리 '창조'와 '의지'라는 생철학적인 '주의주의(Voluntarismus)'를 이념적 전제로 수용하였다. 오늘날 한국 사회에서도 유행하는 소위 "창조적 보수주의"(Moeller van den Bruck, 1931: 206)라는 용어도 이미 이때 사용되었다. 그러나 보존할 과거와 현재가 존재하지 않는 상황에서 창조를 이야기할 때, 창조란 희망만큼이나 절망과 허무를 담고 있는 단어라고 할 수 있다.

결국 아르민 몰러나 묄러 판 덴 브루크의 입장을 정리하면 보수 혁명은 전통적 보수주의와 내용적으로 단절하고 있음에도 불구하고 보수 혁명이 새롭게 추구하는 가치의 성격을 볼 때 여전히 보수적이며 그런 점에서 보수 혁명은 보수주의 운동의 새로운 형태로 이해해야 한다는 것이다. 그렇다면 보수 혁명이 새롭게 창조해야 하는 가치는 어떤 점에서 전통적 보수주의보다 새롭다고 말할 수 있는가?

이 질문에 대한 답은 보수 혁명을 역사적 관점에서 접근하여 전통적 보수주의와 본질적으로 다른 새로운 근대적 현상으로 이해하는 해석 속에서 찾을 수 있다. 프릿체(Fritzsche)에 의하면 전통적인 의미의 보수주의는 "해방을 위한 노력들을 방어하기 위해 사회적인 이해관계에 의해 촉발된 운동으로 자본주의와 시민사회의 등장과 더불어 시작되었고 프랑스혁명 속에서 보수주의의 첫 번째이자 세기적인 좌절을 발견"(Fritzsche, 1977)할 수 있다. 여기서 프릿체는 보수주의를 초역사적인 개념이 아니라 특정한 역사적 시기와 이해관계가 결합된 방어적 운동으로 정의하고 있는데, 만약에 보수주의를 이렇게 역사적인 방법으로 이해한다면 '보수 혁명'은 분명 전통적 보수주의와는 다른 맥락에서 이해될 필요가 제기된다. 콘딜리스(Kondylis)도 프릿체를 따라 독일에서 "사회적으로 의미 있고 개념적으로 상관성이 있는 보수주의"(Kondylis, 1986: 27)라는 이데올로기의 역사는 귀족 세력의 몰락과 함께 이미 19세기에 종말을 고했다고 본다. 결국 역사적인 관점에서 파악하면 보수 혁명은 전통적 보수주의와 본질적으로 구분되는 완전히 새로운 현상으로 이해할 수 있다는 것이다.

콘딜리스의 입장을 급진화시켜 보수 혁명을 새롭게 정의하고 있는 대표적인 학자가 브로이어이다. 브로이어는 보수 혁명이 전통적 보수주의와 구분되는 점을 보수 혁명의 근대성에서 찾는다. 보수 혁명은 무엇보다 새롭게 태동된 근대(Moderne)라는 과도기적인 시대적 틀 속에서 시민들에게 삶의 방향(Orientation)을 제공할 수 있는 가치가 무엇인지를 시험하고 모색하려 한 근대적 운동이자 현상이라고 보는 것이다(Breuer, 1993: 5). 역사적으로 볼 때 제1차 세계대전의 패배 직후 독일은 근대화라는 커다란 과제를 안고 있었다. 그러나 일반 독일인들은 패전이라는 좌절의 늪에서 깊은 정신적 공황 현상을 겪고 있었고, 사회적으로는 사회주의 세력과 구보수 세력, 군부 및 관료 세력, 사회민주주의 세력과 노동계 등 이해관계에 따라 제 정파로 분열되어 있었다. 누구나 새로운 시작의 필요성을 공감하던 때였다. 브로이어는 이때 일련의 우파 지식인들이 자신들만의 방식으로 자유주의자들과 사회주의자들이 꿈꾸는 근대와는 또 다른 제3의 방식으로 근대를 모색한 것이 보수 혁명이었다고 보는 것이다. 실제로 보수 혁명은 반계몽주의, 반자유주의 입장을 취하면서 근대의 주류적 입장에 정면으로 맞선 지식인 운동이었다. 그러나 동시에 근대의 전형적인 주의주의(Voluntarismus)와 탐미주의(Ästhetizismus)를 자기운동의 원리로 삼고 있었다는 점에서 보수 혁명은 또 다른 의미의 근대적 현상이며 기존의 보수주의라는 틀로 설명할 수 없는 현상이라고 할 수 있다.

지펠레도 같은 맥락에서 보수 혁명 담론의 기본 성격을 '반동적' 혹은 '반근대적'으로 규정하는 것에 반대한다. 지펠레는 근대 혹은 근대화의 특성을 자연과학적 기술 문명의 지배가 관철되는 과정으로 보면서 보수 혁명의 특성을 근대의 기술 문명과의 관계 속에서 재구성한다. 실제로 보수 혁명론자들은 당시 자본주의적 산업사회를 기술(Technik)의 논리가 다른 여타 사회 문화 영역의 담론을 지배하는 일종의 기술 결정론적 사회로 묘사한다. 이러한 산업사회의 자연과학적 기술 합리성이 끊임없는 자기 증식을 요구하는 자본주의적 논리와 결합하면서 기술의 발전 과정은 결국 바이마르 시기의 인간성의 해체와 공통 문화의 위기 그리고 민족 정체성의 상실로 나타났다고 보는 것이다. 이러한 맥락에서 보수 혁명은 근대의 자본주의적 기술 문명의 폐해를 자유주의자나 사회주의자들과는 또 다른 '근대적인' 방식으로 극복하려 한 지적 담론으로 이해할 수 있다.[3] 나치

---

[3] 지펠레에 의하면 바이마르 당시는 세 가지 경쟁하는 담론이 있었다. 휴머니즘적인 자유주의와 맑스주의적인 사회주의 그리고 보수 혁명이 그것인데 이들 담론은 상대를 서로 다른 눈으로 이해한다. 즉 자유주의자들은 사회주의나 보수 혁명을 전체주의적인 기획으로 보고, 사회주의자들은 나머지 두 입장을 부르주아들의 지배를 위한 기획으로 본다. 그리고 보수 혁명론자들의 눈으로 보면 자유주의나 사회주의는 보편주의를 빙자하여 민족 공동체를 해체하려는 기획이다. 따라

즘은 이러한 기술 문명의 배후로 유대인들을 지목하면서 기술 문명에 대한 비판을 인종주의적으로 왜곡하는데 여기서 보수 혁명론자들과 나치즘의 차이가 발견된다. 결국 보수 혁명의 새로움 혹은 혁명성은 자본주의적 근대화 과정에서 등장하는 자본주의적 시장과 기술 문명의 폐해에 대응하는 방식의 근대성과 그 추구하는 가치의 근대성에서 찾을 수 있다. 콘딜리스와 브로이어 그리고 지펠레 등에 의해 대변되는 근대적 운동으로서의 보수 혁명은 전통적 보수주의와 구분되는 보수 혁명의 성격을 보여줄 뿐만 아니라 보수 혁명이 파시즘의 맥락에서 단순한 반동적 운동으로 환원될 수 없는 운동임을 보여준다.

다음으로 보수 혁명의 성격을 개념 규정하는 것과 관련하여 제기되는 본질적 논쟁점은 보수 혁명을 하나의 통일된 운동으로 봐야 할 것인지, 아니면 보수 혁명 집단들 간의 이질성 때문에 하나의 정치적 스펙트럼으로 묶어서 이해하는 것이 불가능한 것으로 볼 것인가에 있다. 아르민 몰러는 보수 혁명을 다섯 개의 다양한 그룹—'민족' 그룹, '청년보수주의자' 그룹, '민족혁명가' 그룹, '동맹' 그룹, '농촌민중운동' 그룹—으로 나누어 분석하면서 보수 혁명을 이들 그룹의 다양성에도 불구하고 통일성을 담지한 정치적인 지식인 운동으로 이해한다. 보수 혁명 그룹들의 이데올로기적 통일성에 대한 논거로 일반적으로 주장되는 것은 세대적 통일성이다. 전쟁과 같은 참혹한 사건에 대해 동일한 경험을 한 세대들은 그 경험을 다루는 방식이나 표현 방식에 있어 유사한 태도와 성향을 띨 수밖에 없다는 것이다. 보수 혁명론자들에게 나타나는 종말론적 사고와 군사적이고

서 보수 혁명론자들은 권위가 있는 국가 혹은 총체적 국가와 민족 공동체의 형성을 통해 시장과 기술의 문제를 극복하려 한다(Sieferle, 1995: 22-26).

호전적인 특성 그리고 남성 중심적인 사고 등이 그런 유사한 성향의 예가 된다. 그러나 동일한 세대에 태어나서 유사한 경험을 한 사람들은 정서나 성향이 유사할 수는 있지만 그렇다고 이데올로기적인 차원까지 통일적이라고 하는 것은 과도하다. 정서나 성향상의 통일성과 이데올로기상의 통일성은 서로 다른 문제이기 때문이다. 이런 맥락에서 이 글은 세대적 통일성보다는 이념적인 다양성에도 불구하고 특정한 역사적인 조건 아래서 '보수 혁명'이라는 전체 '과정'을 관통하며 '기능적'으로 작동한 보수 혁명론자들의 '집단적 의도들'에 주목하는 것이 더 타당하다고 본다. 집단적 의도란 보수 혁명을 이끈 지식인들을 추동하였던 공통의 동기 구조와 가치 기반을 의미하는데 구체적으로는 보수 혁명 분파들이 각자의 차이에도 불구하고 공통적으로 민족 개념을 정치의 원리로 삼은 것을 그 예로 들 수 있다. 이 '집단적 의도들'에 대한 이해는 개별 사안의 차원에서 존재하는 다양성과 모순성에도 불구하고 보수 혁명이 지향하는 정치적 스펙트럼의 큰 방향을 이해하게 해주는 장점이 있다고 생각한다.

그러나 브로이어는 동시대의 다른 조류들과 구분되면서 보수 혁명 그룹들에게 공통으로 존재하는 정치사회적 신념들을 추려내는 것은 불가능하다고 본다. 보수 혁명의 제 분파는 다양성을 넘어 이질적인 집단으로 구성되어 있고 이들을 한데 묶을 경우 보수 혁명의 본래적 성격을 제대로 파악할 수 없다는 것이다. 그런 점에서 브로이어는 서로 이질적인 그룹들을 통칭하는 '보수 혁명'이란 개념은 "명료함보다는 혼란을 부채질하는 성립될 수 없는 개념"(Breuer, 1993: 181)이라고 본다. 브로이어의 논리는 결국 '보수 혁명'이란 개념은 바이마르 당시 우파 지식인 운동의 특수성을 제대로 설명할 수 없는 개념이라는 것이다. 이러한 이유에서 브로이어는 보수 혁명 그룹들 중에서 '청년보수주의자들'이나 '민족혁명 그룹'의 이념적 특징을 "신민족주의"(Breuer, 1993: 182)로 새롭게 개념화하고 보수 혁명이라는 개념 대신에 신민족주의라는 개념을 사용할 것을 제안한다. 여기서 신민족주의란 혁명적이면서도 반자코뱅주의적이며 호전적이면서도 제국주의적인 의도가 없는 포용적인 민족주의를 의미한다. 브로이어가 보수 혁명과 신민족주의를 구분하고 보수 혁명의 본질을 신민족주의에서 찾는 것은 보수 혁명을 나치즘의 연속선상에서 보려는 입장에 반대하기 때문이다. 브로이어의 다음 말이 인상적이다. "만약 나치즘이 아니라 신민족주의가 독일에서 승리했다면, 내적으로는 독재적이지만 외적으로는 수정주의적인 정권이 등장했을 것이다. 그리고 홀로코스트 같은 비극이나 제2차 세계대전도 일어나지 않았을 것이다."(Breuer, 1993: 194) 브로이어 해석의 장점은 크게 두 가지로 볼 수 있다. 하나는 보수 혁명의 제 분파 중에서 청년보수주의자들과 민족혁명 그룹을 '신민족주의'라는 개념을 통해 다른 극우 분파와 분리해냄으로써 파시즘과 구분되는 근대 독일 보수주의의 전통을 복원할 수 있는 근거를 제시했다는 데 있다. 다른 하나는 '신민족주의'라는 개념을 통해 보수 혁명론자들의 민족 개념이 파시즘의 인종주의적 민족 개념과는 구분되는 포용적 민족주의의 성격을 지니고 있음을 해명한 것이다.

그러나 브로이어 해석의 문제점은 청년보수주의자들이나 민족혁명 그룹을 보수 혁명의 전체 흐름에서 분리하여 보수 혁명의 존재 자체를 부인하는 데까지 나아가고 있다는 점이다. 이것은 보수 혁명과 파시즘을 분리하려는 브로이어의 주관적 의도가 강하게 개입된 해석의 결과로 생각된다. 이것은 보수 혁명이라는 실존했던 역사적 현상을 부인하는 대단히 비역사적인 이해 방식이다. 청년보수주의자들과 나치즘을 완전히 다른 것으로 보면서 신민족주의가 나치즘을 이겼다면 다른 역사적 결과를 가져왔을 것이라고 가정하는 것 자체가 비역사적이다. 보수 혁명론자들의 민족에 대한 독특한 이해 방식의 표현이라고 할 수 있는 신민족주의는 분명히 보수 혁명의 고유성을 보여주는 개념이지만 이러한 신민족주의는 이들 보수 혁명론자들의 한계라 할 수 있는 급진 우파적 경향성과 함께 공존하는 것이지 완전히 분리될 수 있는 것이 아니다. 그런 점에서 이 글은 보수 혁명론자들의 민족에 대한 독특한 이해 방식이라고 할 수 있는 '신민족주의'를 특정한 역사적인 조건 아래서 '보수 혁명'이라는 전체 '과정'을 관통하며 '기능적'으로 작동한 보수 혁명론자들의 '집단적 의도들' 중의 하나로 이해하는 것이 더 합리적이라고 생각한다. 브로이어의 비역사적인 이해 방식은 보수 혁명 지식인들의 이데올로기적 세계관이 나치즘과 같은 구체적인 정치적 세력과의 관계 속에서 언제든지 잘못된 방향으로 발전할 수 있음을 과소평가하고 있다. 한편 지펠레는 보수 혁명이란 개념을 서로 상이한 분파들이 경쟁하고 갈등하는 "상징적 공간(symbolisches Feld)"[4]으로 이해하는데 이것을 지금까지의 논의에 적용하여보면 보수 혁명이란 '신민족주의'라는 집단적 의도를 매개로 연결된 다양한 우파적 분파가 서로 경쟁·갈등하는 상징적 공간으로 이해될 수 있다. 이때 집단적 의도로서 신민족주의는 제 분파들이 지향하는 가치의 다양성을 묶어주고 공존할 수 있게 해주는 상징적 가치라고 할 수 있다. 그런 점에서 상징적 공간으로서의 보수 혁명은 집단적 의도가 매개된 공간으로 이해해야 한다.

위 논의의 연속선상에서 보수 혁명의 성격을 이해하는 데 중요한 것은 보수 혁명론자들에게 민족이란 과연 어떤 의미를 지니는가

---

[4] 지펠레는 상징적 공간을 분파들의 개별적 가치가 경쟁하는 공간으로 이해할 뿐 이들을 묶어주는 집단적 의도에 대해서는 개념적으로 설명을 하지 못하고 있다 (Sieferle, 1995: 7).

치 개념인가이다. 보수 혁명론자들은 새로운 보수적 가치를 모색하면서 분파에 관계없이 공통적으로 그 동력의 중심에 역사적으로 몰락한 귀족 계급 대신에 민족(Volk)을 대체물로 세웠다. 특징적인 것은 이들에게 민족 개념은 시장과 사적 이익을 추구하는 사회계급들로부터 질식당하는 국가를 해방시키고 정치적인 것을 복원하는 사회 혹은 정치의 구성 원리로 사용되고 있다는 것이다. 그런 점에서 이들의 민족 이해 방식 안에 이들이 추구하는 정치적인 것의 핵심이 들어 있다고 할 수 있다. 정치의 구성 원리로서 민족이라는 개념은 청년보수주의자 그룹들에게서 잘 나타나는데 이것은 이들이 헤겔 우파적 전통을 차용한 결과이다.[5] 헤겔 정치철학에서 '정신'이란 우리가 흔히 사용하는 정신 개념과 달리 '정치적인 것'을 구성하는 원리인데 보수 혁명론자들은 정신의 자리에 민족을 대체시키면서 민족을 정치의 구성 원리로 원용하고 있다. 따라서 이들에게 민족은 사회적인 실재를 의미하는 것이기보다는 사적인 이해관계에 매몰된 현실 세계를 극복하는 정신적 원리라고 할 수 있다. 이러한 민족 개념을 통해 이들이 회복하고자 하는 것은 훔볼트 이래로 독일에서 면면히 이어져오는 문화국가적 전통, 즉 사적 이해의 각축장이 아니라 개인의 자유를 실현하고 공적 이해를 추구하는 국가상이었다. 그것은 동시에 점증하는 이익집단, 자본과 노동의 결탁 등으로 공적인 영역이 사적인 이익의 격투장이 되는 당시 독일의 정치 현실을 비판하는 개념이자 이들 사회 세력들의 이해관계 안에서 놀아나는 바이마르공화국의 법적 구조를 훼파하기 위한 일종의 실천적인 투쟁 개념이었다. 다시 말하면 개인의 사적 이익과 시장 원리를 옹호하는 자유주의적 원리 위에 서 있는 바이마르공화국의 국가를 혁신하는

---

5) 헤겔 우파적 전통을 보여주는 대목은 프라이어(Freyer, 1930: 291-292) 참조.

정치 원리이자 국가 구성의 원리로 이해되었다. 통일된 독일제국의 형성 이래로 민족은 다시 바이마르 시기에 와서 시장의 파괴적 힘과 계급 이익에 의해 분열되었고 이렇게 분열된 독일을 통합하기 위해 필요한 '정치적인 것'의 상징적 언어가 바로 민족이었다. 이것은 구체적으로 보수혁명론자들의 '권위가 있는 국가' 혹은 '총체적 국가' 개념에서 구체화되었다. 브로이어가 보수 혁명을 신민족주의로 이해하는 것도 민족에 대한 이러한 지향을 주목한 것이다.

보수 혁명론자들은 '보수'라는 개념이 본래의 역사적 의미와 단절되면서 이전의 보수주의자들과 달리 보수주의의 범주를 넘어서는 개념들을 자신들의 이념틀 안에 차용하기 시작했다. 이전의 전통적 보수주의자들과 달리 이들은 '사회주의', '혁명', '민주주의'라는 개념을 자신들의 혁명적인 입장을 견지하기 위한 방편으로 사용한 것이다. 정치적으로 이미 성공을 이룬 이들 개념의 차용을 통해 이들은 한편으로는 바이마르공화국의 등장과 함께 완전히 달라진 정치적 지형에 적응하려 하였고 다른 한편으로는 독일의 새로운 시작을 위한 그들 고유의 담론 추구라는 목적을 수행하였다. 따라서 이들이 채용한 개념들은 이 개념의 본래적 의미와는 전혀 다른 내용을 지니는 것이었다. '사회주의', '혁명', '민주주의'라는 혁명적인 개념들에 입혀진 서로 다른 색깔의 중심에는 공통적으로 민족이 있었다. 그런 점에서 민족에 대한 공통된 이해 방식이 보수 혁명론자들의 서로 다른 이념적 스펙트럼에 통일성을 부여하는 끈이라고 할 수 있다. 슈펭글러의 다음의 언급이 인상적이다. "모든 세계의 다른 민족들은 그들의 과거를 통해서 개성을 유지해왔다. 우리는 어떤 양육된 과거도 가지고 있지 않다. 그러므로 우리는 우리들의 핏속에 맹아로 존재하는 개성을 먼저 일깨우고 교육시켜야 한다."(Spengler, 1933: X) 독일의 역사적 특수성 때문에 좌파나 우파 모두에게 특별한 의미가 있는 개념인 민족 개념에 자신들의 정치적 희망을 투사하고 있는 것이다. 그렇기 때문에 이들의 민족 개념을 인종적인 것으로 단순화하면서 파시즘과 연결시키는 것은 과도한 단순화이다. 그것은 자본주의적 근대화라는 당시로서는 혁명적인 사회 변화와 독일의 사회 정치적 분열 등을 극복하기 위한 보수주의자들의 이념적 장치의 성격이 강했다.

사실 전쟁의 패배라는 절망과 사회의 제 세력이 이해관계에 따라 분열하고 있는 현실에서 독일의 보수적인 지식인들이 자기를 재발견할 수 있는 매체는 민족밖에 없었다. 그러나 이들의 민족 개념은 현존하는 것이 아니라 "산업사회와 자유민주주의의 위기 속에서 쟁취"(Freyer, 1935: 141)되어야만 하는 것이었다. 이러한 새로운 창조를 위해 이들은 민족을 정치를 구성하는 추상적인 원리로 이해하고 여기에 민족의 신화적(Mythos) 성격을 덧붙였다. 신화적 요소란 민족에 형이상학적인 종교성을 부여한 것을 의미한다. 경제적으로는 실업과 인플레이션으로, 정치적으로는 첨예하게 분절화된 이해관계 때문에 전체 정치 공동체의 통일성이 위협을 받는 상황에서 사회 전체를 결합할 수 있는 매체로서 신화적 의미가 가미된 민족 개념이 대안으로 떠올랐던 것이다. 보수 혁명론자들의 민족 이해가 자유주의자들의 그것과 구분이 되는 부분이 바로 이 민족에 가미된 신화적 요소와 그것의 정치적 결합이라고 할 수 있다. 그들은 이 민족 개념을 통해 자유주의의 이기적인 개인을 지양할 수 있는 애국심의 고양과 공동체의 근원적 통일성을 창조할 수 있다고 믿었다.

일반적으로 신화란 과거의 전통과 관계한다. 그러나 보수 혁명 담론에서 추구되는 신화는 과거가 아닌 미래의 새로운 혁명적 질서를 지향한다는 점에서 유토피아적 사고와 결합되어 있다. 다른 유럽 국가들의 보수주의와는 달리 돌아갈 역사나 전통이 존재하지 않았던

<표 1> 독일 보수 혁명의 특성

	민족주의	정치적인 정당과의 관계
독일 보수 혁명	전통의 부재 – 혁명적 민족주의	우파 지식인들의 운동/ 강력한 정치적 의지를 가진 집단의 부재
영국/프랑스 보수주의[6]	전통의 고수 – 온건한 민족주의	강력한 정치적 의지를 가진 집단의 부재
파시즘	전통의 부재 – 혁명적 민족주의	강력한 정치적 의지를 가진 정치정당

독일 보수주의에게 남은 탈출구는 민족밖에 없었다. 그러나 이들이 호소하는 독일 민족 개념은 역사적인 개념이 아니라 신화 속의 시간에 자리 잡고 있는 것이었다. 역사 속의 민족이 아니라 신화 속에 존재하는 민족은 미래를 향해 '혁명적'으로 열려 있을 수밖에 없다. 보수 혁명의 유토피아적 성격은 바로 여기에서 나온다. 전통에도 없고 현재에도 없는 이 민족의 신화는 유토피아를 향할 수밖에 없다. 그러나 이들의 유토피아는 바이마르 시기 시장과 분절화된 다원주의적 이해관계 속에서 훼파된 정치제도를 대체하는 개념이었기 때문에 '정치적인 것'의 배제 혹은 폐지라는 또 다른 위험을 전제하고 있었다. 보수 혁명의 유토피아적 성격은 보수 혁명의 비정치적 성격을 설명해준다.

이러한 맥락에서 라이문트 폰 뎀 부쉐는 보수 혁명을 "보수적

---

[6] 독일 보수주의가 과거를 바라보는 방식의 특수성은 영국이나 프랑스의 보수주의와 구별되는 독일 보수주의의 고유함이다. 영국과 프랑스의 보수주의는 점진적 진보를 꿈꾸면서 과거의 것을 현재를 위해 수용하였지만 독일의 경우는 수용할 과거가 없었다. 과거에 대한 이러한 회의는 이탈리아나 프랑스에 있었던 파시즘운동에서도 찾을 수 없는 것이었다.

인 유토피아주의(konservativer Utopismus)"로 성격 짓고 이것을 19세기 이후의 독일 보수주의에 나타나는 새로운 특징으로 이해한다(Bussche, 1998: 383). 보수보다는 유토피아에 방점이 찍힌 보수적인 유토피아주의란 보수 혁명의 비정치적 성격을 지칭하는 것으로 라이문트 폰 뎀 부쉐는 보수 혁명 담론의 공통된 특징을 "더 이상 정치가 작동[존재]하지 않는" 그들의 미래 사회 구상에서 찾는다. 민족이 지닌 이러한 비정치적 단면은 보수 혁명에 내재한 허무주의와 일정 정도 관계가 있다. 그러나 이들의 이러한 허무주의적 측면을 절대화하여 이들의 정치적 담론을 평가절하하는 것은 또 다른 오류를 범하는 것이다. 그들의 유토피아는 현실에서 충분히 정치적이었다. 물론 히틀러의 파시즘은 사회적인 안정판이 없는 상태에서 비정치적인 것이 정치화될 때 나타날 수 있는 정치형태의 극단을 보여주는 것이었다. 정서적이고 비합리적인 기초 위에 서 있는 '비정치적인 것'이 정치화될 때 기존의 정치를 감성적으로 부정하는 측면이 있기 때문에 이것이 제안하는 정치적인 것의 내용 또한 포퓰리즘적이고 극단적일 수 있다.

끝으로 보수 혁명의 성격과 관련한 논쟁에서 쟁점이 되는 것은 보수 혁명과 파시즘 간의 관계를 어떻게 이해할 것인가 하는 것이다. 클렘페러(Klemperer)나 펫촐트(Petzold)와 같은 이들은 보수 혁명의 특수성을 아예 부인하고 보수 혁명을 나치즘을 예비한 보수주의의 타락한 형태로 이해한다(Klemperer, 1962; Petzold, 1978; Struve, 1973). 보수 혁명가들의 민족에 대한 이해 방식이 나치즘의 국가사회주의에 미친 영향을 주목하면서 보수 혁명을 파시즘의 전범으로 파악하는 것이다. 나치즘과의 부정적인 관계에 주목하는 이러한 해석 경향은 1970년대와 80년대 초까지 진행된 연구들의 주된 흐름이라고 할 수 있다. 그러나 이러한 해석 방식의 문제점은 보수 혁명론자들의 민족 개념이 지닌 비제국주의적이고 반인종주의적인 특성들을 단순화시키면서 나치즘의 국가사회주의와 구분되는 보수 혁명 자체의 고유성과 다양성을 의도적으로 간과하는 데 있다.

무엇보다 이러한 분석은 민족주의와 파시즘의 차이를 단순화시키는 문제가 있다. 물론 유럽의 역사를 돌이켜보면 민족주의는 그 본래의 기능이 변질되면서 파시즘 형성의 온상으로 작용하였다. 그럼에도 불구하고 이 양자 사이에는 근본적인 차이가 존재한다. 일반적으로 파시즘을 설명할 때 파시즘을 민족의 순수하고 새로운 창조라는 신화와 연결시켜 민족주의적인 이데올로기 틀로 설명한다. 보수 혁명을 파시즘의 예비자로 주장하는 이들도 바로 보수 혁명에 나타난 민족에 대한 신화 때문이다. 그러나 파시즘을 단순히 민족주의와 등치시키는 것은 과도한 단순화이다.

파시즘은 무엇보다 정치의 영역에서 권력을 쟁취하려는 의지와 능력으로 특징지어진다. 지식인들이 자신의 이념을 사회 안에 관철시키려 한 보수 혁명과는 그 성격을 달리한다. 보수 혁명의 주창자들은 민족주의를 내세웠지만 정치적인 실천과 돌파 능력 없이 경계를 맴도는 지식 엘리트들이었다. 파시즘은 지식인들의 지적인 운동도 아니고 사회적인 현상도 아니다. 그것은 정치적인 현상이며 근대적인 정당 체계의 등장을 배경으로 한다. 이런 맥락에서 브로이어는 파시즘을 "폭력과 카리스마 그리고 정실 관계에 기초한 정당의 특별한 결합"(Breuer, 2005: 59)으로 이해한다. 브로이어는 이것을 파시즘과 민족주의를 구분하기 위한 최소한의 조건으로 이해한다. 이러한 맥락에서 파시즘을 단순히 민족주의적이거나 인종주의적인 이데올로기로 환원하여 설명하는 것은 지나친 단순화라고 할 수 있다. 여기에는 반드시 정치적 실천 과정에서의 권력 획득을 위한 분명한 의지와 능력이 결합되어야 한다. 보수 혁명의 주창자들은 분명히 권력

의지를 지닌 정치적 실천보다는 그들이 추구하는 정신과 이념에 기반한 지적인 운동에 치중하였다.

3. 보수 혁명 담론에 나타난 국가와 시장: 시장의 정치화와 '정치적인 것'의 위기

시장과 국가에 대한 보수 혁명론자들의 정형화된 사고를 찾아내기는 매우 어렵다. 왜냐하면 보수 혁명은 다양한 분파가 서로 다른 이념적 방점을 찍으면서 전개된 지식인들의 운동이기 때문이다. 그러나 시장과 국가에 대한 가장 명료한 입장 전개는 청년보수주의자 그룹에서 나타난다. 청년보수주의자 그룹은 보수 혁명론자들 중에서 당시 가장 영향력이 컸던 그룹으로 아르투어 묄러 판 덴 브루크와 하인리히 폰 글라이헨 등이 주축이 되어 베를린을 중심으로 활동한 지식인 그룹이다. 이들은 1919년 여름 6월회(Juni-Klub)를 결성하고 주간지인 『양심(Das Gewissen)』을 창간하면서 왕성한 활동을 하였다. 그러나 묄러 판 덴 부르크가 죽자 이들이 결성했던 6월회는 세가 약해져 '독일신사클럽(der Deutsche Herrenklub)'으로 대체되었다. 그러나 독일신사클럽이 융커나 금융업자들과 연대를 하면서 귀족적이고 엘리트주의적인 특성을 띠며 구보수주의로 회귀하려는 양상을 보이자 이에 반발하여 다시 혁명적 비전을 복원하려던 모임이 있었는데 이들이 바로 'TAT(행동) 그룹(TAT-Kreises)'이다.

이 그룹의 대표 주자라 할 수 있는 체러(Zehrer)는 당시 바이마르공화국의 허약성, 다시 말하면 바이마르공화국의 정치가 부유하는 이유를 진단하면서 "[시장]경제의 국가에 대한 독재"라는 테제를 주장하였다(Zehrer, 1928: 524-527). 바이마르 시기의 국가가 자본주의 시장의 손아귀에 장악되었다는 이 테제는 문제 해결 방식에서의 차이만 존재할 뿐,[7] TAT 그룹뿐 아니라 다른 보수주의 그룹과 심지어 사회민주주의자들도 공유하던 시대 진단이었다. 이 테제는 당시 냉혹한 시장 논리에 기초한 자본주의적 기제와 조직들에 의해 '정치적 통일성'을 유지하는 데 기초가 되는 '중산층'이 몰락하고, 동시에 정치적 통일성의 기반을 상실한 국가의 공적인 질서가 분파적인 시장적 이해관계에 의해 좌우되는 현실에 대한 비판을 담고 있다. 한 가지 특징적인 것은 정치적인 것과 공동체의 정체성을 해체하는 자본주의적 시장에 대한 이들의 부정적 인식은 시장 논리에 대한 단순한 비판을 넘어 사회의 모든 논리가 자연과학적인 기술 합리적 사고에 의해 지배되는 근대 산업사회의 기술 문명에 대한 비판과 결합되어 있다는 것이다. 다시 말하면 국가를 잠식하고 민족의 정체성과 공통 문화를 위협하는 시장의 강력한 자기 증식의 힘은 시장의 논리와 산업사회의 기술 발전 논리가 결합된 데서 기인한다는 것이다. 따라서 체러를 비롯한 TAT 그룹의 시장에 대한 이해 방식의 특징은 당시 자본주의적 근대화 과정에 나타나는 시장의 무정부적 성격을 기술 발전의 무정부적 성격과 결합하여 이해했다는 데서 찾을 수 있다.

실제 1920년대 당시 바이마르공화국은 전승국들의 혹독한 전쟁 배상금을 견디지 못해 모라토리움(지불유예)을 선언했고, 세계적인 추세이기도 했지만 그와는 비교가 안 될 정도의 인플레가 심화되어 1922년 12월 1달러에 8,000마르크였던 환율은 1923년 4월에는 2만 마르크, 8월 초에는 100만 마르크를 기록하였다. 이 틈을 타서 천민 자본주의적인 사기꾼적 간상들과 고리업자들이 판을 치게 되었다.

---

[7] 문제 인식은 유사했지만 해결 방법에 있어서는 경제적 자유주의의 복원을 주장하는 쪽도 있고 국가사회주의적인 계획경제를 주장하는 쪽도 있었다.

결국 '초인플레이션'은 한편으로는 도시의 중산계급과 중소기업의 몰락을 가져왔고, 다른 한편으로는 대자본의 산업 지배와 산업의 독점 과정을 촉진시켰다. 경제적 위기에서 생존하기 위해 산업 부분을 하나의 거대 자본하에 통합한 콘체른이라는 새로운 기업 형태가 출현한 것도 바로 이때다. 슈티네스 같은 신흥 대자본가 같은 경우는 인민당의 의원이 되어 자신의 경제적 이해를 관철시키기도 하였다(오인석, 1997: 180-188). 1924년부터 미국과의 경제적 결합으로 '상대적인' 안정기에 접어들었다고는 하지만 결과적으로 그것은 또 다른 '서구' 자본주의의 늪에 빠지는 계기가 되었다. 이렇게 하여 사회는 중산층이 몰락한 가운데 거대 기업과 노동조합 세력의 대결 구도로 재편되었다. 정치적으로는 1920년 사회민주당의 뮐러 내각이 붕괴된 뒤 10년 동안 13번의 내각이 교체될 정도로 의회주의는 제 기능을 하지 못했고 당면한 경제적 위기 해결에는 무능하기 짝이 없었다. 이러한 맥락에서 TAT 그룹은 자본주의 경제체제는 "특성상 독일적 본질에 맞지 않는 낯선 것이었다."(Fried, 1932: 452)고 결론을 낸다. 이들에게 일련의 사건은 자본주의적인 시장경제의 무정부성이 지니는 폐해와 자유주의적인 의회민주주의의 문제를 인식하기에 충분한 증표가 되었던 것이다.

TAT 그룹이 시장경제의 독재에 대항하여 제시한 대안은 바로 '권위가 있는 국가(autoritärer Staat)'의 이념이다. 이 '권위가 있는 국가'라는 강한 국가에 대한 이념은 두 가지 맥락에서 차용된 것으로 볼 수 있다. 하나는 시장과 기술의 논리가 지배적으로 관철되는 자본주의 산업사회에서 시장과 기술의 부정적 기능을 '사회적으로 조정'하고 '정치적인 것의 우선성'을 획득할 수 있는 유일한 방법은 권위가 있는 국가와 같은 강한 국가를 통해서만 가능하다는 현실 인식에서 제시되었다고 할 수 있다. 다음으로 이 '권위가 있는 국가' 이념은

'국가에 의한 경제의 조정'이라는 비스마르크 이래로 지속되어온 특별한 독일적 전통 속에서 차용한 것이라고 할 수 있다. 바이마르 당시 이 권위가 있는 국가에 관한 이념은 오늘날의 어감과는 달리 상당한 공감대가 있었는데 이는 국가 속에서 다시 자유로운 삶의 영역을 획득하기 위해서는 안정된 권위가 필요하다는 인식에서 나온 것이기도 하다. 이 국가 이념의 특별함은 권위적이긴 하지만 대중들을 돌보고 조직한다는 사회주의적 요소를 담고 있다는 데 있다. 흔히 오해하기를 이러한 독일의 국가주의적 전통을 파시즘과 바로 직결시켜 이해하는 경우가 많은데 내가 보기에 그것은 지나친 단순화다. 오늘날 독일의 사회민주적인 복지국가적 전통도 순수하게 사회민주주의적 전통에 기초하고 있다기보다는 독일의 국가주의적 전통과 연결되어 있다.[8] 그래서 당시의 수정주의적 사회민주주의자들도 자본주의적 시장 논리에 기초한 자유주의적 경제정책의 폐해를 극복하기 위해서는 강력한 국가와 하나로 통일된 민족 공동체가 필요하다고 역설하였던 것이다. 따라서 권위가 있는 국가 개념의 국가주의적 모습을 바로 파시즘으로 연결시키는 것은 당시에 지배적이던 국가 이해 방식을 간과하는 것이다. '권위가 있는 국가' 개념은 독일의 역사 속에서 한때는 파시즘으로 나타났지만 그것은 양상은 조금 달라도 당대의 수정주의적 사회민주주의자들에게도 존재하던 독일식 전통에 기초한 것이었다. 그러나 바이마르 당시의 경제적 독점과 당면한 위기를 극복하기 위하여 이루어지는 국가의 경제에 대한 개입이 민주적인 토대 속에서 이루어지는 것이 아닐 때, 이들이 주장하는 권위적 국가는 파시즘의 가능성을 항시 내포하고 있는 것이 사

---

[8] 독일의 복지국가적 전통을 단순히 좌파적인 사회주의 전통에서 찾는 것은 너무 단순한 생각이다. 독일의 보수정당들이 지향하는 사회정책들의 면면을 보면 이 점을 이해할 수 있다.

실이다. 당면한 심각한 경제적 위기를 극복하기 위해서는 강력한 국가의 개입이 필요한데 그러한 개입은 비민주적이기 쉽고, 다른 한편 국가의 비민주적인 개입은 파시즘으로 발전할 수밖에 없는 역설이 권위적 국가 개념에 내재해 있다고 할 수 있다. 그런 점에서 문제의 핵심은 '권위가 있는 국가'에 의한 경제의 조정 테제와 민주적인 국가를 어떻게 양립시킬 수 있는가에 있다.

이 '권위가 있는 국가' 개념이 지향하는 기본적인 내용은 붕괴된 자본주의적 시장 질서의 회복은 사적 자본가들의 리더십이 아니라 경제에 대한 '정치의 우선성'을 복원함으로써 가능하다는 데 있었다. 여기서 정치의 우선성이란 사회적 이해관계 속에서 질식하고 있는 국가의 회복을 통해 시장의 교환관계나 사회적 이해관계로 환원될 수 없는 정치적인 것의 고유성을 복원하는 것을 의미한다. 내용적으로는 반자본주의적이고 국가사회주의적인 특성을 담고 있었다. 그래서 정치의 우선성 테제는 기초산업과 은행의 국유화를 내용으로 하는 '국가사회주의적 자본주의(staatssozialistischer Kapitalismus)'로 구체화되었는데 이것은 제1차 세계대전의 '전시경제' 모델을 염두에 둔 것이었다. 구체적으로 체러는 은행이나 항운 그리고 보조금을 받는 산업들의 국유화를 주장했고 프리트(Fried)는 심지어 대지주와 중소 농민 단체 등의 폐지를 주장했다(Fritzsche, 1976: 168, 175). 그러나 이들은 국가사회주의적인 주장에도 불구하고 사적 소유나 그에 기초한 시민사회의 완전한 폐지를 주장하지는 않았다. 프리트의 반자본주의적인 국가사회주의적인 계획경제 모델은 자본주의 자체의 부정이 아니라 시장의 무정부주의적인 경쟁 체계를 반대하는 데 중심이 놓여 있다. 그래서 그는 국가의 계획경제를 주장하면서도 국가에 속하는 경제 기관들의 자율성을 동시에 역설하였다. 특히 그가 '맑스주의에 대한 시민들의 반격'을 주장했던 것을 보면, 당시 좌파들이 주장하는 사회주의적인 의미의 완전한 계획경제는 그가 원하는 새로운 질서가 아니었다고 할 수 있다. 나아가 그는 국가사회주의적 자본주의로의 전환도 혁명이 아니라 점진적인 진화의 과정이어야 한다고 주장했다. 이때 점진적 진화의 과정이란 자본주의가 위기 때마다 스스로 진화하면서 적응하는 과정을 의미한다. 결국 그의 의도는 시장경제의 동력을 말살시키자는 것이 아니라 강력한 국가를 통해 전체 경제 질서의 안정을 보장하고 사회적 갈등을 조정하는 데 있었다. 특히 체러가 대기업이나 노동조합 세력의 위협에도 흔들리지 않고 중립을 지킬 수 있는 강력한 국가를 권위가 있는 국가의 핵심적인 내용으로 본 것도 이러한 맥락이다. 그런 점에서 대기업이나 노동계급의 위협에 중립적인 강력한 국가와 이러한 국가의 기초로서 제안된 중산층 개념을 통해 청년보수주의자들이 제안하는 '권위가 있는 국가'는 폭력적이고 강압적이며 인종적인 파시즘의 국가와는 구분된다고 할 수 있다. 권위가 있는 국가 개념의 개입주의적 성격은 그것이 전제하고 있는 계급적 중립성 때문에 현실에서는 그 개입의 비민주성이 제한적일 수 있고 그런 점에서 파시즘의 국가와는 구분된다.

그렇다면 이들 TAT 그룹이 시장 자본주의의 비판을 통해 제시하는 새로운 정치 질서의 건설은 어떻게 가능한가? 그것은 무엇보다 시장경제의 무정부성 속에서 붕괴된 중산층의 회복이나 그에 상응하는 등가물을 통해서 가능하다고 그들은 보았다. 여기서 중산층은 새로운 국가와 경제의 건설을 위한 대중적 기초로서 '권위가 있는 국가'의 정치를 가능하게 하는 물질적 기반으로 생각되었다. 당시 주로 도시에 기반을 둔 봉급생활자와 자유직업인 들이 주축이 된 중산층은 통화 인플레이션으로 인해 임금이 실질적으로 절하되거나 저축이 거의 휴지 조각으로 변하는 상황에서 몰락의 길로 갈 수밖에 없었다. 바이마르공화국 말기 선거 때마다 반복되던 사회민주당의 지지율 하락과 국가인민당을 비롯한 보수정당의 득표수 증가는 이러한 중산층의 변화된 현실을 반영한 것이었다. 물론 이러한 중산층에 대한 관심은 당시의 정치적 상황을 반영하는 것이었다. TAT 그룹이 중산층을 자신들의 정치적 비전의 원리로 삼지는 않았지만 당시에 일어난 중산층의 붕괴를 보면서 이들의 계층적·직업적 조직화가 이루어지지 않는 상태에서 이루어지는 어떤 정치적 논의도 의미 없는 것으로 생각했기 때문이다. 중산층은 민족이라는 보수 혁명의 본래적 원리에 이르기 위해 현실적으로 어쩔 수 없이 거쳐야 하는 과정이었다. 그러나 이 양자는 공히 시장의 독재에 맞서 정치의 공공성을 확보하기 위한 공통의 기반이자 '권위가 있는 국가'의 행위 능력의 원천이었다.

그렇다면 왜 TAT 그룹은 프롤레타리아가 아니라 중산층과 나아가 민족을 보수 혁명의 대중적 기반이자 주체로 삼고자 한 것일까? 프라이어(Freyer)는 1931년에 발간된 그의 책 『우파 혁명(Revolution von rechts)』에서 그 이유를 프롤레타리아가 강력한 노동조합 조직을 가지게 되면서 자본주의국가의 폐지라는 프롤레타리아계급 자신의 고유한 과제를 배반할 수밖에 없는 물질적 조건을 갖게 되었기 때문으로 보았다(Freyer, 1931: 32). 노동조합을 통해 노동 시스템 내에서 자신들의 권리를 위한 투쟁의 수단을 갖게 되고 부르주아계급들의 자유주의적 국가가 점차 복지국가화되면서 프롤레타리아가 계급 적대에 기초한 혁명이 아닌 개혁으로 방향을 선회하게 되었다는 것이다. 프라이어는 이 노동계급의 시민사회로의 편입과 함께 국가에 저항하는 프롤레타리아의 계급투쟁이라는 19세기의 역사적 변증법은 끝이 난 것으로 보았다. 좌파 혁명의 담지자가 사회 안에 완전히 편입되면서 그의 역사적 동력은 상실되었고 그리하여 "혁명 주체의 변화"(Freyer, 1931: 36)가 일어났다는 것이다. 그에 의하면 프롤레타리아가 타협으로 물러난 자리에 "사회나 계급 그리고 이해관계에 따라 타협할 줄 모르는 저 깊은 심연에서부터 혁명적인 민족"(Freyer, 1931: 37)이 대신하게 되었다. 사회나 계급 그리고 이해관계로 환원되지 않는 민족이라는 새로운 역사의 혁명적 주체를 통해 프라이어는 20세기의 "우파 혁명"을 주장하였다. 민족은 시장의 무정부성, 정치가 사회 세력의 이해관계에 따라 좌우되는 바이마르의 현실에 반대하기 위한 일종의 투쟁 개념이었다. 그것은 동시에 사회적인 이해관계로부터 자유로운 정치 세계에 대한 보수 혁명론자들의 정치적 열망을 반영하는 것이기도 하였다.

프라이어에 의하면 자본주의적 산업사회에서 국가는 항상 계급투쟁이나 사회적 이해관계의 희생양으로 전락해버렸고 이에 따라 정치는 자신의 자리를 상실했다. 그렇다면 자본주의 시장에 의해 족쇄가 채워진 국가의 해방은 어떻게 가능한가? 그것은 계급 관계나 사회적 이해관계에서 자유롭게 공동 이익을 추구하는 새로운 민족의 형성을 통해서 가능하다. 프라이어에 의하면 이러한 민족은 "중산층이 파괴되고 농민층이 위협을 받는 모든 장소, 그리고 개인의 자립성이 파괴되고 기업들이 관료화되는 모든 곳에서"(Freyer, 1931: 52), 달리 말하면 자본주의적 시장의 모순이 드러나는 모든 곳에서 생성된다. 민족을 단순한 관념이 아니라 자본주의 시장의 모순적 현실 위에 정초시키려는 이러한 시도는 이들의 민족 이해가 단순한 형이상학적 차원을 넘어서고 있음을 보여준다. 이런 식으로 청년보수주의자들에게 민족은 노동자계급처럼 자본주의적인 산업사회의 모순 속에 배태되어 점차 성장해가고 있는 새로운 정치권력이 된다. 동시에 민족은 자본주의적 시장이나 계급 이해의 족쇄로부터 국가를 해방하고 국가의 통일성을 보장하며 국가의 행위능력을 제고시키는 핵심적인 근간이자 정치적 원리이다. 그리고 "사회적 이해관계 속에서 질식하고 있는 국가가 해방"(Freyer, 1931: 55)되는 과정은 곧 민족이 역사의 주체가 되는 우파 혁명의 과정이며 또한 시장에 의해 실종된 정치를 회복하는 과정이다. 그런 점에서 민족은 자본주의적 산업사회의 폐해에 맞서 국가를 복원하고 정치를 복원하는 새로운 사회 구성의 원리를 은유적으로 표현하는 개념이라고 할 수 있다.

TAT 그룹이 시장경제의 독재에 대항하여 제시한 '권위가 있는 국가' 개념도 프라이어가 말하는 민족 개념 위에 정초된 국가라고 할 수 있다. 그런 점에서 민족에 대한 이해 없이 청년보수주의자들이 말하는 국가는 제대로 이해될 수 없다. 이들의 민족 개념은 자본주의 시장 체제나 계급사회에서 최소한 정치적 공통성을 보장하고 정치적인 것을 정초할 수 있는 핵심 기제라고 할 수 있다. 프라이어에 의하면 이러한 민족 위에 정초된 국가는 모든 문화의 완성이며 객관 정신이 사회적 형태로 구현된 것이다. 이러한 프라이어의 국가 개념은 표현이나 내용을 보면 헤겔 우파의 전통에 서 있는 국가 개념이라고 할 수 있는데 실제로 그의 민족 개념은 헤겔의 정신 개념같이 국가 혹은 정치 시스템을 구성하는 정신적 원리를 의미한다. 여기서 국가란 헤겔의 국가 개념과 마찬가지로 "계급 모순으로 파편화된 시민사회를 지양하고 새로운 구조를 세울 수 있는 권력"(Freyer, 1930: 291)이자 이기주의와 모순적인 계급사회의 대척점에 서 있는 자유의 구현체이다. 그러나 민족이라는 정치적 구성 원리의 구현으로서의 '권위가 있는 국가' 개념의 문제점은 이 국가의 정치적 공통성을 보장할 현실적인 토대가 없는 상태에서 관념적으로 구성된 국가 개념이라는 데 있다. 중산층이나 현실적으로 실존하는 민족이 존재하지 않는 상태에서 관념적으로 구성된 이상 국가는 현실에서 그 힘의 공백을 메우기 위해 폭력에 의존할 가능성이 있다고 할 수 있다. 이것이 보수 혁명론자들의 국가 이해가 지니는 현실적 한계이다. 그러나 동시에 이들의 국가 개념이 내포하는 이런 한계 때문에 이들의 국가 개념을 바로 파시즘과 연결시키는 것도 지나친 단순화이다.

TAT 그룹에 영향을 준 카를 슈미트의 헌법 제정 권력과 그에 기초한 총체적 국가(totaler Staat) 이론도 '권위가 있는 국가' 개념과 유사한 맥락에서 전개된 것이라고 할 수 있다. 슈미트에 의하면 바이마르공화국처럼 자기 고유의 정치적 의제 설정 능력이 없는 '약한' 국가는 모든 사회 영역에 무차별적으로 개입하지만 동시에 모든 사회 그룹의 국가에 대한 접근을 용이하게 하고 이 때문에 국가는 제 그룹들의 이해관계에 발이 묶여 무기력하게 된다. 이러한 바이마르 국가에 반대하여 슈미트는 자신의 고유한 권력적 기초를 지닌 '총체적 국가'를 주장하면서 정치적인 것의 고유성을 다시 획득할 것을 주장한다. 이 총체적 국가를 통해서만 국가의 경제화로 인해 시장이 정치화된 바이마르공화국의 문제를 해결할 수 있다고 보았다(Schmitt, 1931: 79). 여기서 국가의 경제화란 정치의 영역인 국가가 자기 고유의 정치적 기능을 상실한 채 시장경제의 논리에 포박된 것을 의미한다. 시장이 정치화되었다는 것은 시장이 시장 고유의 영역을 넘어 정치의 영역인 국가까지 잠식함으로써 정치화된 것을 의미한다. 슈미트는 의회주의가 여론의 시장이자 동의 형성 체계인데 바이마르 당시에는 이러한 의회주의 정치제도를 뒷받침할 사회경제적 실체가 존재하지 않았기 때문에 바이마르 국가가 혼란 속에 있었다고 진단한다. 이러한 비판은 당시에 '초인플레이션'으로 인해 독일의 사회경제적 구조가 독점과 카르텔, 중산층의 몰락 등으로 급격히 변하고 있었는데 이에 맞는 적합한 정치제도가 부재하는 현실을 반영하고 있다. 다시 말하면 슈미트의 총체적 국가 이론은 사회경제적 구조의 변화가 아니라 변화된 사회경제적 현실에 상응하는 정치제도의 모색

과정에서 등장한 개념이라고 할 수 있다. 그는 이 권위를 가진 총체적 국가를 통해서 정치의 회복과 더불어 '국가로부터 자유로운 구역과 생활 영역'을 다시 소생시킬 수 있다고 믿었다. TAT 그룹이 바이마르의 개입 국가적 성격을 '권위가 있는 국가'의 개입 과정으로 대체해야 한다고 주장한 것도 이러한 맥락에서 이해될 수 있다.

여기서 중요한 것은 TAT 그룹이나 슈미트가 제기하는 국가를 통한 경제의 조정이나 '총체적 국가'라는 이념은 국가에 의한 경제의 통제가 아니라 시장의 힘과 논리에 질식하고 있는 정치를 해방시키려는 의도에서 전개되었다는 것이다. 앞서 언급했듯이 이들의 권위적인 개입주의 국가 이념은 시장경제를 부인하는 것이 아니라 시장의 유기적인 성장과 관련된 것이며 이들이 문제 삼은 것은 시장경제 자체보다 시장이 시장의 경계를 넘어 정치화되는 현실이라고 할 수 있다. 그리고 이렇게 시장이 정치화된 문제의 근원을 경제화된 국가에 있다고 보았다. 시장경제가 지닌 문제의 본질을 국가가 정치적인 기능을 상실한 데서 본 것이다. 시장경제가 국가를 식민화한 것도 결국 국가가 정치적인 의제 설정 능력을 상실한 것에 기인한다고 보는 것이다. 이들은 국가가 정치적 의제 설정 능력을 가지고 있느냐의 유무에 따라 국가가 경제 영역의 이슈에 잠식되지 않고 나아가 다른 사회 영역의 자율성을 보장할 수 있다고 보았다. 이 기제가 깨어질 경우 정치적인 것이 경제화되고 시장은 다시 정치화됨으로써 바이마르의 비극이 올 수 있다는 것이다. 실제 바이마르 시기의 역사적 과정을 보면 시장의 과잉으로 인해 정치의 위기가 오고 이로 인한 정치의 부재 혹은 과소함은 다시 시장 자체의 위기를 낳는 악순환이 지속되었고 이것이 결국 파시즘으로 연결되었다. 그래서 이들의 관심은 시장경제 영역 자체보다는 시장의 파괴적 힘에 맞서 정치적 의제를 설정할 능력을 지닌 정치제도적 기제를 모색하는 데 모아졌다. 그 해법으로 제시된 것이 바로 중산층과 같은 사회 세력이나 민족적 차원의 공동체 형성과 이에 기초한 '권위가 있는 국가' 혹은 '총체적 국가'였다. 이들은 이러한 국가만이 시장을 사회적으로 조정하고 '정치의 우선성(Primat der Politik)'을 관철할 수 있는 유일한 길이라고 보았다.

4. 민주주의와 공동체의 전(前) 정치적 기초

지금까지의 보수 혁명에 관한 연구들은 보수 혁명 담론이 지니는 반민주주의적인 성격을 부각시켜왔다(Sontheimer, 1962). 그들의 생철학적인 비합리주의, 근대의 정신적·정치적 원리로서의 자유주의 거부, 반의회민주주의적이고 반다원주의적인 경향, '권위가 있는 국가' 개념이 내포하는 독재성 등이 일반적인 근거로 제시된다. 그러나 이 글은 이렇게 요점과 급소식으로 단순화된 해석 방식을 넘어서 그들이 어떤 이유와 방법을 가지고 근대의 메인스트림이라고 할 수 있는 자유주의와 의회민주주의를 비판했는지를 살펴보면서 그들의 반자유주의적인 민주주의 담론을 분석하고자 한다. 이것은 오늘날 위기에 처한 자유주의적 담론에 도전하는 여러 담론을 비판적으로 성찰하는 데 도움을 줄 것으로 생각된다.

자유주의적 원리에 기초한 의회민주주의는 다양한 여론이 교차하는 공론의 체계이자 동의를 형성하는 체계이다. 이러한 의회민주주의가 제대로 기능하기 위해서는 시민사회 안에 이런 공론을 형성하는 주체들과 이들이 절차에 따라 의견을 개진하는 사회적 메커니즘이 존재해야 한다. 그러나 당시의 바이마르공화국 안에는 이러한 의회민주주의를 지탱할 수 있는 사회적, 경제적 실체들이 존재하지 않왔다. 중산층의 몰락, 대기업과 노동자 간의 극한 대립, 정당들의 무책임한 이합집산 등은 좋은 예가 된다. 실제로 자유민주주의나 의회민주주의는 사회의 안정성을 담보할 수 있는 시민 계층이나 이에 준하는 사회 세력의 지지가 존재할 때 가능한 체제이다. 그러나 당시의 바이마르공화국은 자본주의적 시장의 폐해로 사회가 양극화되고 중산층이 몰락하면서 다원주의적 원리에 기초한 의회민주주의의 원리가 제대로 작동할 수 없는 상황이었다. 시민사회가 다양한 계급 및 이익집단에 의해 분열되고 사회적 갈등의 정도가 심각한 사회 안에서 의회민주주의는 또 다른 갈등의 매개체가 될 수 있는 것이 사실이다. 다원주의는 기본적으로 정치적 질서의 기초가 안정적인 사회의 발전에 기여하는 원리이지 갈등으로 분열되고 파편화된 사회의 구성 원리는 아니다. 그런 점에서 분명히 보수 혁명론자들의 의회민주주의에 대한 불신은 역사적 맥락에서 보면 이유가 있는 것이었다. 이들은 국가 공동체가 사적인 분파적 이해관계 때문에 제 기능을 하지 못하는 것이 공동체보다는 개인의 특수한 이해관계를 강조하는 자유주의적—다원주의적—정신 원리에서 기인한다고 보았다. 역설적인 것은 그들이 정신적 원리로서의 다원주의와 의회민주주의를 철저하게 반대했음에도 불구하고 민주주의라는 보편적 담론은 포기하지 않았다는 것이다. 그들은 자유주의와 민주주의는 서로 합치될 수 없는 모순적인 관계에 있다고 보면서 민주주의를 자유주의에서 분리해낸다. 대신 그들은 민주주의의 기초를 자유주의적인 개인이 아니라 "민족(Volk)" 안에서 발견했다.

  보수 혁명의 담론에서 일반적으로 '민족'이란 분파적 이해관계 속에서 신음하는 '국가'와 달리 계급이나 이해관계로부터 '자유로운 국가'를 구성하는 규범적 개념이다. 이 글에서 민족으로 번역한 Volk는 한 국가의 인민이라는 의미도 지닌다. 실제로 묄러 판 덴 브루크는 Volk와 Nation을 구분하여 사용한다(Moeller van den Bruck, 1931: 119). 그런 점에서 보수 혁명론자들이 사용하는 민족이란 개념에는 인종적인 의미보다는 공통의 문화나 가치를 매개로 근원적인 통일성이나 유대감을 가지고 있는 한 국가의 인민들이라는 의미가 강하게 들어 있다. 나아가 이들에게 '민족'이란 단순히 문화적 전통에 의존하는 존재가 아니라 프롤레타리아의 성장과 같이 자본주의의 모순 구조 안에 정초된 '새로운 사회 구성 원리'로서, 자유주의적 개인주의와 성숙해가는 시장자본주의의 대항마이다(Freyer, 1931: 49). 따라서 이들에게 민족은 인종적 의미보다는 자본주의적 계급 관계와 이해관계로부터 자유로이 정치를 복원하고 국가를 회복할 수 있는 원리의 의미가 더 강했다. 좌파나 우파 할 것 없이 당대의 독일 사람들에게 민족은 공통의 아이콘이었고 보수 혁명론자들은 이런 독일인들의 독특한 민족 감정 안에서 자신들의 정치적 비전을 본 것이다. 사실 1871년 분열된 독일이 독일제국이라는 통일된 민족국가의 모습을 갖추었던 빌헬름 황제 시대까지만 해도 민족과 국가는 독일인들에게 서로 구분되는 개념이 아니었다. 국가는 민족의 구현이었으므로 민족에 대한 정서는 기존하는 국가에 대한 정서와 다르지 않았다. 그러나 바이마르공화국이 베르사유조약을 통해서 보여준 굴욕적 모습—전승국으로부터 당한 굴욕—을 계기로 국가와 민족은 서로 구분되어 사용되기 시작했고 마침내는 민족이 국가를 새롭게 하는 생동적 원리로 이해되었다. 프라이어가 민족의 역할을 사회적 이해관계 속에서 질식하고 있는 국가를 해방하는 데서 찾은 것도 이러한 맥락이다. 민족은 모든 혼란 속에서도 계급과 이해관계를 넘어 민족적인 연대의 감정을 창출하는 내면화된 현존(Dasein)이었다 (Moeller van den Bruck, 1931: 31).

그렇다면 이들이 말하는 진정한 민주주의의 기초로서의 민족은 구체적으로 어떤 의미에서 민주주의적인가? 이에 대한 답을 위해 우리는 먼저 보수 혁명의 담론자들이 사용했던 이 "민족" 개념의 구체적인 용어법을 이해할 필요가 있다. 이들은 크게 세 가지 맥락에서 민족 개념을 사용했는데 첫째로 민족을 언어나 출신에 상관없이 국가의 전체 시민을 의미하는 맥락에서 사용했다. 둘째로 민족을 소속감이나 공동체 의식과 같은 주관적인 특징 속에서 이해했다. 셋째로 민족을 언어, 문화, 인종과 같은 객관적 특징을 가진 공동체로 정의했다(Breuer, 1993: 81-86).

 민족에 대한 첫 번째 정의는 일반적 정의라는 점에서 보수 혁명론자들에게는 두 번째와 세 번째의 민족 개념이 중요한 의미를 지닌다. 묄러 판 덴 브루크가 그 전형이다. 그는 두 번째와 세 번째의 맥락에서 민족 개념을 사용하면서 민주주의(혹은 민주적인 국가)의 전(前) 정치적 기초로서의 민족성(Volklichkeit)을 이야기한다. 이때 민족은 "계약"이 아니라 가족적 연대에 기초한 공동체로 조화와 공동의 전통을 통해 규정되기 때문에 생래적으로 민주적이라고 한다. 이런 맥락에서 그는 그의 책 『제3제국』에서 "우리는 본래적으로 민주적인 민족이었다. 민주주의는 민족 자체였다."(Moeller van den Bruck, 1931: 111)고 선언한다. 민주주의의 중요한 기초로 혈연적인 가족과 공동의 문화적 전통을 제시하고 있다고 볼 수 있다. 특히 그는 "가치"를 매개로 "문화의 통일성"을 인식하는 것을 민주주의의 중요한 기초로 이해하면서 민족이 가지고 있는 문화의 정서적 기능이 민주주의에 기여한다고 보았다. 보수 혁명론자들에게 바이마르공화국은 사회 세력이 분화되어 자기 이익을 따라 서로 다툼을 하던 갈등과 분열의 사회였다. 다원화된 이해관계로 인해 발생하는 갈등 구조를 감당할 만한 사회적 장치가 부재하는 상황에서 민주주의는 요원한 것이었다. 다원주의적 세계관에 기초하여 개인의 특수한 이해관계를 강조하는 자유주의는 안정된 사회라면 몰라도 당대의 독일 상황에는 맞지 않는 이념으로 이해되었다. 그는 지금 독일에게 필요한 것은 다원주의가 아니라 통일성이라고 생각했고 그 원천을 민족에서 찾았다. 당시 독일이 가지고 있었던 유일한 자산이라고 할 수 있는 민족의 문화와 가치 안에서 민주주의를 위한 전(前) 정치적이고 근원적인 통일성을 보았던 것이다. 그래서 그는 민족의 문화와 관계하는 민족에 대한 정서를 '민족성'으로 규정하고 이를 민주주의의 핵심으로 보았다. 따라서 그에게 민주주의는 자유주의자들처럼 사회의 이해관계를 조정하는 구조적 원리가 아니라 하나의 정치 공동체에 존재하는 근원적 통일성을 설명하는 개념이었다. 그가 보기에 자유주의의 문제는 이러한 근원적 통일성을 파괴하는 데 있었다. 자유주의는 민족의 문화와 종교와 조국을 파괴했다고 보는 것이다. 이런 맥락에서 묄러 판 덴 브루크는 계급적 이해관계로 분열된 사회 안에 민족을 매개로 공통의 사회적 기반을 회복시키는 것을 보수 혁명의 과제로 설정한다.

묄러 판 덴 브루크가 시도한 민주주의와 민족의 동일시는 카를 슈미트의 총체적 국가론과 인민주권론에서도 읽을 수 있다. "기본적으로 민주주의는 양도할 수 없는 동질성에 기초하고 있다. 민주주의가 지속되기 위해서는 아주 깊은 내밀한 층에 항상 의견의 일치가 존재해야 한다."(Schmitt, 1932: 43) 여기서 슈미트가 민주주의가 가능하기 위한 조건으로 들고 있는 '동질성'이란 인민에 속하는 자와 그에 속하지 않는 외부자들의 구별을 전제하는 배제와 포용의 논리로서 민족의 심연 속에 전 정치적으로 존재하는 동의의 구조를 내포한다. 이 전 정치적인 동의의 구조란 결국 시민들이 실체적으로 공유하는 정치적 공통성을 의미하는데 이것은 '총체적 국가'의 정치적 기초이며 이것 없이 총체적 국가는 존재할 수 없다. 동시에 시민들이 실체적으로 공유하는 정치적 공통성 위에 서 있는 국가는 자유주의적 평등이 내포하는 형식성과 추상성을 넘어 실질적인 의미의 평등을 보장하는 기제로 기능한다. 그러나 동질성에 대한 강조가 지나친 배제의 논리로 이해될 경우 이것은 민주주의와 맞지 않아 보일 수 있다. 이러한 오해를 피하기 위해서는 슈미트의 민족적 동질성에 대한 강조가 역사적인 맥락에서 이루어진 것이지 인종적인 것이 아니라는 점이 이해되어야 한다. 슈미트에 의하면 17세기 영국인들의 민주주의에서 평등은 종교적 확신에 대한 합의에 기초하고 있었다면 19세기 이후에는 민족에 귀속되는 멤버십, 특정한 민족적 동질성에 기초하여 존재하게 되었다고 한다(Schmitt, 1985: 5). 슈미트에 의하면 민주주의에서 말하는 평등의 실질적인 구현은 민주적인 시민의 권리를 가질 수 있는 자들이 누구인가를 결정하는 과정을 통해 정치적 공통성이 확보될 때만이 가능하며 19세기 이후는 민족이 그러한 결정 과정의 중요한 기준이 되었다는 것이다. 결국 슈미트의 민주주의론이 담고 있는 핵심적 통찰은 민주적인 정치 공동체의 정체성은 '우리'와 '그들'을 가로지르는 경계를 그을 수 있는 가능성 위에 놓여 있다는 점을 강조함으로써 민주주의는 인민을 구성하는 과정에서 배제와 포용의 논리를 수반한다는 사실을 해명한 것이다(Mouffe, 2000). 그리고 이 배제와 포용의 논리를 통해 '우리'라는 시민들의 구체적이고 실제적인 정치적 권리와 평등이 보장된다는 것이다. 그에 의하면 인간으로서 모든 사람이 평등하다는 자유주의적 평등 논리는 그 형식적 보편성에도 불구하고 실질적으로는 무의미하고 궁극에는 불평등을 방조하는 결과를 낳을 뿐이다. 정치적 민주주의는 모든 인류의 보편성에 기초할 수는 없으며 구체적인 사람들에 귀속되어야 한다고 주장하는 것이다. 인간으로서 모든 사람이 평등하다는 생각은 민주주의가 아니라 특정한 형태의 자유주의일 뿐인 것이다.

인민의 정치적 귀속성을 강조하며 사회의 다양성을 최소한으로 묶을 수 있는 공통의 기반이 존재하지 않고서는—그것이 문화든 헌법적 가치이든 상관없이—민주주의는 언제나 위기에 처할 수 있다는 그의 통찰은 오늘날에도 여전히 유효하다.

5. 결론: 보수 혁명의 현재적 의미

독일 바이마르 시기의 '보수 혁명'의 성격을 어떻게 볼 것인가 하는 것은 현대에도 해결되지 않는 논쟁점이다. 논쟁의 핵심은 보수 혁명을 파시즘이나 극우 정치 이념의 사상적 기원으로 볼 것이냐 아니면 그 친화성에도 불구하고 보수 혁명이 파시즘과 구분되는 고유의 이념적 지평을 가지고 있느냐이다. 보수 혁명을 파시즘과 등치시켜서 보려는 입장은 보수 혁명론자들의 민족 개념과 국가 개념이 본질적으로 파시즘의 그것과 다르지 않거나 최소한 예비한 것으로 본다. 그러나 청년보수주의 그룹의 지식인들이 정치적 구성 원리로 삼았던 민족 개념과 '권위가 있는 국가' 개념은 당시의 극우적인 사회 운동 세력은 물론이고 강제적이고 인종주의적인 파시즘의 그것과 구분되는 성격을 분명히 가지고 있었다. 그리고 이들의 민족과 국가에 대한 이해는 독일의 전통적인 국가주의적 전통과 맞물려 있었기 때문에 실제로 당시의 사회민주주의자들도 어느 정도 공유했던 것이다. 그렇기 때문에 파시즘과 같은 파행적인 정치의 등장을 정치 경제적 조건들에 대한 고려 없이 단순히 보수 혁명의 극우적인 이데올로기적 성향 탓으로 돌리는 것은 지나친 단순화이다.

이 글은 보수 혁명을 파시즘이나 극우 정치 이념의 사상적 기원으로 동일시하는 입장에서 벗어나 오늘날에도 여전히 논의할 가치가 있는 보수 혁명의 정치적 내용을 국가와 시장 그리고 민주주의에 관한 그들의 담론 분석을 통해 재구성하려 하였다. 보수 혁명이 혁명적으로 보수하고자 한 것은 '국가'로 상징되는 정치적인 것의 복원이었다. 이 새로운 정치의 구성 원리로 상정된 '민족'은 자본주의적 시장의 폐해로 인해 정치적 통일성의 기초가 붕괴되고 정치적으로도 분열된 바이마르의 현실에 최소한의 공통성을 부여하는 기제로 생각된 것이었다. 민족 개념을 자본주의라는 현실의 모순 구조 위에 정초시키려는 노력도 있었지만 이 개념은 현존하는 사회적 실재가 아니었던 까닭에 이들의 정치적 비전은 현실에서 좌절하고 말았다.

그렇다면 정치적인 것의 우선성을 외치는 보수혁명론자들의 정치적 담론은 오늘날 어떤 의미가 있을까? 보수 혁명론자들의 정치적 담론이 지니는 현재적 의미는 무엇보다 자본주의적 시장의 위기에 직면한 현대사회에서 극우적인 정치 현상의 등장을 진단할 수 있는 좋은 모델을 제공하는 데서 찾을 수 있다고 본다. 현대적으로 말하자면 보수 혁명은 새롭게 태동된 자본주의적 시장의 파괴적 힘에 의해 중산층이 사라져 사회는 양극화되고 국가는 고유의 의제 설정 능력을 상실한 채 정치적인 기능을 제대로 발휘하지 못하던 시기에 등장한 보수적 담론이라고 할 수 있다. 그들의 민족에 대한 강한 지향과 국가주의적 정치 대안은 현실의 역사에서 나치와 결합되면서 비극적인 운명을 맞이하게 되었지만 그들의 문제의식 자체는 독일이 처한 당시의 특수성을 고려할 때 매우 진지한 것이었다. 특히 정치의 우선성을 강조하는 테제를 통해 시장을 절대시하는 사회 정치 질서의 폐해를 극복하려 한 시도는 오늘에도 많은 정치적 시사점을 준다.

무엇보다 이것은 정치가 자신의 자리를 시장에 내어주고 시장이 사회와 정치를 제어하는 유일한 기제가 되어 시장의 폐해가 극에 달할 때, 파시즘과 같은 극단적인 정치 형태가 등장할 가능성을 진단할 수 있는 정치 분석의 모델이 될 수 있다. 보수 혁명 운동의 등장은 정치가 자기 기능을 상실하고 시장이 사회와 정치를 잠식하면서 나타난 폐해에 기인하는 것이라면, 파시즘은 이 시장이 붕괴하면서 극단적인 국가주의를 선호하는 사회적 요구 속에서 등장한 것이다. 결국 파시즘과 같은 극우적인 정치 형태의 등장은 다음 두 가지 요소의 상호작용의 결과로 볼 수 있다. 즉 시장의 과잉으로 인해 정치가 자기 기능을 상실함으로써 생기는 정치의 위기와 정치의 부재―혹은 과소함―로 인해 생기는 시장의 위기가 만들어낸 악순환의 결과라고 할 수 있다.

현대 자본주의사회에서는 신자유주의의 흐름 속에서 시장이 절대화되고 있고 정치도 시장의 논리에 포박되어 점차 정치가 자신의 고유한 역할을 상실해가고 있다. 2008년 미국발 금융 위기나 최근의 유럽발 경제 위기 등은 자본주의 시장의 무정부성과 불안정성을 극명히 보여준다. 2011년 미국 뉴욕에서 "우리가 99%"임을 외치며 월스트리트를 점령하는 시위가 한창일 때 미국 정치의 상징인 오바마 대통령이 자본주의 시장의 폐해를 비판하던 시위대에 동조하는 발언을 한 것은 역설적으로 정치가 자기 자리를 상실해가고 있는 현대 시장 자본주의의 진면목을 보여주는 것이다. 무정부적인 시장의 역기능을 조정할 수 있는 사회적·정치적 기반이 존재하지 않는 상황하에서 시장의 자기 조정적 기능에만 의존한다면 그것의 사회적 결과는 바이마르 시기처럼 중산층의 몰락과 사회적 양극화로 연결될 수 있음을 보수 혁명 담론을 통해서 우리는 유추할 수 있다. 여기에 더하여 만약 시장의 전횡으로 시장이 자기 조정력을 상실하게 될 때 이것은 파시즘과 같이 극단적인 방식으로 '정치의 우선성'을 주장하는 위험한 정치적 흐름으로 연결될 수 있음을 알 수 있다.

그런 점에서 오늘의 한국 사회는 중대한 기로에 서 있다. '보수혁명'의 역사적 경험에 비추어 본다면 시장 압도적인 질서가 지배하는 한국 사회에서 필요한 것은 '더 많은 시장'이 아니라 시장을 떠받치는 건강한 시민사회의 회복과 정치적인 것의 온전한 회복이라고 할 수 있다. 시장 중심적인 사회질서를 피할 수 없다면 시장주의자들이 본래 주장하는 목적에 부합하기 위해서라도 시장을 견제하는 사회정치적 제도들의 마련에 관심을 기울여야 한다는 것이다. 이때 시장은 시장대로 정치는 정치대로 자신의 자리를 잡아갈 것이다. 한국 보수주의도 이제 시장의 논리를 정치화할 것이 아니라 시장에 의해 질식당하고 있는 '정치적인 것'의 복원을 자신의 과제로 삼을 것을 제안해본다. 한국 보수주의자들의 시장에 대한 맹목적인 옹호는 한국 보수주의의 전통에도 맞지 않고 시대에도 맞지 않다. 최근 '경제 민주화'가 도대체 무엇인가를 두고 보수주의자들 내에서도 논쟁이 일고 있다. 국가와 시장의 관계 설정을 둘러싼 이해관계 때문에 생기는 논쟁이다. 그러나 내가 보기에 '경제 민주화'라는 화두는 어쩌면 보수주의자들이 '정치적인 것'의 복원을 세련된 방식으로 자신의 과제로 삼을 수 있는 중요한 계기가 될 수 있다고 본다. 물론 이 정치적인 것의 복원은 시장과 민주주의에 대한 현실주의적인 성찰을 전제한다.

참고 문헌

니스벳, R. C. B. 맥퍼슨, 1997, 『에드먼드 버크와 보수주의』, 강정인·김상우 옮김, 서울: 문학과지성사.
오인석, 1997, 『바이마르 공화국의 역사』, 서울: 한울아카데미.
이종훈, 1983, 「독일 신보수주의 이념의 형성과 전개: 1853-1933」, 『역사학보』

97.

전진성, 2001, 『보수 혁명: 독일 지식인들의 허무주의적 이상』, 서울: 책세상.

Breuer, Stefan, 1993, *Anatomie der Konservativen Revolution*, Darmstadt.

Breuer, Stefan, 2005, *Nationalismus und Faschismus. Frankreich, Italien und Deutschland im Vergleich*, Darmstadt.

Bussche, Raimund von dem, 1998, *Konservatismus in der Weimarer Republik*, Heidelberg.

Freyer, Hans, 1930, *Soziologie als Wirklichkeitswissenschaft,* Leipzig und Berlin.

Freyer, Hans, 1931, *Revolution von rechts*, Jena.

Freyer, Hans, 1935, "Gegenwartsaufgaben der deutschen Soziologie", *Zeitschrift für die gesamte Staatswissenschaft* 95.

Fried, Ferdinand, 1932, "Der Umbau der Wirtschaft", *Die TAT* 24 I (Semptember).

Fritzsche, Klaus, 1976, *Politische Romantik und Gegenrevolution. Fluchtwege aus der Krise der bürgerlichen Gesellschaft: Das Beispiel des Tat-Kreises,* Frankfurt.

Fritzsche, Klaus, 1977, "Konservatismus", in *Handbuch politischer Theorien und Ideologien,* ed. F. Neumann, Reinbeck bei Hamburg.

Hofmannsthal, Hugo von, 1927, "Das Schrifttum als geistiger Raum der Nation", in *Gesammelte Werke, Porsa Bd. IV,* Frankfurt/M.

Jaschke, Hans-Gerd, 1992, "Nationalismus und Ethnoplualismus. Zum Wiederaufleben von Ideen der Konservative Revolution", *Aus Politik und Zeitgeschichte* B 3-4. 10, Januar 1992.

Klemperer, Klemens von., 1962, *Konservative Bewegungen zwischen Kaiserreich und Nationalsozialismus*, Müchen/Wien.

Koch, Hans-Albrecht, 1989, *Hugo von Hofmannsthal*, Darmstadt.

Kondylis, Panajotis, 1986, *Konservatismus. Geschichtlicher Gehalt und Untergang,* Stuttgart.

Mannheim, Karl, 1984, *Konservatismus: Ein Beitrag zur Soziologie des Wissens,* ed. D. Kettler, V. Meja und N. Stehr, Frankfurt.

Moeller van den Bruck, Arthur, 1931, *Das dritte Reich*, Hamburg.

Mohler, Armin, 1978, "Deutscher Konservatismus seit 1945", in *Tendenzwende für Fortgeschrittene*, München.

Mohler, Armin, 2005, *Die Konservative Revolution in Deutschland 1918-1932*, Graz.

Mouffe, Chantal, 2000, *The Democratic Paradox*, London.

Petzold, Joachim, 1978, *Wegbreiter des deutschen Faschismus. Die Jungkonservativen in der Weimarer Republik*, Köln.

Pfahl-Traughber, Armin, 1998, *Konservative Revolution und Neue Rechte*, Opladen.

Pflüger, Friedbert, 1994, *Deutschland driftet. Die Konservative Revolution entdeckt ihre Kinder*, Düsseldorf/Wien/New York/Moskau.

Rudolph, Hermann, 1971, *Kulturkritik und Konservative Revolution. Zum kulturell- politischen Denken Hoffmannsthals und seinem problemgeschichtlichen Kontext*, Tübingen.

Schmitt, Carl, 1931, *Der Hütter der Verfassung*, Tübingen.

Schmitt, Carl, 1932, *Legalität und Legitimität*, München/Leipzig.

Schmitt, Carl, 1985, *The Crisis of Parliamentary Democracy*, Cambridge.

Sieferle, Rolf Peter, 1995, *Die Konservative Revolution, Fünf biographische Skizzen*, Frankfurt/M.

Sontheimer, Kurt, 1962, *Antidemokratisches Denken in der Weimarer Republik*, München.

Struve, Walter, 1973, *Elite against Democracy*, Princeton.

Woods, Roger, 1999, *The Conservative Revolution of the Weimar Republic*, Basingstoke.

Zehrer, Hans, 1928, "Zwischen zwei Revolution", *Die TAT* 20 II (Oktober).

제4부

동양의 보수주의

9장 현대 중국의 신보수주의의 출현과 유학의 재조명_조경란
10장 현대 일본의 보수주의_장인성
11장 동양적 사유에 나타난 보수주의_김명하

9장 현대 중국의 신보수주의의 출현과 유학의 재조명

조경란

1. 중국의 신보수주의 출현, 어떻게 읽을 것인가

　중국의 현재를 공부하다 보면 다른 전공자들로부터 중국에서 도대체 진보와 보수, 좌파와 우파를 가르는 기준이 뭐냐, 한국이나 다른 나라들과 같냐, 다르냐라는 질문을 종종 받는다. 그러니까 비사회주의국가에서의 진보와 보수의 구분 기준이 사회주의 중국에도 그대로 통용되느냐 하는 것이다. 이 문제를 설명하기 위해서는 중국에서 좌우를 구분하는 방법이 다른 나라와 달리 조금 복잡하고 유동적이라는 사실을 인지할 필요가 있다. 즉 중국이라는 정치 지형과 지식 지형의 특수성과 복잡성 속에서 진보와 보수의 아포리아를 잘 간파해야 한다. 물론 자본주의사회든 사회주의사회든 자본에 대해 어떤 입장을 가지고 있느냐가 가장 큰 기준이 된다. 즉 자본주의에 비판적 입장을 취하면 진보이고 그 반대 입장이면 보수이다. 따라서 중국에서도 일단은 자본주의를 반대하면 좌파이고 그 반대이면 우파이다. 그러나 좌파가 진보이고 우파가 보수이냐라고 했을 때 거기에 대해서는 그 반대일 수도 있다라는 것이 최근 중국학계의 중론이다(方可成·龔方舟, 2012). 왜냐하면 중국 같은 경우 아직 국가가 가장 막강한 주체로서 자본을 좌지우지하고 있고, 그러면서도 한편에서는 국가와 자본이 결코 적대 관계가 아니기 때문이다. 중국에서 국가는 자본을 통제하면서 동시에 그들과 이윤을 공유하는 이중적인 모습을 보여주고 있는 것이다. 따라서 중국에서 좌파이면서 진보적이기 위해서는 자본은 물론 국가에 대해서도 비판적이어야 한다. 그러나 중국 신좌파의 경우 국가는 누락한 채 자본만을 비판한다. 국가를 비판하는 것은 오히려 자유주의자들(특히 자유주의 좌파)이다. 이런 현상은 중국이 굴기(崛起)할수록 심해지고 있다고 할 수 있다.[1] 이러한 기본적인 이해를 가지고 중국의 신보주주의의 논의로 들어가보도록 하자.

중국에서 급진[激進][2]과 보수 논쟁[3]을 촉발시킨 위잉스(余英時)에 의하면 보수는 현상을 유지하고 변화하지 않으려는 것이고, 급진

---

1) 이에 대한 최근의 논의에 대해서는 조경란(2013a) 참조.
2) 중국에서는 보수주의(conservatism)의 대립 개념으로 진보 개념(the idea of progress) 대신에 격진주의(激進主義, radicalism)라는 용어를 쓴다.
3) 이 논쟁의 과정과 참여한 논문의 대강을 소개하면 다음과 같다. 1988년 9월, 위잉스가 홍콩의 중원(中文)대학에서 「중국 근대 사상사에서의 진보와 보수(中國近代思想史上的激進與保守)」라는 제하의 강연을 했다. 여기서 그는 "중국 근대 사상사는 하나의 급진화의 과정이었고 급진화의 최고봉은 문화대혁명이었다."고 말했다. 이에 대응하여 1992년 4월 푸단(復旦)대학의 장이화(姜義華)는 홍콩 소재의 잡지『21세기(二十一世紀)』에「진보와 보수: 위잉스 선생과의 논의(激進與保守: 與余英時先生商榷)」를 발표했다. 장이화의 논문이 발표되자 위잉스는 다시『21세기』에「중국 현대 사상사에서 진보와 보수를 다시 논함(再論中國現代思想中的激進與保守)」이라는 제목의 글을 실었다.『21세기』는 이때부터 "보수와 급진"에 관한 대규모적인 논쟁의 진지가 되었고 1997년에는 보수주의 관련 특집이 마련되기도 했다.

은 현상에 만족하지 못하고 그것을 타파하려는 것이다(余英時, 2000; 姜義華, 1992). 물론 이는 매우 일반적인 정의에 불과하지만, 어찌 되었든 이를 기준으로 보면 중국에서는 개혁 개방이 시작된 1970년대 말의 시점에서는 사회주의 체제를 유지하려는 쪽이 보수이며 그것을 변화시키려는 쪽이 진보였다고 할 수 있다. 당시 보수주의 세력은 구질서를 공고하게 하고[華國鋒] 자본주의로의 평화적인 변화를 추진하려는 세력[鄧小平]을 경계하는 등 비교적 선명하게 이데올로기의 대립과 투쟁의 자세를 취했다(張靜, 1997: 19-20). 이런 구도가 1980년대까지는 진보와 보수라는 양대 구도로 통했다고 볼 수 있다. 지식계도 거의 후자를 지지했으며 개혁의 풍향계 역할을 했다는 것이 일반적 평가이다.

그러나 1990년대에 오면 상황이 변한다. 지식계의 사상과 정부의 이데올로기가 점차 절충하거나 타협하기 시작했다(왕차오화, 2006: 30). 이는 1989년 천안문 사태 이후 1992년 남순강화를 기점으로 중국 정부의 자본주의적 개방이 강화되면서 지식계의 내부 분열과 이합집산이 이루어진 결과였다. 이 과정에서 신보수주의(neo-conservatism)라는 용어가 등장하게 된다. 1980년대(말)에 나타난 하나의 경향이 신권위주의(new-authoritarianism)라면, 1990년대에 출현한 것은 신보수주의이다(Fewsmith, 2008[2001]: 83). 그 직접적 계기가 된 것은 천안문 사태로부터의 쇼크였고 이 쇼크는 중국의 개혁 과정을 재고하도록 유도했다고 할 수 있다. 사실 신권위주의라는 개념이 중국 지식계에서 탐구되기 시작한 것은 천안문 사태가 일어나기 한참 전인 1986년이다. 이후 몇 년이 지난 1989년 상반기 몇 달 동안은 중국의 신문들과 잡지들의 전 지면이 신권위주의와 이와 관련된 이슈에 대한 토론들로 채워질 정도였다. 당시 '엘리트 민주주의' 등 다양한 견해가 나오기는 했지만 이중에서도 지식계의 일반적 입장은 중국이 개혁하고 있는 특별한 단계에서는 경제개혁을 추진하고 전면적인 시장화를 이끌어갈 힘 있고, 권위 있는 중앙정부를 갖는 것이 필요하다는 것이었다(Fewsmith, 2008[2001]: 84-85). 1990년대 신권위주의 연구의 1인자이기도 했고, 최근 문화보수주의 관련 연구에서도 두각을 나타내고 있는 샤오공친(蕭功秦)에 의하면 급진 자유주의에 대한 문제제기를 하면서 1980년대 후기에 출현한 것이 신권위주의라 할 수 있다. 이 사조는 점진, 안정, 개명전제를 지렛대로 하는 질서를 주요 가치로 삼는다. 신권위주의의 입장에서는 개명전제 아래서 사회가 진보해야 비로소 그것이 민주와 현대화를 실현하는 조건이 된다고 본다(蕭功秦, 2012: 297). 샤오에 따르면 자유주의와 신권위주의는 중국에서 자유민주가 실현되어야 한다는 것에서는 동일하나 그것을 실현할 방법과 경로에서 차이가 난다는 것이다(蕭功秦, 2012: 298).[4]

이러한 신권위주의에 대한 인식은 천안문 쇼크 이후 신보수주의에 대한 확신으로 발전한다. 신보수주의는 과학과 민주를 강조했던 계몽주의 사상에 대한 거부와 개혁에 대한 국가주의적 접근의 필요성을 재확인하는 과정에서 나타난 것이다. 여기서 신보수주의는 구좌파의 전통적인 보수주의와 '급진적 개혁가들'(문화적으로 다큐물 〈허샹(河殤, River Elegy)〉과 경제적으로 민영화의 옹호로 요약되는) 사이에서 중도를 찾아야 하는 것을 의미했다(Fewsmith, 2008[2001]: 88). 그러니까 신보수주의는 현대화 추진 주체로서의 중국공산당과 그 노선을 떠받치는 이데올로기라 할 수 있고 그런 점에서 애초부터 국가주의적 색채를 띠고 출발할 수밖에 없었다고 하겠다. 그리고

---

4) 자오즈양(趙紫陽)과 덩샤오핑의 기본적인 분기가 '당-국가 권위 체제'를 견지할 것인지 아니면 '신권위주의'를 통해 중국의 민주정치를 실현할 것인지 사이에 있었다고 할 수 있다(첸리췬, 2012: 317).

신보수주의 노선을 선택한 공산당은 대중을 향한 광고와 통제에 여지없이 대중문화를 활용한다.[5] 이러한 신보수주의의 대두는 장기적으로는 새로운 좌파의 출현을 예고하는 것이기도 했다.[6] 이에 따라 1990년대 중후반부터 지식계의 사상 지형은 신좌파/신우파 그리고 중간 자유파 등 '고전적' 형태의 스펙트럼을 보여주기 시작했다고 할 수 있다.

2000년대는 중국공산당의 정책 기조가 좌경화 경향을 보이는 가운데 사회적 분위기는 오히려 문화적 보수화가 강화되었다고 볼 수 있다. 중국 정부는 1980년대 중반부터 맑스-레닌주의를 대체할 사회 통합 이데올로기로서 민족주의와 유교 윤리의 잠재력에 주목해 왔다. 1990년대에는 이런 정부의 기조 속에서 유학 관련 민간 기관이 출현했고 신유학을 아시아적 가치와 연결시켜 논의하는 것이 낯설지 않게 되었다. 이런 추세는 2004년 후진타오(胡錦濤) 정부의 조화사회론(和諧社會論)의 등장으로 사상 문화적으로는 유학이 공식적

---

5) 중국에서 신보수주의가 등장하는 시기에 대중문화가 성장한 것은 결코 우연이 아니다. 이는 미국의 경우도 거의 동일한데 대중문화 영역 자체가 우리의 일상을 지배하는 정치적 영역으로 변모했음을 의미하는 것이다. 즉 중국이나 미국 모두 대중문화가 기득권 집단의 치부를 가리면서 대중을 통제하는 효과적인 수단이 되었다(미국의 경우는 정희준·서현석 외(2007: 8-9) 참조). 따라서 일상의 최전선에까지 신보수주의가 침투하는 국면을 파악하기 위해서는 신보수주의의 정치적 측면과 함께 사회 문화적 측면에 주목해야 한다. 이런 측면에 주목하여 중국에서 문화 연구를 선언한 유익한 글로 왕샤오밍(2006) 참조. 왕샤오밍은 이 글에서 특히 1990년대 중국의 가장 중요한 비밀이 집중되어 있는 '신흥 부자' 계층을 파헤치기 위해서는 사회생활 곳곳에 침투해 있는 '새로운 이데올로기'의 분석이 필수라고 주장한다. 여기서의 '새로운 이데올로기'와 신보수주의는 여러 면에서 겹치는 부분이 있는 것 같다.
6) 1997년 왕후이의 글, 「중국 사상계의 현황과 현대성 문제」가 초고 형태로 지식인들 사이에서 읽히다가 발표되었는데 중국 지식계는 이 글을 신좌파의 입장 선언으로 간주했다.

시민권을 획득하게 되면서 새로운 형국을 맞고 있다고 할 수 있다.[7] "마오쩌둥(毛澤東) 시기에 박물관에 보관되어 있던 공자가 다시 거리로 나와 활보하게 되었으며" 현재는 유학을 중심으로 하는 국학 열풍이 도가 지나치게 거세지고 있다는 진단이 중국 학계 내부에서조차 나오고 있는 실정이다.[8] 이런 상황을 감안해본다면 간양(甘陽)의 말대로 중국 사회는 1980년대 말 시작된 급진주의에 대한 비판적 사조에서 출발하여 날이 갈수록 보수주의로 심지어는 극단적 보수주의로 향하고 있는(甘陽, 1997: 4) 것처럼 보인다.[9]

그렇다면 지금의 중국이라는 구체적 상황 속에서 이러한 신보수주의 현상을 어떻게 이해해야 할까? 그리고 이를 둘러싼 디테일한 지점들을 놓치지 않기 위해 고려해야 하는 점은 무엇일까? 첫째, 모두에서 말한 것처럼 여타의 다른 나라에서 보여주는 보수와 진보라는 단순 구도를 기준으로 하여 중국 사상계의 스펙트럼을 파악하기에는 적지 않은 무리가 따른다. 외부인들이 가장 헷갈려 하는 것 중의 하나가 중국에서는 좌파가 보수파로, 우파가 진보파로 인식되는 역전 현상이다. 그러나 또 이러한 역전 현상으로 다 설명이 되는 것도 아니다. 이는 중국의 사회주의 역사 경험 때문이기도 하다. 그렇기 때문에 중국에 신보수주의가 출현한 지 꽤 시간이 흘렀음에도 불구하고―본론에서 구체적으로 다룰 것이다―중국 내에서조차 무

---

7) 후진타오 행정부의 조화사회론 제시는 문화적으로는 유학을 활성화하는 계기가 되지만 경제정책 면에서는 균형 발전 전략을 선택한 것이며 실업 문제, 농민공 문제 등을 어느 정도 완화시키고 있다는 점에서 장쩌민(江澤民) 시기와 차별화된다.
8) 이런 종류의 대표적 글로는 쉬종(許總, 2007) 참조.
9) 간양은 21세기에 들어와 뒤에서 언급되는 것처럼 '유가사회주의공화국'을 주장하는 등 '중국모델론' 선양에 적극 나서고 있다. 따라서 1990년대의 그의 주장과 2000년대의 주장이 중국의 지식 지형의 전체 스펙트럼 속에서 다르게 평가될 수밖에 없다. 이 글 안에서 그의 주장이 불일치하게 보이는 것은 그 때문이다.

엇을, 누구를 신보수주의, 신보수주의자로 볼 것인지에 대해 지식계의 공통된 합의가 이루어지지 않고 있다. 이것은 그만큼 중국 사상계의 지형이 복잡하다는 이야기도 되지만 실제로는 기존의 중국 사회주의의 역사를 어떻게 볼 것인지 등 지식인 각자의 관점과 그들이 처한 입장에 따라 이해관계가 다르다는 말도 된다.

둘째, 중국의 정치사상계를 파악할 때 정치, 경제, 문화에 대한 서로 엇갈린 입장이 하나의 단체나 또는 한 사상가 안에 혼재되어 나타난다는 점에 주의해야 한다. 예컨대 정치적으로는 좌파적 경향을 보이면서도 경제적으로는 우파적 경향을, 그리고 문화적으로는 보수적 경향을 보이는 지식인들, 그리고 그 반대의 경우도 허다하다. 실례로 정치적으로는 후전체주의(後極權主義)의 옹호자가 문화적으로는 매우 급진적이고 반전통적인 경향을 보이기도 한다(葉雯, 1997: 137).

셋째, 국가(공산당)와 지식인의 관계를 잘 고찰해야 한다. 그런데 중국에서 지식인의 국가에 대한 시각에는 몇 가지 고려되어야 할 점이 있다. 하나는 중국의 지식인들이 국가를 어떻게 보고 있는가, 즉 전통주의적 국가관과 사회주의적 국가관이 지금까지 얼마나 관통하고 있는가 하는 것과 또 하나는 지식인이 국가에 대해 갖는 우환의식(憂患意識)과 필부유책(匹夫有責)의 전통이 아직도 강하게 남아 있는 것은 아닌가 하는 것이다. 중국은 이미 경제적으로는 자본주의국가가 되었다고 하지만 정치적으로는 아직 사회주의 깃발을 내리지 않은 상황에서 당이 마음만 먹으면 여러 부문에서 통제가 가능하다. 이런 요소들은 지식인으로 하여금 자기 사상의 형성과 주장에서 이미 내재화되어 있는 자기 검열 습관을 지속하게 하는 요소로 작용하게 할 수 있다. 그리고 우환의식이나 필부유책의 전통은 유파를 막론하고 국가에 자발적으로 협력하는 지식인의 모습을 연출하게 하는 무의식적 기제가 될 수도 있다. 여기서 국가는 단일한 형태의 국민국가이기보다는 천하나 제국으로서의 국가라는 의미로 각인된다.[10] 이런 점들 때문에 우리는 중국을 살펴보면서 보편적이면서도 동시에 특수하게 접근해야 할 필요성을 느낀다.

이 글은 이러한 점들을 고려하면서 1990년대부터 주류로 등장했다고 하는 신보수주의를 고찰하려 한다. 구체적으로 중국의 신보수주의가 출현한 배경은 무엇인지, 그리고 이들의 성격과 연원은 어떤 것인지, 신보수주의와 유학의 관계는 무엇인지 그리고 이것이 지향하는 중국의 미래는 어떤 것인지를 알아볼 것이다. 또한 중국의 신보수주의가 국내의 현안들을 해결해가면서 중국 사회의 새로운 모델을 창안할 능력과 가능성을 가지고 있는지, 그리고 이것이 중국을 넘어 동아시아에, 그리고 세계에 새로운 대안적 가치를 제시할 수 있을 것인지, 이 글은 이런 기대와 의문들을 가지고 시작한다.

---

10) 이런 인식의 저변에는 중국 인구 13억 중 7~8억이 농민이고, 이 다수의 농민을 중앙정부가 관리할 수밖에 없다는 현실론이 깔려 있을 수도 있다. 이럴 때 국가는 지식인 사회와 대립 개념으로 다가오기보다는 협력 개념으로 다가온다. 신좌파가 국가가 시장경제의 에이전트 구실을 하는 단위로 전락했다는 비판을 하면서도 동시에 당내의 일부 세력과 함께 다수의 농민과 노동자를 의식한 대민주주의(이 용어는 문화대혁명 중에 제출된 4대 자유, 즉 대명(大鳴), 대방(大放), 대변론(大辯論), 대자보(大字報)를 의식한 것으로 주로 신좌파가 사용한다)를 구상하고 있는 것은 그 실례가 아닌가 한다. 물론 이 구상은 문혁에 대한 총체적인 평가 속에서 재논의될 필요가 있다. 그리고 또 하나, 이들은 중국은 전통적으로 국가의 약화가 자동적으로 사회나 개인의 강화를 초래하지 않았다는 사실에 주목한다. 오히려 국가가 약해지면 지방 세력이나 지방 군벌이 득세를 했던 역사가 20세기 초반기까지 이어져왔음을 강조한다. 이 부분에 대해서는 왕후이와의 인터뷰(조경란, 2008a) 참조

2. 중국 신보수주의의 출현 배경과 성격

1) 신보수주의의 출현 배경

중국은 사회주의 30년, 개혁 개방 30년을 경험했다. 개혁 개방 30년만을 문제 삼자면 전반기와 후반기는 분위기가 상당히 다르다. 그것을 거칠게 1980년대와 1990년대로 나누어 설명하면 중국의 1980년대는 문화대혁명으로 끝난 사회주의에 대한 반발력으로 신계몽주의 시대를 구가했다. 즉 반(反)문화대혁명 자체로 탄력이 붙었던 시기이며 많은 사람이 새로운 꿈을 꾸었던 시기이기도 하다. 따라서 이때는 개혁과 보수의 구분이 비교적 뚜렷했다고 할 수 있다. 지식계는 전통 속에 사회주의를 포함시켜 이에 대한 비판을 정당한 것으로 받아들였고 신계몽주의, 개혁의 이름으로 지식인들은 한목소리를 낼 수 있었다. 1980년대 문화 붐이 다큐멘터리 〈허샹〉(중국을 상징하는 황하가 죽었다는 뜻)에서 보듯이 황색 문명(중국)에 대한 남색 문명(서양)의 대체를 주장하면서 전통문화를 철저하게 부정한 것은 이 시대를 읽는 중국 지식인들의 일반적 독법이었다.

1990년대에 들어서면서 1980년대에 나타났던 구보수와 급진의 정면 대립은 점차 약해지고 급진파 내부의 분화가 시작되었다. 급진파 내부에서 나온 온화한 입장이 점차 사상계의 주류가 되어갔고(張靜, 1997: 21) 어떤 사람은 이 시기를 '신보수주의가 흥기한 시대'라고 부른다(中國時報週刊記者, 1992; 甘陽, 1997: 4-5). 중국에서 신보수주의는 이처럼 1989년 6.4 천안문 사태를 겪고 1990년대 초반부터 출현했다. 1990년대 중후반에 들어서면서 보수주의에 대한 논의가 홍콩의 유력 잡지 『21세기』의 특집을 구성할 정도로 지식인들의 주 관심 대상으로 부상했다.[11] 이 특집을 통해 간양도 중국에서 이미 보수주의가 주류가 되었을 뿐 아니라 그것이 21세기를 주도하는 이데올로기가 될 것이라고 예상했다. 여기서 간양이 말하는 보수주의는 자유의 이름으로 민주를 부정하는 그런 보수주의다. 따라서 그는 "우리는 이러한 보수주의 이데올로기로 인해 금후 중국 지식계가 전망이 풍부한 사상과 이론을 내놓는 데 도움을 줄 수 있는가, 없는가를 물어야 한다."고 반문한다(甘陽, 1997: 4-5). 그러나 어떤 학자는 1990년대에 신보수주의가 주류가 되었다는 견해에 대해 성급하다고 말한다. 왜냐하면 현재 대륙의 정치적 상황에서 보수주의자라면 공개적으로 말할 수 있지만 자유주의자는 그렇지 못하다는 것이다. 이를 감안했을 때 보수주의를 주류라고 판단하기 힘들다는 것이다(葉雯, 1997: 137). 이 말은 공개되지 않은 자유주의자가 생각보다 많을 수 있고 그들을 주류로 보아야 한다는 주장으로 읽힌다.

1990년대 중국에서 나타난 신보수주의 사조는 냉전 체제의 종식 이후 미국 중심의 신자유주의의 세계 재편과 그에 따른 신보수주의화라는 세계적 흐름과 별개일 수는 없겠으나[12] 중국 내부적으로 보

---

11) 홍콩 중원대학 중국문화연구소에서 발행되는 유명 잡지『21세기』는 1990년 10월에 창간된 이후 1992년부터 급진과 보수를 주제로 한 논쟁의 장이 되었으며 1997년에는 몇 차례에 걸쳐 보수주의를 특집으로 기획하였다. 사실 이 잡지는 중국 대륙에서 아직 학술 토론이 활발하지 못했던 시기에 이론적, 역사적 토론을 위한 중요한 공론장을 제공했으며 대륙과 해외 지식인을 연결하는 교량 역할을 하였다(왕차오화, 2006: 30 참조). 따라서 1990년대 전반기, 후반기 중국 사상계의 흐름과 고민을 알려면『21세기』는 필요 불가결한 잡지이다. 이 잡지는 지금도 논문의 질은 물론이고 중국을 보는 균형적 관점에서 대륙에서 발행되는 다른 것들과 차별화된다고 할 수 있다. 이 잡지의 창간 사정, 취지에 대해서는 내가 진관타오(金觀濤,) 류칭펑(劉靑峰) 그리고 왕후이(汪暉)와 대담한 글,「중국지식인의 학문적 고뇌와 21세기의 동아시아」(진관타오·왕후이·조경란, 1997: 267-270)에 비교적 상세히 나와 있다.
12) 미국의 신보수주의는 신자유주의의 젖줄이 되어 세계화라는 거대한 구조물을

수주의는 1980년대 계몽주의 사조에 대한 반작용으로 나타난 것이라 할 수 있다. 1990년대는 적지 않은 지식인들에 의해 천인커(陳寅恪), 장타이옌(章太炎), 왕궈웨이(王國維), 량수밍(梁漱溟) 등 스타급 문화보수주의자들이 담론상에서 재등장했다. 이는 20세기 전반기에 큰 영향을 미쳤던 국학대사들이 제시한 문화 입장으로의 회귀를 의미한다(陳曉明, 1997: 36). 이런 분위기는 1990년대 보수주의 계열의 문화 인사들의 다음과 같은 주장을 비판적으로 소개한 간양의 글에서 잘 드러난다. "오늘날 사상 학술계에서는 민국 초 『학형(學衡)』파의 문화보수주의 이념을 계승해야 한다. 그리고 20세기 후반기에 중국에 소개된 후현대주의, 후식민주의 및 여성주의 등은 중국의 수요에 적합하지 않다. 왜냐하면 중국과 서양은 결코 동일한 발전 단계에 처해 있지 않기 때문이다."(甘陽, 1997: 5) 어떤 사조든 지나치게 극단으로 치닫는 경우 그다음에는 반드시 또 다른 극단이 등장하게 되어 있는 법이다. 5.4 시기 신문화운동의 급진이 곧바로 『학형』파의 문화보수주의를 불러왔듯 1980년대 계몽의 격정은 1990년대의 보수를 잉태하고 있었던 것이다.

중국의 1990년대 중후반기 사회 정치사상 사조는 크게는 민수주

만들어냈다. 이 구조물은 곧 미국의 패권주의로 탈바꿈해 전 지구적 영향력을 확보하기에 이르렀고, 사실상 '미국화'의 거대한 물결은 지구 구석구석에 존재하던 다양한 문화를 일방적으로 통합하고 있다(정희준·서현석 외, 2007: 12-13). 그런데 신보수주의의 뿌리가 공화당이 아닌 민주당에서 비롯되었다는 점은 매우 흥미롭다. 1960년대 말 민주당 내 일부 의원들이 당의 지나친(?) 평화주의와 흑인 사회와 신좌파 세력에 팽배한 반유대주의에 대한 반발, 그리고 지미 카터(Jimmy Carter) 행정부에 대한 실망감으로 인해 공화당으로 전향하는데 이를 일반적으로 신보수주의의 시작으로 본다(정희준·서현석 외, 2007: 18 참조; 이홍종, 2003). 중국에서 신보수주의의 출현도 중국이 자본주의에 깊숙이 편입되는 과정에서 나타난 것인 이상, 미국이 주도한 신자유주의의 세계화라는 흐름과 밀접하게 맥이 닿아 있다.

의(民粹主義, 포퓰리즘을 의미하며 급진주의라고도 부른다), 자유주의, 그리고 신보수주의가 삼각 구도를 이루며 상호 영향을 주면서 존재하는 형국이었다(許紀霖, 1997: 27). 이 3대 유파는 20세기 전반기에는 상호 영향을 주고받으면서 팽팽한 긴장 관계를 유지해왔다. 하지만 1940년대 후반부터는 대륙에서 급진주의가 권력을 장악하면서 자유주의와 보수주의는 '몰락'할 운명에 처하게 되었고 그중 일부는 타이완으로 이동했다. 1949년 사회주의 성립 이후에도 상당수의 자유주의, 보수주의 지식인들은 대륙에 남아 있었고 마오쩌둥에게 상당한 기대를 가지고 있었던 것 같다. 그것은 중국공산당이 지식인들이 매력을 느낄 만한 연합정부론이라는 중국 사회의 청사진을 제시했기 때문이기도 하다. 하지만 사회주의가 성립하고 난 후 얼마 지나지 않아 지식인 비판은 시작되었지만, 공식적으로는 1957년에 중국공산당이 '정풍운동에 관한 지시'를 발표하고 며칠 지나지 않아 마오는 민주당파 책임자와 무당파 민주 인사를 초청해 좌담회를 갖고 그들이 공산당 정풍운동을 돕는 것에 치하를 표했다. 그리고 각종 매체를 통해 모든 이에게 자유롭게 의견을 진술하고 토론하도록 격려했다. 그런데 이것은 이후 소위 '낚시질', '뱀을 동굴에서 끌어내기' 등의 방법을 통한 인위적 계급투쟁이었다고 평가받기도 했다(진춘밍·시쉬옌, 2000: 27-29). 이와 같이 대륙에서는 1950년대 후반부터 반우파 투쟁을 통해 자유주의적, 보수주의적 지식인을 근절하려는 프로젝트가 진행되기 시작했다고 할 수 있다.

　사실 사회주의 시기는 자유주의적, 보수주의적 취향을 갖는 지식인들에게는 고난의 시기였던 것 같다.[13] 그런데 자유주의적 지식인

---

13) 중국에서 사회주의가 성립한 것은 우선 지식인에게는 자신들의 우월했던 지위를 상실했음을 의미하는 것이다. 우선 생활상에서 중앙통전부(中央統戰部)의 1955년 통계를 보면 절대다수의 고급 지식인들이 항전 시기와 비교하여 수입

들이 자기 목소리를 내며 사는 것은 고사하고 거의 숨통이 막힐 지경인 상태에서 연명해야 했던 것은 정도의 차이만 있지 타이완에서도 마찬가지였다. 타이완으로 옮긴 국민당 정권하에서도 자유주의 지식인들은 끊임없이 독재 정권과 싸워야 했다.[14] 공산당에 의한 문화대혁명을 전통문화에 대한 파괴 행위로 본 장제스(蔣介石)는 1960년대 후반기부터 약 15년간 중화 문화 부흥 운동을 일으킨다. 이 운동은 민족 고유의 전통문화를 부흥시킨다는 목적에 기초하여 1966년부터 시작되었으며 대륙 시대 국민당 문화정책과 연속성을 가지고 있었다(菅野敦志, 2005: 17). 타이완의 이 시기 역시 자유주의 지식인에게는 고통의 세월이었다. 서로 반대의 방향에서 대륙과 타이완은 똑같이 자유주의 지식인의 제거를 통한 권력자의 대중 지배 프로젝트를 가동하고 있었던 것이다.

대륙에서는 문화대혁명 이후 당내에 범시파(凡是派), 환원파, 개혁파, 급진파 등 4개 파벌의 합종연횡이 시작된다. 이 과정에서 주목할 만한 세 가지 사건이 있다. 첫째, 당내 민주파의 출현과 흥기이다. 그런데 당내의 민주파를 서양 학자들은 '이견 분자'라고 하고 중국공산당 내의 보수파는 이들을 '자유화 분자'라고 한다. 문화대혁명 이후 중국공산당 내의 고급 지식인과 간부 중 민주적 사상 해방을 요구한 인사도 출현했고 그 수는 점점 증가하여 하나의 민주 역량을 형성했다(蘇紹智, 1996: 26-27). 이들을 이후 당내 민주파라고 불렀다(蘇紹智, 1996: 30). 둘째, 범시파가 정식으로 중국공산당의 통치 계층의 정치 역량이 되었다. 사인방(四人幇)이 타도되고 문혁이 종결되었

이 대폭 삭감되었음을 알 수 있다. 1955년 대학교수가 받는 가장 많은 월급이 인민폐 252.6위안이었다. 이는 항전 시기의 1,500위안과 비교해보면 약 6분의 1에 해당한다(裵毅然, 2007: 39).
14) 이에 대해서는 민두기(2003)의 "타이완" 부분 참조.

지만 문혁 중 이익을 본 사람들, 즉 화궈펑(華國鋒)과 소위 '소(小)사인방'이라 불리는 왕동싱(王東興), 우더(吳德), 천시롄(陳錫聯), 지덩꾸이(紀登奎) 및 몇 명의 중하층 간부들이 각급의 권력을 장악했다. 그들은 민심을 얻기 위해 사인방을 비판하려 했다. 하지만 이는 이들의 개인적 이익을 지키기 위한 것이었으며 그 비판 행위가 그들의 영험스런 보옥[通靈寶玉]인 마오쩌둥과 그의 사상을 거스르는 데까지 나아갈 수 있는 것은 아니었다(蘇紹智, 1996: 30). 셋째, 사회 기층으로부터 분출되어 나온 비맑스주의적 민주파가 점차 성장하여 독립된 정치 역량이 되었다. 이 유파는 근본적으로 중국의 문제를 해결하려면 반드시 일당독재를 폐지하고 서구의 방식과 유사한 민주 제도를 실시해야 하고 맑스주의와 사회주의를 포기하고 사회적인 민주의식을 환기해야 하며 사회 독립적인 정치 역량을 발전시키고 급진적인 정치투쟁을 진행해야 하며, 이때 비로소 진정한 민주 자유 그리고 인권을 획득할 수 있다고 생각했다. 이들은 관방의 정치사상과 확실히 대립되는 입장을 가지고 있다. 이들은 사회적, 사상적으로 청년 지식인들로서 그중 다수는 서로 다른 시기에 사회민주운동에서 활약한 인물들이다. 대표적 인물은 웨이징성(魏京生), 왕시저(王希哲), 런완딩(任畹町), 후핑(胡平) 등이며 후에는 과학계, 문화계의 저명한 인사인 팡리즈(方勵之), 리수셴(李淑嫺) 등도 참여하게 되었다(蘇紹智, 1996: 32-33). 이런 과정 속에서 민주파가 등장하게 되는데 이것은 중화인민공화국 성립 이전 몰락해갔던 중간당파와 자유주의 지식인의 부활의 조짐으로 읽을 수 있다.

이런 분위기 속에서 문혁 이후 원래의 회의주의 사조는 일변하여 계몽주의 사조로 변화했으며 반봉건, 반전통, 개성 고취, 자아 선양이 그 핵심 내용이 되었고 이러한 계몽주의가 빠른 속도로 사회 여론을 주도하게 되었다. 1970년대 말 계몽주의는 문학에서는 상흔 문학, 반사(反思) 문학으로 표현되었고 철학계에서는 인생, 소외, 인도주의 토론으로 나타났다. 과거 계급투쟁을 핵심으로 했던 혁명 이데올로기는 기본적으로 전복되었다. 그러나 이 신계몽주의가 5.4 신문화운동기 때와 다른 성격을 갖는 것은 그것이 문혁이 종료된 바로 그 시점에 탄생했다는 점에서 비롯된다. 중국의 신계몽주의의 운명은 군중 조반운동이 실패하고 국가가 일체를 지배하게 되었던 상황에서 출현했던 역사 기원과 밀접한 관련을 갖는다. 따라서 중국의 한 유명 지식인은 다음과 같이 말한다. "1970년대 후반부터 나타나기 시작한 중국의 신계몽주의는 출발부터 국가와 정권의 폭력에 대해서는 비판적 입장을 취했지만 자본과 시장에 대해서는 비판적 능력을 보유할 수가 없었다." 이런 식의 신계몽주의는 "필연적으로 일종의 식민지 문화 심리를 뿌리 깊게 만들었다. 1980년대를 경과하면서 중국인의 마음속에서 서양은 문명, 부유, 그리고 지혜로운 인간의 천당이 되었고 인권, 법치, 그리고 자유로운 이상국이 되었다. 반면에 중국의 산천, 풍토, 인정 등은 모두 전제, 암흑, 우매의 상징이 되어버렸다."(祝東力·瑪雅, 2008: 18-19)

서론에서 소개한 바 있는 1989년 상반기에 진행된 '신권위주의 토론'은 바로 이처럼 중국의 근본을 부정하는 듯한 정서에 대한 반감과 위기의식으로부터 비롯된 것이다. 그런데 이 위기의식이 중국의 사회주의를 고수하려는 구보수주의 계열에서 나온 것이 아니라 1980년대 개혁의 풍향계 구실을 했던 급진주의 또는 신계몽주의 사조 내의 온건한 계열로부터 비롯되었다는 점에 주목할 필요가 있다. 그러니까 신권위주의는 역설적으로 1980년대 사상의 치우침에서 출현하게 된 것이다. 그리고 신권위주의는 1989년 6.4 천안문 사태를 거치고, 1992년의 덩샤오핑의 남순강화로 상징되는 중국 자본주의적 개방이 강화되는 과정에서 신보수주의라는 이데올로기의 형태로 전화하게 된다. 요컨대 중국의 신보수주의는 덩샤오핑을 중심으로 한 중국공산당 내부의 주류적 계열과 이에 동조한 1980년대 신계몽주의 진영을 구성했던 온건 계열의 지식인 집단이 중국 사회의 위기를 극복하는 하나의 이념적 틀을 제시하고자 했던 것[15]에서 그 출현의 정치, 문화적 배경을 찾을 수 있다. 결국 하나의 목소리를 냈던 신계몽주의 사조의 분화는[16] 신권위주의에 관한 토론으로 시작되었다고 할 수 있다. 신보수주의 출현은 이런 사상적 환경 속에서 촉진되었다고 할 수 있다.

2) 신보수주의의 성격

우선 신보수주의 현상이 유행했던 1990년대는 1980년대와 달리 민주주의가 민족주의 물결에 압도되었던 시기였다. 신보수주의의 출현은 이러한 흐름과 무관하지 않다. 즉 신보수주의는 문화적으로는 유학 열풍과 사회적으로는 민족주의 열풍이 서로 영향을 주면서 상호 촉진해가는 상황 속에서 주류 이데올로기로 부상했다고 할 수 있다.

100년 전 '차식민지(次植民地)'의 위치로 전락했던 중국은 그런 상황에서도 21세기의 강국몽의 실현을 꿈꿔왔다. 현재 중국 지식계에서 나타나고 있는 위와 같은 신보수주의나 유학 담론, 민족주의 담론은 많은 부분 강국몽이 현실로 나타난 상황에서 21세기의 대국 중국의 위상에 걸맞은 '정체성' 찾기의 일환이라 할 수 있다. 어느 국가든 경제성장이 이루어지는 시기에 이런 사조가 출현하는 것은 일반

---

15) 미국의 신보수주의도 경제적 쇠퇴와 정치적 위기에 따른 지배 블럭의 위기 극복 전략으로서 배태된 것이었다(강명구, 1993: 157 참조).
16) 이에 대한 자세한 사항에 대해서는 왕후이·진관타오·조경란(1997: 277) 참조.

적 현상이다. 이 때문에 장쉬동(張旭東)도 민족주의의 출현은 근대성이라는 역사 단계와 구조적으로 연결되어 경제성장기에 나타나는 것으로 중국만의 독특한 현상이 아니라 보편적 현상임을 강조한 바 있다(張旭東, 2000: 430-431).

중국에서는 무엇을 신보수주의로 보고 있는가? 이는 입장에 따라 다르다. 다만 일반적으로는 정치적으로는 신권위주의, 경제적으로는 자유주의, 문화적으로는 전통주의의 입장을 가리킨다(張靜, 1997: 22). 이처럼 일견 일관된 사상 체계가 아닌 일종의 조합인 것처럼 보이는 신보수주의의 출현은 중국 사상계의 논제가 이미 전통/현대, 견지/발전, 중국/서양 등의 고식적인 대립 방식의 문제 설정에서 벗어나 중국은 어디로 갈 것인가, 즉 새로운 사회 모델에 대한 탐색이라는 실제적인 문제에 초점을 모으고 있음을 의미한다(張靜, 1997: 24).

그리고 각 유파의 성격 구도도 비사회주의국가와 엇비슷하게 바뀌어갔다고 할 수 있다. 그것은 중국도 구호로만 사회주의가 남아 있지 실제로는 신자유주의 세계 체제 속으로 깊숙이 진입해 들어오면서 자본주의국가와 비슷한 사회 성격을 갖게 되었기 때문이기도 하다. 좌우파의 구분 기준도 구사회주의 체제의 유지 여부가 아니라 〈표 1〉[17]에서 보는 바와 같이 매우 다양해졌다. 5.4운동, 프랑스혁명,

17) 〈표 1〉 1980~1990년대 중국의 좌우파 사상 지형도

시기	유파	5.4운동, 프랑스혁명	민족주의, 애국주의	세계화	시장경제, 발전주의	경제 민주	정치 민주	유학 전통 사상	국가의 對 인민 복지	중국 사회주의 역사
80년대	보수파		○	×	×	○	×	○	×	○
	급진(자유)파		△	○	○	×	○	△		×
90년대	신좌파	○	○	×	×(△)	○	△(×)	△	○	○
	자유주의 좌파	○	×	○(△)	○	△	△	△	×(△)
	자유주의 우파 (신우파?)	×(△)	○(△)	○	○	×(△)	△	△(○)	×	×(△)
	문화보수주의(파)	×	△(○)	○	○	×	×(△)	○	×	×

민족주의, 세계화, 시장경제, 국가와 복지 문제, 경제 민주, 정치 민주, 유학 전통, 사회주의 역사 등을 어떻게 볼 것이냐에 따라 좌우파, 중간파로 나눌 수가 있게 되었다.[18]

그러나 이런 변화는 일견 지식계의 견해가 다양해진 데서 비롯된 것처럼 보이기도 하지만 다른 한편에서 보면 또 다른 단일화를 향해 가고 있는 상황의 반영일 수 있다. 인문철학에 관심을 두었던 1980년대 영향력 있는 지식인들 대다수가 1990년대에 오게 되면서 정치철학으로 방향을 바꾸게 되었다. 그 원인은 당시 진행되고 있던 전 지구적인 변화, 동유럽과 소련의 붕괴, 중국 사회의 1989년의 쇼크에 있었다. 그러나 무엇보다도 사회가 전반적으로 시장화, 상품화 되어가고 있었다는 데 가장 큰 원인이 있었다고 할 수 있다.

당연히 이런 사회적 분위기는 결과적으로 중국의 지식인들을 심리적으로 위축시키는 결과를 초래했다. 이는 1980년대의 지식계 분위기와 확연히 비교된다. 1980년대는 지식인들이 무엇을 할 수 있다는 자신감을 회복한 시기이도 하다. 1980년대를 대표하는 간양 주편의 『문화: 중국과 세계(文化: 中國與世界)』, 진관타오(金觀濤)·류칭펑(劉青峰) 부부 주편의 『미래로 나아가다(走向未來)』, 탕이졔(湯一介) 주편의 『중국문화서원(中國文化書院)』 등 3대 총서의 존재는 그 표징

※ 단, 이 표는 사상 지형에 대한 독자의 이해를 돕기 위해 필자 개인의 판단에 근거하여 제시된 것이다. 따라서 필자의 주관적 판단이 들어 있을 수 있으며, 2013년 현재 시점은 1990년대와는 조금 상이해졌다는 점도 아울러 밝혀둔다. 이에 대해서는 조경란(2013b) 참조.

18) 이에 대해 자유주의 좌파 중 학문적으로 가장 왕성한 활동을 벌이고 있는 학자 중의 한 사람인 친후이(秦暉)는 여전히 중국에서의 좌우파는 서양의 좌우파와 반대로 봐야 한다고 주장하기도 한다. 그의 이런 주장은 자본주의에 대한 비판보다는 헌정(憲政)이 아닌 훈정(訓政)을 하고 있는 중국공산당에 대한 정치적 비판 여부를 기준으로 좌우파를 구분해야 한다는 뜻으로 읽힌다. 2004년 친후이와의 인터뷰(조경란, 2008a) 참조.

이라 할 수 있다. 1980년대는 중국에서 사회과학이 아직 형성되지 않았던 시기였다. 이때는 인문학이 선도적 역할을 할 수 있었다(査建英, 2006: 231-232). 1980년대 후반기를 달구었던 문화열(文化熱) 논쟁도 사실은 이들 인문학자가 주체가 되어 일어났던 것이다. 그중에서도 철학은 다른 인문학에 비해 좀 더 주도적인 위치에 있었다고 할 수 있다. 위 3대 총서의 주편들의 면면만 보더라도 모두 철학을 전공한 인물들이었다.

그리고 1990년대 서양에서 들어온 급진주의 이론과 중국이 조우하는 방식에서도 중국의 신보수주의의 성격이 어떻게 형성되는가가 여실히 드러난다. 5.4 시기에는 서양에서 들어온 급진주의는 반주류, 반전통과 결합했다고 할 수 있다. 반면 1990년대에는 에드워드 사이드의 후식민주의 같은 이론이 중국에 들어왔을 때 오히려 주류의 역량을 강화하는 쪽으로 기능했다. 다시 말해 일부 서양 급진주의 이론은 중국에 들어와 중국 지식인의 문화민족주의를 강화시켰다. 아울러 이런 문화민족주의는 민족국가의 문제와 결합되었다. 5.4 이래 한편에서는 반전통운동이 있었으며 다른 한쪽에서는 매우 강렬한 문화보수주의운동이 존재했다. 이런 문화보수주의는 1990년대 초기에 오게 되면 상당히 많은 지식인, 더욱이 청년 지식인의 환영을 받게 되었다. 이렇게 된 데에는 나름의 역사적 원인이 있는데, 그 하나는 근대 급진주의에 대한 반사(反思)로 표현될 수 있으며, 다른 하나는 전통문화에 대한 계승을 민족국가의 이익에 대한 유지와 옹호로 연결시키는 것이다. 이로써 결과적으로 주류를 강화하게 되는데 이것이 동일한 이론이 미국에서 갖는 함의와 중국에서 갖는 함의가 완전히 상반되는 이유이다(汪暉·張天蔚, 2000: 396-397).

중국의 신보수주의의 출현에 대한 견해와 평가도 지식인에 따라 상반되게 나타난다. 실제 간양은 중국은 이미 혁명의 시대가 끝났기 때문에 이제 극단적인 급진을 두려워할 필요가 없으며 오히려 지금은 극단적인 보수를 경계해야 한다고 주장한다. 따라서 간양은 중국의 상황에 비추어 다음과 같이 문제를 제기할 필요가 있다고 생각한다. 자유주의의 이름으로 민주를 부정하는 것을 거절해야 하고, 영국혁명으로 프랑스혁명을 부정하는 것을 배척해야 하고, 버크(Edmund Burke)로 루소(Jean-Jacques Rousseau)를 부정하는 것을 배척해야 하고, 중국 전통의 이름으로 서양 계몽 이후 및 중국 5.4 이후의 현대성 전통을 부정하는 것을 거부해야 한다. 그리고 그는 자유주의와 민주의 변증법적 관계를 다시 새롭게 인식해야 하고 다시 한번 계몽 혁명과 현대성 등 기본 문제의 착종성과 복잡성을 새롭게 인식해야 한다고 말한다(甘陽, 1997: 6-7). 간양의 이와 같은 보수주의에 대한 경계와 비판에 대해 왕위에추안(王岳川)은 그것이 첫째는 1980년대의 급진주의적 서양화 시대에 대한 그리움의 표현이고, 둘째는 중국 현재의 거짓 엘리트주의에 대한 비판이라고 평한 바 있다(王岳川, 2001: 148).

장징(張靜) 같은 학자는 신보수주의에 대해 조금 다르게 정의한다. 그는 1990년대에 나타난 신보수주의의 사상 자원은 매우 광범한데, 서양 사상과의 연계가 분명히 증강되고 있는 형국이라 할 수 있다는 것이다. 그에 의하면 신맑스주의, 정치사회학, 발전경제학, 비판법학, 합작주의 등의 이론들이 신보수주의에 영향을 주고 있다(張靜, 1997: 21). 하지만 대체적으로 정부의 유관 기관이 정의하는 신보수주의는 현존 질서의 혼란과 붕괴를 피하면서 기본 제도를 유지하는 기초 위에서 점진적 개혁을 진행하는 것을 주 내용으로 한다. "신보수주의는 전통적인 수구 세력과도 다르며 전통과 현존 질서 속에서 합리적인 요소를 이용할 것을 주장하며 서양 제도 속에서도 합리적인 성분을 점진적으로 수용하여 중국의 현대화를 실현한다. …… 경제상에서는 우경 일변도의 추세를 경계하고, 문화적으로는 전통문화의 창조적 전화를 추동하며 국가와 민족의 이익을 유지하는 것을 현대화 건설의 정신 자원으로 한다. 신보수주의는 사회주의, 전통문화, 애국주의와 현대화 정신문명의 유기적 결합이다."(中國靑年報思想理論部, 1991: 26; 張靜, 1997: 24-25)

1990년대 초반 정부의 유관 기관에서 신보수주의에 관한 이와 같은 내용의 기술이 나왔다는 점을 감안하면 중국공산당은 정치적으로는 맑스-레닌주의, 마오주의라는 공식 깃발 아래서 신권위주의적 입장을 취하고 경제적으로는 자유주의를, 사회적으로는 민족주의(또는 애국주의)를, 문화적으로는 문화보수주의 또는 유학의 입장을 보여주고 있다고 할 수 있다. 이 내용에서 우리는 중국공산당이 어느 한 유파하고만 협력할 수 없다는 것을 알 수 있다. 그러니까 어느 한 유파가 유독 중국공산당과 협력하거나 대립하고 있는 것이 아니라 좌우파 모두 부분적 협력과 부분적 대립의 관계에 있다고 할 수 있다.

3. 중국 신보수주의의 연원과 특징[19]

중국 지식계에서 신보수주의의 연원과 계보를 어떻게 볼 것인가에 대해서도 사실 합의된 바가 없다. 따라서 논자마다 신보수주의에 대한 기원 또한 다르게 볼 가능성이 높다. 샤오공친은 중국 신보수주의의 사상적 연원을 19세기 말 20세기 초의 사상가 옌푸(嚴復)로부터 찾는다. 그는 옌푸가 공개적으로 발설하지는 않았지만 보수

---

19) 이 주제는 이 글 전체의 주제와 밀접하게 관련되지만 이 글에서는 지면 관계상 본격적으로 다루기에는 한계가 있다. 따라서 여기서는 중국에서의 논의와 나의 견해의 일단만을 소개하는 것으로 만족하고 다른 기회를 기약하고자 한다.

주의의 원조로 통하는 영국의 보수주의자 버크를 참고 체계로 하여 중국의 근대 기획을 시도했다고 평가한다(蕭功秦, 1997). 샤오가 옌푸를 신보수주의의 기원으로 보는 주된 이유는 그가 우선 서양의 지식을 중국의 부와 강의 추구, 즉 근대화를 위한 수단으로 이해하려 했다는 점이고 이 근대화는 또한 귀칭(國情, national spirit), 다시 말해 유학에 근거해야 한다고 주장했다는 점에 있다. 이러한 생각을 가지고 있었기 때문에 옌푸는 캉유웨이(康有爲)와 량치차오(梁啓超)의 1898년 개혁에 대해 비판적이었다. 샤오에 의하면 신보수주의자로서의 옌푸는 현대화에는 반대하지 않으면서 오래된 관료 시스템에 대해서는 가혹하게 비판했다. 하지만 또 동시에 급진적 근대화론자는 아니었다(Fewsmith, 2008[2001]: 101). 샤오는 옌푸가 서구 문화와 기술이 단순하게 중국에 이식될 수 없으며 중국 전통 안에서 공명할 수 있는 부분을 찾아야 한다는 생각을 가지고 있었다고 본다. 다시 말해 옌푸는 근대화는 중국 고유의 문화에 기반한 요소들의 성장, 발전, 성숙에 기초해서 이루어져야 한다고 생각했다는 것이다 (Fewsmith, 2008[2001]: 101).

샤오공친이 여기서 보수주의 앞에 신(新) 자를 붙여 옌푸를 거명하는 것은 청말 당시 최소한의 변화마저 거부하면서 중국의 개혁을 반대했던 무능한 구관료의 보수주의 기획과 차별화하기 위한 것이다.[20] 옌푸는 주지하듯 영국에서 유행하고 있던 사회진화론을 중국에 처음으로 소개하여 강권의 원리가 세계를 움직이는 공리(公理)임을 알린 인물이다. 사회진화론에 근거하여 민족주의적 결집을 역설

---

20) 샤오공친이 말하는 신보수주의는 이 글이 다루고 있는 현대의 신보수주의와 다른 의미라는 점에 주의해야 한다. 변법파와 옌푸를 구별하기 위해, 그리고 19세기 말의 상황에서 청대의 구관료인 보수파들과 옌푸를 구분하기 위해 쓰는 용어라 할 수 있다.

한 옌푸는 민족을 집단 진화의 최종 구현체로 보았다. 옌푸는 자신의 정치사상의 근거를 몰도덕적인 민족에서 찾고 있다. 이런 연유에서 옌푸는 근대 사회과학의 정형을 사회학[群學]에 두었다. 이 점에서 민족 간의 경쟁과 지배의 역사적 현실을 드러내는 사회진화론적 사고가 중국 근대의 민족주의의 이론적 지평을 열어주게 되었다고 할 수 있다. 사회진화론의 이론적 기초에 근거한 근대 국민국가의 이러한 미래 비전은 그대로 량치차오에게 전해졌다고 할 수 있다(조성환, 1990: 16-17).

이런 점에서 보면 중국에서 신보수주의의 기원을 옌푸만이 아니라 량치차오에서 찾는 것도 큰 무리는 아닌 것 같다. 그런데 샤오공친은 옌푸를 점진주의자로 보는 데 반해 량치차오를 급진주의자로 보고 있다.[21] 샤오가 의도한 점진주의의 포인트는 리버럴 민주주의를 지지할 수 있는 정치적, 경제적 시스템을 세우는 것이다(Fewsmith, 2008[2001]: 103). 그러나 량치차오가 변법운동에 참여한 이후 1903년 정도까지는 급진적 성향을 보이지만 그 이후부터는 개명전제론을 주장하는 등 정치적으로는 점진적인 방법의 개혁을 주장했던 것은 이미 알려진 사실이다.[22] 따라서 량치차오의 전반적인 사상 경향은 자유주의, 민족주의, 보수주의 등의 절충과 조합으로 보는 것이 타당하다고 할 수 있다.[23] 서문에서도 제시했듯이 정치, 경제, 문

---

21) 샤오공친과 서론에서 소개했듯이 진보 대 보수 논쟁을 일으켰던 위잉스 모두 캉유웨이와 량치차오를 급진주의자로 본다. 위잉스는 캉유웨이와 량치차오의 변법이 '전변(全變)'과 '속변(速變)'을 요구한 것이라고 보고 있다(余英時, 2000: 6-7 참조). 샤오공친은 변법파 계열 지식인들이 중국의 위기 상황에 대해 매우 조급하게 대처했으며 급진적 개혁 전망에 대해서도 매우 단순하게 접근했고 근거 없이 낙관했다고 평가한다(蕭功秦, 2000: 131 참조).
22) 물론 이렇게 보는 데는 이론의 여지가 있다. 특히 1920년대 량치차오는 여성관이나 문화적인 측면에서 매우 전향적인 모습을 보여주기 때문이다.
23) 이런 주장의 대표적 저서로는 황(Huang, 1972) 참조. 황은 여기서 량치차오의 자

화에 관한 불일치한 성향이 한 사상가 안에 혼재되어 나타나는 중국 지식인들 특유의 현상을 량치차오에게서도 발견할 수 있는 것이다. 이런 정황들을 고려하면 량치차오를 중국 신보수주의의 기원의 한 인물로 보는 것도 무리는 아닌 같다.[24]

하지만 옌푸와 량치차오는 중국에서 자유주의의 기원을 설명할 때도 빠질 수 없는 인물들이다(조경란, 2003). 왜냐하면 신문화운동 이전에 자유를 언급한 사상가로 옌푸와 량치차오를 빼놓을 수 없기 때문이다. 그만큼 이들의 사상적 스펙트럼의 범위가 넓다는 이야기도 된다. 이들은 마쥔우(馬君武)와 함께 밀의 『자유론』을 번역하는(번역서명은 『자유원리(自由原理)』) 등 중국에 자유론을 소개하는 데 적지 않은 역할을 했다. 물론 그들의 자유주의 수용이 서양의 침략에 대응한 중국의 부강과 국가 유기체의 공고성 유지라는 목적하에 진행된 것이었지만 말이다. 옌푸는 당시 공화론 논의가 광범위하게 벌어지면서 형성된 여론의 분위기를 의식하면서『군기권계론(群己權界論)』(밀의 *On Liberty*의 번역서명) 서론을 통해 루소의 천부인권론을 노골적으로 비판했고 이 점을 두고 볼 때도 그의 번역 행위와 가치 신념은 별개였다고 할 수도 있다. 옌푸가 정치적 자유를 노골적으로 반대하고 나선 것에 비해 량치차오는 자신의 논설과 『자유원리』의 서문에서 정치적 자유를 주장했다. 그러나 이 경우에도 이러한 주장이 자기 체계를 가지고 일관성 있게 지속된 것이 아니었다. 그러나 이들이 자유주의를 하나의 이론 체계 안에서 이념이나 가치로서 받아들

   유주의는 유가 사상과 메이지 일본의 사상, 그리고 서양 사상의 혼합이라고 말한다.
24) 그러나 앞에서 본 것처럼 위잉스는 급진 보수 논쟁의 포문을 열면서 19세기 말의 량치차오를 포함한 변법파 계열을 급진의 기원으로 해석한다. 이 문제는 그리 단순한 것이 아니어서 앞으로 많은 토론이 필요한 대목이라고 생각한다.

인 것이 아니었더라도 이들의 번역과 논설이 지니는 당시의 객관적인 사상적 기능은 다원적이고 복합적으로 평가되어야 한다. 따라서 중국의 당시 사상 맥락에서 이들은 자유주의와 신보수주의의 광범위한 스펙트럼의 범주 속에서 유동적으로 자리매김되어야 한다. 옌푸와 량치차오가 보여주는 자유주의에 대한 이중적인 면모야말로 그들을 신보수주의의 기원으로 볼 수 있는 근거가 될 수도 있다. 이들이 유교적 지식인으로서 보여주는 이러한 이중적인 모습에 대한 세밀한 분석이야말로 중국에서 신보수주의와 자유주의의 초기적 형태가 어떠했는가를 추적하는 데 필수 불가결한 작업이 될 것이다.

이렇게 옌푸와 량치차오를 기준으로 중국 신보수주의의 기원을 설명하자면 이들의 고민 안에서 두 가지 모순적인 지경이 읽힌다. 하나는 신보수주의는 급진주의의 전면적 반전통에 대해 비판한다. 급진주의가 자기의 역사 문화를 부정하게 되면 규범 상실을 초래한다고 생각한다. 다른 하나는 전통으로 돌아가자고 주장하더라도 근본주의적 전통주의의 부활에 대해서는 경계한다(蕭功秦, 1997: 134-135). 어찌 보면 전통에 관한 중용의 도[中庸之道]를 찾고자 한다고 볼 수 있는 신보수주의는 세 가지 면에서 주의를 기울인다. 첫째, 신보수주의는 전통 질서의 제도적 요소 중에서 현대화 변혁에 유효한 합리적 요소 찾기를 추구한다. 둘째, 신보수주의는 전통적인 권위 속에서 현대화 방향의 새로운 형태의 권위주의적 정치 기제를 찾을 것을 추구한다. 셋째, 신보수주의는 중국의 전통적인 지혜 안에서 과도 사회의 안정을 유지할 만한 사상적 소인을 찾을 것을 추구한다. 아울러 민족 주류의 문화, 즉 유가 문화 속에서 민족 응집에 유리한 정신적 요소를 찾아내 민족 결합의 신자원으로 삼고자 한다(蕭功秦, 1997: 135).

4. 신보수주의의 문화 구상과 유학의 재해석[25]

그렇다면 중국의 신보수주의와 국학(유학)의 관계를 어떻게 설정해야 할까? 물론 이 문제는 중국의 신보수주의를 어떻게 정의하느냐, 국학을 어떻게 보느냐에 따라 달라질 것이다. 더 나아가 국학을 구성하고 있는 유학의 성격을 어떻게 규정하느냐에 따라 다른 결론이 도출될 수 있다. 일단 앞 절의 내용을 기준으로 보면 신보수주의는 유학을 주 내용으로 하는 국학과 불가원(不可遠)의 입장을 취해야 한다고 보는 것 같다. 어쨌든 누가 뭐래도 유학은 중국의 미래를 설계하는 데 있어서 가장 강력하게 고려해야 하는 문화적 기초가 될 수밖에 없다. 근 150년의 굴욕을 경험한 중국으로서는 21세기 대국으로서 굴기해야 하고 그 '소임'을 떠맡은 신보수주의가 결정해야 하는 것은 유학과의 관계에서 수위 조절을 어떻게 할 것인가일 것이다.

그런데 2000년대 들어 중국의 사상 문화계에는 유가를 중심으로 한 국학 열풍이 1840년대 이래 최고조를 이루고 있다. 1980년대 문화 붐이 다큐멘터리 〈허상〉에서 보듯이 황색 문명에 대한 남색 문명의 대체를 주장하면서 전통문화를 철저하게 부정한 것과 달리 지금의 국학 열풍은 전통문화를 지나치게 중시한다는 데 특징이 있다(許總, 2007: 24). 현재의 국학 열풍은 또 지식인들만의 논의로 한정된 것이 아니다. 『사고전서(四庫全書)』를 능가하는 ≪유장(儒藏)≫이라는 유학 관련 문헌의 대규모 편찬 사업, 인민대학의 국학원 설립을 필두로 각지에서 국학 연구원, 국학 강습반이 앞다투어 설치되는 등 대규모적 물적 기반이 동원되고 있다. 보도에 따르면 2005년 이후

---

25) 이 절은 조경란(2008b)을 기본으로 하여 수정·보완한 것이다.

공자학원은 이미 140여 개소가 생겼으며 2010년까지 전 세계에 약 500개소가 더 생길 예정이다(許總, 2007: 24). 2007년에는 『논어』 관련 해설서만 해도 100종이 넘게 출판되었고(陳來, 2007: 16), 한국에도 번역 소개된 위단(于丹)의 『논어심득(論語心得)』은 400만 부 이상이 팔려나갔다.[26] 위단 현상을 낳기도 했던 이 책은 평가가 분분하지만 1960~1970년대에 일었던 "홍바오수(紅寶書)", 즉 마오 선집의 돌풍 이래 처음이다(貝淡寧, 2007: 46). 유가 문화에 대해 대중들이 보여준 이와 같은 '열정'은 지식인의 예상을 훨씬 뛰어넘는 것이다(陳來, 2007: 16).

이러한 국학 붐은 왜 생겼을까? 중국에서 유학 관련 담론을 주도하는 인물 중 한 사람인 칭화(淸華)대학의 천라이(陳來)는 국학 열풍을 1990년대 이후 중국 경제의 발전에 따른 전 민족적 자신감과 문화적 자신감의 반영이며 민족정신과 윤리 도덕의 재건에 대한 민중들의 강렬한 요구라고 해석한다(陳來, 2007: 16). 맞는 말이다. 중국은 이미 세계 경제 대국이 되었고 이제는 자기 문화유산을 긍정할 차례가 되었다. 앞의 위단의 책도 바로 이러한 작업의 일환이고 중국인들에게 자신의 전통에 대한 자부심을 갖게 했으며 동시에 중국의 전통문화와 현대 생활의 요구가 화해, 일치한다는 것을 보여준 것이라 할 수 있다(貝淡寧, 2007: 47). 그러나 이렇게 강한 국학 열풍을 대중의 순수한 욕망 표출로만 해석해서는 곤란하다. 매스미디어와 기업 그리고 민간이 가지고 있는 상업적 목적을 배제할 수 없다. 그리고 무엇보다도 아직 국가의 사상 교육에 대한 통제가 보편적으로 이루어지고 있는 중국의 특수한 정치 상황에서 후진타오 정부의 조화사회

---

26) 베스트셀러의 경우 통상적으로 공식 통계 수치보다 해적판이 더 많이 나간다는 중국의 선례로 볼 때 실제 판매 부수는 최소 800만 부는 넘을 것으로 추정된다.

론이 나온 직후 국학 열풍이 훨씬 강해졌다는 것을 감안한다면 이에 대한 국가의 묵인 또는 협조가 든든한 기반이 되어주고 있다는 점을 간과해서는 안 된다.

재미있는 것은 이러한 국학 열풍의 와중에 1990년대에는 진보 진영의 학자였던 간양까지 가세하여 이른바 '유가사회주의공화국'을 주장했다는 사실이다. 그는 후진타오 정부가 사회주의 조화사회 건설을 내건 이후 '먼저 부자가 되는 것[先富]'이 아닌 '함께 부자가 되는 것[共富]'을 추구한 것이 사회적 공감대[新改革共識]를 형성했다고 평가한다. 그는 이 신개혁 공식의 실현은 세 가지 전통, 즉 덩샤오핑 시대의 자유와 권리 전통, 마오쩌둥 시대의 평등과 정의의 전통, 그리고 수천 년 동안 중국 문명을 지배해온 유가[孔夫子]의 전통이 함께 작용해야 가능하다고 믿는다. '유가사회주의공화국'은 바로 이 세 전통의 상호 비판과 보완이 있을 때 실현 가능하다. 간양은 또 중화인민공화국의 실제 함의도 '유가사회주의공화국'과 유사하다고 본다. '중화(中華)'의 의미는 중화 문명이며 그 근간은 유가를 중심으로 한 도가 불교 기타 문화 요소들이며 인민공화국의 의미는 자본의 공화국이 아니라 노동자, 농민을 주체로 한 전체 인민의 사회주의공화국이라는 것이다. 따라서 그는 중국이 앞으로 나아갈 길은 유가사회주의공화국이며 21세기의 최대 과제 또한 여기에 담긴 깊은 뜻을 발굴해내는 데 있다고 본다(甘陽, 2007: 4-13).[27] 또 자유주의 좌파로 분류되는 유력 지식인 친후이(秦暉)도 전통적인 유학에 근거한 중국 사회의 새로운 재구성을 제시한다. 그는 중국의 역대 전제 국가는 모두 법가 사상에 기초한 대공동체였다고 본다. 따라서 중국이 시민사회, 현대화를 이루려면 우선 이 강고한 대공동체를 해체해야 하고

---

27) 이에 대한 좀 더 자세한 논의는 조경란(2012) 참조.

이를 위해서는 유가 사상에 기초한 소공동체의 민간 조직과 공민의 연합이 필요하다고 주장한다(秦暉, 2003). 이 두 학자는 정치적 견해에서는 많이 다르지만 중국 사회에서 유학이 갖는 일상성과 착근성을 인정할 수밖에 없다는 데서는 일치하는 것 같다.[28]

간양의 구상에 대해 몇몇 학자가 이의를 제기했다. 이중 후베이(湖北)대학의 왕스루이(王思睿)의 반박을 소개하면, 우선 그는 현재 중국에서 공감대가 형성된 신개혁 공식은 '민주공화국'이지 '사회주의 공화국'이 아니라고 반론을 편다. 그는 자본주의와 사회주의, 자유와 평등 중 어느 쪽에 더 가치를 둘지는 민주와 법치의 틀을 통해서 판단해야 한다고 믿는다. 그리고 유가에 근거한 미래 구상에 대해서도 유가 또는 유교가 세계적인 신앙 체계가 되기도 어렵거니와 그렇다고 또 국가 종교로 삼자는 것에도 찬성하기 어렵다고 잘라 말한다. 유가 학설을 포장하여 정통 이데올로기화한다면 그것은 곧 유가가 가지고 있는 질박한 생명력을 압살하는 결과를 초래할 뿐이라고 반박한다. 따라서 왕스루이에 따르면 중국 사회가 목표로 해야 하는 것은 '유가공화국'이 아니라 정교가 분리된 민주 사회 속에서 유교, 무신론, 도교, 불교, 기독교, 이슬람교가 서로 평화롭게 공존하는 것이다(王思睿, 2007: 156-157).

사실상 유학을 중심으로 한 국학 붐 현상은 중국이 현재 문화적으로 상당히 곤경에 빠져 있음을 반영하는 것이기도 하다. 그도 그럴 것이 문화대혁명으로 끝난 중국 사회주의 30년에 대한 '환멸', 그것의 반발력으로 진행된 개혁 개방 30년, 즉 혁명 이상의 와해와 계몽

---

28) 그렇더라도 간양의 '유가사회주의공화국' 안에는 그의 이전 주장과도 상통하지 않는 일종의 '파격'이 담겨 있다. 이에 대한 간양 본인의 좀 더 진지하고 진전된 설명이 이어져야 하겠지만 이 파격은 미래의 중국관에 대한 신좌파 지식인의 리얼리티를 얼마쯤은 반영하고 있다고 보인다.

이상의 와해라는 1990년대의 정신적 폐허 상황에서 국학 붐이 발생했다는 점을 상기해볼 필요가 있다. 중국 사회는 혁명과도 계몽과도 어울리지 않으니 결별하고 이제 유학으로 돌아가 자기 정체성을 찾아야 한다는 주장은 흡사 사회주의의 몰락을 곧 자본주의의 승리라고 외쳤던 안이한 역사 인식과도 유사하다. 지금 유학은 열풍이 아니라 학문적 접근을 통한 자기 정위(定位)가 필요한 때이다. 그렇다고 유학이 학문의 범주를 넘어서서 사회적 문제에 개입할 수 있는 길이 완전히 닫혀 있는 것은 아니다. 그것은 공자를 철저하게 사회개혁가로 재해석할 때 열린다. 위단처럼 공자를 탈정치화하는 방법으로는 곤란하다.[29]

요컨대 유학이 21세기에 나름의 사회적 역할을 하기 위해서는 유학과 자본주의의 친화성을 강변하는 방식을 벗어나서 빈부 격차, 물질 만능 등 중국 사회를 엄습하고 있는 복잡다기한 현실 사회문제들에 대한 근본적인 원인 진단과 대처 방안을 제시할 수 있는 안목을 보여주어야 한다. 혹시 이러한 검열을 통과했더라도 우리의 최종 질문은 하나 더 있다. 유학이 과연 21세기 중국의 존엄을 보여줄 수 있는 소프트파워로서 손색없는 가치 지향점을 제시할 수 있을까? 그것은 오로지 유학이 사회주의 중국의 역사를 있는 그대로 대면하면서 현재와 소통하는 가운데 새로운 중국, 중국인의 정체성을 만들어갈 수 있을 것인가에 달려 있다. 하지만 그것은 또 중국의 현안을 책임지고 있는 신보수주의가 유학을 어떻게 재해석할 것인가의 문제이

---

[29] 위단은 『논어심득』이란 제목에서 보이듯이 우선 논어를 통해 어떻게 하면 마음의 행복을 얻을 수 있는가에 초점을 맞춘다. 따라서 물질문명이 아무리 발달한다 해도 국민의 행복지수는 그들의 심리적 상태에 의해 좌우된다는 것이다. 즉 사람들이 어떻게 마음의 안정을 찾느냐가 중요하다. 따라서 눈을 밖으로만 향하지 말고 안으로 향하라고 강변한다(위단, 2007: 27-29 참조). 국가가 인민들을 향해 하고 싶은 말을 위단이 대신하고 있는 듯하다.

기도 하다.

더 나아가 적극적으로는 신보수주의와 유학이 서양의 단순한 반발이거나 근대를 비판하는 무기에서 그치는 것이 아니라 새로운 근대를 창조하는 무기로 전환할 수 있느냐에 달려 있다고 해도 과언이 아니다.[30]

5. 신보수주의가 구상하는 중국의 미래와 동아시아

이상에서 우리는 현재 중국의 신보수주의가 과학과 민주를 강조했던 신계몽주의 사상을 거부하고, 경제 개혁과 함께 전면적인 시장화를 이끌어갈 권위 있는 주체로서의 국가가 필요하다는 것의 승인 속에서 출현했음을 살펴보았다. 신보수주의는 '신권위주의 토론'에서부터 파생되었다고 볼 수 있는데 1989년 상반기에 진행된 '신권위주의 토론'은 중국의 전통을 부정하는 것에 대한 반감과 위기의식으로부터 비롯된 것이다. 그런데 이 위기의식이 중국의 구보수주의 계열에서 나온 것이 아니라 1980년대 급진주의 사조 내에서 비롯되었다는 점이 주목된다. 위기의식에서 나온 권위주의는 1989년 6.4 천안문 사태가 일어나고 1992년 중국의 자본주의적 개혁의 강화 방안이 나오게 되면서 신보수주의라는 이데올로기의 형태를 띠고 전방위적으로 출현하게 된다. 그러니까 중국의 신보수주의의 출현은 1980년대의 자유주의 흐름에서 그 뿌리를 찾을 수 있다. 중국의 신보수주의는 현대화 추진 주체로서의 중국공산당과 그 노선을 떠받치는 이데올로기가 되었다고 할 수 있고 그런 점에서 어느 정도는

---

30) 이런 발상에 대해서는 히야마 히사오(2000: 87-88)를 참조할 필요가 있다.

국가주의적 색채를 띠고 있다고 할 수 있다.

그렇지만 본론에서 본 바와 같이 지식인들의 담론 속에서는 아직 신보수주의가 무엇인지, 그리고 어떤 유파를 얘기하는지에 대한 정확한 합의가 이루어지지 않고 있는 것 같다. 다만 사상이나 인물의 범위가 상당히 넓다는 정도만 말할 수 있다. 따라서 우리가 여기서 결론을 내린다면 공산당을 중심으로 그 양쪽 주변에 포진하고 있는 광범위한 지식인군을 광의의 신보수주의자들이라고 할 수 있지 않을까? 이렇게 본다면 앞의 〈표 1〉에서도 본 것처럼 신보수주의는 사안에 따라서 정치적, 경제적으로는 신좌파와도 자유주의 좌파나 우파와도 상당 부분 겹치며, 사회적으로는 민족주의자와, 문화적으로는 유학을 근간으로 하는 국학파와 상당 부분 의식을 공유한다는 점이 확인된다.

신보수주의는 이미 중국 사회의 각 방면에서 주류의 위치를 점하게 되었다. 1980년대 사조가 이전의 중국 사회주의에 대한 부정과 반성으로 나타난 것처럼 1990년대에 출현하여 주류적 위치를 점해온 신보수주의는 1980년대에 대한 반작용일 수 있다. 물론 1990년대의 보수화 경향은 단순히 1980년대에 대한 반동의 움직임만이 아닌 중국 사회주의 전반에 대한 비판과 반작용이라는 의미 또한 내포하고 있다고 보인다. 그러나 이러한 보수화가 강하게 진행되면 진행될수록 머지않아 이에 대한 또 다른 반성의 움직임이 나올 것이 분명하다. 정반합이라는 역사의 법칙은 정도의 차이만 있지 어느 시기, 어느 공간에서나 통하는 보편 법칙이기 때문이다.

우선 지금 중국의 엄혹하고도 복잡한 현실이 신보수주의의 시험대가 되고 있다. 중국 내부적으로 문제가 많아질수록 현재의 개혁 노선에 대한 낙관론과 비관론 중 비관론이 힘을 얻을 수 있다. 비관론 쪽은 개혁 개방 과정에서 나타난 부정부패, 빈부 격차, 생태 환경 파괴, 전체 인민의 대다수를 점하는 소외 계층의 형성 등 총체적인 위기에 어떻게 대응할 것인가를 묻고 있다.[31] 우리는 실제로 중국을 사고할 때 밖에서 보는 중국과 안에서 보는 중국이 그 실상에서 엄청나게 다르다는 것을 인정해야 한다. 밖에서 보는 중국은 거대한 영토(한국의 80여 배, 14개국을 접하고 있는 나라)와 어마어마한 인구, 그야말로 거대한 제국적 국민국가이며 이미 미국과 더불어 G2가 되었다. 하지만 내부적으로는 우리가 상상하는 것 이상으로 많은 문제를 안고 있는 나라가 또한 중국이다.

중국은 경제 대국이라는 새로운 이름과 더불어 자본주의국가 중 문제가 가장 많은 나라 중의 하나라는 오명을 가지고 있다. 이는 사회주의 30년, 개혁 개방 30년 세월의 결과이기도 하다. 이 정도의 시간이라면 이제 사회주의와 자본주의를 모두 대상화할 수 있는 여유가 생겼는가라는 질문을 던질 수 있다. 지금 분명하게 말할 수 있는 것은 이제 최소한 자본주의에 대한 환상을 갖지 않을 수 있게 되었다는 점일 것이다. 그렇다면 사회주의에 대해서는 어떤가? 자본주의에 대한 환상을 버렸다는 사실이 자동적으로 사회주의를 역사로 보도록 보증해주지는 않는 것 같다. 중국은 아직도 문혁으로 끝난 사회주의에 대한 트라우마가 사회 곳곳에 살아 있다. 중국인들은 사회주의 경험을 사회주의로만 보고 있지 아직 역사로 볼 준비가 되어 있지 않다. 중국의 신보수주의가 중국을 세계의 대국으로서 자기 반열에 올려놓고 다른 나라로 하여금 환영받게 하기 위해서는 사회주의, 자본주의의 역사를 포함한 20세기 100년의 자기 역사에 대한 성찰을 바탕으로 하여 현재와 미래의 청사진을 만들어나가야 한다. 이를

---

31) 이런 내용의 책으로 허칭리렌(2003: 8-9) 참조. 이 책은 "중국의 함정"이라는 제목으로 먼저 홍콩에서 출판되었고 이후 제목을 "현대화의 함정"으로 바꾸고 친 후이가 쓴 서문과 내용을 약간 수정하여 대륙에서 출판될 수 있었다.

위해서는 군사력과 경제력을 내용으로 하는 하드파워(경성 권력)만이 아니라 21세기 미래의 가치를 제시할 수 있는 소프트파워(연성 권력)에 대해 적극적으로 고민해야 한다. 소프트파워는 천하주의나 조공 체제의 안이한 재구성만으로는 획득될 수 없다. 유학을 염두에 두되 유학을 훌쩍 뛰어넘는 담대한 창신(創新)이 있어야 한다.

규모의 중국인만큼 중국은 중국 국내는 물론, 동아시아에, 그리고 더 나아가 세계에 미칠 파급력을 고려하지 않을 수 없다는 점을 인식할 필요가 있다. 이와 관련하여 100~150년 전의 사상 분위기를 잠깐 떠올릴 필요가 있을 텐데, 이때는 서세동점의 상황에서 동과 서라는 패권 구도가 만들어지고 있는 때였다. 19세기 말 20세기 초에도 중국에는 유가 문화를 중심으로 민족주의적 입장을 취했던 유학자들이 존재했고 이들을 문화민족주의자 또는 보수주의자로 불렀다. 이들의 사유도 19세기 말 벌어진 공전의 사태에 대해 자기 갱신을 최소화하면서 위기에 대처하려는 몸부림의 한 표출이었다. 즉 망국의 위기 상황에서 급진 계열의 지식인과는 다른 방식으로 구망도존(救亡圖存)을 추구했다고 할 수 있다. 그러한 명분 때문에 보종(保宗) 또는 보교(保敎)라는 말은 단순한 자기 이해에 기초한 보수의 의미를 초월한 것으로 받아들여질 수 있었던 것이다.[32]

하지만 강국몽이 현실로 나타난 상황에서 진행되는 현재의 중국 위상 찾기와 '정체성' 찾기는 그 의미가 다를 수밖에 없다. 이른

---

32) 예컨대 19세기 말 20세기 초의 보수주의가 갖는 사회적 함의와 지금의 그것은 조금 다르다고 할 수 있다. 이 차이는 사실 사회적, 정치적 조건의 다름에서 비롯될 수도 있다. 청말 민초에는 내우외환이 가장 극심했던 시기로 중국의 역사상 그 어느 때보다도 국가가 약화된 때였다. 그만큼 국가가 지식인을 통제할 수도 없었을 뿐 아니라 오히려 거꾸로 지식인이 필부유책이라는 중국의 전통에 따라 그들이 주체가 되어 국가와 민족의 재건에 대한 다양한 의견 개진을 자유롭게 전개할 수 있었다.

바 잃어버렸던 자존심의 회복과 학문의 토착화를 지향한다는 의도 하에 이루어지는 여러 형태의 국학열 현상은 도가 지나쳐 국수(國粹, national essence)를 넘어 쇼비니즘으로 치달을 가능성을 내포하고 있기 때문이다. 그러나 이러한 과정 또한 장기적으로 볼 때 한 번은 거쳐야 하는 하나의 단계인지도 모른다. 한 번의 극단은 또 다른 한 번의 극단을 필요로 하기 때문이다. 하지만 문제는 한 번의 치우침이 제자리로 오기까지는 반드시 또 다른 역사의 희생을 필요로 한다는 데 있다. 요컨대 일원적 보수화로 치닫는 현재의 사상 상황은 중국의 학술계가 과연 사회 내부적으로는 차별을 지양하고 민주를 실현하며 외부적으로는 미국식 자본주의가 갖는 폭력성과 확장성을 비판하고 다른 대안을 제시할 수 있을까에 대한 기대보다는 우려를 갖게 한다(조경란, 2008a: 239).

물론 중국 내부에서도 이런 문제 제기가 없는 것은 아니다. 지식인들의 다음과 같은 다양한 문제 제기는 중국의 미래가 그렇게 비관적이지만은 않다는 것을 보여주기도 한다. 어떤 지식인은 목전의 중국은 미래에 대해 경제적 계획만 있지 정치적, 문화적 이상이 없다는 이야기를 한다(祝東力·瑪雅, 2008: 19). 그리고 어떤 이는 "사람들이 진정 마음으로 신봉할 수 있는 것, 그 무엇을 위해 분투할 수 있는 것이 없다. 사람들은 오직 눈앞의 이익에만 관심이 있다."고 지적한다(祝東力·瑪雅, 2008: 19). 또 어떤 학자는 100년 전에는 이중구동(異中求同), 즉 중국인을 어떻게 만들 것인가를 고민하지 않고 어떻게 세계인을 만들 것인가에 고민이 있었다면 지금은 반대로 동중구이(同中求異), 즉 중국인을 어떻게 만들 것인가를 고민하고 있으며 이는 100년 전과는 완전히 상반된 것이라고 평한다(張旭東·劉擎 等, 2007). 이들의 한탄은 20세기 중국의 격동의 세월 동안 인간의 해방이라는 보편 가치를 추구했던 기억과 현재의 중국에서 인간의 존엄이 상실된 절망적 상황에 대한 교차의 감정 속에서 나온 것이다.

중국의 신보수주의는 계파를 초월하여 위와 같은 지식인들의 다양한 문제 제기에 귀를 기울여야 하며 그럴 때만이 21세기에 책임 있는 경제 대국, 문화 대국으로 위상을 지키고 만들어갈 수 있을 것이다.

참고 문헌

강명구, 1993, 「미국의 신보수주의: 문화의 정치와 뉴스대중주의」, 『지역연구』 2(1), 서울대학교 지역종합연구소,

민두기, 2003, 『시간과의 경쟁』, 서울: 연세대학교출판부.

왕샤오밍, 2006, 「'대시대'가 임박한 중국-문화 연구 선언」, 왕샤오밍 외, 『고뇌하는 중국』, 장영석·안치영 옮김, 서울: 길.

왕차오화, 2006, 「90년대 중국사상계의 정신」, 왕샤오밍 외, 『고뇌하는 중국』, 장영석·안치영 옮김, 서울: 길.

위단, 2007, 『논어심득』, 임동석 옮김, 에버리치홀딩스.

이홍종, 2003, 「부시행정부의 신보수주의」, 『국민일보』 2003. 6. 3.

정희준·서현석 외, 2007, 『미국 신보수주의와 대중문화 읽기』, 서울: 책세상.

조경란, 2003, 「중국 근대의 자유주의」, 『중국 근현대사상의 탐색』, 서울: 삼인.

조경란, 2005, 「중국 지식인의 현대성 담론과 아시아 구상」, 『역사비평』 72(3).

조경란, 2008a, 『현대 중국사상과 동아시아』, 파주: 태학사.

조경란, 2008b, 「국학열풍 … 21세기 '중국의 존엄' 보여줄까」, 『경향신문』 2008. 8. 20.

조경란, 2012, 「현대중국의 유학부흥과 '문명제국'의 재구축―국가·유학·지식인」, 『시대와철학』 가을호.

조경란, 2013a, 「중국에서 신좌파와 비판적 지식인의 조건-왕후이의 '중국모델론'과 21세기 지식지형의 변화」, 『시대와철학』 봄호.

조경란, 2013b,『21세기 중국의 지식지형, 어떻게 볼 것인가』, 글항아리(근간).
조성환, 1990,「中國近代民族主義의 理論形成과 政治戰略, 1895-1904」, 한국사회사연구회 편,『중국·소련의 사회사상』한국사회사연구회 논문집 18, 문학과지성사.
진관타오·왕후이·조경란, 1997,「중국지식인의 학문적 고뇌와 21세기의 동아시아」,『역사비평』38(3).
진춘밍·시쉬옌, 2000,『문화대혁명사』, 이정남·하도형·주장환 옮김, 서울: 나무와 숲.
첸리췬, 2012,『모택동 시대와 포스트 모택동시대 1949-2009 하』, 연광석 옮김, 서울: 한울.
허칭리렌, 2003,『중국은 지금 몇 시인가』, 홍익출판사.
히야마 히사오, 2000,『동양적 근대의 창출』, 정선태 옮김, 서울: 소명출판.
甘陽, 1997,「反民主主義的自由主義還是民主的自由主義」,『二十一世紀』39(2).
甘陽, 2007,「中國道路: 三十年與六十年」,『讀書』6.
姜義華, 1992,「激進與保守: 與余英時先生商榷」,『二十一世紀』9(4).
菅野敦志, 2005,「中華文化復興運動にみる戰後臺灣の國民黨文化政策」,『中國研究月報』59(5).
方可成·龔方舟, 2012,『了解"左派""右派"-圖解政治: 中國的左派VS右派』, 政見 CNPolitics.org.
裵毅然, 2007,「自解佩劍: 反右前知識分子的陷落」,『二十一世紀』102(8).
查建英, 2006,『八十年代訪談錄』, 生活·讀書·新知 三聯書店.
盛洪, 2000,「從天下主義到民族主義」,『民族主義與轉型期中國的運命』, 時代文藝出版社.
蕭功秦, 1997,「當代中國新保守主義的思想淵源」,『二十一世紀』40(4).
蕭功秦, 2000,「戊戌變法的再反省--兼論早期政治激進主義的, 文化根源」,『激進與保守之間的動蕩』, 時代文藝出版社.
蕭功秦, 2012,「當代中國六大社會思潮的歷史與未來」, 馬立誠,『當代中國八種社會思潮』, 社會科學文獻出版社.
蘇紹智, 1996,『十年風雨──文革後的大陸理論界』, 時報文化出版企業有限公司.

余英時, 2000,「中國近代史思想史上的激進與保守」,『知識分子立場-激進與保守之間的動蕩』, 時代文藝出版社.

葉雯, 1997,「應區別政治的保守主義和文化的保守主義」,『二十一世紀』40(4).

王思睿, 2007,「中國道路的連續與斷裂及其他」,『讀書』8.

王岳川, 2001,「當代文化研究中的激進與保守之維」, 孟繁華 主編,『九十年代文存』, 中國社會科學出版社.

汪暉・張天蔚, 2000,「文化批判理論與當代中國民族主義問題」,『民族主義與轉型期中國的運命』, 時代文藝出版社, 2000.

張旭東, 2000,「民族主義與當代中國」,『民族主義與轉型期中國的運命』, 時代文藝出版社.

張旭東・劉擎 等, 2007,「普遍性, 文化政治與"中國人"的焦慮」(研究與批評),『天涯』2.

張靜, 1997,「"新保守主義"學術取向」,『二十一世紀』39(2).

中國時報週刊記者, 1992,「大陸'新保守主義'的崛起 ─ 探訪蕭功秦」,『中國時報週刊』(臺北), 第4, 5期.

中國青年報思想理論部 編, 1991,「蘇聯巨變之後中國的現實應對與戰略選擇」,『觀點訪談』26.

陳來, 2007,「孔子與當代中國」,『讀書』11.

陳曉明, 1997,「文化民族主義的興起」,『二十一世紀』39(2).

秦暉, 2003,「"共同體本位"與傳統中國社會」,『傳統十論』, 復旦大學出版社.

祝東力・瑪雅, 2008,「中國: 文化大國的興衰與重構」(對談),『天涯』3.

貝淡寧, 2007,「《論語》的去政治化-《于丹〈論語〉心得》簡評」,『讀書』8.

許紀霖, 1997,「現代中國的自由主義傳統」,『二十一世紀』42(8).

許總, 2007,「"國學"的定位與文化選擇的"度"」,『中國文化研究』, 夏之卷(2).

Fewsmith, Joseph, 2008[2001], *China since Tiananmen -from Deng Xiaoping to Hu Jintao*, New York: Cambridge University Press.

Huang, Philip C., 1972, *Liang Chi-chao and Modern Chinese Liberalism*, University of Washington Press.

10장 현대 일본의 보수주의

장인성

1. 머리말: 새로운 보수주의

　탈냉전과 지구화의 맥락은 보수와 진보의 모습을 바꾸고 있다. 일본에서는 보수의 목소리가 커지고 진보의 입지가 좁아지면서 장시간 존속했던 보수 대 진보의 구도가 무너지고 있다. 일본의 보수화는 이미 1980년대에 보이기 시작했다. 나카소네 야스히로(中曾根康弘) 수상은 '국제화'를 표방하면서 경제 대국으로서의 국제 책임을 수행할 '국제 국가' 일본을 만들고자 했고, 이러한 국가를 지탱하기 위해 국민회의의 조직화, 히노마루와 기미가요의 법제화, 교육 기본법 제정 등 이른바 일본의 '국민화'를 추진하기도 했다. 탈냉전기 일본의 보수화는 그 연장선상에 있다고 할 수 있다.
　1980년대 보수화는 동아시아 냉전 체제와 일본 전후 체제가 만들어낸 '보혁 구도' 위에서 전개된 것이었다. 정치 세계의 보혁 구도는 장기간의 보수 정치체제(55년 체제)하에서 성립한 것이며, 대등한 이원 구도가 아니라 냉전 체제와 미일동맹 체제에 부응하는 정치적 현실주의와 결합한 자민당 보수 정치 세력이 정치권력을 장악하고 진보 정치 세력이 공존하는 형태였다. 반면 지식사회에서는 진보주의가 담론 권력을 행사했고, 지식인들의 반체제적 보수 담론은 지속되긴 했어도 지식사회를 주도하지는 못했다. 체제 순응적 보수 정치 체제가 미일동맹 체제하에서 경제 발전을 이루며 견지되는 상황에서 보수 지식인들의 보수 담론은 반체제성 때문에 보수 정치체제에 편승하지 못했고 일본 국민들의 호응도 얻지 못했던 것이다.

냉전의 종언은 보수 세력 우위의 정치적 보혁 구도를 뒤흔들었다. 보혁 구도의 붕괴는 진보의 몰락뿐 아니라 보수의 변용을 초래하였다. 진보 정치 세력이 몰락하면서 보수 정치 세력이 일본 정치를 독점하게 되었지만 보수 정치 세력도 자민당 정권에서 연립 정권으로 바뀌는 정치 변동을 겪어야만 했다. 걸프 전쟁 지원을 둘러싸고 '국제 공헌'의 한계를 보이고 냉전 체제와 미일동맹에서 습성화된 수동성(reactivity)의 유산 때문에 탈냉전기 국제 안보에 대응하는 일본 국가의 무력함을 드러내면서 오자와 이치로(小沢一郎), 고이즈미 준이치로(小泉純一郎) 등 보수 정치가들은 국가 개혁과 행정개혁을 시도했다. 탈냉전기 국제 안보 환경에 대응할 국제정치적 역할의 확대를 지향한 '보수 개혁'이었다. 보수 정치가들이 생각하는 보수 개혁은 탈냉전기 세계에 대한 공간적 대응을 통해 '세계 속의 일본'의 새로운 존재 양상을 모색한 것이라 할 수 있다. 보수 정치가들의 정치적 현실주의는 현실의 국제 체제와 미일동맹이라는 국제적 컨텍스트에서 일본 국가가 어떠한 정책을 선택해야 할지를 따진다.

보수 지식인들은 보수 정치가들과 다르다. 보수 지식인들은 시간적 대응을 통해 일본 국가와 사회의 존재 방식을 전후 체제와 역사에 대한 재해석을 통해 찾고자 한다. 보수 지식인들은 현실을 용인하는 정치적 사려(prudence)로 귀결되기 쉬운 정치적 선택에 불만을 표하면서 전후 체제와 일본 국가의 존재 방식에 대해 근본적인 의문을 제기한다. 보수주의자들은 탈냉전과 지구화의 맥락에서 '국제화', '국제 국가', '정치 대국' 등의 슬로건을 의식하기보다는 일본 국가 공동체의 역사적 존재 방식과 내셔널 아이덴티티를 문제시한다. 보수주의자들의 경우 탈냉전과 지구화의 컨텍스트에서 '전후 체제'의 제도적 존재 방식에 대한 비판을 넘어 '전후 체제'의 이념적 구성까지도 거부하는 자세를 보이고 있다. '새로운 역사 교과서를 만드는 모임'(새역모)의 견해와 활동은 그 극단적 표출의 일부일 따름이다.

흔히 현대 일본의 보수주의를 보는 시선은 보수 정치가와 보수 지식인의 사상을 혼동해서 동일시하거나 정치적 보수만을 생각하는 경향이 있다. 주로 정치 영역에서 표출되는 정치가나 행동가의 보수적 견해와 행동에 주목하는 습성이 있다. 하지만 보수에는 일상 감각과 정치 감각의 차원이 있다. 탈냉전기 일본 보수주의도 일상 감각과 국가 표상을 지표로 삼아 그 성격과 특질을 포착할 수 있다. 보수의 정치 감각과 완전히 무관한 것은 아니겠지만, 여기서는 보수의 일상 감각을 정치 행위를 배제한, 혹은 정치 행위로 표출되기 전의 보수 감각 내지 보수 이념으로 상정한다. 특히 이 글에서는 일본의 전후 체제를 문제 삼아 보수의 일상 감각을 보수주의 이념으로 재구축하려는 보수 지식인의 담론에 주목한다. 역사 교과서 문제라는 정치적 행위에 가려진, 혹은 정치적 비난에 엄폐된 보수주의의 일상 감각과 보수 이념을 '국가'라는 표상을 매개로 성찰할 때, 일본 보수주의자들이 생각하는 '일본=보수' 표상의 실체가 얼마간 드러날 것이다.[1]

---

[1] 일본 보수주의의 이념적 지형은 보수 정치가, 보수 비평가, 보수 학자, 보수 논객

2. '보수의 시작'

1) '보수의 시작'

보수는 진보를 짝으로 삼는다. '55년 체제'(자민당 장기 집권 체제)하에서 보혁 구도는 불균형 상태였지만 자민당 대 사회당의 대립 구도상에서 성립하였다. 자민당 보수 정권은 보수뿐 아니라 좌파에 대항하는 보수 혁신도 품은 체제였다. 냉전의 종언은 55년 체제뿐 아니라 보혁 구도의 종언을 초래하였다. 보혁 구도의 종언은 정치학자 미쿠리야 다카시(御厨貴)의 말을 빌리면 '보수의 종언'이기도 했다. 혁신의 붕괴는 '보수의 종언'을 뜻했다(御厨貴, 2004: 78-79). 사회주의권의 붕괴가 미국에게 '역사의 종언'이었다면 일본에게는 '보수의 종언'이었다. 물론 '보수의 종언'은 대립항의 소멸에 따른 착시 현상일 뿐, 반드시 보수 현상이나 보수적 행위가 끝났음을 뜻하지는 않는다. 뒤이은 연립 정권들도 보수와 보수 개혁을 지향했다. 경제적 자유주의에 대응하여 일상생활의 복지와 행정의 효율성을 높이는 행정개혁을 시도했고 국가 개혁을 제기하였다. 보수 내부에 개혁 대 저항의 구도가 현저해졌고 '보수 혁신'이 힘을 얻었다. '보수'는 55년 체제 붕괴에 따른 보혁 구도의 소멸로 '혁신'이란 적을 상실한 상황에서 스스로 자기 존재를 구축해야 하는 숙명으로부터 비롯되지만,

등 다양하다. 1980년대 이후 일본의 보수주의는 '새로운 역사 교과서를 만드는 모임'이 논쟁의 핵을 이루었고 '일본=보수'의 극단적 표상을 드러냈다. 이 글에서 다루는 보수주의자들 중에는 '새역모'에 참여한 자도 있고, 그렇지 않은 자도 있다. 이 글에서는 '새역모'의 운동이나 이념을 직접 다루지는 않을 것이다. '새역모'는 1990년대 이후의 보수주의 현상의 하나의 산물이지만, 보수주의 자체와 동일시될 수는 없다. 이 글에서는 그러한 정치적 행위를 배태한 현대 일본 보수주의의 심리와 논리를 분석한다.

침투해오는 지구화에 대면해야 하는 일본 국가와 사회의 정치 경제적 상황도 중요한 계기를 이룬다.

탈냉전과 더불어 '제도로서의 55년 체제'는 공식적인 종언을 맞이했지만, 비공식적 차원의 '사상으로서의 전후 체제'가 끝난 것은 아니다. 오히려 일상 감각에서는 새로운 보수가 출현했다고 말할 수 있다. 보수주의자들의 일상 감각에서는 '보수의 종언'이 아니라 오히려 진정한 '보수의 시작'일 수 있다. '보수의 시작'은 '역사의 시작'과 관련된다. 일본에게 냉전의 종언은 미국과 달리 '역사의 종언'이 아니라 냉전기에 억압되어 있었던 동아시아 '역사'를 재발견하는 '역사의 시작'이었다. 일본의 식민지 지배와 태평양전쟁을 둘러싼 기억이 부활하고 일본의 책임을 묻는 새로운 출발을 뜻하는 것이었다.

일본의 보수 지식인들에게 '보수의 시작'은 이러한 '역사의 시작'에 대한 대응과 더불어 일본의 전후 체제와 자유민주주의에 대한 총체적 비판의 개시를 의미한다. '역사의 시작'은 보수주의 발언을 본격화하는 '보수의 시작'인 셈이다. '보수의 시작'은 보수 정치가들의 정치적 현실주의를 상황 추종적인 비주체적 정치 행위로 여기는 보수 지식인들이 '진정한 보수주의'를 구축하려는 의식의 출현을 가리킨다. 탈냉전과 지구화의 맥락은 보수주의자들의 불안감을 키웠고 투쟁 감각을 일깨웠다. 역사 교과서, 종군 위안부, 전쟁 책임 등의 문제군이 분출하여 보수-진보 논쟁을 불러일으키면서 '보수의 시작'='보수의 재발견'을 부추겼다.[2]

---

[2] 1990년대 후반 가토 노리히로(加藤典洋)-다카하시 데쓰야(高橋哲哉) 간 논쟁은 탈냉전이 전쟁 책임에 관한 기억과 방법을 되살렸음을 보여준다. 일본의 전쟁 책임과 관련하여 아시아에 사죄하기에 앞서 자국민(일본인)의 애도가 선행되어야 한다는 논리(가토)와, 피해자인 아시아의 목소리에 응답하여 아시아 국가에 사죄해야 한다는 논리(다카하시) 간의 쟁투였다. 일견 보수-진보 논쟁의 성격을 띠지만, 다카하시가 진보의 견해를 전형적으로 보인 반면, 가토의 주장은 반드시

2) 보수주의와 일본

'보수의 시작'은 에드먼드 버크(Edmund Burke)에까지 맞닿아 있다. 현대 일본의 보수 지식인들은 지적 기원을 버크에게서 찾는다. 보수주의는 19세기에는 혁명 대 보수(반혁명) 구도에서, 20세기에는 진보 대 보수 구도에서 성립하였다. 버크의 『프랑스혁명에 관한 성찰』(1790)에 기원을 두는 근대 보수주의는 합리주의와 계몽주의에 기초하는 자유주의와 프랑스혁명의 쌍생아였다. 자유주의가 프랑스혁명의 추상적 이념을 준거로 삼아 사회변혁을 추구하는 반면, 보수주의는 이념보다는 과거와의 연속과 현상(現狀)에 기초한 점진적 변화를 모색한다. 보수주의는 개인의 자유가 추상적, 무제한적인 것이 아니라 현실의 질서나 종교 같은 정신적 권위에 의해 보증되어야 한다고 본다. 인간의 이성에서 자유와 진보를 찾는 대신에 전통과 현실에서 가치를 찾는다. 보수주의는 합리주의를 싫어하지만 반합리주의는 아니다. 이성뿐 아니라 감정, 본능, 의지도 중시한다. 삶의 다원성을 전제하며 능력의 조화 내지 균형을 중시한다. 자유와 진보를 부정하지는 않지만, 인간 본성과 인간 능력의 한계를 인식하며 현명한 판단과 사려 있는 행동, 조화와 균형 감각을 요구한다(林健太郎, 1963: 10-22).

그런데 20세기를 전후한 시기에 자유주의가 변용하고 사회주의가 출현하면서 보수주의는 변형한다. 자유주의는 실증적 과학성을 받아들이면서 추상성, 관념성이 약해졌고, 구체적인 삶에 기초한 자유를 중시하게 된다. 또한 사회주의 정당이 성장하면서 현대 자유주의

보수라고 하기 어려운, 굳이 말하자면 리버럴 보수의 성격이 강하다. 더 주시할 것은 가토의 견해가 국가와 아시아의 사이에서, '애도'와 '사죄'의 사이에서 논리적 고민을 해야 하고, 다카하시가 아시아의 목소리에 귀기울여 일본이라는 응답 주체의 자기 책임을 추궁하는 맥락이 출현했다는 사실이다.

는 혁명보다는 개혁을 중시하는 보수주의적 성격을 띠었고, 보수주의 정치 세력에 거의 흡수되면서 자유주의 정당=보수정당이란 등식이 성립하였다. 보수주의도 사회주의에 대항하여 개인의 자유를 중시하고 민주주의를 옹호하게 된다. 보수정당이 '자유', '민주'라는 명칭을 사용하게 되고 사회주의 정당에 대항하는 부르주아 정당을 대변하게 된다. 사회주의 정당과 대항하고자 복지국가 정책을 받아들여 신보수주의를 표방하기도 했다. 보수주의가 수구의 이념이나 권력형 부패의 온상으로 간주되는 부정적 이미지를 없애려는 의도도 있었다(林健太郎, 1963: 7-10).

보수주의는 진보를 규정하는 이념과 운동에 대응한다. 19세기에는 자유주의가, 20세기에는 사회주의가 진보를 규정했고, 보수주의는 각각에 대응한 것이었다. 이 구도가 일본에서는 어떻게 작동했을까. 일본의 보수주의는 근대 일본, 제국 일본, 전후 일본, 탈냉전·지구화의 각 맥락에서 표출되었다. 보수주의는 각 맥락의 국제 상황에 대응하여 국가(공동체)의 생존·자립·발전을 모색하는 과제가 주어지고 문화(전통·가치·역사)가 공동체 방위의 수단으로 선택되면서 표명된다. 따라서 보수주의는 일본 국가의 국제적 위상과 대외 관계에 의존한다. 국가(공동체)의 정치 경제적 수준과 사회 결집력도 보수주의의 수동성과 능동성을 얼마간 규정한다. 보수주의자들은 각 맥락에서 진보주의(자유주의·사회주의)에 대항하면서 보수를 얘기한다. 버크의 보수주의는 유력한 준거였다.

일찍이 메이지 보수주의는 자유주의와 대결하면서, 또한 메이지 정부가 국민국가 형성과 사회질서 유지를 위한 보수적 기획을 실행하면서 형성되었다. 독일 모델을 따라 도입된 입헌군주제(천황제)와 관료제, 사회질서의 유지를 위해 동원된 국체 이념과 가족국가관(穗積八束)은 관료 보수주의 형성에 기여했다. 자유주의에 대항하여 유교를 국가의 도덕규범으로 삼는 유교 보수주의(元田永孚, 西村茂樹)도 나타났다. 국가에 봉사하는 기독교 보수주의도 출현했다. 1880년대 후반에는 문명개화에 대항하여 출현한, 전통 가치에 기초해서 일본의 국체나 국수(國粹, nationality)를 보수하려는 국민주의(陸羯南)나 일본주의(三宅雪嶺)도 근대 내셔널리즘과 결합한 보수주의로 나타났다.[3]

버크의 보수주의는 헌법 제정과 반자유주의의 맥락에서 받아들여졌다. 근대 일본에서 버크는 1870년대부터 언급되기 시작했는데,[4] 특히 이토 히로부미(伊藤博文)의 비서였던 가네코 겐타로(金子堅太郎)가 『정치론략(政治論略)』(1881)을 발간하면서부터 본격적으로 수용되었다. 『정치론략』은 『프랑스혁명에 관한 성찰』의 초역인데, 논지를 살리고자 버크의 다른 글도 원용하고 루소와 페인에 대한 비판도 소개한 편역서였다. 『정치론략』은 민권운동이 고조되고 메이지 정부의 국가 구상과 준거 이론이 확립되지 못한 상황에서 민권에 대항하는 국시를 모색했던 원로원의 요망에 부응한 것이었다. 『정치론략』은 관료들 간에는 보수주의의 이론적 무기로 널리 통용되었지만, 자유주의 민권론의 이론적 심화를 자극하기도 했다.[5] 하지만 버크는 천황제 이데올로기에 걸맞는 버팀목이 되지는 못했다. 버크의 보수

---

3) 메이지 보수주의에 관해서는 파일(Pyle, 1969; 1989)을 참조할 것.
4) 1875년 12월 8일자 『도쿄니치니치신문(東京日日新聞)』에 「영국 버크의 대외책을 인용하여 우리의 조선 정책을 논한다(英ボルグノ対外策ヲ引用シテ我ガ朝鮮政策ヲ論ズ)」라는 기사가 보이고, 1880년 4월 다카하시 다쓰로(高橋達郎) 역술, 『태서제대가논설(泰西諸大家論説)』 제1집(弘令社)에 「영국 에드먼드 버크의 영국 헌법 이론(英エドモンド·バルク英国憲法の理論)」이 소개되어 있다(高瀬暢彦, 2000).
5) 다카세 노부히코(高瀬暢彦, 2000: 제3장, 제4장) 참조. 자유민권론자 나카에 조민(中江兆民)은 자유주의 사상을 고취하고자 루소의 『사회계약론』을 한문으로 평역한 『민약역해(民約譯解)』(1882)를 출판하였는데, 이 책은 『정치론략』에 자극받아 저술되었다.

주의는 절대왕권제를 비판하는 자유주의적 성향이 있기도 했지만, 무엇보다 메이지 헌법이 독일법을 모델로 삼는 천황제 국가를 구축하고 법학 교육에서 영국 헌법학을 배제하면서 입지를 상실했던 것이다(水田洋, 1969: 37).

그렇지만 버크가 완전히 잊혀진 것은 아니었다. 1920년대, 1930년대 초반 일본은 자유주의(다이쇼 데모크러시)와 사회주의(맑시즘)가 사회의 진보와 혁명을 구가했고, 초국가주의자나 국가사회주의들이 영미 중심의 세계 질서에 대항하여 국가의 '개조', '혁신'을 주장하는 분위기였다. 국체론자들은 이러한 움직임에 반발하여 '국체'와 '전통'을 앞세웠고, 이를 위해 버크를 동원하기도 했다. 황국론자 히라이즈미 기요시(平泉澄)는 혁신 세력에 대항하여 반혁명을 정당화하고자 버크를 끌어들였다(平泉澄, 1933). 일본 최초의 버크 연구서를 저술한 우에다 마타지(上田又次)도 "현대 세계가 프랑스혁명의 사상으로 덧칠되어 무너지고 역사와 전통이 부정되고 있는 것처럼, 우리 일본도 메이지유신 이래 수입된 프랑스혁명의 사상하에서 모든 전통이 부정되어 도도하게 갈 곳을 모르고 모든 것이 반역사적으로, 전통 파괴적으로 전개되는", 달리 말하면 "전통에 대한 반역인 반역사성으로써 일관되는" 금일의 상황에서 "올바른 전통과 올바른 역사주의"를 모색하기 위해 버크를 동원하였다. 그는 버크의 프랑스혁명 비판이 철저하지 못했다면서 철저한 프랑스혁명 비판은 불멸의 국체를 호지(護持)하는 일본인만이 가능하다는 주장까지 폈다(上田又次, 1937: 6-7).

천황제 국가 형성 과정에서 보수주의가 진보주의(자유주의, 사회주의)와 대결하면서 출현한 데에는 두 가지 함의가 있는 것으로 이해된다. 자유와 권리를 둘러싼 개인 대 국가의 대결 구도에서 자유주의와 보주수의의 이념이 성립했다는 것과, 국가 형성이라는 정치적 목표가 보수주의의 성격을 규정했다는 것이다. 보수주의는 자유주의의 진보성에 대항하면서도 천황제 국가 형성을 위한 개혁을 주장해야만 했고 이를 위해 내셔널리즘을 동반하였다. 보수주의는 시작부터 국가 표상과 밀접히 연관되어 있었던 것이다. '국가'는 공동체적 가치를 우선하는 변혁과 발전을 추동하였고, 보수적 사고와 태도는 '국가'에 수렴되었다. 특히 국가 발전(제국 팽창)은 보수와 혁신이 결합하는 계기를 제공하였다. '대일본제국'은 대내적으로 보수주의(질서유지), 대외적으로는 수정주의(현상 변경)라는 양면성을 보였던 것이다. 그리고 패전 이후 일본의 전후 체제는 대외적 혁신의 측면을 상실하면서 대내적 차원에서 보수와 혁신이 길항하는 양상으로 바뀌었다.

3. 제도·감각·표상

1) '보수의 감각'과 제도

전후/현대 일본에서 보수 지식인들의 삶과 사유를 짓누르는 가장 무거운 하중은 아마도 '전후 체제'일 것이다. 보수주의자들의 전후 체제상(像)은 평화헌법과 미일동맹이라는 제도만이 아니라 전후 일본의 평화와 민주주의에 대한 부정적 인식, 그러한 제도를 구축한 미국에 대한 반감으로 구성된다. 현대 보수주의는 정책, 교의, 철학의 세 측면에서 영위되는데(添谷育志, 1995: 21-51), 일본의 보수주의는 보수의 철학적·이론적 전통이 취약한 상황을 감안했을 때 '행위로서의 보수'(보수적 태도), '원리로서의 보수'(보수 이념), '감각으로서의 보수'(보수 감각)의 세 측면에서 파악하는 것이 더 유용하다.

특히 '보수의 감각'에 주목할 필요가 있다. 보수의 감각은 원리와 행위를 배태하는 심정이기도 하지만, 무엇보다 전후 체제의 하중에서 벗어나려는 욕구를 담고 있기 때문이다.

평론가 에토 준(江藤淳)은 일찍부터 전승국 미국이 만들어낸 전후 체제를 비판한 대표적 보수 논객이었는데, 전후 체제 비판 이면에는 "'감각'이 아니라 성문헌법의 이념, '개혁'이라는 이념 위에 입국한" 미국에 대한 강한 이질감이 있었다. 에토에게 '감각'은 진보에 대항하는 보수주의의 중요한 근거였다. 감각은 현실을 파악하는 감성, 의식, 성향이며 이념과 행동의 무의식적 기반이라 할 수 있다. 보수 감각이 꼭 보수주의를 낳는 것은 아니지만, 보수주의는 흔히 보수 감각을 간직한다. 전후 보수주의를 선도했던 평론가 후쿠다 쓰네아리(福田恒存)가 "내 삶의 방식 내지 사고방식의 근본은 보수적이지만 자신을 보수주의자라 생각지는 않는다. 혁신파가 개혁주의를 내세우는 것처럼 보수파가 보수주의를 받들어서는 안 된다."(福田恒存, 1960)고 말했을 때도 보수는 이념보다는 감각으로 이해되고 있었.

'보수의 감각'은 태생적 소여물일 수도 있고 진보주의와 투쟁하는 과정에서 만들어지는 심정일 수도 있지만, 무엇보다 전후 체제라는 체제(제도)와도 깊숙이 연관된다. '보수의 감각'은 전후 체제의 허구성과 뒤틀림을 감지해내는 감각 혹은 능력이다. 에토 준은 대미 의존적 동맹 체제에서 배태된 '둔감함'의 멘탈리티에 통탄한다. 전후 체제의 대미 의존성 때문에 "미국의 안색만 살피면 우선 안심된다는 멘탈리티", "미국이 말하는 것만 듣고 있으면 나라가 망하는 일은 없다는 안이한 태도"가 생겨났다는 것이다. 국가란 "국제사회에서 생존을 유지하기 위해 항상 분투해야 하는" 존재인데, 전후 일본인들은 메이지 초기 이와쿠라(岩倉) 사절단이 "한 순간도 노력을 게을리하면 나라는 망한다."는 '냉혹한 현실'을 통감했던 것과 달리 국제

사회의 '냉혹한 현실'에 너무 둔감해졌다고 에토는 개탄한다(江藤淳, 1996). 감각이 체제의 산물임을 알 수 있다.

에토의 보수 감각이 전후 체제를 문제시할 때, 거기에는 이미 '일상 감각으로서의 보수'가 '정치 감각으로서의 보수'로 연결될 개연성이 암시되어 있다. 보수의 일상 감각이나 심정을 규율하는 제도는 국제 체제(냉전 체제, 탈냉전 체제)나 국내 체제(보수 체제, 보혁 정당 체제)와 같은 정치체제, 관료제와 천황제에 기초한 '일본 시스템'(K. Wolferen) 등을 포괄한다. 야스쿠니신사, 기념일, 히노마루와 같은 상징들, 전쟁 유족회와 새역모 같은 보수 단체들, 자민당도 보수 감각을 규율하는 제도이다. 보수 담론을 유포하는 매스미디어와 출판물도 빼놓을 수 없다. 보수 지식인들은 일반인들보다 '보수의 일상 감각'을 '보수의 정치 감각'으로 정치화할 가능성이 높다. 보수의 상징과 제도와 미디어의 사용 자체가 보수 지식인들에게는 정치적 행위이다. 물론 전후 체제에 대한 비판적 인식이 이들 정치적 행위에 앞선다.

2) 표상과 '국가'

보수의 감각과 의식은 현실을 보수적으로 보는 방식인데, 여기에는 표상이 개재된다. 표상(representation)이란 재현(description)하는 행위나 과정, 또는 재현된 것의 상태나 사실을 뜻한다. 표상은 실재의 형상화나 재현된 형상을 가리킨다. 재현 과정에는 상상력(imagination)이 관여하며 재현된 표상은 상상의(imaginary) 세계이지만, 표상이 실재(reality)에 근거하는 한 허구일 수만은 없다.[6] 표상은 현실을

---

6) 상상과 표상, 제도와 표상의 상관성에 관해서는 카스토리아디스(Castoriadis, 1987)

재구성(구속)하기도 한다. 표상은 재생산을 통해 현실을 구성한다. 학습과 사회화를 통해 전승되는 관습적 표상이나 권력에 의한 강제적 표상은 사람들의 감각과 의식을 규율한다. 요컨대 표상의 운동(표상 작용)에는 재현 작용(표상화)과 구현 작용(구현화)의 두 측면이 있다. 재현 작용은 구현 작용을 의도하고, 구현 작용은 재현 작용을 유도한다. 실재가 재현되고 재현된 표상이 구현되는 장소는 동일하다.

지식인, 문화인, 학자는 해석, 재현, 구현을 통해 두 표상의 두 작용에 관여한다. 널리 양해되고 공유된 표상(재현된 형상)은 작자의 이해와 해석을 구속하고, 작자는 공유된 표상을 전제로 재현하곤 한다. 공유된 표상과 이해되는 표상 간에는 편차가 발생하기 마련인데, 이 편차야말로 작자가 의도를 드러내는, 작자가 재현을 행하는 근거다. 예술가나 작가들은 현실(실재)을 어떻게 재현할지를 고민하고 인문학자들은 작자의 재현 방식을 해석한다. 사회과학자라면 표상이 현실을 규율하거나 표상을 현실에 구현(재재현=현전화現前化)하는 방식에 주목할 것이다.

현대 일본의 보수주의자들도 보수 표상의 재현 작용과 구현 작용을 통해 가치 있는 뭔가를 지키려 한다. 보수 표상은 문화적 원리에 기초한 표상과 정치적 원리에 기초한 표상 간의 상관성 속에서 생성되고 운용된다. 문화적 표상이 국체, 천황제, 일본 문화, 역사관, 가치 체계 등 가치 요소들과 관련된다면, 정치적 표상은 국제 체제(냉전, 탈냉전), 미일 안보 동맹, 평화헌법 등과 같은 체제 요소들과 관련된다. 두 표상이 정합적이면 보수 표상은 현실적인 것이고, 비정합적이면 비현실적인 것이 된다. 보수론자들의 '붕괴감', '위기', '불안'은 문화적 표상과 정치적 표상의 괴리에서 비롯된다. 이러한 괴리를

를 볼 것.

없애려는 보수주의자들의 시선은 불신의 대상인 정치적 표상을 겨냥한다. 제도와 체제의 허구성을 추궁하게 된다.

'국가'는 두 표상 간의 괴리를 없애는 강력한 표상이다. 보수주의자들에게 국가 표상은 정치적 표상의 허구성을 추궁할 정치적 준거이자 문화적 표상이다. 보수의 표상은 국토, 자연, 민족, 공동체와 같은 삶(안보)의 공간일 수도, 삶의 가치를 규정하는 천황제, 애국심, 내셔널리즘일 수도 있다. 보수의 가치들은 편견과 이성, 권위와 권력, 자유와 평등, 재산과 생명, 종교와 도덕 등의 항목에서 표출되는데(니스벳, 2007), 전통에 기초한 '공동체로서의 국가'는 보수할 가장 중요한 표상이다. '국가'의 표상 작용에는 흔히 '애국심'과 '내셔널리즘'이 매개한다. 여기에는 '전후 체제' 표상의 해체, '국가' 표상의 재구축(재현 작용)과 실천(구현 작용)이라는 정치화의 수순이 따른다. 보수 지식인들의 세력화(새역모), 수정주의적 역사 서술, 교과서 운동, 애국심과 내셔널리즘의 고양 등은 극단적인 보수의 정치적 행위이다.

4. '전후 체제'

1) '전후 체제'

'전후 체제'는 전후 일본/현대 일본의 국가와 보수의 존재 양식을 재편하는 제도였다. 전후 체제는 평화헌법과 미일동맹이라는 제도가 일본의 정치와 사회를 규율하는 체제를 가리킨다. 평화헌법은 이상주의적인 '평화 애호'의 국가상을 만들어냈고, 미일동맹은 미국에 순응하는 반응 국가(reactive state)라는 성격을 주조해냈다. 평화주의와 발전주의는 이들 제도 속에서 온존했고, 전후 체제의 속성을 규정하였다. 헌법과 동맹은 전전의 강력한 국가 표상을 탈색시키는 촉매였다. 국체론과 군국주의가 만들어낸 국가 표상을 추락시키고 국가 의식을 약화시킨 계기는 패전과 점령군의 민주화 개혁이었다. 전후 체제는 보수정당(자민당)과 진보정당(사회당)의 불균형 보혁 구도 위에서 성립한 자민당 주도의 보수 정치체제인 '55년 체제'를 축으로 전개되었다. 55년 체제는 보수 정권의 자유민주주의와 경제주의에 의해 장기간 존속할 수 있었다.

국가와 이념은 전전과 전중 일본에서는 강력히 결합한 반면, 전후 일본에서는 분리되었다. 공식적 제도와 정치체제가 보수적 현실주의의 성격을 띤 반면, 비공식적인 지식사회나 이념 세계는 진보가 압도하였다. 보수 정치가와 관료가 국제 체제와 미일동맹에 순응하는 현실적인 국가를 운영했다면, 진보적 세력과 지식인은 국제 체제와 미일동맹을 초월한 이상적인 국가를 꿈꾸었다. 현실주의적 외교 정책을 표방하는 수사적 언어와 이상주의적 인류애를 과시하는 정치적 언어가 유리된 채 공존하면서 길항적 국가관이 '전후 체제'를 구성하였다. '전후 체제'는 제도적 구성물일 뿐 아니라 길항적 가치관·국가관의 비대칭적 공존을 함축하는 이념적 구성물이었다.

'평화'와 '민주주의'는 전후 체제를 구성하는 핵심 이념이다. 보수 지식인들은 '평화'와 '민주주의'를 부정하지 않지만, 절대 평화에 입각한 평화 국가나 개인주의적 시민사회에는 동의하지 않는다. 그들은 진보 지식인들의 이상주의적 평화 국가론이나 냉전 체제의 맥락을 경시하는 전면 강화론이나 중립론에는 비판적이었다. 후쿠다 쓰네아리는 진보주의자들이 "모든 현상과 문제를 자기라는 주체로부터 잘라내고 멀리하는" '자기 말살병'에 빠졌으며, 절대 평화론은 근거가 취약한 "두 개의 세계의 평화공존"에 대한 신념, 평화 대 전쟁의 이분법적 사고, 소련이 '평화공존'을 보전해줄 것이라는 잘못된 믿음에 기초한다고 비판한다(福田恒存, 1954: 181-204). 진보주의자들의 '평화', '민주주의' 관념의 비현실성, 허구성, 비주체성, 추상성에 대항하여 일상 세계의 삶과 상식을 토대로 주체를 모색하는 심리가 드러난다. 후쿠다는 진보주의자들의 반미 중립 주장을 비판하면서 국익을 위한다면 강대국 미국과도 협력해야 한다는 자세를 보였다(福田恒存, 1954: 181-204). 이 자세에서는 냉전 체제와 미일 관계의 현실을 인정하면서 현실적 국제 정책을 모색한 정치적 현실주의자(高坂正堯, 永井陽之助)와의 친근성이 읽혀진다. 하지만 진보주의자들의 '평화'와 '민주주의' 관념을 지탱하는 '미국'이라는 존재를 용인했던 것은 아니다. 보수 지식인들에게 국익과 이념, 친미와 반미, 진보와 보수는 착종되어 있었다.

일본의 전후 체제에서 흔히 '국가'는 '평화 국가', '문화국가'의 용례처럼 '평화'와 '민주주의'를 발신하는 연성적인 관형사를 동반한다. 자유주의 이념의 표현이자 동시에 기존 국가 관념의 강성 이미지를 완화하면서 이익을 추구하려는 동기에서 나온 용법이다. '평화', '문화'는 진보주의자들과 보수 정치가들 사이에 '국가'를 수식하거나 호도하는 핵심 정치 언어로서 기능했지만, 용법과 의도는 달랐다. 추상적 국가관과 실체적 국가관의 차이와 연관된다. 간혹 천황제에 기초한 문화 공동체 국가관을 상정하는 극우적, 심미적 이념과 행동이 표출되긴 했지만, 대체로 보수주의자들은 국가를 규율하는 자유민주주의를 부정하지는 못했다. 하지만 나카소네 정권 때 극명히 드러났듯이 '평화'와 '경제 발전'은 일본 사회의 보수화를 부추겼고, 경제 대국에 기초한 '국제 국가'의 출현은 '전후 정치의 총결산', 즉 전후 체제의 종언을 주창하는 보수 심리를 산출하였다.

탈냉전과 지구화의 맥락은 '전후 체제'를 흔들었고 '국가'를 쟁점화시켰다. 먼저, 냉전 체제에서 잠복해 있던 전쟁 책임 논쟁과 종군 위안부 문제를 둘러싸고 '책임 주체로서의 국가'가 부상했다. 자유주의 사관을 내건 새역모의 역사 재서술 혹은 왜곡은 국가의 주체성을 강화하려는 의도에서 나왔다.[7] 걸프 전쟁은 '국제 공헌'이란 화두를 통해 국가의 존재 방식을 일깨웠다. 일본 국내에서도 보혁 구도의 붕괴와, 국제 공헌과 연계된 헌법 개정의 쟁점화는 '개혁'이란 새로운 언어 상징을 등장시켰다. 55년 체제가 붕괴하고 뒤이어 연립 정권이 출현하면서 '개혁'은 보수의 생존을 위한 정치 언어로서 기능하였다. 탈냉전의 시간(역사)적 맥락이 책임 주체와 국제 행위자로서의 국가를 쟁점화하고, 지구화의 공간(세계)적 맥락이 공동체로서의 국가를 쟁점화하였다. '전후 체제'는 '국가'의 쟁점화 과정을 거치면서 타자화되었고 모순을 드러내기 시작했다. 국제적 계기에서 촉발된 일본 국가의 존재 방식을 둘러싼 보수-진보 논쟁은 일본에서의 '냉전의 종언'이 '전후의 종언'이 아니라 '진정한 전후의 시작'을 알리는 신호였다. 냉전의 종언은 전후 체제를 끝낸 것이 아니라 전후 체제에 잠재해 있던 문제들을 현재화(顯在化)하는 계기였다.

2) '허구로서의 전후 체제'

1958년 전전의 경제 수준을 회복한 일본 정부는 『경제백서』를 통해 경제적 차원에서 '전후' 종언을 선언하였고, 1980년대 나카소네

---

7) 1980년대 이후 역사 교과서 논쟁에는 크게 두 가지 맥락이 있다. 먼저 80년대 초 침략 전쟁의 표현과 교과서 검정과 관련하여 역사 교과서 문제는 동아시아 국제 문제로서 성립하였다. 교과서 문제는 동아시아 국제 수준의 쟁점이었고, 국내 논쟁으로 연결되지는 않았다. 하지만 90년대 들어 새역모의 '자유주의 사관'과 역사 교과서 발간은 일본 국내의 보수-진보 논쟁과 교과서 채택 찬반 운동을 불러일으켰고 국제 쟁점으로 이어졌다. 두 맥락에 보이는 변화는 탈냉전을 계기로 역사의 기억을 둘러싼 보수-진보 논쟁이 출현했다는 것이다.

수상은 정치적 차원에서 '전후 정치의 총결산'을 내걸은 바 있다. 하지만 이 같은 공식적 선언에도 불구하고 비공식적 담론 세계에서 '전후'는 존속해왔다. 비무장과 전쟁포기를 선언한 '평화헌법'이 존재하는 한, 평화헌법이 미국이 강제해서 성립된 것이라는 신념이 견지되는 한, 미일동맹을 주권 제한으로 보는 반미 감정이 살아있는 한, '전후 체제'는 존속하기 마련이다. 전후 체제는 평화헌법과 미일동맹으로 성립한 제도적 구성물일 뿐 아니라 이들 제도 속에서 생성된 견해나 의식을 포함한다. 전후 체제는 사실의 구성물일 뿐 아니라 언설 공간이며, 제도인 동시에 가치 체계이다. 탈냉전과 지구화 맥락의 보수주의자들은 제도와 가치의 양면에서 그 허구성을 폭로함으로써 전후 체제의 전복과 진보주의의 몰락을 꾀한다.

보수주의자들은 일본의 전후 체제를 허구적 세계로 본다. 보수 정치학자 나카니시 데루마사(中西輝政)는 전후 체제가 평화헌법의 "커다란 거짓" 위에 성립했다고 본다. 군사력 보유 금지와 전쟁포기를 규정한 평화헌법 제9조는 "완전한 거짓말"이며, 이를 전제로 성립한 전후 민주주의는 "거짓말 위에 거짓말을 굳히는" 작업이었다고 주장한다. 아울러 전후 60년은 일본 문명의 생명력이 쇠락해온 "문명사적 위기의 60년"이었다고 진단한다. 여기서 "문명사적 위기"는 안전보장, 국민정신, 황실의 존재 방식의 위기를 가리킨다(中西輝政, 2006: 1-15). 보수 경제사상사가 사에키 게이시(佐伯啓思)는 전후 체제를 경제주의(근대화), 민주주의, 평화주의와 같은 이념들이 만들어낸, "기묘하게 뒤틀린 국익과 이념의 유희"를 내장한 "허구적 세계"로 규정한다. 진보파든 혁신파든 "정신적 공백에 대한 자각이 없는" 체제라는 말이다. "정신적 공백"은 "국가 의식(내셔널 아이덴티티)의 상실"을 뜻한다. 사에키는 전후 일본의 민주주의가 허구적 현실을 만들어냈다고 주장한다. 허구성은 현실(reality)과 가상 세계(virtual reality) 사이의 간극을 뜻한다(佐伯啓思, 1998: 11). 새역모에 참여했던 정치사상사가 사카모토 다카오(坂本多加雄)는 전후 체제를 현실과 유리된 전후 평화주의에 빠진, 사회계약론적 발상에 빠져 국가로부터의 자유만을 연구하는, '국가'도 없고 '허구'와 '허위'로 가득한 "자폐적 사고 공간"으로 보았다(坂本多加雄, 2001: 72). 새역모 대표를 지낸 니시오 간지(西尾幹二)의 표현을 빌리면, 전후 체제는 말과 체험이 분열된 세계다. "말에 지배되어 말은 잘 하지만 말을 상실한 사람", 즉 "성격 장애자"들이 직관과 말이 괴리되고 체험과 표현이 격리된 상태에서 "언어의 환상적 비대화"만을 일삼는, 체험이 결여된 체제인 것이다(西尾幹二, 2007: 89).

"거짓말", "허구적 세계", "자폐적 사고 공간", "성격장애자"와 같은 말에서 보듯이 보수주의자들의 눈에 전후 체제는 병리적 사회로 비친다. 병리학적 진단은 현실과 비전 사이의 간극 혹은 괴리를 추궁한 것이지만, 관찰자의 불안감이 투영된 것이기도 하다. 불안감은 일본 사회가 붕괴되고 있다는 감각과 결부된다. 이미 1970년에 에토 준은 일본 사회의 병리적 속성을 가구(假構)와 현실이 겹쳐진 "놀이의 세계"로 읽어낸 바 있다. 전후 체제는 반미 감정이 강하면서도 미국에 의존하는, 자주방위를 얘기하지만 자주적인 방위일 수 없는, 자기동일성(아이덴티티) 회복과 생존 유지가 이율배반적으로 공존하는 "놀이의 세계"로 그려졌다(江藤淳, 1970: 44-72). 이후 에토는 전후 일본의 원점을 이루는 '항복'이 무조건적이 아니었음을 논증함으로써 "놀이의 세계"에서 주체를 찾으려 했다(江藤淳, 1979). 1980년대에는 점령기 일본이 미국의 언론 검열에 의해 "닫힌 언어 공간"이었고(江藤淳, 1989),[8] 일본 헌법을 제정한 미국이 일본의 전후 민주주의를

---

8) 에토 준(江藤淳, 1989)의 『닫힌 언어 공간: 점령군의 검열과 전후 일본(閉ざされた言

규율해왔다는 주장을 폈다(江藤淳, 1980). 에토 준은 미일 관계가 국가 방위상 필요하다고 보면서도 안보 동맹을 통해 평화헌법의 군사력 불보지, 전쟁포기 조항을 온존시키고 미국이 일본 사회의 '아버지' 역할을 수행함으로써 일본의 주권이 제한받는다고 생각했다(江藤淳, 1996: 19-20). 에토 준은 전후 체제의 구조적 모순과 미국의 규율성을 드러냄으로써 전후 체제의 모순, 뒤틀림, 왜곡을 폭로하고자 했던 것이다.

탈냉전기 보수주의자들도 에토 준의 헌법관을 계승하여 일본의 주체성이나 인민의 동의에서 나왔다는 인민 제정설이나 내각 제정설을 부정하고, 평화헌법은 미국이 강요한 헌법이며, 전후 일본의 타율적 비주체성은 평화헌법에서 비롯된다는 인식을 공유한다.[9] 하지만 탈냉전기 보수주의자들은 한걸음 더 나아갔다. 탈냉전기 보수주의자들은 일본 국가가 취약한 국제적 대응력과 비주체성을 보였을 때 전후 체제의 총체적인 해체를 시도하게 된다. 전후 체제를 평화와 민주주의의 가치 체계로 간주하면서 그 가치 체계 자체를 부정한다(佐伯啓思, 2001: 95). 진보주의자들의 평화주의와 사회계약론적 발상에 기초한 민주주의가 지배한, 사카모토 다카오의 말을 빌리면, "평화와 민주주의의 역사관"(坂本多加雄, 1995)이 만연한 진보적 가치 체계의 공간이다. 이들은 "진보 이념의 공동체"(이상)와 "실제"(현

語空間―占領軍の検閲と戦後日本)』은 원래 『제군!(諸君!)』 1982년 2월 및 12월호에 발표된 것이다.

9) 에토 준은 1980년을 전후한 때부터 평화헌법의 타율성과 체제 구속성을 비판하였다. 에토 준, 「1946년 헌법의 구속(一九四六年憲法―その拘束)」, 『제군!(諸君!)』 1980년 8월호; 에토 준, 「1946년 헌법의 구속: 보유(一九四六年憲法―その拘束·補遺)」, 『제군!(諸君!)』 1980년 9월호 참조. 두 글은 에토 준(江藤淳, 1980)에 수록됨. 이러한 인식은 대체로 니시베 스스무, 사카모토 다카오, 니시오 간지 등 보수 논객들도 공유하는 헌법관이다.

실) 사이의 간극에서 생성되는 뒤틀림, 왜곡, 비주체성을 폭로하는 데 그치지 않는다. 평화헌법이라는 제도와 미국이라는 권력 자체를, 혹은 그 제도와 권력이 구성해낸 이념체계인 진보주의, 합리주의, 경제주의를 부정한다. '허구로서의 전후 체제'='평화와 민주주의'의 전후 체제를 거부한다.

평화와 민주주의의 전후 체제에 대한 부정은 이념의 전환을 뜻한다. 국가 공동체와 관련된 '내셔널 아이덴티티'='국가 의식'의 부상을 뜻한다. 새로운 보수주의는 국가 표상을 강조한다. 사에키 게이시는 진보주의에 입각한 "경제성장의 종언"(佐伯啓思, 2003), 즉 발전주의의 종언을 선언하면서 보수주의의 핵심에 냉전 이후 일본 국가의 공동체적 구성과 내셔널 아이덴티티를 자리매김한다. '국가'는 냉전 이후의 탈이념화 경향과 지구화의 신자유주의 경제 논리에 대응하는 새로운 보수주의의 핵심 표상이 된다. 사에키는 전후 체제를 지탱한 평화주의는 편의적인 점령 정책의 산물로서 국익을 담은 정치적 언어이며, 미국에서 이식된, 평화주의를 지탱하는 민주주의 이념은 근대화 맥락에서 보편적 이념, 추상적 진리로 절대화되었다고 본다. 현실주의는 "대미 종속" 외교를 국익으로 간주함으로써 국가 의식을 봉쇄하고, 평화주의는 평화 이념을 절대화함으로써 국가 의식을 봉쇄해버렸다는 말이다(佐伯啓思, 2001: 105-109). 사에키가 포착하는 전후 체제는 평화주의와 현실주의의 공범 관계 속에서 '국가 의식'이 봉쇄되어버린 체제, '근대주의'가 경제 발전을 가져오지만 '국가 의식'을 약화시키는 패러독스의 체제다. 더구나 지구화 맥락은 "문화 파괴(Vandalism)"와 "국가 의식의 약체화(denationalization)"를 부추겼고, 일본인들은 "혼(에토스)의 쇠약", 즉 "국가 의식(내셔널 아이덴티티)의 쇠약"에 빠졌다는 것이다(佐伯啓思, 2001).

5. '보수의 감각'

1) 보수의 정치 감각과 일상 감각

　보수주의자들의 전후 체제론은 정치와 일상 사이에서, 감각과 이념 사이에서, 전후 체제를 구성해온 진보주의를 척결하려는 담론 투쟁이다. 보수 감각에서 나오는 담론 투쟁이다. 보수 감각은 견고한 보수주의의 파생물일 수도 있지만, 전후 체제를 문제 삼고 진보주의와 대결하는 가운데 발현되기도 한다. 보수의 정치 감각이 정치 생활에서 영위되는 보수 감각으로서 전후 체제를 적극적으로 감지(문제시)한다면, 보수의 일상 감각은 전후 체제라는 체제 환경(민주주의, 평화헌법, 미일동맹, 진보주의) 속에서 생성된다. 체제에 대해 정치 감각이 자각적이라면 일상 감각은 무자각적이다. 보수주의자들의 보수 감각은 전후 체제의 평화주의(민주주의)와 발전주의 속에서 나타난 두 형태의 보수 감각, 즉 미국에 추종하는 보수 정치가들의 '보수의 정치 감각'과 경제적 풍요에서 생성된 일본 국민들의 '보수의 일상 감각'을 깨우려는—정치화하려는!—의도를 지닌다.

　일본 국가는 국제적으로는 냉전 체제에서 평화(평화헌법 이념의 구현자)와 주권(국제정치의 주체) 사이에서 제약을 받았고, 국내적으로는 정치적 보수와 혁신의 사이에서, 보수의 일상 감각과 정치 감각 사이에서 애매성을 보였고, 능동적인 국제 행위자(주체)로서 행동하고 이를 뒷받침할 국민 공동체를 구축하려는 발상은 약했다. 경제적 풍요와 중간층의 성장에 따른 중류 의식의 확산이 평화 의식을 지탱하면서 보수 감각의 일상화는 더욱 진행되었다(石田雄, 1989: 238-239). 여기서 체제와 주체를 의식하는 보수의 정치 감각과, 평화와 경제 속에서 향유된 보수의 일상 감각은 어긋날 수밖에 없었다.

보수 정권은 보수의 정치 감각과 일상 감각의 거리를 초래한 일본 국가의 국제적 수동성[10]을 극복하기 위해, 보수의 일상 감각과 정치 감각의 거리를 줄이기 위해, 보수의 일상 감각을 정치 감각과 연결하려는 '국민화'를 시도하였다.[11] 1970년대 국가 주도형 산업 정책과 일본적 경영 방식은 일상화된 보수 감각을 정치 감각으로 전환시킬 여지를 높였다. 산업 정책과 기업을 매개로 개인의 일상적 보수 감각은 이를 관리하는 국가로 연결될, 바꿔 말하면 경제와 국가를 매개로 보수의 정치 감각으로 바뀔 개연성을 높였다. 특히 1980년대 나카소네 정권이 국제화와 국제 책임을 요청받는 맥락에서 경제 대국의 자신감을 바탕으로 국민화 정책을 통해 일상 감각에 내면화되기 시작한 국민적 자부심을 정치화하고자 했을 때, 국제화와 국제국가 지향이 국민화와 국민 공동체를 향한 의지를 추동했을 때, 보수의 일상 감각을 정치화할 여지가 높아졌다. 하지만 탈냉전과 걸프 전쟁 상황에서 드러난 일본 국가의 대외적·대내적 취약성은 보수 감각의 정치화가 성숙되지 못했고, 일상 감각과 정치 감각의 어긋남이 여전하다는 사실을 확인시켜주었다. '국가'는 일상적 삶을 규율하는 행정을 행하는 기제였을 뿐, 국민 공동체로서의 표상을 획득하지는 못했다.

---

10) 일본 국가의 수동성-능동성 문제는 외교정책 차원에서 논의되어왔다. 국제 체제와 국가 전략, 정치체제의 상관관계에서 생성된 '보수의 정치 감각'이란 관점에서 볼 필요가 있다.
11) 올림픽 개최(1964), 건국 기념일 제정(1967), 메이지 백년제 개최(1968), 야스쿠니 법안화 시도(1969년 이후), 원호 법제화(1979) 등 국민적 행사와 법제화, '일본을 지키는 국민회의'(1981) 등 대중 동원을 통한 '국민화' 시도들을 들 수 있다. 이에 관해서는 이시다 다케시(石田雄, 1989: 238-246) 및 히라이시 나오아키(平石直昭, 2006) 참조.

2) '싸우는 보수'

보수주의자들은 보수의 일상 감각을 정치 감각으로 연결시키려 한다. 전후 체제에서 비롯된 보수의 일상 감각을 일깨우려면—정치화하려면—전후 체제를 깨뜨려야 한다고 생각한다. 전후 체제에 대한 불만은 전후 체제를 지배한 진보주의에 대한 반감에서 나온다. 보수의 감각은 진보에 대한 반감에서 출발한다. 후쿠다 쓰네아리는 "보수파는 눈앞에 개혁주의의 불길이 오르는 것을 보고서야 자신이 보수파임을 깨닫는다."(福田恒存, 1960)고 말한다. 보수는 진보에 대항해서 스스로를 정당화하는 논리(이념)를 갖지만, 당장은 감각에 의존한다. 에토 준도 보수주의를 이데올로기보다는 "이스태블리쉬먼트(establishment)의 감각"으로 이해한다. 기득권의 존재 기반을 생각하는 감각, 보수 자체의 존재 기반을 따지는 감각을 말한다. 에토는 작위와 지주의 기득권이 헌법(constitution)이 아니라 관습에 의해 유지되는 사례를 통해 영국 보수주의가 이즘(ism)이 아니라 감각이라는 예증을 끌어들이면서 보수주의는 "우리의 방식[流儀]을 지키면 된다는 보수 감각"이라고 말한다(江藤淳, 1996: 27).

보수 자체의 존재 기반을 따지는 감각은 진보에 대한 수세적 반감을 넘어 공세적 보수 감각이 성장하였음을 암시한다. 기득권의 존재 기반을 따지는 공세적 보수주의자들은 진보에 압도된 전후 체제에 익숙해진 보수 감각을 문제 삼는다. 경제사상사가 니시베 스스무(西部邁)는 "개인 심리의 차원에서 파괴된 전통의 파편을 주워 모아" "과잉된 계획적 혁신으로부터 몸을 지키는 컨서버티브(방부제)로 삼는 것이 오늘날 컨서버티브(보수주의자)의 최대한의 자기 증명"이 되어버린 일본 보수의 현실을 개탄한다. 니시베에 따르면 전후 체제는 진보 이념 때문에 "보수적 감각을 상실한 체제", "전통을 파괴하는 메커니즘"이다. 진보주의는 "인간이 지적으로도 도덕적으로도 보다 완전한 것에 접근해간다는 가설을 믿는 태도", 즉 "완전 가능성(perfectibility)의 신념"이다. 그런데 현대 일본의 진보주의는 윤리성이 약해진 "묽어진 진보주의"인데, 도수 낮은 알코올이 상습벽이 강하고 중독도 심하듯이 부단한 변화를 통해 보수적 감각을 억눌러왔다(西部邁, 1985: 216-217). 니시베는 궁지에 몰린 상황에서 스스로를 보수하는 이러한 수세적 보수의 일상 감각을 비판한다. 장소(topos)가 없는 유토피아(utopia)를 기피해야 할 보수주의가 오히려 유토피아를 찾아야 하는 역설을 낳고 이 역설에서 "도착(倒錯)의 감각"이 생겨났다고 분개한다. "현대에서 보수주의는 아나크로니즘이며 유토피아다. 보수주의는 원래 아나크로니즘과 유토피아를 가장 꺼리는 것이었음을 생각했을 때, 이는 커다란 역설이며, 비즈니스 문명이 만들어낸 커다란 조롱이다."라고 자탄한다(西部邁, 1985: 206-208).

니시베가 말하는 "도착의 감각"은 1980년대 문화 공동체(국민 공동체)에 기초한 국제 국가를 지향한 나카소네 정권이 신보수주의를 표방하는 맥락에서 감지된 것이다. 도착의 감각은 보수 정권의 최절정기에 제시된 '국제 국가=국민 공동체=문화 공동체' 구상이 냉전 체제와 신보수주의 국제 연대에서 생겨난 외생적, 비주체적인 것이며, 일상의 보수 감각과 괴리된 것임을 표현한다. 대미 의존의 비주체성과 평화주의에 익숙한 보수의 일상 감각이 만들어낸 전후 체제의 허구성이 더욱 크게 보였던 것이다. 도착의 감각이 전후 체제에 대한 총체적 비판을 유발했다고 할 수 있다. 니시베의 보수 감각은 이러한 "도착의 감각"을 극복하려는 "투쟁하는 감각"이다. 니시베는 도착의 감각을 극복하려면 진보주의가 인습이 되어버린 전후 체제에서 그 인습을 깨야만 한다고 주장한다. "보수주의는 불변의 항상성에 구애받는데, '기지(既知)에 대한 반발'에 기초해서 '미지(未

知)에 대한 공포'가 아닌 '미지에 대한 도전'을 시도해야 한다."는 말이다(西部邁, 1985: 206). '싸우는 보수'의 모습이다. 니시베는 "전통 파괴라는 현대의 인습을 보수하려는 것은 가짜 보수파이고, 인습을 거스르는 것이 진정한 보수파다."라 단언한다. 니시베는 인습과의 투쟁을 위해 보수주의를 "합리적으로 설명할 수 없는 환상"으로 규정하고, 가치와 이상과 신앙을 추구하는, 관습 속에 서서히 축적된 "의도하지 않은 모험"을 부추긴다. 의도하지 않은 모험은 "비합리도 시인하려는 용기", "선인들의 용기를 추체험하는 용기"를 가리킨다(西部邁, 1985: 210). 여기서 비합리적인 "환상의 보수"는 의도하지 않은 모험을 실행하고 투쟁할 용기를 부여받고 있다. 보수주의는 "합리적 기획"이 아니라 "비합리적 환상"을 설정함으로써 진보주의처럼 싸우는 감각을 갖추게 된 셈이다. 여기에는 진보와 싸우기 위해 진보에게 배우며, 유토피아를 부정하면서 스스로 유토피아(환상)를 설정하는 역설이 성립한다. "도착의 감각" 혹은 "궁지"를 벗어나려는 보수의 심리는 또 다른 역설을 잉태한 것이다. 적과 싸우고자 적의 장점을 배우고, 권력 세계에서 살아남고자 투쟁 이미지를 재생산하는 일본의 현실주의 전통[12]과도 맞닿는 역설이다.

---

12) 적의 장점을 배우고 투쟁 이미지를 재생산하는 일본의 현실주의 전통은 여러 학자가 지적하였다. 이를 잘 정리한 최근 저작으로는 파일(Pyle, 2007: 특히 제2장, 제4장)을 볼 것.

6. '국가'

1) 이념으로서의 보수주의

보수 지식인들은 진보와 전후 체제에 대항하는 투쟁의 감각을 간직한다. 탈냉전은 투쟁의 감각을 투쟁의 행위로 정치화시키는 자극이 되었다. 일상 감각의 정치화는 국제 국가 구상이 '국가'의 대내적 존재 양식을 자극하고 걸프 전쟁이 '국제 국가' 일본의 허구성을 폭로하면서 촉발되었다. 지구화는 정치적 보수 감각의 출현을 부추겼다. 탈냉전과 지구화의 도전은 "허구의 자폐적 세계"(전후 체제)를 총체적으로 비판하는 심리와 논리를 수반하였다. 심리는 감각만으로도 성립하지만, 논리는 이론과 이념을 필요로 한다. '환상'(유토피아)을 창출해낸 니시베와 동업자들은 전후 체제를 총체적으로 비판하는 가운데 '환상'의 이론화를 시도한다.

사에키 게이시는 가장 열정적인 보수주의 이론가의 한 사람이다. 사에키는 보수는 "보수적 태도"가 아니라 "주의(ism)"여야 하며, 현대 일본은 "보수를 위한 변혁, 혹은 르네상스(부흥)라는 의미에서의 개변"을 필요로 한다고 주장한다. 진보주의가 전후 일본의 '체제'를 이루면서 반체제적인 체제, 반권위주의적인 권위주의, 반국가주의적인 국가 의식이 전후 일본의 정치 관념을 규정했는데, 이를 극복하려면 '주의'와 '변혁'이 필요하다는 말이다(佐伯啓思, 2001: 30-31). 보수는 '감각'을 넘어 '변혁 이념'을 갖출 것을 요청받고 있다.

전술했듯이 사에키는 전후 체제를 허구적 세계로 규정한다. "일본이라는 닫힌 언어 공간"은 글로벌리즘과 내셔널리즘이 서로 비난하면서 만들어낸 허구였고, 따라서 국제주의도 내셔널리즘도 허구였다는 것이다. 국제주의자나 세계주의자들은 국가 관념을 지녔는데

도 자기 이익 때문에 '국제주의', '세계 평화'라는 말을 만들어냈고, 내셔널리즘은 단지 민주주의나 전쟁 비판에 대한 감정적 반발일 뿐, 국제주의나 세계주의에 제대로 대항하지 못했다고 말한다(佐伯啓思, 1998: 124-126). 보수주의 이념은 이러한 상상의 국제주의와 내셔널리즘이 만들어낸 '닫힌 언어 공간'='허구'를 깨는 체제 이념으로서 상정된다. 보수주의는 경험적이고 정서적인 공감을 중시하기 때문에 추상적인 개인의 권리나 이익을 옹호하는 개인주의적인 자유주의나 공리주의와 대립하며, 국가를 유일한 사회적 실재로 여기는 국가주의와도 대립하는 것으로 이해된다. 보수주의는 추상적인 개인주의와 전체적인 국가주의 둘 다에 대항하는 이념이라는 것이다(佐伯啓思, 2001: 24-26). 보수주의는 반체제적 사상으로 간주된다. "근대의 진보는 보수주의를 타파함으로써 시작된 것이 아니라 사회질서의 변혁이 합리화되었을 때 보수주의가 등장했고, 따라서 보수주의는 근대에서 가장 반체제적인 사상이었다."는 것이다. 보수주의는 파시즘의 원천이 아니라 민주주의 이상으로 전체주의와 대립하는 "가장 반체제적인 사상"이며, 계몽주의, 진보주의, 사회개량주의, 민주주의에 회의적인 사상이라는 것이다(佐伯啓思, 2007: 148). 자유주의에 대항하는 반체제적 사상이라는 속성을 반추함으로써 보수주의는 전후 민주주의 체제에 대항하는 반체제 이념으로 설정되고 있다. '싸우는 감각'이 '싸우는 이념'으로 전환되어 있다.

사에키가 파악하는 현대 보수주의는 계몽적 이성이 초래한 근대주의의 패러독스를 자각하고 근대화라는 불가역적 운동을 가능한 한 유보하는 사상이다. 사에키에 따르면 현대 일본의 보수주의는 추상적인 이상보다도 현실에 있는 구체적이고 가까운 것에 대한 애호, 합리적인 사회 설계보다도 비합리적인 관습 속의 안정된 것에 대한 신뢰, 신뢰하는 가족·지역·집단에 대한 애착, 글로벌리즘보다는 절도 있는 애국심, 자유방임적 개인주의와 시장 중심주의에 대한 회의, 강력한 국가주의(statism), 자유와 민주주의의 절대화나 보편화에 대한 경계, 민주정치의 대중화와 대중 정치에 대한 비판 등을 내용으로 한다(佐伯啓思, 2007: 149-150). 앞의 세 개는 고전적 보수주의와 공유하는 항목이며, 뒤의 네 개는 근대주의와 민주주의가 지배하고 글로벌리즘의 위협에 처한 일본 전후 체제를 비판하는 보수주의 이념의 내용이다. 사에키는 자유주의(개인주의), 시장주의, 민주주의를 대신하는, 동시에 전체적 국가주의와도 대립되는, "강력한 국가주의"를 내세운다.

사에키의 비판적 전후 체제론은 합리주의(시장 경쟁, 개인주의, 민주주의)가 만들어낸 "근대화의 덫" 혹은 "근대화의 패러독스"에 대한 총체적 비판이다. 사에키는 근대화가 국가와 커뮤니티, 인간관계, 공통의 가치관과 역사라는 관념을 부정하고, 근대화의 무조건적 확장이 오히려 근대사회를 지탱한 조건을 무너뜨렸다고 본다. "근대화의 역설"은 미국에서 비롯되었고, 미국이 송출한 인민주권 이념과 개인주의의 강한 자장 속에서 전개된 민주주의와 산업주의가 일본의 민주주의를 붕괴시켰다고 생각한다. 사에키는 취약한 공공적 관심, 타자에 대한 무관심, 무책임을 극복할 수 있는, "개인의 주관을 초월한 공유 가치", 즉 "공유 문화", "공공 문화"를 존중하는 정신을 강조한다. 보수주의가 사회적 모럴, 의무감, 공공 정신, 공공 이익이라는 요체를 갖추어야만 진정한 민주주의가 가능하다고 주장한다(佐伯啓思, 1997: 223-234).

2) 국가 표상의 재구축, 내러티브의 재구성

일본의 보수주의자들은 전후 체제를 해체하기 위해 현실(확립된 표상 세계)의 허구성을 폭로하고 재구성한다. 사에키에 따르면 현실(reality)은 상상력(imagination)에 의거해 구성된 표상(image, representation), 즉 표상 세계(imaginary world) 혹은 가상 세계이며, 따라서 기본적으로 허구일 수밖에 없다. 하지만 현실은 "신뢰할 수 있는 허구"다. 사회의 룰이나 법, 다양한 규범과 약속은 만들어진 것이며 일정한 가치관을 내포하는 한 허구이지만, 사람들은 이러한 현실을 양해하는 가치관과 사고 양식을 공유하고 신뢰하는 한에서 현실을 살 수 있게 된다. 사람들은 "상상의(imaginary)" 세계에 살고 있지도, "사건들이 모인(factual)" 세계에 살고 있지도 않다. 일어난 일(fact)을 공통의 양해(諒解)에서 받아들일 수 있게 해주는 상상력(imagination)을 잃어버릴 때 리얼리티를 상실하게 되며, 상상력이 "공통 경험으로서의 사실(fact)"의 뒷받침을 잃어버리는 순간, 우리는 '허구(fiction)'의 세계에 "자폐"하게 된다. 현실이란 공통의 양해가 지탱하는 "신뢰할 수 있는 상상력"으로 뒷받침되는 사실의 집합이다(佐伯啓思, 1998: 23-26). 사에키는 전후 민주주의가 "공통 경험으로서의 사실"을 해석하는 상상력을 빼앗았다고 비판하면서 전후 체제라는 현실="허구의 자폐적 세계"를 폭로한다.

보수주의자들은 새로운 신화의 구축을 시도한다. 국가 표상을 재구축하는 일이다. 사에키는 "역사의 지혜나 생활 속에서 나오는 경험의 퇴적, 그리고 그 에센스라 할 건전성의 감각"을 구축함으로써 전후 체제를 해체하고 공통 경험에 토대를 둔 "신뢰할 수 있는 허구"의 재구축을 시도한다. "경험의 퇴적"은 역사로, "건전성의 감각"은 국가로 수렴되며, "경험의 퇴적"(역사)은 "건전성의 감각"(국가)으로 귀결된다. '국가'는 불안을 해소하고 '혼의 부흥'을 가져올 유력한 표상이 된다. 사카모토 다카오는 "건전성의 감각"을 "전쟁이 일어날 수도 있다는 전제에서 국가는 만들어지는 것이고 그 속에서 산다는 것은 어떠한 체험인가."를 체득하는 것, "가까운 전사자를 생각하고 마음 어딘가에 '유사에 대한 각오'를 둘러싸고 국가의 무력행사가 지닌 의미와 개개의 옳고 그름에 대해 항상 사색하는 '습관'을 자연스럽게 몸에 익히는 것"으로 이해한다. 이러한 체험과 습관은 국민으로서의 마음가짐이나 정치적 성숙을 갖는다는 말이다(坂本多加雄, 2001: 76-77). 여기서 국가를 "자기를 규율하는 공동체"이자 "타자에 대응하기 위한 주체"로서 표상하고(재현 작용), 이 표상을 국민에게 구현함으로써(구현 작용) 허구적 세계를 벗어나 실체적 세계를 구축하는 작업이 수반된다. 내셔널리즘, 애국심, 내셔널 아이덴티티 등은 국가 표상과 관련된 심정들이다.

사카모토는 전후 체제의 신화를 깨는 한편, 일본의 이야기를 서술해야 한다고 주장한다(坂本多加雄, 2001). 현대 일본 사회의 붕괴는 신화나 전승, 역사를 포함한 공유된 '이야기'가 죄다 부정되고 '과학'으로 대체되고 '공유된 가치'가 '각자의 자유'로 치환되었기 때문이라는 것이다. 민주주의나 과학(사실의 나열적인 기억)으로는 납득할 수 있는 이야기를 구성할 수도, 리얼리티를 줄 수도 없다. "신뢰할 수 있는 허구"="현실"을 재구성하려면 "생활의 실감"(경험)과 "건전성"에 기초한 "공통의 이야기"가 필요하다. 그것은 "의지하고 질서 짓는", "개인의 기호를 넘어선", "절대적인 무언가"를 찾는 행위다. "우리가 아무리 거부해도 복종하지 않으면 안 되는 것, 절대적인 것"은, 절대자(신)를 갖지 못한 일본 사회에서는 개인적 자유, 민주주의, 인권, 이성과 같은 공식적 가치가 아니라 사회의 예의나 습관, 권위 속에서 일상생활의 질서를 세우는 비공식적인 인간관계에서 모색되어야 한다는 것이다(佐伯啓思, 1998: 26-32).[13] 요컨대 "공통의 이야기"는

---

13) 사에키는 '공통의 이야기'가 전승, 영웅담, 신화, 고전, 동화라도 좋고, 일본 역

개인의 비공식적인 관계를 규율하는 공동체의 관습과 가치에 관한 "신뢰할 수 있는 허구"의 서술인 것이다.

"공통의 이야기" 쓰기는 공동체 역사의 재구성을 뜻한다. 공동체는 국민 공동체, 문화 공동체로서의 국가, 즉 정치적 표상과 문화적 표상을 공유한 국가로 상정된다. 국가는 민주주의적 구성물이나 사회계약에 기초한 인위적 결사가 아니라 개인을 초월하여 일본인들의 예의, 습관, 일상생활을 규정하는, 비공식적 관계를 질서 짓는 소여의 공동체로 이해된다. 여기에 국가 표상이 강하게 연루된다. 천황제 국가 표상의 구현을 의도하는 극우 세력들에게 공통의 이야기는 국체 내러티브로 족할 것이다. 하지만 자유주의적 보수주의자들에게 역사는 자랑스러운 문화 공동체 혹은 도덕 공동체를 구축하는 작업이며, 천황은 국가 공동체에서 통합의 기능을 수행하는 문화적 기제로서의 의미를 갖는다. 공통 내러티브의 구축은 역사적 사실의 탐구가 아니라 주관적 국가 의식을 투사한 역사의 재구성인 셈이다. 새역모 이데올로그들이 저술한 『일본의 도덕』(西部邁, 2000), 『일본의 문명사』(中西輝政, 2003), 『국민의 사상』(八木秀次, 2005) 등은 보수적 이야기 쓰기의 극단적 표현이다.

3) '강한 국가' 혹은 '균형체로서의 국가'

보수주의자들이 상정하는 '국가'는 보수 정치가들이 정치적 수사로서 말하는, 일본 문화의 관습과 가치에 기초한 문화 공동체, 혹은 사회적 도덕과 규율, 관습이 만들어내는 도덕 공동체인 '아름다운

> 사나 사회에 관한 사회과학적 언설이라도 좋고, 미래를 향한 이상이라도 좋다고 말한다.

일본'이라는 국가상과는 다르다. '아름다운 일본'이란 국가 표상은 1980년대 경제 대국화에서 비롯한 자신감과 일본 문화에 대한 자부심을 내포하며 '문화국가'와 결부된다. 가와바타 야스나리(川端康成)는 노벨문학상 수상 연설「아름다운 일본의 나」(1968)에서 '아름다운 일본'의 심미적 표상을 표명한 바 있다(川端康成, 1969).[14] 일상 감각에 내재된 '일본적 미'와 '일본 정신'을 구가한 가와바타의 '아름다운 일본'은 경제성장을 바탕으로 일본 문화의 특수성에 대한 자신감을 회복하던 때에(아오키 다모쓰, 2000) 세계를 향해 발신된 것이었다.

나카소네는 국제화라는 동력을 매개로 국제사회 속의 국민국가를 지향하면서 경제적 삶에 기초한 일상 감각과 국제 공헌을 수행하려는 정치 감각을 결합한 '문화국가'를 상정한다. 나카소네는 일본 국가를 "세계에 공헌하고 국민에 봉사하는 운명 공동체인 동시에 문화 공동체"로 상정하면서, 이러한 공동체를 구축하려면 경제 발전과 민주주의로 단절된 "커뮤니티의 전통"을 되살려야 한다고 말한다. 보수할 가치는 '아름다운 일본'이며, '아름다운 일본'을 구성하는 일본인의 '일상의 삶'이다(中曽根康弘, 1978: 32-34, 193-194). 보수 정치가들에게 '아름다운 일본'은 문화적·심미적 표상을 넘어 정치적 신념이자 정치적 수사로서 재생산되고 있다(安倍晋太郎, 2006; 町村信孝, 2005).[15]

니시베 스스무는 이러한 '아름다운 일본'의 정치적 수사성을 비판한다. 보수주의자들은 '아름다운 일본'이라는 수사만으로는 탈냉

---

14) 패전 직후 진보 지식인들(丸山眞男, 桑原武夫 등)도 새로운 일본을 '문화국가'로 만들고자 했다. 그때 '문화국가'는 일본의 전통과는 단절된, 근대 문화에 입각한 국가 표상이었다.
15) 한편, 진보 문학자인 오에 겐자부로(大江健三郎)는 노벨문학상 수상 연설에서 가와바타의 '아름다운 일본의 나'를 비틀어 '애매한 일본의 나'로 표현한 바 있다(大江健三郎, 1995).

전과 지구화의 맥락에 대응할 수 없다고 본다. 그들은 글로벌 시장경제가 개인의 욕망을 해방하고 이동의 자유와 규제로부터의 자유를 자극하는 상황에서 글로벌리즘의 위협에 대항할 국가의 존재와 역할을 중시한다. 사에키는 시장의 고도화가 버블 경제와 소득 격차 확대와 사회적 불안정을 초래하는 가운데 글로벌 시장경제에 대응하여 국민 생활을 안정시켜야 하는 기제로서 국가야말로 정치적 역할을 다시 부여받았다고 진단한다(佐伯啓思, 1995: 286). 사에키는 국가를 비판하면서도 국가에 기대를 걸며 국가에 대한 책임을 회피하면서도 국가에 의존하려는 일본인들의 이중적 정신 구조를 지적하면서 강한 국가의 필요성을 주장한다. 경제적 상호 의존이 강화되고 세계 자본의 이동이 빨라질수록 불확실성과 위기가 커져 시장의 자기 책임과 제도적 안전장치만으로는 대응할 수 없기 때문에 강한 의사와 실행력을 갖춘 정부와, 이를 뒷받침할 사회적 조건과 정신 풍토를 갖춘 강한 국가가 필요하다는 말이다. 그가 생각하는 '강한 국가'는 정치적 의사 결정과 집행의 주체로서 일본의 장래를 구상하고 전략적인 의사 결정을 행하며, 시스템의 불안정을 초래할 불확실성과 위기에 대비할 수 있는 제도이다(佐伯啓思, 2003: 113-117). '강한 국가'는 동시에 역사적·문화적 형성체여야 한다. '강한 국가'는 정치적 의사 결정과 실행 능력뿐 아니라 국가가 갖는 역사적·문화적인 가치와 표현 형식의 힘에서 나오기 때문이라는 것이다(佐伯啓思, 2003: 119-123). 사에키는 "국가는 권력 장치가 아니라 다양한 룰과 습관과 가치를 공유하는 집합체이며, 그 속에는 권력 장치도 있고 시장 활동과 개인의 자율을 보장하는 룰도 있다."(佐伯啓思, 2001: 99)고 말한다. 권력 기제로서의 국가를 "룰과 습관과 가치를 공유하는 집합체", 즉 공동체로서의 국가로 회수시키는 국가관이다.

사에키는 공동체로부터의 해방을 자아 확립으로 보는 근대주의적 사고법을 거부한다. 개인의 자유에 기초해서 시민사회를 구성하고 개인과 국가를 대립적 관계로 보는 '외재적 국가관·기능적 국가관'='계약론적 국가관'을 부정한다. 사에키는 마루야마 마사오(丸山真男)의 '파시즘 대 민주주의의 항쟁' 구도 위에서 구축된 민주적 주체는 허구이며, 진보 학자들의 공식적 언설에서 구축된 계약적 국가관은 반국가주의적 심정을 초래했다면서 국가의 연속성을 강조하는 "역사적 국가관"을 제시한다. 일본에서는 통치 기구로서의 국가가 국민을 창출한 것이 아니라 "역사적 일체로서의 '네이션'이 하나의 공통의 주권을 품고 근대적인 통치 기구로 전개되면서 근대적인 '스테이트'가 생겼다."는 생각에서였다. 천황제는 통치와 국가의 계속성의 상징적 권위로서 정당화된다(佐伯啓思, 2001: 3장, 4장).

한편 사에키는 역사적 국가관과 더불어 국가를 "'관심/이익'을 공유하는 사람들의 집단"으로 정의하면서 균형체 국가론도 제시한다. 사에키에 따르면 '공통의 관심/이익'은 시간 축에서는 실정적·정치적 의사 결정의 산물인 법(시민적 측면)과, 역사적·문화적인 조건에 의존하는 관행(에스닉·계보적 측면)으로 구성되는 규칙들의 연속과 단절을 통해 조정되는 것이며, 국가는 불확정의 미래를 향해 국가를 기획하는 정치와, 지나간 과거와 퇴적된 경험에서 나오는 역사·문화라는 두 벡터가 균형을 이루어야 한다. 균형이 깨지면 국가는 세계주의와 근본주의 양쪽에서 위협을 받아 분열한다. 한편 '공통의 관심/이익'은 공간 축에서는 시장경제에 의해 조정되는 경제적이익과, 소집단과 커뮤니티에 의해 조정되는 문화·사회생활의 아이덴티티가 작용한다. 국가는 이익과 아이덴티티의 균형을 유지하면서 글로벌리즘과 분리주의 양쪽으로부터의 위협에 대응해야 한다. 국가는 시공간의 두 축에서 각 요소들이 균형을 이룰 때 안정된다. 여기서 "균형체 국가"는 "'(시민적) 정치', '시장경제', '소집단' '역사·문화'에 의거하여 외부와 연결되고, 그 '외부'의 과잉 침입을 저지하려는 집합체"로 정의된다(佐伯啓思, 2001: 285-292).

　사에키의 균형체 국가론은 고정된 전통에만 의존하지 않고 현대의 미디어적 환경과 시장 세계에서 구성되는 공동체를 전제로 하며, 국가의 시공간적 존재 양식을 기능적으로 파악한 것으로 이해된다. 국가를 국민 공동체(게마인샤프트)와 시민 정치체(게젤샤프트)의 균형체로 보고 국가의 역사·문화적 속성뿐 아니라 국가의 기능성에도 이해를 보이는 사에키의 국가론에서 합리적 보수주의를 읽어낼 수 있다. 하지만 사에키의 국가론은 후술하듯이 국가 의식과 애국심을 강조할 때 균형을 상실하고 역사·문화의 요소가 두드러지게 된다. '상상의 공동체'를 실재화하려는 또 다른 시도도 사에키 국가론의 합리성을 약화시킨다. 사에키는 앤더슨처럼 국민을 '상상의 공동체'로 이해하지만, 인쇄 자본주의, 공통의 정보에 기초한 익명성의 동시적 활동, 공통의 세속적 시간 감각, 공동화된 이벤트는 '국민'을 성립시키는 조건으로만 본다. '상상의 공동체'는 익명의 사람들이 '우리들'로서 상상되고 이 상상에 의해 '우리들' 안에 에워싸여진 공동체다. '국민'은 공동 경험이 아닌 것이 문화와 커뮤니케이션을 매개로 '우리들'에게 '공통의 경험'이라는 '상상된 것'으로 변환되는 지점에 성립하며, 여기서 '국민'이라는 '상상된(imagined) 공동체'는 '상상의(imaginary) 공동체'가 아닌 '실재'로 간주된다(佐伯啓思, 1998: 101-104). 개인들이 공통의 경험을 상상함으로써 공동체에 속한다는 의식을 가질 때 국가는 성립된다는 말이다. '상상'의 행위를 통해 국가를 실체화하는 사에키의 관점에서 그의 균형체 국가론이 실체적 국가론이 아니라 논리적 구성물의 성격이 강함을 감지할 수 있다. 이 점은 국가 의식의 부활과 애국심의 배양을 통해 일본 국가에의 귀속감을 요구할 때 더욱 분명해진다.

4) 국가 의식과 애국심

사에키를 비롯한 보수주의자들은 국가 표상의 강화를 위해 국가 의식과 애국심의 고양을 주장한다. 사에키는 일본인들이 전후 체제의 평화주의와 근대주의로 인해 국가 의식을 봉쇄당했고, 일본 국가가 "국가로서의 판단 능력"을 상실했다고 본다. 아울러 지구화는 문화 파괴뿐 아니라 일본인들의 '혼'='국가 의식'의 약화를 더욱 부채질했다고 생각한다(佐伯啓思, 2001: 110-111). 여기서 국가 의식의 소생은 중요한 과제가 된다. 사에키의 경우 국가 의식은 애국심에서 시작하며, 애국심은 도덕에 기초한다. 그의 말을 빌리자면, "도덕은 보편적인 정의 속에 있는 것이 아니라 일상 경험의 퇴적으로서의 역사적인 것, 관습적인 것 속에서 펴낼 수 있다." "'모르는 것'에 대한 일반적인 정의보다도 '익숙한 것'에 대한 확실한 책임 속에서 바로 도덕의 싹을 찾아내야 할 것이다." 이러한 도덕은 파트리(향토)에 대한 애착, 즉 애국심 혹은 내셔널리즘과 결부된다. 세계 인류에의 상상도 '우리 집' '우리 마을' '우리 직장' '우리나라' 의식의 동심원적 확대를 통해서만 가능하다.[16] 사에키가 말하는 도덕이란 일상적인 것, 가까운 것, 쉽게 접하는 것과의 관계로 정의될 수밖에 없는 "습관적 타당성"이다. 도덕성이란 세계시민주의와 같은 추상성에 결부되는 것이 아니라 구체적으로 책임을 수행하는 세계, 즉 가족, 지역, 동료, 집단과 같은 커뮤니티에 결부된다. 국가는 "커뮤니티의 중층적인 연접체(連接體)"이고, 국가의 기본적인 문화나 가치는 다양한 커뮤니티에 의해 구현된다. 도덕성은 커뮤니티와 국가를 결부시켜 논해야 한

---

[16] 사에키 게이시의 내셔널리즘, 애국심에 관한 최근의 상세한 논의로는 사에키 게이시(佐伯啓思, 2008a; 2008b) 참조.

다(佐伯啓思, 2001: 87-92). 결국 커뮤니티의 동심원적, 혹은 중층적 확산을 통해 개인은 커뮤니티에 대한 사랑(애향심)에서 나아가 국가에 대한 애국심을 구축해야 한다는 말이다. 도덕은 커뮤니티의 속성이며, 따라서 커뮤니티의 중층적인 구성물인 국가의 속성이 된다.

사에키는 개인을 역사적인 경험, 유대, 퇴적 속에서 국가와 연결되는 존재로 본다. "개인은 같은 공간 속에서 태어나 같은 시간을 공유하고 공통의 역사를 경험함으로써 국가라는 짐을 지고, 역으로 국가는 개인에 의해 실현되어간다."고 말한다. 개인과 국가는 "좋고 싫음을 초월한 숙명"이며, 내셔널리즘은 "숙명의 자각"이다. 개인의 사고의 틀이나 생활의 회로, 인간관계의 양식, 교양의 존재 양식을 만드는 것은 집단의 역사적인 "공(共)경험"이다. 이 공경험에 대한 자각과 의식적인 관여가 국가 의식이며 내셔널리즘이다. 다만 국가 의식은 '개인'을 부정하는 국가주의와는 구별된다. 가족, 부자, 친구 관계, 학교, 문화적 환경, 사회집단이라는 환경과의 관계 속에서 형성되면서도 국가나 민족이라는 집단으로 해소될 수 없는 "잔여로서의 개인성(individuality)"은 인정한다. "결코 국가로 해소되지 않는 개인은 국가적인 것에 대해 의식적이고 자각적이며, 때로는 선택적일 수밖에 없다."는 생각에서였다(佐伯啓思, 2001: 27-29).

국가 의식과 애국심을 고양시키는 것은 전후 체제를 극복하는 길이기도 하다. 전후 체제에서는 전전과 전중의 경험으로 인해 내셔널리즘에 대한 인식은 부정적이었고, 국가 의식과 애국심에 관한 논의도 제한적이었다. 패전 직후 진보 지식인들 사이에는 조국 개념과 국가 개념의 분리를 통해 애향심을 조국애로 확장시키고 이로써 현대 일본 국가에 필요한 애국심을 새롭게 재규정하려는 시도도 있었다. 하지만 전후 일본의 민주주의 체제에서, 전쟁 체험이 부정되는 전후 체제의 맥락에서 '국가=조국'의 등식은 성립하기 어려웠다. 전후 내셔널리즘에 대한 부정적 인식이 지속되면서 일상 감각으로서의 애향심은 유지되었지만 정치 감각으로서의 애국심을 배양하기란 쉽지 않았다. "'일본 문화론'을 아무리 공부해도 애국심은 자라지 않는다." "일본인은 애국심이 결여되어 있지만, '일본인다움'을 자화자찬하는 '일본 문화론'은 아주 좋아한다. 이는 모순이 아니다. '특수한 (unique) 일본'이라는 이데올로기가 진정한 애국심의 육성을 방해한다."(Wolferen, 1998)라는 수정주의자 월프렌의 비평은 일본 문화론에 표출된 문화적 자긍심이 애국심으로 연결되지 못하는 전후 체제의 중요한 단면을 말해준다.

보수주의자들은 국가 의식을 배양하는 데 있어 전쟁 체험의 감각을 중시한다. 사카모토 다카오는 전쟁이 일어날 수 있다는 전제에서 국가를 만들기 때문에 일상생활에서 때로 가까운 전사자를 생각하고 마음 어딘가에 "유사(有事)에 대한 각오"를 하면서 국가가 왜 무력 행사를 하는지, 개인들은 어떻게 할 것인지를 "항상 사색하는 습관"을 "자연스럽게 몸에 익히는 것"이야말로 국민의 마음가짐이며 정치적 성숙이라 주장한다(坂本多加雄, 2001: 76-77). "국가는 우리 속에 내재하고 있다."는 의식(坂本多加雄, 2001: 57-65), 즉 국가 의식을 양성해야 한다는 말이다. 여기서 야스쿠니는 전쟁 체험의 표상으로서 동원되고, 전쟁 체험의 근거인 '대동아전쟁'은 식민지 해방전쟁으로서 정당화된다. 전쟁 체험은 투쟁의 보수 감각을 일깨우는 근거인 셈이다. 에도 무사들이 도쿠가와 평화 속에서 투쟁 감각을 잃지 않으려 부단히 전투의 기억(간접적인 전쟁 체험)을 상기해냈던 것과 비슷하다. 글로벌리즘의 맥락에서는 전쟁 체험의 반추보다 국가 방어가 더 절실한 문제가 된다. 글로벌리즘은 일종의 새로운 전쟁 체험을 제공한다.

7. 맺음말: 또 하나의 '허구'

　보수의 심리는 전후 일본의 국가와 사회를 보는 보수 지식인들의 불안감에서 나왔다. 불안감의 원인은 일본 사회가 공동체적 윤리와 국가 의식을 상실하였다는 판단, 미일동맹과 평화헌법이라는 제도와 진보주의(근대주의)라는 이념으로 분식된 전후 체제가 이를 초래했다는 인식에서 비롯된다. 보수론자들은 평화헌법의 명분과 실제 사이에 나타나는 '비틀림'에서 시작하여 이제는 전후 체제가 만들어내는 공식적 언설(체제 이데올로기)과 비공식적 언설 사이의 '어긋남'을 추궁한다. 이 '비틀림' '어긋남'은 전후 체제를 부정하는 강력한 심리적 근거다. 이 심리는 공동체적 윤리와 국가 의식으로 치장한 운명 공동체, 문화 공동체, 윤리 공동체로서의 일본 국가를 표상의 준거로 상정하는 한, 필연적으로 생겨날 수밖에 없다. 이 심리에 기초하여 전후 체제는 사회계약론적 국가상을 갖는 진보주의(근대주의)의 공식적 언설이 공동체적 국가를 추구하는 보수주의의 비공식적 언설을 압도한 '허구적 세계', '자폐적 사고 공간'이었다고 규정된다. 평화헌법 제정의 강제성·비주체성과 미일동맹의 보호성·의존성이 "국가로서의 판단 능력 상실" 내지 "국가 의식의 약화"를 초래했다는 인식은 '공동체 국가'와 '완전한 주권체'의 표상에서 도출된다. '불안', '비틀림', '어긋남'의 심리이건 '국가 의식'이건, 여기에는 주체의 문제가 개재되어 있다.
　보수주의자들의 주체 관념은 국민국가 개념에 의존한다. 보수 지식인들은 진보주의의 공식적 언설 세계를 무너뜨림으로써 완전한 주체를 재구축하고자 한다. 자유주의적인 근대적 주체를 해체하고 공동체적 주체를 역사적 국가관에 의거하여 재구성하고자 한다. 진보 지식인들은 자유주의적 개인과 협력적 국제사회 속의 국가를 상정하는 반면, 보수 지식인들은 공동체적 개인과 경쟁적 국제사회 속의 국가를 상정한다. 주체의 재구축은 근대적 개인을 부정하고 근대적 국가를 긍정하는 논법에 서 있는 셈이다. 이러한 논법은 경제적 상호 의존이 증대되는 탈냉전과 지구화의 맥락에서는 합당해 보이지 않는다. '완전한 주권' 표상이 오히려 허구인 것이 아닐까. 주권을 관계개념으로 이해한다면, 동맹 체제에서 주권 제한은 안보 이익과 경제 이익의 대가였을 따름이다. 그들은 정치적 현실주의가 요구되는 냉전 체제의 맥락에서 진보주의자의 '일국 평화주의'의 허구성을 비판했다. 같은 논리라면 탈냉전의 맥락에서는 보수주의자들이 '일국 보수주의'의 허구성을 비난받을 수도 있다. 그들은 대내적 주체인 개인에 대해서는 공동체(국가)와의 관계 속에서 공동성(共同性) 속에 있기를 요구하면서, 대외적 주체인 국가에 대해서는 국제사회에서 다른 국가들과 공공성(公共性) 속에 있는 것을 상상조차 하지 않는다. 개인도 국제적 주체로서 행동하는 상황에서 주체에 관한 안과 밖의 이중 기준은 보수주의자들 역시 근대주의에 구속받고 있음을 보여주는 것은 아닐까. 더욱이 안과 밖의 이중 기준은 '비틀림' '어긋남'의 심리를 조장할 수 있다. '비틀림' '어긋남'은 안과 밖을 통괄하는 국제사회라는 영역을 설정하지 않는 한 피할 수 없을 것이다. '비틀림'은 아시아 국가들과의 관계에서도 이미 생성되어 있다.[17]

일본 보수주의자들의 국가 표상에는 개인과 국가의 구도가 있을 뿐, 사회 영역이 배제되어 있다. 보수주의자들은 진보주의자들이 설정한 사회 대 국가의 대립 구도를 깨고자 개인과 국가의 상보적 구

---

17) '비틀림'을 해소하는 진정한 주체는 '가해자-피해자' 구도를 미국과 일본의 관계 구도뿐 아니라 일본과 아시아의 관계 구도를 함께 설정할 때 성립할 수 있을 것이다. 이를 위해서는 보수주의자들이 '전후 체제'에서 결락된 '아시아'를 탈냉전의 맥락에서 새롭게 발견하고 읽어낼 필요가 있다.

도를 들고 나온다. 원래 유럽의 보수주의는, 자유주의나 사회주의가 개인-국가 관계만을 상정한 것과 달리, 개인-국가 관계에 가족, 사유재산, 커뮤니티, 교회, 사회계급 등 중간 집단을 추가하여 양자를 매개하는 동시에 국가권력에 대항하는 사회집단의 권리를 중시하였다(니스벳, 2007: 43-45). 일본의 보수주의자들은 국가라는 제도를 매개로 생성되는 공동성 속에 존재하는 개인을 상정할 뿐, 개인들의 사회적 소통과 사회적 경험에서 생성된 공공 영역과 공공성을 별로 생각하지 않는다. 사에키는 개인성과 공동성의 상호 구성적 과정을 제시하지만, 이러한 개인-국가 구도에서 사회는 국가에 수렴되어 소멸되고 만다. 가족, 지역, 동료, 집단과 같은 커뮤니티를 상정하고 이들 커뮤니티의 연쇄적 상승 과정을 통해 국가를 만나는 회로를 설정하지만, 각 커뮤니티들이 만들어내는 사회 영역은 배려하지 않는다. 집단의 공통 경험만을 얘기하고 공동성의 요구만 있을 뿐, 공공성의 문제의식은 찾아보기 어렵다.

현대 일본의 보수주의자들은 지구화의 침투성에 직면해서 공동방위체로서의 국가를 상정하는 데 열심이다. 스스로 국가의 틀 속에 갇혀 있는 꼴이다. 국가는 보수주의자들의 준거이자 지향점이다. 사회 영역이 자율성을 갖지 못한 채, 개인이 어떤 중층적 과정을 거치고 퇴적을 거치든 국가로 회수되어버리고 국가가 지구화에 대항하는 방위체로 설정된다면, 어쩌면 그들 스스로 자폐하게 될지도 모른다. 지구화의 맥락에서 세계와 국제사회에 대해 스스로 '허구적 세계', '자폐적 사고 공간'에 갇힐 수도 있다. 병리학적 용어의 사용 자체가 부자연스러운 일이다. 사회현상에 대한 병리학적 진단은 진단자의 병리적 증세를 드러내는 것일 수 있다. 파인더에 비친 피사체는 하나의 진실을 보여주지만 객관적 진리를 증명해주지는 않는다. 사진기에 찍힌 피사체는 허구일 뿐이다. '자폐적 사고 공간', '허구적 세계'라고 재단하는 순간, 보수주의는 진정성을 의심받게 된다.

  탈냉전과 지구화의 맥락에서 보수주의는 어떠해야만 할까. 일본의 보수주의자들은 전후 체제를 종식시키고자 공식적 언설과 비공식적 언설의 투쟁을 상정하고, 공식적 언설을 단죄한다. 지키는 보수가 아니라 싸우는 보수를 생각한다. 하지만 공식적 언설을 단죄하는 싸우는 보수는 진정한 보수주의이기 어렵다. 여기서 "'역사'는 본질상 경험이며, 역사에 대한 보수주의자의 신뢰는 인간사에 있어 추상적·연역적인 사고에 우선하는 경험에 대한 신뢰에 기초한다."(니스벳, 2007: 45)는 원리를 상기할 필요가 있다. 진보주의(근대주의)는 전후 일본의 현실을 규정했고 진보주의는 현대 일본의 제도와 이념에 내재화되어 있다. 자유주의와 민주주의는 다른 공동체적 요소와 더불어 이미 체제 요소가 되어 있다. 진보주의, 근대주의, 개인주의는 이미 퇴적된 경험을 구성하고 일본 사회를 규정하고 있다. 사에키는 버크와 더불어 오크숏(Michael Oakeshott)의 말을 인용하기도 한다.

  보수적이라는 것은 단지 변화를 싫어한다는 것만이 아니라 변화에의 적응이라는, 모든 인간에 부여된 활동을 행하는, 하나의 방법이기도 하다. 보수적이라는 것은 모르는 것보다는 익숙한 것을 선호하는 것, 시도된 적이 없는 것보다는 시도된 것을, 신비보다는 사실을, 가능한 것보다도 현실의 것을, 무제한인 것보다도 한도가 있는 것을, 먼 것보다도 가까운 것을, 넘치는 것보다도 족할 정도의 것을, 완벽한 것보다도 귀중한 것을, 이상향에서의 지복보다도 현재의 웃음을 선호하는 것이다. 얻는 바가 더 많을 수도 있는 애정의 유혹보다는 기왕의 관계와 신의에 기초한 관계를 선호한다. …… 보수적이라는 것은 자기의 운명에 대해 담담하게 있는 것, 자기의 몸에 어울리게 살아가는 것이며,

자기 자신에도 자신의 환경에도 존재하지 않는 한층 고도의 완벽함을 추구하려 하지 않는 것이다(佐伯啓思, 2001: 24).[18]

변화와 적응에 관한 이러한 원칙은 설사 보수주의의 장소적 특수성을 인정한다 해도 보수주의자이길 원한다면 포기될 리 없다. 전후 체제도 이미 퇴적된 경험이며, 지구화와 국가의 국제 생활도 이미 개인과 국가의 경험 세계에 들어와 있다. '진정한 보수주의'는 이것을 인정하는 '유연한 보수주의'여야 할 것이다.

이렇게 본다면, 역사 이야기의 자기중심적 재서술을 통해 국가 공동체 표상을 극단적으로 구현하려는 새역모의 표상 작용은 상호 의존적 국제사회에서 '허구적 세계', '자폐적 사고 공간'을 스스로 구축하는 극단적 정치 행위일 것이다. 한때 새역모의 리더였던 니시오 간지는 "자기 상실"의 자국사 서술을 비판하면서 "일본에서 본 세계사"와 "'일본에서 본 세계사' 속에 제대로 일본을 위치 짓는 일본사"에 기초한 역사관, "자기를 보편으로 간주하고" "애매한 수동적 자세, 겸양, 상대주의적 입장을 취하지 않는" 역사관을 요구한다(西尾幹二, 2007: 90-93, 97-98). 자기 상실을 극복하고 국가 공동체를 재생시키기 위해 새로운 허구를 만들어내는 표상 작용은 논리적 단순성과 역사적 허구성을 벗어나기 어렵다. 논리의 세계를 넘어 실천의 세계로 들어서는 순간, 정치적 행위의 경박성(imprudence)은 금방 드러나기 십상이다.

---

18) 이는 Michael Oakeshott, *Rationality in Politics*에서 인용한 말이다.

참고문헌

니스벳, 로버트, 2007, 『보수주의』, 강정인 역, 서울: 이후.
아오키 다모쓰, 2000, 『'일본 문화론'의 변용』, 최경국 역, 서울: 소화.
江藤淳, 1970, 「'ごっこ'の世界が終わったとき」, 福田和也 編, 2001, 『江藤淳コレクション1史論』, 東京: 筑摩書房.
江藤淳, 1980, 『一九四六年憲法―その拘束』, 東京: 文藝春秋.
江藤淳, 1989, 『閉ざされた言語空間―占領軍の検閲と戦後日本』, 東京: 文藝春秋.
江藤淳, 1996, 『保守とはなにか』, 東京: 文藝春秋.
高瀬暢彦 編, 2000, 『金子堅太郎『政治論略』研究』, 東京: 日本大学精神文化研究所.
大江健三郎, 1995, 『あいまいな日本の私』, 東京: 岩波書店.
林健太郎, 1963, 「現代における保守と自由と進歩」, 林健太郎 編, 『新保守主義』, 東京: 筑摩書房.
福田恒存, 1954, 「平和論にたいする疑問」, 福田恒存, 1995, 『日本を思ふ』, 東京: 文藝春秋.
福田恒存, 1960, 『常識に還れ』, 東京: 新潮社.
上田又次, 1937, 『エドモンド・バーク研究』, 東京: 至文堂.
西尾幹二, 2007, 『國家と謝罪』, 東京: 德間書店.
西部邁, 1985, 『幻想の保守へ』, 東京: 文藝春秋.
西部邁, 2000, 『日本の道徳』, 東京: 産経新聞ニュースサービス.
石田雄, 1989, 『日本の政治と言葉(下)―'平和'と'國家'』, 東京: 東京大學出版會.
水田洋, 1969, 「イギリス保守主義の意義」, 水田洋 責任編集, 『バーク・マルサス』, 東京: 中央公論社.
安倍晋太郎, 2006, 『美しい日本へ』, 東京: 文藝春秋.
御厨貴, 2004, 『'保守'の終わり』, 東京: 毎日新聞社.
町村信孝, 2005, 『保守の論理: "凛として美しい日本"をつくる』, 東京: PHP研究所.
佐伯啓思, 1995, 『現代社會論: 市場社會のイデオロギー』, 東京: 講談社.
佐伯啓思, 1997, 『現代民主主義の病理: 戰後日本をどう見るか』, 東京: 日本放送出版協會.

佐伯啓思, 1998,『現代日本のイデオロギ——グロ—バリズムと國家意識』, 東京: 講談社.

佐伯啓思, 2001,『國家についての考察』, 東京: 飛鳥新社.

佐伯啓思, 2003,『成長經濟の終焉——資本主義の限界と'豊かさ'の再定義』, 東京: ダイヤモンド社.

佐伯啓思, 2007,「日本の'戰後保守主義'を問う」,『中央公論』2007年 2月号.

佐伯啓思, 2008a,『倫理としてのナショナリズム——グロ—バリズムの虛無を超えて』, 東京: NTT出版.

佐伯啓思, 2008b,『日本の愛国心——序説的考察』, 東京: NTT出版.

中西輝政, 2006,『日本文明の興廢』, 東京: PHP研究所.

中西輝政, 2003,『日本の文明史』, 東京: 扶桑社.

中曽根康弘, 1978,『新しい保守の論理』, 東京: 講談社.

川端康成, 1969,『美しい日本の私——その序説』, 東京: 講談社.

添谷育志, 1995,『現代保守思想の振幅』, 東京: 新評論.

坂本多加雄, 1995,「戰後日本の平和主義」, 21世紀日本フォ—ラム 編,『戰後を超える』, 京都: 峨野書院.

坂本多加雄, 2001,『求められる國家』, 東京: 小學館.

八木秀次, 2005,『国民の思想』, 東京: 産経新聞ニュ—スサ—ビス.

平石直昭, 2006,「現代日本の'ナショナリズム'」,『社會科學研究』58:1, 東京大學 社會科學研究所.

平泉澄, 1933,「革命とバ—ク」,『武士道の復活』, 東京: 至文堂.

Wolferen, Karel van, 1998,『なぜ日本人は日本を愛せないのか (Why Can't the Japanese Love Japan?)』, 大原進 譯, 東京: 毎日新聞社.

Castoriadis, Cornelius, 1987, *The Imaginary Institution of Society*, tr. by Kathleen Blamey, Cambridge: Polity.

Pyle, Kenneth B., 1969, *The New Generation in Meiji Japan : Problems of Cultural Identity, 1885-1895*, Stanford: Stanford University Press.

Pyle, Kenneth B., 1989, "Meiji Conservatism," in John W. Hall ed., *The Cambridge History of Japan*, Cambridge: Cambridge University Press.

Pyle, Kenneth B., 2007, *Japan Rising: The Resurgence of Japanese Power and Purpose*, New York: Public Affairs.

11장 동양적 사유에 나타난 보수주의

김명하

1. 들어가는 말

근대에 이르러 중국 사상의 중심이 변화하기까지 수천 년간 중국 학계 그리고 지식인들의 주된 관심은 천과 인간 그리고 이상 사회에 관한 것이었다. 즉 인간 의식의 자각이 시작된 서주(西周) 시대 이래 근대에 이르기까지 천인 관계(天人關係) 및 이상 사회와 관련된 제반 관념이 항상 인간에게 종교, 정치·사회, 역사, 문학·예술 그리고 민속 분야 등에서 많은 영향을 끼쳐왔기에, 중국 고대 이래 지식인들은 이를 자기 사상 체계의 중요한 범주의 하나로 삼아왔다. 이러한 관념은 주 초(周初)부터 전국(戰國) 말까지 지식인들의 최대 논쟁점이었고 주요 연구 과제였다. 그뿐만 아니라 위진(魏晉) 시대를 거쳐 당, 송, 명, 그리고 근대에 와서도 전통적 문제에 관한 연구는 학자들에 의해 변함없는 관심의 대상이 되었다. 이러한 측면에서 보면 이들 개념과 서로 간의 관계에 관한 연구는 이미 흘러가버린 역사의 장구한 흐름 속에서만 존재하는 것이 아니라 여전히 오늘의 현실에 관한 연구와 맥을 같이한다고 할 수 있다.

오랫동안 중국 사상의 2대 흐름은 공자와 노자가 구축해놓은 유학과 도학이다. 물론 묵가와 법가의 학이 존재하지만, 인간에 관한 이해나 사회적, 정치적인 영역에서 본다면 정통과 보수의 자리에 유학을, 이단과 진보의 자리에 도교를 놓을 수 있을 것이다. 묵가와 법가의 주장 또한 이단성을 피할 수 없음은 물론이다.

이 글의 주된 목적은 중국 사상의 태동기인 선진 시대의 유자(儒子)들의 사유 중 보수주의적 성향을 고찰하는 것이다. 물론 당대의 지식인들이 보수와 진보라는 개념을 둘러싸고 치열한 논쟁을 벌였던 것은 아니지만, 난마같이 얽힌 당대의 문제점을 해결하기 위한 대안 제시에는 차이를 보이고 있다. 그러기에 춘추전국이란 시대적 난맥상이 당시의 지자들에게 어떻게 받아들여졌고, 이러한 상황에 대하여 제시된 해결책을 비교해봄으로써 유자들의 보수성(아울러 진보성)을 파악할 수 있다는 전제하에 논의를 전개하고자 한다.

이하에서는 중국 최초로 지식인의 천국이었기에 '백가쟁명(百家爭鳴)의 시대'라 표현되는 선진 시대의 정치사회적 제반 환경에 대한 검토를 바탕으로 당대의 지식인들—유가를 중심으로—은 어떤 부류의 사람들이며 또 어떤 사회적 인식을 가졌는지 고찰할 것이다. 또한 본론에서는 당대 지식인들의 인간 이해가 어떠했는지를 알아보고, 이를 바탕으로 현실 사회에 대한 개선책을 둘러싼 유자들의 보수주의적 사유의 특성을 살펴볼 것이다.

2. 동양적 사유 태동기의 시대적 배경

　인간 중심의 문화가 정착하기 시작한 하은대(夏殷代)를 거친 후 등장한 주대(周代)는 문화가 크게 발달하여 공자도 이를 찬미할 정도였다. 이 같은 주(周)의 성숙된 문화는 문왕(文王)의 아들인 무왕(武王)이 주(紂)를 벌하여 천하를 통일하여 주 왕조(周王朝)를 개국(BC 1122년)하고 그 동생 주공(周公)이 예악을 제정하여 사회 기강을 확립함으로써 가능케 되었다. 무왕은 통치상의 편의를 위하여 각 지역을 동성(同姓)의 형제나 친척, 또는 이성(異姓)의 공신에게 나누어주고 이들을 제후로 삼아 그 지역을 다스리도록 하는 분봉 제도적 통치체제, 즉 봉건제도를 채택하였다. 주의 분봉 제도는 다스릴 백성과 토지를 제후에게 나누어주는 것을 주요소로 하고 있는데, 그 목적은 제후의 적절한 통제를 통한 지방[邊方]의 관할에 있었으며, 주왕(周王)으로부터 분봉(分封)된 제후들은 자기 봉토 안에서 대부에게 재분봉을 하였다. 이러한 봉건제도하에서는 귀족에서부터 서인·노예층에 이르기까지 신분이 대대로 계승되었다. 주대의 정치제도는 혈연에 기반한 효(孝)로부터 형성되었고, 행효(行孝)의 한 형식으로서의 조종(祖宗)에 대한 제사 과정에서 국가의 대전(大典)이 갖추어지게 되었고(『禮記』「王制」), 그 결과 주대의 문물제도는 상당한 수준에 이르렀다.

　봉건제도의 체제적인 약점[1]은 중국의 고대사회인 주대에도 나타

---

1) 원래 서구의 봉건제도는 그 자체에 체제 파괴적인 요인을 지니고 있었다. 즉 봉건사회는 농업을 기초로 하고 있었으므로 영주(제후)는 토지 경작의 필요에서 농노(경작자, 서민)가 있어야 했다. 그리고 영주는 더 넓은 토지와 더 많은 지조(地租)를 위해 더 많은 농노를 먹여 살리지 않으면 안 되었다. 이처럼 많은 농노를 소유하게 되었을 때 영주는 넓은 땅을 개간해야 했고, 이런 과정에서 영주를 중심으로 형성된 세력은 마침내 중앙 권력과의 충돌과 투쟁이 불가피하게 되었다.

났으며, 결과적으로 귀족정치의 몰락을 가져왔는가 하면 종법 질서 자체를 파괴시켰다. 각 제후국의 주권 영토 국가로의 변모·발전과 상호 항쟁은 대종과 소종 간의 혈연적 유대에 기반을 둔 종법 질서의 부정이었으며, 씨족공동체의 해체와 천민의 사회적 신분 상승은 농업에 경제적 기반을 구축하고 그 농경 사회에 사회적 윤리와 도덕 그리고 전통을 확립한 봉건사회에 대한 직접적 도전이었으며 예 질서의 부정이었다.[2] 이러한 현상은 동주(東周) 시대에 더욱 심하였으며, 특히 동천(東遷) 300년에 이르는 기간은 '전쟁의 시대'라 할 수 있을 만큼 북쪽에서는 융적(戎狄)의 소란이 있었고, 남쪽에서는 초(楚)·오(吳)가 쟁패하였다. 동천 당시 중원에는 진(晉)·정(鄭)·노(魯)의 3후(侯)만이 다투었으나, 그후 정·노는 쇠퇴하고 제환공(齊桓公)·진문공(晉文公)·송양공(宋襄公)·진목공(秦穆公)·초장왕(楚莊王)의 이른바 춘추 5패(覇) 시대가 도래하였다. 이 300여 년은 수많은 나라가 명멸하고, 수많은 가옥이 파괴되고, 수많은 인명이 살해되는 유혈 참화가 계속된 기간이었다(陳安仁, 1975: 80-100).

이와 같이 전국시대의 국가 간의 상호 대립과 항쟁, 사회경제상의 변화와 발전, 그리고 윤리·도덕관의 타락과 하극상 풍조의 만연은 하나의 거대한 역사의 소용돌이였다. 또한 이 역사의 소용돌이 속에서 구제도와 구질서 그리고 구전통과 가치관이 붕괴되고 새로운 사태가 전개되었으며 역사의 전환이 이루어졌다(동양사학회 편, 1983: 26-34). 그 때문에 당시의 인심은 차라리 강력한 제후가 나타나서 천하를 통일하기를 바랐다(『孟子』「梁惠王上』; 『漢書』「嚴安傳』). 이러한

---

2) 후쓰(胡適)는 춘추시대의 혼란상을 요약하여 1) 왕권의 유명무실과 예악 제도의 동요, 2) 제후들의 잦은 공벌(攻伐), 3) 이적(夷狄)의 침입으로 인한 국가의 분열, 4) 존왕양이(尊王攘夷)의 획책 그리고 5) 패자(覇者)의 출현 등으로 분류하고 있다(胡適, 1958: 94-99).

요구에 편승하여 나타난 전국 7웅이 한편에서는 힘으로 싸우고 다른 한편에서는 지략으로 다투니, 현실 정치는 질서와 조화는커녕 혼란과 분열이 가중되는 공전(攻戰)과 상전(尙戰)이 거듭되는 일일백전(一日百戰)의 시대가 되었다.

이러한 춘추전국이 제공한 시대적인 난맥상을 당시의 지식인들은 다음과 같이 표현하였다.

천하에 도가 없어진 지 오래다. 하늘이 장차 이분을 세상의 지도자로 삼으려 하는가 보다(『論語』「八佾」).

도가 행해지지 않으니, 뗏목을 타고 바다에 뜰까 한다(『論語』「公冶長」).

덕이 어찌 이렇게도 쇠하였는가? …… 그만두세 그만두세. 지금 세상에 정치하는 것이 위태로운 일이요(『論語』「微子」).

오늘날 뜻 높은 자는 방탕하고, 긍지가 있는 자는 사납기만 하고 또 어리석은 자는 간사할 뿐이다(『論語』「陽貨」).

사설(邪說)과 폭행(暴行)이 일어나고, 신하로서 그 임금을 죽이는 자가 있고, 자식이 되어 그 어버이를 죽이는 자가 있다(『孟子』「滕文公下」).

제후는 방자하고, 처사는 횡의(橫議)하며 사설과 폭행이 자행되던 난세이다(『孟子』「梁惠王下」).

정정(政情)이 혼탁 부패했으며 멸망하는 나라나 난폭한 군주가 계속해서 나타나 성인들이 가르친 대도(大道)를 수행하지 못한 시대이다(『史記』「孟子荀卿列傳」).

위에 있는 자는 법이 없이 사람을 부리고, 아래 있는 자는 법도 없는 짓을 하고, 지혜 있는 자는 생각을 내지 못하고, 능력 있는 자는 행정을 맡을 수 없고, 어진 자는 봉사할 수 없다. 이렇게 되니 위로는 천리(天理)를 잃고, 아래로는 지리(地利)를 잃고, 사회로는 인화(人和)를 잃은 고로 백사(百事)가 폐하고 재물이 다하여, 환란이 이는 것이다. 왕공(王公)은 위에서 부족을 걱정하고 서민은 아래서 굶주리고 병드니, 여기서 걸주(桀紂) 같은 악인이 무리 짓고, 도둑이 약탈하여 임금을 위협하는 것이다(『荀子』「正論」).

대국이 소국을 공격하는 것, 대가(大家)가 소가(小家)를 교란하는 것, 강자가 약자를 핍박하는 것, 다수가 소수에 횡포를 부리는 것, 교활한 자가 우둔한 자를 속이는 것, 신분이 높은 사람이 미천한 사람을 멸시하는 것, 이러한 것이 천하의 해이다(『墨子』「兼愛下」).

법령이 밝아질수록 도적의 수가 너무 많아 극형도 쓸모가 없는 지경에 이르렀다(『老子』57장).

춘추시대의 전쟁은 귀족들이 주축이 된 차전(車戰)으로 그 목적은 전리품 획득과 상대국의 복속 등이었는데, 전국시대에는 대갑(帶甲)이라 지칭되는 보병들의 전투로 바뀌었으며 그 목적은 토지 획득과

적국 병력의 말살에 있었다. 전국시대에는 전쟁 규모가 확대되어 귀족만으로 병력을 충당할 수 없었으므로 각국에서는 건실한 농민들을 징집하여 병력수를 충당하였다. 여기에서 개병제가 시작되었으며, 이에 따라 국가 간의 전쟁이 가일층 치열해지고 격렬해졌는데, 동원된 병력·교전 횟수·무기·전술 등을 볼 때 전쟁의 규모와 범위 그리고 인마살상률 등이 춘추시대와는 비교가 되지 않을 정도로 증가했다.

이렇게 주변에서 가해지는 위협에 대항하여 전국시대의 제후들이 자국의 보존을 위하여 강력한 법 체제의 구축을 통한 현실주의적 치술을 채택한 것은 당연한 것이었다. 즉 극도로 혼란한 전국 말기에는 유가식의 이상주의적 치국책은 그 실효성을 잃은 것처럼 보였고, 통치자에게 필요한 것은 새로운 정세에 대응하기 위한 강력한 왕권의 확립이었다.

그래서 한비자와 같은 법가는 군주가 국가의 권력을 자신에게 집중하여 왕권을 확립함으로써 국가 내의 질서를 유지할 수 있으며, 나아가 유리(遊離)하던 백성의 삶을 보존할 수 있을 것[3]이라고 주창하였다.

이와 같이 춘추전국의 시대는 어느 학파에게도 위기로 인식되었고, 이의 개선을 위한 치국책을 제시하게 만들었다. 이들이 제시하는 변화된 사회의 이상형은 별로 차이가 없으나 이 이상형에 도달하는 방안은 달랐다.

---

3) 국가의 환란은 외부로부터 그 원인이 있기보다는 내부로부터 오기 때문에 신하들에게 적절한 권력을 행사함으로써 국가 내의 질서를 확립함이 중요하다는 견해는 특히 『한비자(韓非子)』(「有度」, 「二柄」, 「揚權」, 「八姦」, 「姦劫弑臣」, 「亡徵」, 「三守」, 「備內」 등)에 상세히 언급되어 있다.

3. 동양적 사유의 주체로서의 지식인

주의 동천 이후 주의 천자는 명목상으로는 천하의 주인[共主]이었지만 실제로는 제후보다도 정치적·경제적으로 낮은 위치에 있었으며,[4] 각 제후국들은 서로 간 무력을 사용하여 토지를 쟁탈하고 영토를 확장하는 패권 쟁탈이 벌어졌다. 제후 간의 이러한 세력 다툼은 막강한 경제력을 배경으로 한 경(卿)·대부(大夫)로 옮겨지게 되었는데, 이 과정에서 드러난 특이한 현상은 새로운 계급으로서 지식인 계급[士集團]이 부상했다는 점이다. 이러한 제후국 간의 갈등, 제후와 대부의 갈등, 대부간의 갈등 사이에서 지식인 계급은 그들에게 중용되어 그들의 권력 강화 또는 통치권 강화에 일조하게 되었으며, 이는 종법 지배 질서의 붕괴와 아울러 거시적인 안목에서 보면 통치권의 중앙집권화를 실현하는 데 기여하였다. 이처럼 각국의 제후들은 권력, 토지 그리고 백성을 서로 차지하고자 경쟁하였으며, 각지의 지자(知者, 士階級)들은 자기 나름대로의 이론으로 당시 사회문제들을 해결하고자 분투노력하였다.

일부의 보수적인 지식인은 오랫동안 지켜온 구제도와 전통에 의혹과 회의를 품고 반성하여 이를 개선하고자 하였으며, 다른 일부의 진보적인 지식인은 이에 통렬한 비판을 가하고 새로운 개혁을 시도하였으므로 여기에서 새로운 사상과 학문이 발흥, 만개하게 되었다. 당시에는 구정치 세력이 종주적 권위를 이미 상실하고 새로운 절대권력이 아직 형성되지 않았기 때문에 지식인들은 각자 자기가 위치한 계층과 입장에 서서 자신의 학술과 사상을 발표할 자유가 나름대

---

4) 주 천자가 대제후국의 보호를 받는 내용은 『좌전(左傳)』「은공3년조(隱公3年條)」, 경제적인 곤궁은 「환공15년조(桓公15年條)」와 「문공9년조(文公9年條)」 참조.

로 보장되어 있었다(이운구, 1979: 81). 그러므로 사상사의 관점에서 볼 때 유가·묵가·도가·법가를 막론하고 모두가 '피폐해진 주나라 문화[周文疲弊]'의 등장이라는 하나의 역사적 기연에 대하여 '철학적 돌파(哲學的 突破)'를 시도하였으며, 이것은 예괴악붕(禮壞樂崩)에 대한 지식인들의 직접·간접적인 반응이며 현실 사회의 개선에 대한 처방이었다(김동수, 1986: 47).

이처럼 춘추전국의 지식인들은 당시의 시대적 상황에서 각자가 주도적인 지위를 차지해야 한다고 주장하고 또 각자가 자기가 제시하는 대안이 최선이라고 생각했다. 이와 같이 당시 지식인들의 현실 타파에 이은 이상 사회의 건설을 위한 사명감은 나름대로 유파를 이루고 전개되었고, 가히 백가(百家)가 쟁명(爭鳴)하는 시대를 연출하였다. 하지만 당대는 물론이고 후대에 이르기까지 지속적이고 주도적인 집단으로 전통과 예악의 계승을 주창한 보수적 지식인들은 유가(儒家)였고, 그 출발점은 공자였다.

이들은 현실 사회가 물론 개선의 여지가 있지만 여전히 공고히 해야 할 전통이 더욱 많다는 견해를 가진 보수주의자들이었다. 또 근본적으로 인간의 선성(善性)을 믿으며, 그 인간들이 모여 사는 국가는 존립할 만한 가치가 있으며 그 존립에 결정적인 역할을 하는 존재로 군주를 상정하였다. 군주를 중심으로 한 민생의 안정이 유가가 제시한 최선의 이상 사회였기에, 이들은 권력을 상실해가는 군주의 권력 회복에 참여하였을 뿐만 아니라 적극적인 협조자가 될 수 있었다.

묵가와 법가류의 지식인들은 군권 회복과 민생의 안정이 자신들의 주의 주장의 근본에 있다는 것을 부정하지 않았으나, 그 방법에 있어서는 유가류와는 달리 기존 질서와 전통에 부정적이었다. 특히 당시 위정자들의 형식적이고 기계적인 행정 태도를 통렬히 비판한 노장류의 지식인들은 정치를 말 머리에 얹은 멍에[落馬首]와 쇠코뚜

레[穿牛鼻] 정도로 평가절하한 나머지, 최선의 정치는 무통치(無統治)라고 하였다.

현실 사회의 문제점에 대한 대응 방안의 극단적인 차이점은 유치(有治)와 무치(無治)로 구분되나, 결국 인간 긍정과 현실 참여를 주창한 유가가 도가를 압도하면서 현실의 정치에서 주류로 자리 잡을 수 있었다.

4. 동양적 사유 속에 보이는 보수와 진보

1) 보수와 진보 그리고 그 긴장 상태

일반적으로 전통적 권위를 확인하고 기존 질서를 고수함으로써 사회적 안정을 기하겠다고 희구하는 명분이나 정치 기반을 가리켜서 정통이라고 하며, 이것과는 정면으로 맞서서 그 체제를 부정하고 나름대로의 새 가치를 창출함으로써 자신들의 권익을 스스로 옹호하고 나선 이해 집단이나 혹은 그런 입장에 선 계층을 포괄하여 이단(異端)이라 칭한다(이운구, 1987: 153). 이 정통적 입장은 기존의 가치와 질서를 지키고자 하는 보수적 성향이 강하고, 기존 체제를 부정하고 새로운 가치관의 도입을 주창하는 것은 진보적 성향으로 대별할 수 있다. 중국 사상사에서 주류로 취급되는 유가들은 이런 측면에서 보수 세력으로, 제자백가 가운데 특히 공맹을 반대하고 그 이론과 대립하여 비판을 가했던 몇 개의 학파를 진보 세력으로 간주할 수 있다.

천하가 크게 혼란하여 현자나 성인이 세상에 나타나 활약하는 일이 없고 사람들의 도덕은 통일을 못하고 있다. 천하에 깔려 있는 백가들의 대부분은 저마다 하나의 견해를 터득하고 제멋대로 그것만이 가장 좋은 것인 양 생각하고 있다(『莊子』「天下」).

이렇게 중국 고대 사상계의 정통과 이단, 보수와 진보를 이야기하려면 춘추전국시대, 선진(先秦) 제자(諸子)부터 시작해야 하고, 나아가 공자부터 언급해야 할 것이다. 하지만 이것이 결코 공자가 갑자기 허공에서 튀어나왔다고 하는 것은 아니다. 공자의 배후에는 또한 기나긴 문화적 배경이 있다. 공자 이전에 주나라는 이미 고도의 문화를 가지고 있었다. 그러므로 공자는 주공을 존경하였고 자주 꿈속에서 주공을 보았던 것이다. 물론 공자 이전에 자산(子産)과 관중(管仲) 등 뛰어난 지식인들이 많으나 유독 공자부터 언급하는 이유는 결국 삼대 문화(三代文化), 특히 주대(周代)를 상고(詳考)하고 반성한 공자의 입장이 있었기 때문이다. 반성을 한 뒤에야 비로소 자각적으로 하나의 관념을 제출하고 하나의 원칙을 건립할 수 있다. 관념이 생기고 원칙이 생기면 우리의 생명이 비로소 하나의 명확한 방향을 가질 수 있다. 이 때문에 우리는 공자로부터 이야기할 수밖에 없다(牟宗三, 1985: 59-60).

공자 대는 아직 제자백가의 사상과 학문이 정착되기 이전이지만, 공자에게 보수주의적이고 복고주의적 사상이 있다는 점은 명백하다. 하지만 이것은 공자의 일면일 뿐이며, 다른 측면에서 공자에게는 주나라의 제도나 질서에 새로운 도덕적 내용을 부여하고, 이것에 의하여 당시의 사회를 혁신하여 진보시키려고 한 이상주의적인 면이 있다는 것도 부인하기 힘들다(구라하라 고레히도, 1991: 16). 다만 은자(隱者)들의 역설적 설화가 『논어』에 소개되어 있는 점으로 판단해보건대, 당시 쇠퇴해가는 주도(周道)를 바로잡겠다고 정명을 표방한 공자에 비판적인 유파들이 있었다.

하지만 맹자에 이르면 정통과 이단, 보수와 진보와의 대립의 각은 더욱 첨예해진다. 시대적으로도 춘추시대에 비하여 혼란의 정도가 극심해졌으며, 이 혼란한 상황에 대처하기 위하여 제시된 여러 지식인의 주의·주장 또한 '바른 정치와 올바른 도를 흩뜨리고 남을 비방하는 사악한 말'이라고, 맹자는 판단하였다. 맹자는 이 비판적 세력의 주모자로 양주(楊朱)와 묵적(墨翟)을 꼽았다.

> 양주·묵적을 말로 거부할 수 있는 자는 성인의 무리이다(『孟子』「滕文公下」).

> 온 세상의 말은 양주에게 돌아가지 않으면 묵적에게로 돌아간다(『孟子』「滕文公下」).

> 묵자에서 도망하면 반드시 양주에게로 돌아가고, 양주에게서 도망하면 반드시 유자(儒者)에게로 돌아온다. 돌아오면 이것을 받아들일 뿐이다(『孟子』「盡心下」).

이렇듯 양주와 묵적의 사상과 그들의 활동은 다수의 지지를 얻고 있어 기존 질서에는 상당히 위협적이었다. 어쩌면 이들은 공자에게 비판적이었던 은둔자들의 사회의식과 통하였기에 공자를 추존하는 맹자는 기존 체제를 부정하고 통치 세력에 항거하던 이들 안티 이론가들을 용납할 수 없었다.

여기서 말하는 은둔자들은 모두 춘추 말기부터 전국 초기에 걸쳐 몰락해온 귀족이거나 그들과 밀접한 관계를 갖고 있던 지식인들이었다. 기존의 정치사회적 지위를 완전히 상실한 그들에게 남아 있는 것은 오직 숨을 쉬고 있는 자신의 생명뿐이었다. 그 밖에 소유할 아무런 것도 가지지 못했기 때문에 고작 농사일에 종사함으로써 자신을 보존할 수밖에 없었다. 몰락과 더불어 향락 추구의 길은 차단당하였고 부귀영달은 분외(分外)의 것이 되고 말았다. 이제는 과욕(寡慾)과 절제만이 그들에게 요청되었으며, 자신을 어떻게 전성보진(全性保眞)할 것인가의 문제가 최대의 관심사였다. 그래서 그들은 새로운 지배 체제에 협력하지 않았다. 그 속에 과거에 몰락해버린 계층의 저항 의식이 잠재되어 있었다(이운구, 1987: 156).

특히 서주(西周) 이래의 제후들 간의 끊임없는 겸병 전쟁에 따른 귀족 봉건제의 근본적인 변화가 제자(諸子)에게는 다 같이 하나의 사회적 위기로 인식되었다. 공맹 유자들은 그것을 바로 천하에 도가 없는 것으로 판단하였고, 이러한 사회문제를 바로 군자 자신의 도덕적 수양, 즉 덕치를 통해 회복하려고 했다. 그러므로 인정설(仁政說)을 세워서 군왕에게 백성을 사랑하라고 가르쳤으며, 또 존현설(尊賢說)을 세워서 군왕으로 하여금 선을 따르고 스스로 그 욕구 정서를 억제하게 하였다.

묵적의 학파는 제자(諸子) 중에서 유가와 길을 달리하고 예악에 저항하던 중요한 학파였다.『회남자(淮南子)』에는 "묵자는 유자(儒者)의 업을 배웠고 공자지술(孔子之術)을 받아들였다."(「要略」) 하여 묵학의 내용으로 볼 때도 유술(儒術)의 영향을 받았음을 알 수 있지만, 주의해야 할 점은 묵적의 학설도 그 시대의 필요에 적용하여 스스로 새로운 사상을 만들어 족히 일가지언(一家之言)을 이룩하였다는 점이다(張其昀, 1984: 228).

이렇듯 묵가 사상은 유가 사상에 대한 개조 내지 개혁에 머물지 않고 반동과 비판의 의식이 존재한다는 점이 각별하다. 묵가는 서주(西周) 이래의 귀족층을 대표하는 군자의 행동 양식인 예악(禮樂)을 부정하고 유가의 덕치(德治) 대신에 만인의 철저한 공동 연대[兼相愛]와 그것을 통해 상호 물질 이해를 증진[交相利]함으로써 그 속에서 당시의 사회문제를 해결하려 했다(송영배, 1985: 135). 그렇다고 해서 묵적의 정치사상이 오로지 피지배계급을 위하여 전개되었다는 것은 아니다. 즉 묵가는 기존의 유가식으로는 당시의 정치·사회적 문제의 해결이 힘들다고 보았을 뿐, 역시 치자를 중심으로 당대의 문제를 해결해야 한다고 본 점은 제가(諸家)의 사상과 공통되는 것이다.

유가와 묵가가 현실적으로 어떻게 하면 세상을 올바로 다스릴 수 있는가 하는 문제, 곧 정치적·사회적 문제들을 다루고 있는 데 비하여, 노자나 장자는 기본적으로 무위(無爲), 무아(無我)를 크게 내세우면서 일체의 인간 의식적인 작위를 부정하고, 세상에서 물러나 자신을 세상에 드러내지 않으려고 하였다. 그 때문에 자연히 유묵처럼 세상에 두드러질 수가 없었을 것이다. 그러나 사상적으로는 이미 전국시대에 유가나 묵가에 못지않은 중대한 영향을 세상에 미치고 있었다. 『사기(史記)』에 "한비자는 형명(刑名)·법술(法術)의 학문을 좋아하여 황제(黃帝)·노자(老子)의 도를 근본으로 삼았다."(「老莊申韓列傳」)는 말이 그 반증이며, 양주, 신도(愼到)와 신불해(申不害), 전병(田騈) 등도 직간접적으로 영향을 받았다고 전해진다.

대개 맹자에서 한비자에 이르기까지 양주는 날로 쇠퇴하여가고, 묵자는 날로 성행하여갔다. 그러므로 삼파(三派)가 나란히 서 있던 추세가 변하여 유가·묵가가 천하를 공평히 둘로 나누게 되었다. 그러나 진(秦)과 서한(西漢)을 거치면서 묵가는 급속히 쇠락하여버렸다. 공자의 사상은 묵가와 도가 사이의 한가운데에 있다. 중용(中庸)의 바른 도는 양주의 이기주의와 묵자의 열정을, 양주의 개인 편중과 묵자의 사회 편중을 조화시킨 것이다. 공자의 사상은 묵가의 사회 중심적 사상과 도가의 개인 중심적 사상을 잘 조화시켜 그 양끝이 너무 지나치고 서로 어긋나는 자리에 이르지 않는다. 이런 이유로 해서 이후의 중국 사상은 결국 공자 사상을 받아들이고 도가는 그다음으로 물러서며 묵가는 중요하게 여겨지지 않았던 것(張其昀, 1984: 68)이다.

2) 선진 시대 보수주의자들의 신념 체계

(1) 인간 선성에 대한 믿음

주 초의 전적(典籍)에 나타난 천(天) 혹은 상제(上帝)의 품성은 인애, 정의, 원리 원칙의 의미가 내포되어 있다. 여기서 천의 인애함은 천이 인간과 생물을 생성하고 전 세계에 자비를 베풀며 유덕자에 명하고 유죄자를 토벌한다(『詩經』「大雅」'蕩')는 것에서 유래하는데, 이것은 천(天)의 신성, 주재성과 인격성에 그 근원을 두고 있는 것이다. 또한 천이 정의롭다 함은 천은 아래 백성을 감찰하여 정의를 두루 알아서 틀림없이 선을 상 주고 악을 벌한다는 것이니, 여기에서도 천의 인격성을 엿볼 수 있다. 그리고 천의 원리 원칙이라 함은 『시서(詩書)』처럼 천이 직접 증명하는 이외에 인간과 생물을 생성한다는 원리로서 천 자체가 원리 원칙이 된다는 것을 말하고 있다.

이렇게 원시종교의 천명과 자연을 신봉하는 배후에는 인간과 우호 관계를 성립시킬 수 있는 천(天)이 있었다. 이것은 현대인의 평가로는 미신적 천도관(天道觀)으로 여겨진다. 그러나 자연적이요 무정(無情)하면서 혼돈스럽고 무상적인 천은 불가사의한 존재로 최소한 우리의 신앙 속에서는 인애(仁愛)·정의(情誼)·원리(原理)적이라는 것 또한 부정할 수 없다.

유가의 입장에서 천명은 순수지선(純粹至善)하므로 강명(降命)하는 천 또한 순수지선해야 함은 당연하며, 일체의 가치와 이상이 이같은 천도(天道) 속에 기틀을 잡고 있다. 이러한 천의 품성을 닮은 인간 또한 그 성품이 선하다는 점에 유자들은 대체로 긍정한다. 순자의 경우는 예외지만, 공맹의 도통을 이은 유가들은 인간의 선한 본성을 믿고 그 선한 본성을 기를 수 있다고 주장하였다. 물론 그들은 자신들의 주장이 적용될 대상을 소수의 지식인과 관료 등으로 한정하고, 그런 사람들이 국가를 이끌고 다스려야 한다는 지적 귀족주의로 나아갔지만, 그들은 민생이 회복된 이상 사회의 건설이 군주의 최선의 통치 목표라는 것을 밝히고 군주에게 그것을 강제했던 것이다.

인간이 악하다는 순자와 묵자 그리고 한비자의 주장은 현실을 지극히 냉정하게 보는 이론이다. 묵자는 하층민의 입장에서, 순자는 지식인 중간 계층의 입장에서 그리고 한비자는 군주의 입장에서 현실을 있는 그대로 파악하고 있다. 즉 그들은 인간의 현실적인 면모를 보는 것이다. 현실적으로 볼 때 인간이란 천사보다 짐승에 가깝다고 판단한다. 그렇게 냉철하게 사회를 보아야만 질서와 평화를 이룰 수 있다는 것이 그들의 공통된 주장이다.

이렇게 인간의 품성에 관한 제자(諸子)의 분분한 논의가 있었지만, 유자들은 당시의 시대적 혼란상을 극복하고 정의와 원칙이 실현되는 사회를 달성하기 위해서 천의 선한 품성을 품수(稟受)한 인간을 상정하기를 주저하지 않았다. 그 선한 품성을 가진 인간이기에 교화가 가능하고, 집단 구성원 간의 인간다운 가치의 공유가 가능하다고 보았던 것이다.

천하를 주유하면서 현실 정치를 개선하기 위해 군주에게 끊임없이 치란책(治亂策)을 제시했던 만년의 공자가 성왕의 가르침을 후학에게 전하기 위하여 교육의 장을 만든 것도 인간의 선한 성품에 대한 믿음에서 비롯되었다고 할 수 있을 것이다. 이것은 자신이 꿈꾸는 이상 사회가 당대에는 달성하기 힘들지만 지속적인 교육만 이루어진다면 언젠가는 천지자연의 선한 품성이 인간 사회에도 적용될 것이라는 공자의 확신을 의미하며, 공문(孔門)들은 그 확신을 대를 이어갔다.

(2) 천도(天道)와 주례(周禮) 질서의 회복

천, 제, 도, 천제 그리고 천도의 관념과 그 상호 간의 관계는 모두 주 초에서 시작하여 춘추전국시대를 거치면서 형성되었다. 그러기에 이러한 여러 관념과 상호 관계는 그 시대의 정치사회 및 인생관과 밀접히 관련되어 있으며 또 후대 중국인의 사상에도 많은 영향을 미치고 있고, 현대 중국인들도 여전히 그 영향을 받고 있다.

천과 도의 결합은 자연의 일정한 규율을 표시하거나 천제의 신성의지(神性意志)의 표현 방식을 나타내거나, 또는 천도를 도덕적 본체로 삼아 실천하면 천에 다다를 수 있게 됨을 의미한다. 나아가 천도로 인간들이 지향하는 객관(客觀), 공의(公義) 그리고 평등 이념 등을 표시한 것은 동양적 인간관이 가지는 특별한 사유라고 할 수 있다.

이러한 이유 때문에 공자와 맹자는 천도(天道)를 '충서(忠恕)', '인(仁)', 성왕(聖王)의 가르침 혹은 현실을 규제하는 '법(法)'으로 해석하기도 했다. 천도에 관한 유자의 이해가 그들의 인생관 및 우주관을 형성하고, 나아가 현실 정치에 투영되었을 때 나름대로의 치란책을 주창할 수 있었던 것이다.

전설상으로 전해지는 삼황(三皇)이 정치에 임했을 때 가장 중요하게 여겼던 것은 통일된 질서와 백성을 위한 정책[5]이었다. 이처럼 고

---

5) 『상서(尙書)』「대전(大傳)」에 의하면 복희씨(伏羲氏)는 팔괘를 처음 만들고, 가축 기르기와 고기잡이를 가르쳤으며, 신농씨(神農氏)는 농사짓는 법과 의약을 가르쳤고, 수인씨(燧人氏)는 불을 발명하여 인간의 화식을 도왔다. 혹은 수인씨를 대

대로부터 중국 정치의 요체는 군왕을 중심으로 하여 국가의 질서를 바로잡고 동시에 백성의 생활을 풍족하게 하는 것이 전부였다고 할 수 있다. 주공이 주도한 최초의 문물제도의 정비는 통일된 국가 규범의 제정을 의미하며, 이것은 위로 천자를 중심으로 하고 제후, 경, 대부, 사(士)와 서인(庶人)에 이르는 종적인 지배 질서의 완성을 의미한다. 그렇다고 해서 치자 계급이 국가를 통치하는 최후의 목적이 자신들의 이익에 있음을 의미하는 것은 아니었다. 이것은 주의 동천 이래 춘추전국시대가 되어서야 확연하게 되었다. 즉 춘추전국이란 시대적 혼란상이 몰고 온 사회정의와 질서의 붕괴 및 백성들의 생활 곤궁과 피폐가 중국 고대 지식인들로 하여금 치자가 진정으로 목표를 삼아 통치해야 할 것이 무엇인가에 관한 의문과 해결책을 제시하게 만들었던 것이다.

공자의 경우 질서유지의 근간을 예(禮)가 있고 없음으로 설명한다. 그러기에 "천하에 도가 있으면 예악과 정벌은 천자로부터 나온다. 그런데 천하에 도가 없으면 예악과 정벌은 제후로부터 나온다."(『論語』「季氏」)고 하면서, 예의 유무가 권한 침해로 이어지고 나아가 정치 질서의 붕괴로 나타난다고 하였다. 이것은 위로는 천자(天子)로부터 아래로는 사(士)에 이르기까지 질서를 세우는 것을 기본 관념으로 삼고, 덕성의 교화를 중시하고 강제적인 힘의 사용을 거부하며, 약탈과 포악한 정치를 반대하는 구체적인 주장으로 드러난다.

천지자연(天地自然)의 이치를 내려 받은 선한 인간들이 공동체를

신하여 황제(黃帝)는 문자를 만들고 배와 수레를 창안했으며, 도량형과 역법을 제정하였다고 전해지고 있다(삼황에 관한 전설은 중국 고전에서 통일되지 않은 형태로 존재하는데, 『역경(易經)』「계사전(繫辭傳)」, 『사기(史記)』「삼황본기(三皇本紀)·진본기(秦本紀)」, 『예위호익기(禮緯號謚記)』, 『여씨춘추(呂氏春秋)』에서 주로 언급되고 있다).

이루고 살아가는 사회는 당연히 의로움이 실현된 상태, 즉 질서 있는 조화로운 사회이다. 하지만 춘추전국 당대의 사회는 이미 질서가 무너졌고, 그러기에 공맹 유자들에게는 질서 회복, 즉 주례적(周禮的) 질서로의 회복이 절실한 것이었다.

중국에서 예가 제대로 시행되기 시작한 것은 주나라 초기(문·무·주공)라 전해진다. 주의 봉건제도가 확립되는 것과 때를 같이하여 예가 본격적으로 제정, 시행되었다. 이 당시의 예는 아직도 혈연집단의 성향을 완전히 벗어나지 않은 채 국가 생활을 하는 당시의 사람들에게 여러 측면으로 질서 의식을 가지게 하였다. 이러한 예는 주로 당시의 귀족층에서 발달했다. 특히 수직적 지배력을 행사하는 봉건제의 질서를 뒷받침하는 도구로서 귀족층의 입장에서 예가 발달한 결과 예의 규범적 성향이 사회의 수평적 질서보다 주로 상하 수직적 질서의 차등 관념을 심는 방향으로 굳어졌다.

예의 관념은 주대에 이르러 의례 자체의 의의가 특별히 중시되자 나타나게 된 것이다. 주 초의 의례적인 종교 활동에서 이미 그 속에 포함된 인문적 요소를 특별히 중시하게 됨에 따라 예는 귀족 간에 있어서는 사회 의례, 질서, 문화 의식을 포함하게 된다. 이것이 예 관념이다. 사회 의례로서의 예는 당시가 봉건제 사회였기 때문에 사회적 계급에 따른 신분의 차별을 예리하게 나타냈다. 또한 이러한 차별은 의식주와 같은 생활의 모든 부분에 존재했다.

주 왕조 초기에 주족(周族)이 수많은 다른 부족을 통치하기 위한 효율적인 통치 제도로 성립된 것이 봉건제이며, 이 봉건제가 종법 제도를 토대로 하고 있다는 점에서, 주대의 예치는 가족 중심의 예 질서가 정치제도로 확장된 것이라고 볼 수 있다. 예의 기원이 고대의 제천의식을 통한 종교적인 의식에서 비롯되었지만, 주대의 예는 의와 구별되어 "나라를 지키고 정령을 행하여 백성을 잃지 않는"

(『左傳』「昭公5年」) 치도(治道)로 정립되면서 당위의 가치를 지닌 규범으로 정착되어, 국가를 경영하고 사직을 편안히 하고 백성들의 삶을 질서 있게 하고 또 후손들을 이롭게 하는 역할(『左傳』「隱公10年」)을 하였다. 즉 예는 은 왕조 시대의 신을 섬기던 의식[6]이 주대(周代)로 오면서 신분에 엄격히 적용되는 예절 의식으로 재편성되어 차등적인 종법 등급 질서를 유지·옹호하기 위한 외적 형식을 의미하게 되었다. 여기에 은대에 노예와 재화를 얻은 귀족에 대한 미칭(美稱)으로 쓰이던 덕(德)(초기에 덕(德)은 득(得)의 의미를 지니고 있었다)(朱貽庭, 1989: 11; 楊榮國, 1973: 9)이 내심 부끄러움이 없는 상태로 여겨지면서 도덕적 수양이 전제된 개념으로 변했고, 이는 덕 있는 지배층의 행위 예절인 예와 더불어 표리를 이루는 통치 방식이 되었다. 즉 주대에 와서 예치는 곧 덕치이고 이는 이상적인 통치 원리로 자리 잡게 된 것이다(楊榮國, 1973: 11).

주대의 예제는 종법제를 토대로 하고 있어 가족 내의 혈연의 멀고 가까움에 따른 차등적인 행위 의식으로 형성되었다. 즉 자연스럽게 표출되는 천성에 따라 가까운 이를 보다 가깝게 대하는 친친(親親)의 태도는 5세이천(五世而遷)의 소종(小宗)과 백세불천(百世不遷)의 대종(大宗)으로 원근을 두어[7] "종계 간에 차등을 둠으로써 자연스럽

---

[6] 『상서』「고종융목(高宗肜目)」에 나오는 "전사무풍우닐(典祀無豐于昵)"의 '풍(豐)'은 '예(禮)'를 의미하고, 『서경(書經)』「군석(君奭)」에 나오는 "고은례척배천(故殷禮陟配天) 다력연소(多歷年所)"의 '은례(殷禮)'는 규범적 성격을 지니고 있음을 의미한다(朱貽庭, 1989: 4).

[7] 대종은 시조로부터 적장자를 통해 무한히 계속되는 계보상의 근간이 되는 것으로 대종에 속한 사람은 동일 본족을 이루고, 여기서 갈라져 나와 지엽이 되는 것이 소종으로서 소종에 속한 사람은 동일 분족이 된다. 이 경우 부(父), 조고(祖考), 증조고(曾祖考), 고조고(高祖考) 등과의 동등관계를 세(世)라 한다. 예제 중 가장 중요시되는 종사(宗祀)에서 대종은 백세(百世)가 넘도록 모든 조상에 대한 제사를 계속하나(이 때문에 대종을 백세불천百世不遷이라 한다), 소종은 부, 조고, 증

게 유로(流露)되는 지친지정(至親之情)을 공고히 하고, 궁극적인 생명의 래원(來源)을 추사(追思)해서 근원적으로 공동 혈연체를 확인"(김충렬, 1990: 122)할 수 있게 된다. 봉건제도는 바로 이와 같은 종법 제도의 정치제도화이다. 예치를 높이 샀던 주대의 정치제도는 기실 친친의 가족 윤리를 기점으로 하여 현현(賢賢), 존존(尊尊)에 이르러 국가 사회 윤리의 완성을 도모하고 있다.[8] 즉 이상 국가의 전형은 다름아닌 가(家)를 확대한 대가족국가인 섯이다(김충렬, 1990: 127).

복잡하고 다양화된 당시의 상황에서 친친·현현·존존의 기본적인 예의의 내적인 실질 가치를 확충하여 이를 통해 구체제로 돌아가려는 것이 유가의 예치관(禮治觀)이다. 이 예치관 속에는 예 규범에 대한 저항감을 최소화시킴으로써 거대한 도덕 왕국을 건설하려는 적극적 입장이 있다.[9]

공자는 이와 같은 주의 봉건제도를 도덕적 이상으로 삼아 당시의 혼란을 극복하고 새로운 사회질서를 확립하고자 하였다. 이는 공자의 도가 사회생활에서 인간이 마땅히 실천하고 이행해야 할 행위 기준으로서의 예를 의미하기 때문이다. 공자 이전까지는 대체로 세속 신앙의 흐름에 따라 예를 해석함으로써 예를 사회질서와 제도의 근본으로 삼았으나, 공자는 예의 기초를 천에서 나아가 인간의 자각심

조고, 고조고의 사종(四宗)과 대종을 합쳐 오종(五宗)으로 친속의 범위가 한정되어 조상에 대한 제사도 이 범위 내에서만 한다.
8) 현현은 관리의 임용에서 도덕적인 인격과 재능을 모두 갖춘 사람이 선택되도록 어진 자를 어질게 대한다는 원칙이고, 존존은 그렇게 선택된 어질고 현명한 관리들이 행하는 왕령과 그 일을 집행하는 관리들이 존귀한 대접을 받는다는 원칙이다. 이 친친, 현현, 존존은 주의 봉건제를 지탱하던 3원칙이다.
9) 이에 비하여 법가의 법치관은 객관적이고 합리적인 체제 개혁에 바탕을 둔 통치 행위의 효율성과 통일성을 강조하고 있다. 이렇게 법의 대공무사(大公無私)를 강조하는 법가의 법치관은 법규범의 객관성을 토대로 일반적이고 평균적인 행위만을 요구함으로써 보다 소극적인 입장에 서게 된다.

또는 가치 의식에서 구하였다.

이리하여 공자는 당시 지식인이 예와 의를 구분하는 학설을 흡수하여 전통적 예 관념의 한계를 극복하였고, 다시 인, 의, 예의 이론 체계를 건립하여 인간에 대한 긍정을 드러냈다. 이렇듯 공자에 이르면, 예가 단순히 천도와 자연 질서 중심이 아니라 천도와 자연 질서를 자각한 인간 중심으로 전개되었다. 그리하여 공자는 예를 의에 귀속시켜, 예를 인간이 자각한 문화 질서로 발전시켰던 것이다. 이 때문에 공자에 이르면 인간의 도덕적 자각의 근원에는 천[道]이 존재하고, 이렇게 도덕적으로 자각한 인간이 엮어낸 의로 표시된 예가 춘추의 혼란을 수습할 시대정신이 되었다. 즉 예는 단순히 제사 의례를 가리킬 뿐만 아니라 정치적 효용(『左傳』「僖公11年」)과 윤리적 효용(『左傳』「成公15年」)을 아울러 나타냈는데, 이는 주대의 일반인이 공동으로 승인한 규범이었다. 따라서 공자는 주 문화의 계승을 자신의 사명으로 여기면서 그 계승을 통해 당시의 혼란한 사회에 질서(천도의 인간화)를 부여하려고 하였다.

그러기에 유자들은 질서 자체를 의(義)와 일치시키는데, 질서 회복은 의로움의 회복을 의미한다. 의란 『논어』에서는 모두 마땅함, 옳음, 정당함 또는 도리를 가리킨다(馮友蘭, 1993: 66-68). 이 때문에 선(善)함을 품수한 인간, 즉 도리나 규범이 내 몸에 붙어 있음을 상징하는 것이 의(義) 자이다. 그래서 의는 정의, 정의감, 질서, 규범 등의 의미와 결부되어 있다. 이 의는 인격 내재성을 띠고 있을 뿐만 아니라 그 행함을 통하여 공익을 실현한다. 이른바 인(仁)의 실현이 그것이다. 이때 의는 비록 논리적으로 사고된 질서나 규범은 아니라 할지라도 규범 질서의 의미를 가지고 있다. 그러므로 이 의는 반사회적이며 질서 없는 충동을 배척하고 기존의 체제 속에 자신을 알맞게 조화시키려는 인간 본래의 당연한 길이며 행동의 규범성(이운구,

1982: 123)을 의미한다. 그것은 곧 직관적인 규범의식이고 질서 의식이며, 인간에게 공통된 하늘로부터 부여받은 소박한 감각이다. 사람은 사람다워야 하는데, 그 사람다움의 실천이 곧 의인 것이다.

또한 맹자는 인의(仁義)의 중요함을 역설하고 의를 생명보다도 중요시(『孟子』「梁惠王」)하고 있다. 그는 왕도의 기본 원리인 인의를 숭상하였고 패도의 기본 원리인 이(利)를 배격하였다. 그는 선험주의적 성선설에 입각하여 이(利)를 사회의 모든 분쟁과 갈등의 근원으로 보았으며, 인의가 천하를 무사태평하게 한다고 보았다. 아울러 인(仁)의 기능은 존심(存心)하게 하여 양성(養性)하고 사명(俟命)하게 하는 것이라고 보았다. 『예기(禮記)』는 의를 인간의 이성에 근거한 정의 개념이라고 전제하면서, '의자이야(義者理也, 의로움은 바로 세상의 근본 이치이다)'라고 하였다. 이렇듯 의는 하늘의 이법이며 사람의 이성인 것이다. 따라서 하늘의 이치를 달성하는 것은 바로 정의롭고 질서 있는 사회의 실현을 의미하는 것이다.

(3) 군주 중심주의

정의롭고 질서 있는 사회의 달성은 중국 고대 제가(諸家)의 공통의 목표였다. 하지만 유가만이 공통 목표를 실현하기 위한 치국책을 제시하는 데 있어서 뚜렷한 업적을 쌓았는데, 이는 오로지 공자의 공헌이었다.

공자는 당시의 정치적 무질서를 타파하고 치자의 덕화가 백성을 편안하게 하는 정치의 출발점으로서 정명(正名)을 거론하고 있다. 정치의 정(政)은 올바름[正]이요 치(治)는 치민(治民)으로, 정(正)을 통한 치민과 정민(正民)을 뜻한다고 할 때, 정치는 정민의 전제 조건으로서 정기(正己)가 우선되어야 하고 치민의 전제 조건으로서 수기(修己)가 우선되어야 한다. 즉 남을 바로잡기 위해서는 나를 먼저 바로잡고, 나라를 바로잡기 위해서는 내 집안을 먼저 바로잡는 과정이 선행되어야 하는 것이다. 그래서 유가는 정치, 즉 정민에 앞서서 정기와 수덕(修德)의 과정이 절대로 필요하다고 누누이 강조한다(심백강, 1986: 43).

공자의 시정방침, 즉 정인(正人), 치인(治人)의 방침은 각 계층의 구성원들로 하여금 자신들이 맡은 임무를 적절하게 완수하도록 계도하는 일종의 교육 정치라 할 수 있다. 이렇게 사회 구성원 모두가 자기 직분을 다하면 북극성을 중심으로 수많은 성군(星群)들이 질서있게 운행하듯(『論語』「爲政」) 군왕을 중심으로 사회가 조화롭고 질서 있게 변모한다는 것이 공자 정명론의 핵심이다.

팔일무(八佾舞)를 가묘의 뜰에서 추게 한 계씨(季氏)를 필두로 하여 삼환(三桓)에 대한 공자의 분노(『論語』「八佾」)는 정치권력의 하극상에 따른 당대 사회의 무질서에 대한 깊은 우려가 그 밑바탕에 깔려 있다. 이러한 군권 추락이 가져온 정치사회적 무질서가 결국은 민생의 피폐로 이어지는 것은 당연한 일이었다. 이에 대한 공자의 대응책이 『춘추(春秋)』의 편술이었다.

물론 샤오공추안(蕭公權)의 지적[10]처럼 『춘추』에도 모순된 필법이 있지만, 옛날 홍수를 막아 천하를 태평하게 했던 우(禹)와 이적(夷狄)과 맹수를 몰아내어 백성을 편안하게 했던 주공처럼 공자도 당시 세태의 혼란상을 목도한 결과 『춘추』를 완성하여 난신적자(亂臣賊

---

10) 샤오공추안은 그의 저서에서 정명(正名)에 관해 『춘추』에 나타난 네 가지 태도를 논하고 있다. 즉 1) '예악 정벌에 관한 명령은 천자로부터 나온다'는 원칙을 엄수하고, 2) '예악 정벌에 관한 명령이 제후로부터 나온다'는 패정(覇政)에 대하여는 일정한 한도 내에서 인정한다. 3) 대부의 전정(專政)이라도 봉건 질서를 유지하기 위하여 패정의 정신을 능히 실행하였으면 또 허용한다. 4) 이적이라도 중국의 방식을 능히 좇아서, 패정의 정신을 실행하면 능히 작위를 받는다고 하였다(蕭公權, 1988: 112-127 참조).

子)를 두렵게 하고, 상하를 판별하여 군권이 회복된 질서 있는 사회를 확립하려고 했던 것이다. 이에 동중서(董仲舒)는 다음과 같이 말하였다.

『춘추』는 위로는 삼왕의 도를 밝게 하고 아래로는 인사의 기강을 판별하여 혐의를 구별하며, 시비를 명백히 하고 의혹을 정하여 선을 선이라 하고 악을 악이라 한다. 현명함을 현명이라 하며 불초한 자를 천하게 한다(『史記』「太史公自序」).

공자의 존왕주의(尊王主義)는 정치사회적인 역할의 중심에 군주를 놓는 것이며, 그 중심에서 시작된 덕화(德化)가 모든 구성원에게 미쳐 사회질서의 유지와 안민(安民)의 이상 사회가 실현 가능하다는 것이다. 이러한 공자의 군주 중심주의는 왕도 사상(王道思想)과 맥을 같이함은 물론이다. 왕도란 군주로서 마땅히 지켜야 할 도리를 말한다. 따라서 군주는 군주다운 도리를 다할 때 참된 군주로서의 자격을 갖추게 되는 것이다.

공자의 이상은 한마디로 선왕(先王)의 도였다. 공자 당대에는 군신관계를 부정한 이상 세계를 설정하는 것 자체가 불가능하였다. 특히 난신적자가 우글거리는 춘추시대라면, 이상적 군주였던 요와 순의 시대로 복고하는 것이 염원이었는지 모른다. 왜냐하면 이들의 통치 방식은 이른바 덕치였기 때문이다. 이 덕치가 바로 왕도였고, 그러기에 공자는 패도(霸道)를 배척한 것이다. 패도는 권력정치의 또 다른 반영이기 때문에 사회질서의 파괴를 수반한다. 사회관계에 있어서 명(名)은 각기 일정한 책임과 의무를 포함하며(馮友蘭, 1993: 71), 이 책임과 의무의 수행은 어떤 사회에서도 정치 질서의 유지와 연관된다. 유가의 군주 중심주의는 바로 정치 질서의 유지에 그 제1차적 목적을 둔 것이다. 정치 질서의 문란은 무도(無道) 또는 하극상의 형태로 나타난다. 이러한 사회에서는 인간 상호 간의 불신이 팽배하게 된다. 따라서 공자는 무엇보다도 인간 사회의 신뢰 회복을 제1차적 목표로 두고 정명을 주장했으며, 그 토대 위에서 덕치가 실현되기 위한 예치를 주장했던 것이다.

공자에게 있어서 바람직한 정치제도는 '덕치 군주제'이기에 먼저 군주에게 솔선수범하여 덕을 함양할 것을 강조한다.

> 윗물이 맑아야 아랫물이 맑은 법이다. 윗사람이 예를 좋아하면 백성 모두가 감히 불경을 일삼지 못하며 윗사람이 정의를 좋아하면 감히 복종하지 않는 백성이 있을 수 없고 윗사람이 신의 내지 성실을 좋아하면 성심성의를 다하지 않는 백성이 없다(『論語』「子路」).

덕치의 근본원리 내지 근본정신은 인이다. 인으로써 다스리는 것이 덕치이다. 요컨대 인이란 스스로 자기 몸을 닦아 자기의 욕심을 억제하고 남을 사랑하고 겸손하고 너그럽고 믿음직스럽고 민첩하고 은혜를 베푸는 정신의 자세요 덕이며, 또 이러한 덕의 실천이다. 인은 결국 한 개인의 따뜻한 마음에서 우러나와 능히 널리 백성에게 베풀어지면서 많은 사람을 살리게 되는데, 이때 인은 성(聖)에 맞닿아 있다(『論語』「雍也」). 임금이 인자, 즉 사람다운 사람이어서 어질고, 나라 다스리는 일이 참으로 어려움을 항상 자각하여 경건하게 생각하고 처신하며, 백성 사랑하기를 자기 몸과 같이 할 때 비로소 덕치가 실현될 수 있다. 이렇게 덕치를 실현한 선왕지도는 인의 경지, 성의 경지에 미치는 군왕의 덕 없이 이루어질 수 없기에 또한 내성외왕(內聖外王)의 도이기도 하다.

(4) 민생의 안정

유가의 비조인 공자에 의하면 피폐해진 주 문화를 타파하고 군주의 권위를 회복해야 하는 근본 이유는 바로 전체 백성의 복리와 행복을 도모해야 하기 때문이었다. 공자는 사회 구성원들이 제각기 직분을 다하고, 예악을 진흥시킴으로써 백성을 편안하게 하는 이상 사회에 도달할 수 있다고 보았다. 공자의 도통을 계승한 맹자도 내성외왕을 이룬 군왕이 백성을 중심으로 한 통치를 함으로써 왕도 정치를 실현할 수 있다고 보았다. 나아가 맹자는 치자가 백성을 본으로 하는 통치를 하지 않을 때 천명이 바뀌어 통치자를 교체하는 혁명 사상을 긍정한다. 결국 맹자는 정치의 근본이 민생의 안정이라고 보는 것이다.

『서경(書經)』에 나오는 '민유방본(民惟邦本, 백성이 오로지 나라의 근본이다)'이 좀 더 체계적으로 언급되기 시작한 것은 공맹의 노력이었다. 고대의 이상 정치의 실현자로 평가받는 요순의 백성 중심적인 정치는 공맹에 의하여 역대 제왕의 치민의 척도로 취급되었고, 특히 맹자에 의하여 추기급인(推己及人)하며 백성과 더불어 함께한다[與民同之]는 민본 의식으로 구체화되었다. 이러한 공맹의 민본 의식은 그 근원을 살펴보면 주공에게까지 거슬러간다. 주공은 하은(夏殷)의 정권 변혁의 역사를 관찰하여 천명이 절대 불가변의 것이 아니라고 하면서, 민의에 기반한 무왕의 역성혁명을 정당화하였다. 이러한 정치적인 변혁, 즉 천의의 대행자로서의 천자의 지위의 교체는 그 천의의 발현이 오로지 백성을 통하여서만 가능하다고 하였다.

요순 이래 주공에 이르는 치자들의 성덕(聖德)의 도를 일관·집대성한 공자는 군왕이 하늘의 명령에 따라서 개인적으로 수기(修己)하고, 나아가서 치민의 도를 이룰 때 질서 있는 사회가 건설되며 예악과 도덕이 풍성한 천하가 이루어진다고 말하였다. 이러한 수신한 군왕에 의한 인정만이 천하에 대의명분을 세울 수 있는 것이며, 나아가 천하를 태평하고 조화롭게 만들 수 있는 것으로 보았다. 주 초의 자료로서 신빙도가 높은 『서경』의 「오고(五誥)」에 보이는 민에 대한 높은 관심은 그것이 민의 향배에 의해 천명이 바뀐다는 것을 의식한, 민의 동향에 대한 위구(危懼)에서 발하였다 하더라도 정치가 백성들의 원성을 피하도록 배려된 것은 (신적인 것의 반대로서의) 인간적인 것이라고 볼 수 있다. 『서경』에 보이는 이 같은 높은 관심과 배려를 민본주의라 해도 좋은데, 이 같은 민본주의가 공자를 건너뛰어 맹자에 가서 다시 강조되어 나오는 것으로 보는 것이 일반적인 견해이다. 그러나 『서경』에서 맹자로 이어지는 데는 공자가 빠져서는 안 된다. 곧 민본 사상은 주 초(『서경』)-공자-맹자로 이어져온 것으로 보아야 한다(안병주, 1987: 48).

> 민을 부리는 데는 큰 제사[大祭]를 지내는 것처럼 신중히 해야 한다(『論語』「顔淵」).

이러한 공자의 사상은 '민심이 천심', '인내천'과 무관하지 않다. 큰 제사의 대상은 천이다. 천에 대한 제사를 경건하고 신중하게 하지 않을 수 없듯이 민을 부리는 것도 큰 제사를 지내는 것처럼 경건하고 신중하게 해야 한다. 특히 "쓰기를 절제하고 사람을 사랑하며, 백성 부리기를 때를 맞추어 해야 한다."(『論語』「學而」)는 말이나, "곧은 사람을 등용하고 굽은 사람을 모두 내버려두면 백성이 복종하고, 굽은 사람을 등용하고 곧은 사람을 내버려두면 백성이 복종하지 않는다."(『論語』「爲政」)고 한 말에서 민을 정치의 객체로서 보기는 하나 지극히 소중하게 생각하는 공자의 민본 사상을 고찰할 수 있다. 여기서 공자의 정명사상이 '민을 위하여'라는 위민 의식을 그 근저에

깔고 있음을 간파할 수 있다.

이렇게 공맹의 유덕작왕(有德作王) 사상[11]과 맹자의 차별애(差別愛)는 현실 세계에서 취할 수 있는 치국책의 최고 위치에 민생의 안정을 두는 것이었다. 공자에 이르러 그 근본이 구체화된 민본 의식은 맹자에 와서는 더욱 발전되고 가치 있는 이론이 제시된다.

> 민이 귀하고 사직이 그다음이며, 군주는 가장 가볍다. 그러므로 많은 백성에게서 얻으면 천자가 되고, 천자에게서 얻으면 제후가 되고, 제후에게서 얻으면 대부가 된다(『孟子』「盡心」).

나아가 천명이 민심에 의거함을 상세히 논하고 민귀군경설(民貴君輕說)을 분명히 드러낸 것은 오로지 맹자에 와서였다. 또한 맹자는 인(仁)과 불인(不仁)을 정권을 얻거나 잃는 것의 결정 조건으로 보았는데, 이것은 정권 교체의 궤도를 확언한 것이다. 맹자가 접촉한 제후 가운데서도 특히 많은 대화를 남긴 양혜왕이나 제선왕은 맹자로부터 기회 있을 때마다 여민동락(與民同樂), 즉 백성들과 함께 즐거움을 같이할 것을 권고 받는다. 맹자는 백성을 정치의 주체로까지 승격시키지는 못하였다 하더라도, 더욱 높이는 표현을 하여 백성을 정치의 대상 이상으로 중히 여기고, 군왕이 스스로를 밝게 하고 백성들에 대한 벌을 신중히 해야 한다는 『서경』의 명덕신벌(明德愼罰)의 전통을 착실히 이어받음으로써 더 이상 어떻게 강조할 수 없을 정도로 애민과 여민동락을 역설하였다(성균관대 유학과 교재편찬위원회, 1983: 248-249). 그리하여 맹자는 천하는 곧 백성의 뜻에 의하여 얻

---

[11] 덕이 있는 사람이면 누구나 왕자(王者)가 될 수 있으니, 민으로 부터 외면을 당한 자[失德者]는 항시 다른 유덕자와 교체되지 않을 수 없다. 『서경』-『논어』-『맹자』로 이어지며 드러나는 혁명 사상의 바탕이라 할 수 있다.

어진다고 하였다.

순(舜)으로 하여금 제사를 주재하게 하였더니 백신(百神)이 그것을 흠향하였다. 이것이 바로 하늘이 그것을 준 것이다. 그로 하여금 일을 주관하게 하여 일이 다스려지면 백성들은 그것을 편안하게 여겼다. 이것은 백성이 그에게 천하를 준 것이다. 하늘이 주고, 백성이 주었다. 그러므로 천자는 천하를 남에게 줄 수 없다고 한 것이다(『孟子』「萬章」).

여기서 맹자는 표면상 여전히 천과 백성을 나누어 말하고 있으나, 맹자는 천에 돌리는 것이 절대적으로 적고, 백성의 귀함을 위주로 삼았다. 대개 맹자는 단지 인간이 이러한 시기를 획득할 수 있었던 것을 천으로 말미암은 것으로 여겼다. 그리고 요(堯)가 세상을 떠나자, 제후들을 포함하여 천하의 백성들이 순에게로 갔음을 들어 백성들이 돌아간 곳을 천의(天意)의 방향으로 여겨 민심을 하늘의 뜻[天意]으로 간주하고 있다.

하늘은 나의 백성이 보는 것으로부터 보고, 하늘은 나의 백성이 듣는 것으로부터 듣는다(『孟子』「萬章」).

맹자는 민심을 잃고 나면 왕 혼자서 어떤 즐거움인들 즐거울 수 있겠느냐고 하면서 양혜왕에게 『서경』「탕서(湯誓)」편에 나오는 구절을 말한다.

아무리 화려한 누각[臺]과 연못과 새와 짐승을 가지고 있다 한들 어찌 혼자서 즐거울 수 있겠는가(『孟子』「梁惠王」).

제선왕에게는 음악을 즐기든 화려한 원유(苑囿)를 가지고 즐기든, 사냥을 즐기든, 오직 중요한 것은 백성들과 함께 즐거움을 함께하는 일이라고 말끝마다 강조하였으며, 심지어 재물을 좋아하거나 호색(好色)의 병통이 왕에게 있다면 그 마음을 미루어서 백성들과 더불어 함께하라고까지 권하였다(『孟子』「梁惠王」참조). 여민동락한 성왕의 모범을 주로 주 문왕에게서 찾은 맹자는, 문왕이 양혜왕 못지않게 누각과 연못과 새와 짐승을 가지고 있었지만 문왕은 여민동락한 까닭에 백성들이 문왕의 누각과 연못을 영대(靈臺), 영소(靈沼)라고 일컬었으며, 또한 문왕이 사방 사십 리인 제선왕의 원유보다 더 큰 사방 칠십 리나 되는 원유를 가지고 즐겼지만 문왕은 그것을 백성들과 공유물로 생각하였기 때문에 백성들이 문왕의 원유를 오히려 작다고 생각할 정도였다는 것을 자신 있게 지적하고 있다.

『서경』에 말하기를, 하늘이 백성들을 이 땅에 내려 보내실 때 그 임금을 세우고 그 스승을 세우신 것은 오직 상제를 도와 사방 백성들을 사랑하라 하신 것이다. …… 백성들과 함께 즐거움을 같이한다면 왕의 하는 일에 아무런 난관이 없다(『孟子』「梁惠王」).

이렇게 맹자는 선왕의 장중한 음악이 아니라 유행 음악이라도 좋으니 백성들과 함께 즐겨야 함을 역설하였다. 이와 같이 여민동락 사상을 강조한 맹자는 들에 굶어 죽은 시체가 널릴 정도로 도탄에 빠진 민생고를 외면하는 전제 권력의 횡포에 대하여 백성들의 보복과 하늘로부터의 버림받음을 심각하게 경고하면서 부정의 소재를 배분의 불균형으로 파악하였다.

군주의 주방에는 살찐 고기가 있고 마굿간에는 살찐 말이 있는 데에도 불구하고 한편으로는 백성들에게 굶주린 빛이 있고 들에 굶어 죽은 시체가 있다면 이것은 짐승을 이끌어다 사람을 잡아먹게 하는 것이다(『孟子』「梁惠王」).

맹자는 백성들을 경제적으로 안정시키는 것이 바로 왕도 정치라고 강조하였다. 그리하여 백성들이 배고프지 않고 춥지 않게만 되면, 왕 노릇하지 못할 자가 없다고 하면서 왕도를 백성을 보호하는 것[保民]으로 해석하였다.

백성들을 보호하여 왕 노릇을 하면, 그를 막을 수가 없다. …… 산 사람을 봉양하고 죽은 이를 잘 모시는 것에 유감이 없게 하는 것이 바로 왕도 정치의 시작이다. …… 이렇기 때문에 현명한 군주는 백성들의 재산을 늘려서 반드시 위로는 부모를 섬기기에 넉넉하게 하고, 아래로는 처자를 양육하기에 충분하게 하면, 풍년에는 죽을 때까지 배부를 것이며, 흉년에는 죽음을 면할 수 있을 것이다(『孟子』「梁惠王」).

이것은 백성들의 생활을 안정되게 해야 한다는 것을 말하고 있다. 따라서 항산(恒産) 이후에 항심(恒心)이 있다는 것을 말하면서, 경제생활의 안정을 이룬 후에 필요한 것이 교육정책이라고 언급한다. 맹자는 민생을 안정시키고 난 연후에 백성들을 권면하게 하여 착한 길로 가게 해야 잘 따른다고 하였다. 그래서 생활이 안정되고 죽음에서 벗어나야 예의를 닦을 수 있다고 말하였다(『孟子』「梁惠王」). 이렇게 백성들의 안정된 경제생활과 예의가 충만한 사회를 만들 책임은 왕에게 있으며, 이러한 정치가 바로 인정(仁政)(『孟子』「公孫丑」)이다. 맹자가 그것을 왕도라고 이름 붙인 것은 대체로 맹자가 인정을 행할 수 있으면 민심을 얻을 수 있고, 민심을 얻을 수 있으면 반드시 천하에서 왕 노릇을 할 수 있다고 깊이 믿었기 때문이다. 대개 맹자는 백성을 보호할 수 있는 것을 백성을 얻는 길로 여기고, 선비를 높일 수 있는 것을 재능 있는 자를 얻는 길로 여겼다. 이것이 맹자의 마음속에 있는 인정, 왕도의 구체적인 내용인 것이다. 이는 당시 실제 정치 정세와 관련하여 맹자가 대국이 인정을 행할 수 있다면 천하를 통일할 수 있다고 믿었기 때문이다.

이러한 맹자의 사상은 오늘날 입장에서 보면 결코 특별한 것이라고 할 수 없다. 그러나 전국시대에 맹자는 실로 권모술수가 난무하는 어지러운 사회에서 인간의 선성(善性)을 바탕으로 한 인의의 설을 내걸었으니, 당시에는 지극히 특수한 입장이었다. 정치 이론에 비추어본다면 맹자의 인정설은 실로 민본설(民本說)과 표리 관계를 이루는데, 맹자 이후에는 더 이상 찾아볼 수 없는 지극한 위민 사상이라 아니할 수 없다(馮友蘭, 1993: 142-149).

맹자 사상의 핵심에 민생의 안정을 놓을 때, 한걸음 더 나아간다면 그의 사상은 민생의 안정을 도모하지 못한 군주를 개폐할 수 있는 혁명 사상으로 나아간다. 이 혁명 사상을 전개할 때 맹자는 주공을 끌어들인다. 주공은 하·은·주의 혁명의 역사를 통해서 정권 교체는 천명, 즉 백성의 명령을 통해 일어난다는 것을 처음으로 제시했다.

맹자 역시 걸과 주가 천하를 잃은 이유가 천의 변혁, 즉 민심의 이반에 있다고 보았다. "백성들이 하고자 하는 바는 천이 반드시 그것을 따른다."에서 보듯이 왕위의 개폐에 따른 정치권력의 변동은 천과 민의 일관된 의사로서 결정되며, 이러한 정치적 결정은 현실적으로 민생의 안정과 불안정이 그 출발점이 된다고 말한다. 나아가 민심의 이반을 어지러워진 천도의 운행으로까지 확대해석하여, 결국 민의 정상적인 삶이 천도의 자연스런 운행을 가져온다고 주장하였다.

특히 맹자는 민본 사상을 전개시키는 과정에서 군왕이 민을 본으로 하는 위민 정치를 하지 않을 때에는, 즉 민생의 안정을 도모하지 않고 인의를 져버린다면 그 군왕은 이미 하늘의 명령을 대행하는 존재로서의 지위를 스스로 포기하는 것이며, 이미 일개 '도적[殘賊之人]'에 불과한 것이다.

인을 해치는 자를 적(賊)이라 하고 의를 해치는 자를 잔(殘)이라 하며, 이 도적[殘賊之人]은 바로 평범한 남자[一夫]에 불과하다. 탕(湯)이 걸(桀)을 추방하고, 무왕(武)이 주(紂)를 토벌하였던 옛 기록에서, 평범한 남자인 주(紂)를 죽였다는 말은 들었어도 아직 임금을 죽였다는 말은 듣지 못하였다(『孟子』「梁惠王」).

이러한 '도적'에 의한 패도 정치는 군왕으로서 천의의 순조로운 이행 의무에 역행하는 것이며, 국가 사회의 법도와 기강을 무너뜨리고, 백성들의 생활을 피폐하게 하여 민심의 동요·이탈을 가져오는 것이다. 이러한 패도를 행하는 군왕은 이미 일개의 필부(匹夫)이며, 패도정치는 천의 원래의 명(命)을 다시 바르게 세우는 혁명을 필연적으로 유발한다. 특히 맹자는 걸주에 대한 탕무(湯武)의 방벌은 백성의 안정을 위하여 당연한 '도적'의 주살(誅殺)로 보고 은주의 왕조 교체를 천에 의한 혁명으로 단정하였다.

그리하여 전제군주의 무절제한 권력 행사에 대한 백성의 저항권, 즉 한 왕조의 영구 집권을 허용하지 않는 천명의 무상함은 군주에 의해 흐트러지고 경시된 민의 주체적 위치를 바로잡는 것이다. 이것은 형식적인 측면에서는 군왕을 중심으로 한 통치 질서의 확립을 의미하나 실질적인 측면에서는 민생의 안정이 얼마나 중요한가를 말하며, 또한 이를 위해 군왕의 전제 권력에 대한 경계와 비판 의식이 얼마나 필요한가를 역설하는 것이다.

5. 맺음말

중국 사상의 태동기인 선진 시대에 지식인들이 보수와 진보라는 개념을 둘러싸고 치열한 논쟁을 벌였던 것은 아니지만, 난마같이 얽힌 당대의 문제점을 해결하기 위한 대안 제시에는 차이를 보이고 있다. 지금까지 현실 정치의 문제점에 대한 개선책의 차이점을 중심으로 그 정통(보수)의 부류에 유가를 두고, 당대 지식인들의 인간에 관한 이해는 어떠하였으며, 이를 바탕으로 현실 사회에 대한 개선책에서 보인 유가의 보수주의적 사유의 특성이 무엇이었는지를 살펴보았다.

정통 유가는 우선 인간에 관한 이해에 있어서 그 '선성'에 주목한다. 물론 순자와 같은 이단이 있지만, 지극히 선[至於至善]한 천의 이법(理法)을 품수한 인간을 상정하기에 모든 사유를 인간 본성의 선함에서 출발한다. 유가는 이러한 인간성에 관한 이해를 바탕으로 정치사회현상을 살피기 때문에 당연히 현실을 긍정할 수밖에 없다. 따라서 춘추전국과 같은 시대적 난맥상도 능히 치유될 수 있다고 보았으며, 그것은 인간성을 천도와 일치시킴으로써 가능한 것이었다. 또한 그 천도의 시행은 바로 주례적 질서의 복원이었다.

유자들에게서 현실 정치의 문제점을 극복한 이상 정치의 모델은 바로 요순이라는 선왕이었다. 요순시대라는 이상 사회로의 복귀가 바로 유자들의 최대의 목표였으며, 그것은 군주를 중심으로 통치 질서를 회복하고 동시에 민생의 안정을 도모하는 것이었다. 그러기에 정치의 요체는 군왕을 중심으로 하여 국가의 질서를 바로잡고 동시에 백성의 생활을 풍족하게 하는 것이 전부이다.

공자는 군주의 통치 목적은 전체 백성의 복리와 행복이며, 사회 구성원들이 제각기 직분을 다하고, 예악을 진흥시킴으로써 백성을 편안하게 하고 질서를 유지하는 것이 가능하다고 보았다. 맹자도 내성외왕을 이룬 군왕의 왕도 정치는 백성을 중심으로 한 통치가 행해짐으로써 가능하다고 판단하였다. 맹자는 여기에서 더 나아가 민생의 안정을 도모하지 못한 군왕에 대한 혁명 이론을 전개한다. 천이 부여한 고유의 명이란 국가를 질서 있게 하고 아울러 안민 세상을 실현하는 것인데, 그 목표를 상실한 군왕은 '도적[殘賊之人]'으로 분류되어 천명, 즉 민의에 의한 정권 교체는 당연한 것이었다.

전통적인 인간관에 의거하여 주례적 질서를 회복하고, 존왕 사상을 바탕으로 하여 민생 안정을 역설한 학파는 오직 유가뿐이라 하겠다. "도가는 개인만을 중시하였고, 묵가는 사회만을 중요시하였으며, 법가는 국가만을 중시하였으나, 오직 유가만이 개인과 사회·국가를 모두 긍정적으로 받아들였다."(唐君毅, 1979: 166)라고 하였듯이, 진한 이후 수천 년 동안 중국 사상계의 정통적 지위가 유가의 몫이었던 가장 큰 이유는 공맹과 유자들이 인간성을 끊임없이 신뢰하고 현실 사회를 개선하기 위해 세심하게 노력했기 때문이라고 할 수 있을 것이다.

참고 문헌

『論語』

『孟子』

『史記』

『尙書』

『呂氏春秋』

『易經』

『禮緯號謚記』

『左傳』

『韓非子』

고재욱, 2011, 「하은주 시기의 사회사상연구」, 『중국학보』.

구라하라 고레히도, 1991, 『중국 고대철학의 세계』, 김교빈 외 옮김, 서울: 죽산.

김동수, 1986, 「양주의 정치윤리사상」, 『정신문화연구』.

김명하, 1997, 『중국고대의 정치사상』, 청림.

김충렬, 1990, 『중국철학산고Ⅱ』, 청주: 온누리.

동양사학회 편, 1983, 『개관 동양사』, 서울: 지식산업사.

설한, 2009, 「인간 본성과 보수주의」, 『한국시민윤리학회보』.

성균관대 유학과 교재편찬위원회, 1983, 『유학원론』, 서울: 성균관대출판부.

송영배, 1985, 「묵자의 평등박애와 주체적 실천론」, 『오늘의 책』, 한길사.

심백강, 1986, 「유교정치사상」, 『민족지성』.

안병주, 1987, 『유교의 민본 사상』, 서울: 성균관대 대동문화연구원.

양승태, 1994, 「한국 보수주의 연구를 위한 방법적 시론」, 『한국정치학회보』 28집 2호.

양승태, 안외순, 1999, 「한국 보수주의 연구Ⅰ」, 『한국정치학회보』 33집 1호.

윤대식, 2008, 『동아시아의 정치적 의무관에 대한 모색』, 한국학술정보.

이상익, 2003, 「유교에 있어서 가족과 국가」, 『정치사상연구』 9집.

이운구, 1982, 「'道' 개념의 분석적 이해」, 『동양철학연구』 3집.

이운구, 1979, 「공자의 인간상 소고」, 『인문과학』 8집, 성균관대.

이운구, 1987,『중국의 비판사상』, 서울: 여강출판사.
이혜경, 2008,『맹자: 진정한 보수주의자의 길』, 서울: 그린비.
장승구, 2003,『동양사상의 이해』, 서울: 경인문화사.
牟宗三, 1985,『중국철학특강』, 정인재 외 옮김, 대구: 형설출판사.
馮友蘭, 1993,『중국철학사』, 정인재 옮김, 서울: 형설출판사.
張其昀, 1984,『중국사상의 근원』, 중국문화연구소 옮김, 서울: 문조사.
蕭公權, 1988,『중국 정치사상사』, 최명 옮김, 서울: 법문사.
홍승표, 2005,『동양사상과 탈현대』, 서울: 예문서원.
한국사회학회, 2001,『유교주의, 보수주의, 자유주의』,『한국사회학』35집 6호.
唐君毅, 1979,『中國哲學原論〈原道篇〉』, 臺北: 學生書局.
楊榮國, 1973,『中國古代思想史』, 北京: 人民出版社.
趙汀阳, 2005,『天下體系』, 南京: 江蘇教育出版社.
朱貽庭, 1989,『中國傳統倫理思想史』, 上海: 華東師範大學出版部.
陳安仁, 1975,『中國上古中古文化史』, 臺北: 華世出版社.
胡適, 1958,『中國古代哲學史 卷一』, 臺北: 商務印書館.

맺는말: 한국의 보수주의, 무엇을 지킬 것인가?

양승태

1

아렌트(Hannah Arendt)는 자유주의 사상이나 혁명적 사상도 아닌 보수주의가 "그 기원상 그리고 진실로 거의 그 말에 대한 정의상 논쟁적이다(polemical in origin and indeed almost by definition)."라고 규정한 바 있다(Arendt, 1963: 287, n.3). 그러한 규정은 분명히 보수주의의 한 본질적 속성을 통찰력 있게 드러내고 있다. 보수주의가 그 내용이 무엇이든 일단 혁명이나 급격한 변화에 대한 부정과 더불어 기존 질서의 유지를 목표로 한다면, 보수주의자란—물론 단순히 보수 진영의 권력자 및 정객과 구분하여—바로 '보수해야' 할 기존 질서가 무엇이고 그것이 왜 보수되어야 하는지를 바로 폭력적 수단이 아닌 말이나 글을 통해서 설명해야 하기 때문에 논쟁적이 될 수밖에 없다는 점을 아렌트는 암시하고 있는 것이다. 그런데 아렌트의 그러한 규정은 그 근거에 대한 설명이 미진한 암시적 성격의 것이므로[1] 그것의 의미에 대해서 좀 더 부연 설명할 필요가 있다.

　진보나 급진적인 운동은 바로 변화의 추구이며, 그러한 변화의 결과란 진보라는 말 자체의 의미상 아직 현존하는 것이 아니라 언제나 미래에 존재할 뿐이다. 따라서 그러한 변화가 초래할 수도 있는 예기치 못한 해악이나 부작용은 본질적으로 불확실하고 현실적으로 검증될 수 없는 성격의 것이다. 그러므로 그러한 해악이나 부작용 등에 대해서 굳이 미리부터 세밀하게 검토하고 책임을 지는 태도, 곧 논쟁적인 태도는 바람직함 여부를 떠나서 현실 정치의 맥락에서는 불필요하고 영악하지 못한 행동일 수도 있다. 실제로 진보 정치인이나 사회변혁 운동가들 가운데는 변화의 대상인 전통이나 기존의 제도와 관련하여 치밀하게 그 역사성이나 존재 가치를 검토하지 않은 채, 폭력 수단의 구사나 대중적 선동에 기초한 일방적인 공격을 운동의 전부로 간주하는 태도, 곧 비 논쟁적인 태도로 임하는 인물들이 많이 그리고 자주 발견된다. 그리고 그들은 그러한 폭력 사용을 폭압 정권에 대한 불가피한 저항이자 '올바른' 미래의 실현이라는 '대의'를 위한 올바른 선택으로 손쉽게 정당화하기도 한다. 그런데 대중들에 대한 정서적인 호소나 선동적 구호 및 수사는 그 내용 자체가 바로 미래의 세계에 관련된 것이므로 그 비합리성이 즉각 입증될 수 있는 성격의 주장은 아니다. 따라서 그들 진보 세력은 바람직함 여부를 떠나 굳이 논쟁적일 필요가 없을 수 있는 것이다.

　그런데 보수주의는 바로 기존 체제나 전통 또는 관행의 유지 및

---

1) 이 점을 아렌트는 프랑스혁명 당시의 보수주의 사상가인 드 메스트르(Joseph De Maistre)를 인용하며 간략하게 전달하고 있다. 즉 콩도르세(Condorcet)의 조어인 '반혁명'이란 말에 대응하여 드 메스트르가 반혁명은 "혁명에 대한 역행이 아니라 혁명의 반대이다(not revolution in reverse but opposite of revolution)."라는 진술 속에 바로 보수주의의 핵심이 있다는 것이다(Arendt, 1963: 8).

보수라는 속성상 진보 운동의 그러한 '이점'을 누릴 수 없다. 보수주의는 바로 정의상 현존하는 것들의 옹호이자 유지 및 보수의 노력이다. 따라서 그것은 필연적으로 기존 질서를 뒷받침하는 전통이나 관습 및 기존의 보수 이념에 대한 재해석이나 재정립 또는 기존의 보수 이념을 넘어선 새로운 보수 이념의 모색이나 구축 노력 등을 통해서 끊임없이 기존 질서에 도전하는 세력에 대해서 이념적 논쟁을 제기하고 이념적으로 압도하려는 태도를 가질 수밖에 없다. 이에 따라 바로 논쟁적인 태도를 보이는 것이 보수주의에 필수적이며 '정상적'이라는 논리가 가능한 것이다. 서구의 보수주의의 역사는 실제로 그러한 논쟁적인 태도 속에서 이념적 발전을 이루어왔음을 증언하고 있다.

잘 알려져 있듯이 근대 서구의 보수주의는 프랑스혁명에 반대하고 비판한 지식인들에 의해서 형성되고 발전되었다. 서구의 보수주의 운동은 프랑스혁명이라는 필연적이면서도 우발적인 역사적 사건에 참가한 인간들의 이성, 자유, 평등, 인권, 인류애 등 '고매한' 외침 속에 감추어진 독단, 광기, 야욕, 이기심, 우매함 등 인간성에 대한 나름대로의 통찰에서 시작하였다. 그리고 그것은 혁명이 표방한 그러한 이념들 자체 및 그것이 함축한 복합적인 현실적 의미에 대한 다각도의 비판적 검토라는 '논쟁적 태도' 속에서 스스로의 이념 내용을 형성하고 발전시켜왔던 것이다. 그러한 비판이나 논의 전개 및 내용의 타당성 여부를 떠나서, 서구 근대 보수주의의 원형을 제시한 버크(Edmund Burke)를 위시하여, 보날(Louis G. A. de Bonald), 드 메스트르(Joseph de Maistre), 뮐러(Adam Müller), 뫼저(Justus Moëser) 등의 보수주의 사상가들이 근대성 자체에 대한 비판 또는 근대 계몽주의나 자유주의에 대한 나름대로 비판적 검토를 수행하고 논쟁을 제기하였으며, 그러한 비판과 논쟁을 통해 그들이 일반인들로 하여금 당대의 '진보' 이념들의 실체를 나름대로 새롭게 성찰할 수 있는 계기를 제공하고 당대의 현실에 대한 새로운 시각이나 지식 또는 이행 방식을 제공했다는 것은 분명하다.[2] 만하임(Karl Mannheim)이 지적한 바와 같이(Mannheim, 1971: 163, 245-246), 맑스(Karl Marx) 및 그의 추종자들이 전개한 자본주의에 대한 급진적인 비판의 많은 부분이 바로 이들 보수주의 사상가들의 자유주의 및 자본주의에 대한 비판에서 직간접적으로 영향을 받았음은 서구 근대 정치사상사의 역설적인 사실이다. 그리고 그러한 사실은 보수주의 이념의 구체적 내용이나 평가 문제를 떠나 보수주의적 세계관을 가진 지식인의 지성사적 기능이 무엇인가를 시사하고 있다.[3]

보수주의적 세계관을 가진 지식인의 그와 같은 지성사적 기능은 현대 세계에서도 확인된다. 단순화된 진술일 수 있으나, 서구에서 일반적으로 보수주의 사상가로 분류되는 오크숏(M. Oakeshott), 아롱(R. Aron), 리오 스트라우스(Leo Strauss), 가다머(H. Gadamer) 등은 사회과학계의 많은 진보적 지식인과 여러 면에서 대비된다. 그들은 서양의 정신사 전통에 대한 독자적인 해석 능력에 기초하여 인간성과 시대적 현실에 대한 나름대로의 깊은 철학적 성찰을 제시한 인물들이며, 그들 보수주의적 사상가들은 경우에 따라 주장의 참신성은 있지만 대체로 지성적 깊이가 부족한 진보 이론가들과 대비된다. 아울러 전자는 후자를 지적으로 자극하면서 20세기 정치사상의 발전에 기여한 점도 인정될 수 있다. 보수주의적 지식인의 그와 같은 기능은 물론 현재 한국의 학계 및 현실 정치에서도 요구된다. 그런데 한국에

---

2) 메스트르와 보날의 보수주의에 관한 간략한 소개로는 고드쇼(Godechot, 1971), 뮬러와 뫼저에 관해서는 만하임(Mannheim, 1971) 참조.
3) 맑스가 사회주의 역사의 전환점으로 간주될 수 있는 이유도 그의 선배 진보주의자들과는 달리 치열한 논쟁적인 태도를 가졌던 사실에서 찾을 수 있을 것이다.

서 과연 보수주의의 그러한 지성사 및 정치사상사적 기능이 현실적으로 작동하는지 여부를 떠나, 그러한 기능의 존재 자체라도 제대로 인식되고 있는지부터 의심할 필요가 있다. 그러한 의심에 현재 한국 보수주의의 이념적 위상뿐만 아니라 현재 한국 정치의 문제를 그 근원에서 이해하기 위한 출발점 있다.

2

한국 정치에서 보수 세력은 존재하되 그들 나름의 정책 결정 혹은 사회적 가치 배분의 준거로 삼을 보수주의라고 불릴 수 있는 이념은 부재 한다는 사실은 이미 여러 논의를 통해 잘 알려진 바 있다.[4] 여기서의 무(無)이념성이 어떤 형태나 형식 또는 수준이든 나름대로의 논의 전개를 통해서 스스로의 정치적 입장이나 기득권에 대한 규범적 합리화나 이념적 정당화가 전혀 없음을 의미하는 것은 물론 아니다. 어떠한 폭압적인 정권이라도 아무런 규범적 정당화 없이 통치를 수행할 수 없듯이, 극단적인 무 이념성이란 현실 정치에서 존재할 수 없다. 여기서의 무 이념성이란 보수 세력이 스스로 보수하고자 하는 제도나 체제를 뒷받침하는 가치나 이념의 실체를 능동적으로 파악하려 노력하면서 그것을 이념적으로 체계화하려는 노력이 제대로 수행되지 않았음을 의미한다.

잘 알려져 있듯이 한국의 보수주의는 오랫동안 그 이념적 근거를 '반공'이라는 소극적이고 부정적인 이념에서 찾았으며, 그 이념적 근거에 대한 주체적인 탐색 없이 자유민주주의나 사유재산권을

---

4) 이와 관련된 논의의 소개로는 강정인(1999; 2001) 참조.

마치 그 의미가 자명한 '성스런' 이념처럼 일방적으로 내세우는 수준의 이념적 위상에 머무르고 있었던 것이다. 한국의 보수 세력에는 대중적 논객들은 많이 있어도 진정한 의미에서 보수주의 사상가나 이데올로그는 발견하기 힘들다는 사실도 그러한 이념적 빈곤의 반영일 것이다.

그런데 그러한 이념적 빈곤은 진보 진영에도 해당된다고 할 수 있다. 그들은 비록 논의 내용의 구체성이나 체계성 면에서 보수 진영의 논객들보다 우위에 있다고는 할 수 있어도, 그들이 내세우는 이념 역시 스스로 현실에 대한 깊은 성찰을 통해 능동적으로 발전시킨 결과는 아니라고 할 수 있다. 그들의 이념적 주장이나 논지의 바탕은 서구 이론이나 이념으로부터 일방적으로 수입한 것이거나 그것에 수동적으로 의존하고 있다는 점에서 본질적으로 보수 진영과 비슷한 이념적 빈곤에 머무르고 있다고 할 것이다. 앞으로 좀 더 체계적인 연구의 대상이 되어야 하겠지만, 과거 노무현 정권이 보인 국정 운영의 미숙함은 일반적으로 평가되듯이 그들이 내세웠던 진보적 이념의 과잉 때문이 아니다. 그것은 바로 스스로 내세우는 진보 이념의 의미를 제대로 이해하지 못한 지성적 빈곤에서 그 원인을 찾을 수 있는 것이다.[5)]

이와 같이 보수 '주의'라는 용어를 사용하는 것 자체가 모순된다고 말할 수 있을 정도로 한국의 보수주의 정치 세력은 오래 동안 이념적 빈곤 상태에 머무르고 있었다는 사실이 결국은 보수주의 정치 세력이 오랫동안 진보주의 세력과의 대립 과정에서 이념적 논쟁을 적극적으로 주도하지 못한 사실의 원인이라고 할 것이다. 여기서 왜

---

5) 한국 현대 정치의 이러한 성격이 그것의 실체에 대한 이해에는 역사나 사회과학적 접근과 더불어 지성사적 접근이 필수적임을 보여준다.

한국의 보수 세력은 만하임이 말하는 전통주의에서 보수주의로의 이행을 제대로 발전시키지 못했느냐는 의문이 제기된다.[6] 다시 말해서 왜 한국의 '전통주의적' 지식인들은 기존의 정치·사회 체제의 정신적 바탕이 되는 지키고 보존해야 할 전통적 가치나 규범을 그것에 대한 진보 세력의 이념적 도전에 맞서 체계적으로 새롭게 정립하고 정당화하는 이념화 작업을 제대로 수행하지 못했느냐는 의문이 그것이다. 이에 대한 자세하고 체계적인 설명은 사실 조선 후기의 유학사와 관련된 별도의 방대한 논의를 필요로 할 것이다. 어쨌든 중요한 점은 한국 보수주의의 그와 같은 무 이념성 및 그에 따른 논쟁적 태도의 부재가 지난 이명박 정권과 현재의 박근혜 정권을 포함한 보수주의 정치 세력의 근본적인 성격은 물론이고 한국 현대 정치사 진행의 전반적 성격을 결정했다는 사실이다.

지극히 복잡한 역사적 과정을 단순화하는 위험은 있지만, 해방 정국의 상황에서 보수와 진보의 대립이—각 진영 내의 이념적 스펙트럼은 일단 무시한다면—격화된 결과 국가의 분단에 이르게 되었음은 분명한 사실이다. 그런데 그러한 해방 정국의 상황에서 보수 진영에 의해 유행어처럼 퍼졌던 "말 많으면 공산당"이라는 푸념 같은 구호가 한국 보수주의의 비 논쟁적 성격을 상징적으로 잘 나타내준다. 즉 해방 정국의 이념적 대립의 상황에서 말로 따지고 덤벼들면서 논쟁을 유발하는 쪽은 대체로 진보 진영, 특히 나름대로 체계적인 이데올로기로 무장한 공산당이었다는 사실이 중요하다. 여기서 그들 공산주의자들이 과연 맑스 등의 서구 공산주의 사상을 제대로 깊이 이해했느냐 하는 근본적인 지성사적 의문과 더불어, 그들이 표방한 이념이란 결국 행동 강령 수준의 이데올로기였기 때문에 그들

---

6) 그러한 이행에 관해서는 만하임(Mannheim, 1971) 참조.

자신들이 이념적 경직성이나 고착성을 피할 수 없었다는 비판의 가능성은 또 다른 문제이다. 여기서 중요한 점은 "말 많으면 공산당"이라는 구호 아닌 구호에는 그와 같이 따지고 덤벼드는 말들이 뭔가 미심쩍고 쉽게 받아들일 수는 없으면서도 그것들에 대해 단호하게 논리적으로 대응을 제대로 못하는 보수 진영의 심리 상태가 반영되어 있다는 사실이다. 그러한 심리 상태가 결국은 보수 진영으로 하여금 이념 논쟁 자체를 회피하거나 정치적으로 이념 논쟁 자체의 가치를 격하시킬 수밖에 없었던 것이다. 그리고 그러한 심리 상태가 적어도 제6공화국 등장 전까지 이어졌다고 볼 수 있다.

  6·25라는 국제화된 내전을 거치면서 한반도에는 진보 세력이 남한의 현실 정치 무대에서 퇴출되고 미소 냉전 체제하의 분단 상태가 지속되었다. 이에 따라 한국 정치에서는 보수 세력과 진보 세력 사이에 일방적 억압이냐 또는 일방적 저항이냐 차원의 오직 적과 동지의 구분만이 유효한 상황이 전개된다. 그러한 정치적 상황에서는 이념 논쟁 자체가 현실적으로 불필요하게 되었던 것이고, 이에 따라 보수주의의 이념적 발전 또한 기대하기 어려운 상황이 전개되었다. 이념적 반대자가 국가의 적으로서 국법으로 다스리는 대상이 되고, 반대 이념의 존재 자체에 대한 시인이 '사상의 불온'으로 정치적 박해의 대상이 되는 상황이 전개되었던 것이다. 그러한 상황에서는 보수주의 이념이 자생적이고 능동적으로 발전할 수 있는 동인이 마련될 수 없었다. 즉 기존 체제에 대한 이념적 도전에 맞서 기존 체제의 정당성을 옹호하는 논리의 전개가 현실적으로 절실하게 필요하지 않았다는 사실은 바로 현실 정치의 논리상 당연하였고, 바로 그러한 사실이 보수주의가 이념적으로 발전할 수 있는 현실적 토양의 부재를 의미하는 것이다. 실제로 기존 체제에 대한 비판이나 도전을 떠나, 기존 체제의 정당성 여부에 대한 운위조차 '사상의 불온'으로

간주될 수 있는 정신적 및 정치적 상황은 일반적으로 민주화 시대의 기점으로 간주되는 1987년의 소위 '6·29선언'에 이은 제6공화국 성립 전까지 이어졌다고 할 수 있다.

또다시 복잡한 역사적 과정에 대한 단순화의 위험을 무릅쓰고 말하자면, 제6공화국 이전까지 한국 정치의 논쟁적 담론은 '독재냐 민주냐' 하는 정치체제 운영 방식의 문제에 한정되어 있었다고 볼 수 있다.[7] 이념 논쟁의 부재 속에 이념적 사유를 발전시킬 만한 징치적 자극을 받지 않는 상태에서 한국 보수주의의 실질적인 무 이념성이 지속됨은 필연이라 할 수 있다. 그런데 제6공화국 이후의 민주화 시대에 들어서 이념적 반대파가 바로 그 반대되는 이념 때문에 법적으로 단죄되는 상황은 종식되었다. 이에 따라 소위 좌파들의 이념적

---

7) 적어도 정치적 담론에 관한 한 그 점은 한국 정치에서 보수와 진보 대립의 본격적인 재등장을 실제로 준비했다고 할 수 있는 전두환 정권 시대에도 해당된다고 볼 수 있다. 유신 체제가 전두환 정권의 등장에 의해서 실질적으로 존속된 후 본격적으로 등장하기 시작한 민주화운동 내부에 이념적 분열이 일어났음은 잘 알려진 사실이다. 즉 소위 재야 운동권에서 독재에 대한 저항 차원을 넘어 자본주의 체제를 부정하거나 대한민국의 정통성을 부정하는 소위 자생적인 사회주의 세력 및 친북한 또는 소위 종북 세력이 등장한 것이다. 이에 따라 전두환 정권은 체제 수호의 차원에서 '국민 윤리' 교육이나 대 국민 홍보 활동을 강화함으로써 대한민국의 정통성 및 자본주의 체제의 정당성을 이념적으로 정립하려는—비록 그 내용의 대부분은 교과서 수준의 정형화된 논리 전개의 수준이지만—노력을 경주한 것이 사실이다. 그런데 그러한 이념적 정립 노력은 바로 이념적 반대 세력의 존재에 대한 법적인 부인 속에서 행정부 주도의 일방적인 교육과 홍보 차원에서 이루어졌고, 이념적 대립은 법적 제재의 대상이지 정치권에서의 이념 논쟁의 대상은 아니었다는 사실이 한국 보수 진영의 정신사를 이해하는 데 중요하다. 그러한 정치적 및 정신적 상황에서 보수 진영이 스스로 보수해야 할 전통이나 체제의 가치 및 규범의 이념적 근거에 대해서 굳이 탐색하고 체계적으로 정당화하는 노력이 필요하다는 점을 현실적으로 느끼지 못했다는 것은 현실 정치의 실용이나 실천의 논리상 당연했다는 것이다. 이러한 사실뿐만 아니라 이 글에서 시론 차원에서 언급될 한국 현대사의 여러 측면의 역사적 실체에 관해서는 앞으로 실증적인 연구를 통해서 좀 더 체계적으로 정리되고 서술될 필요가 있다.

공세가 군중집회나 출판물들을 통해서 공개적으로 표출되는 상황이 전개되었다. 그럼에도 불구하고 보수 진영의 이념적 '비무장' 상태는 상당 기간 지속되었다는 사실에 한국 보수주의뿐만 아니라 현대 한국 정치의 역설이 있다.

한국 보수주의의 실질적인 무 이념성은 '위대한 보통사람들의 정부'에서 '문민정부'에 이르기까지 정권 교체의 외양 속에서 계속되는 보수파의 집권 동안에도 지속되었다고 볼 수 있다. 민주화의 시대에 진입하여서 대한민국의 정통성에 대한 부정이나 회의 또는 사회주의 이념을 공개적으로 표방하는 정당이나 사회단체의 등장에 맞서 몇몇 대중적인 논객이 보수 우익의 정치적 담론을 적극적으로 한국 사회에 표출하기 시작한 것은 사실이다.[8] 그러나 그들이 전개한 보수주의적 논리의 이념적 깊이 문제를 떠나, 그들의 활동은 '민주화=다원화'라는 새로운 시대적 분위기 속에서[9] 대체로 냉전 시대 이념의 시대착오적 집착 정도로 간주된 것이 사실이다. 그리고 현실 정치의 맥락에서 중요한 점은 당시의 보수주의적 집권당도 그들 논객들의 '이념적 운동'이 자신들의 보수주의의 이념적 기반을 제공하거나 강화한다고 믿지도 않았던 것 같으며, 그들 스스로가 자신들의 무 이념성을 자각하여 보수주의 이념을 새롭게 정립하려 노력하지도 않았다는 것이다. 특히 김영삼 정부에서는 '문민개혁'의 이름으로 민주화운동에 참여한 인사들이라면 그 이념적 성향의 차이들을 불문하고 대체로 인간적 선호도에 따라 '과감하게' 공직에 등용하는 정치적 분위기가 조성되어 있었다는 점도 주목할 필요가 있다. 그러

---

8) 이와 관련하여 일반적으로 '보수 우익'을 대변하는 잡지로 간주되는 『한국논단』이 '민주화 시대'의 시작 직후인 1989년에 창간되었음은 주목할 필요가 있다.
9) '민주화=다원화'의 등식과 관련된 정치철학적 문제에 관해서는 양승태(2007: 특히 3장) 참조.

한 정치적 분위기와 더불어, 구호 차원에서라도 스스로 표방한 개혁 정치의 기본 방향 및 내용조차 제시하지 않은 '문민개혁'의 '무 이념적 개혁' 분위기에서는 보수 진영의 이념적 정체성을 운위하는 것 자체가 현실적으로 어울릴 수 없었다고 볼 수 있다.[10]

현실 정치의 맥락에서 한국 보수 진영의 그와 같은 무 이념성에 변화의 조짐이 나타나기 시작한 것은 김대중 정부가 들어서서부터 이다. 그 정부가 소위 '햇볕정책'의 이름으로 진북한적인—그러한 정책의 실체나 정책 입안자의 실제적인 의도를 떠나 그렇게 '보이고 믿어진다는' 것이 현실 정치의 맥락에서 중요하다—정책을 추구하고, 이와 더불어 정부의 적극적이고 인위적 개입 정책을 통해 경제적 분배를 본격적으로 시작한 이후 한국 보수 진영의 정신적 태도에 '극적인' 변화가 일어났다는 것이다. 이념적 빈곤이나 무이념성 문제를 떠나, 북한과의 대립이나 적대 관계가 오랫동안 정치적 존재성의 핵심적인 요소였던 남한의 보수 세력에게 김대중 정부의 정책은 자신들의 존재성에 대한 부정을 의미하는 것이었고, 후자의 정책은 단순히 보수정당의 차원을 넘어 사회 전반의 기득권층의 이익을 위협하는 것이었다고 할 수 있다. 이에 따라 친북 좌파, 시장경제, 신자유주의, 포퓰리즘 등의 정치적 수사들이 보수 진영의 이념적 정체성

---

10) 소위 '삼김시대'에 김영삼은 통일민주당 총재 시절 자신의 정치적 입장을 '신보수주의'로 규정한 바 있고, 김종필은 민자당 대표 시절(1994년 12월 현재) '자신은 한국 사회에서 지켜야 할 것을 지키는 사람'이기 때문에 자신을 보수 또는 수구로 규정하는 것에 개의치 않는다는 점을 표명한 바 있다. 그러한 표명은 두 정객이 정치적 라이벌인 김대중의 정치적 입장을 의식한 발언이자 스스로 표방한 '신보수주의'의 내용이나 '지켜야 할 것'이 무엇인지 구체적으로 설명한 바 없으므로 그것은 세속 정치인들의 공허한 수사에 불과할 수도 있다. 다만 그러한 입장의 공개적 표명은 보수-우익 인사들이 최소한 보수주의자로서 자의식을 갖기 시작했다는 징표로서의 의미는 갖는다고 할 수 있다. 이에 관해서는 양승태(2007: 287-288, 각주 47) 참조.

을 나타내는 '주의들'로서 점차 정치·사회적 담론 구조에 정착하기 시작했다고 볼 수 있다. 그리고 김대중 정권의 그러한 정책이 노무현 정권에서 더욱 노골적으로 강화되고, 특히 노무현 정권이 과거사 청산이라는 명분으로 50년 이어진 보수 정권의 역사 및 그러한 보수 정권의 역사와 동일시될 수 있는 대한민국의 역사적 존재 가치 자체를 공식적으로 부인하는 상황에 이르렀을 때, 보수 세력이 취해야 하고 취할 수밖에 없는 정치적 태도 변환의 핵심이 무엇인가는 권력 정치나 지배 체제의 논리상 필연적이라고 할 수 있으며, 그것이 바로 한국 보수주의 이념화 과정의 시작인 것이다.

3

정치적 갈등이 폭력적인 상황으로 발전하는 경우는 거의 언제나 정치적 세력들이 서로 상대방의 정치적 존재로서의 가치 자체 또는 정체성 자체를 부정하는 때이다. 보수와 진보의 대립이 노무현 정권 시대에 정치권의 정쟁 차원을 넘어 소위 '남남 분열'이라는, 간헐적으로 폭력을 수반한 사회 전반적인 갈등 차원으로 확대된 것은 정치적 갈등의 속성상 당연하다고 할 수 있다. 어쨌든 대한민국의 정체성 문제를 심각하게 제기할 정도의 그러한 대립이 한국 보수주의의 이념 문제와 관련하여 갖는 역설적인 의미는 다음과 같다. 전적으로 적합한 비유는 아니지만, 헤겔(Hegel)이 『법철학』에서 철학적 사유 발전의 본질을 설명하기 위해 인용했던 잠언처럼 어둠의 장막이 내리기 시작해야, 다시 말해서 정치적 사태가 무르익어야 정치적 지성의 날개 짓이 시작된다. 한국 정치에서 정파들 사이의 심각한 대립이 첨예화된 다음에야 한국의 보수 진영은 스스로의 이념적 정체성을 본격적으로 모색하기 시작한 것이다. '남남 대립'이 '무르익은' 시기에 등장한 소위 '뉴라이트' 운동과 한국 근현대사에 대한 '좌파적 해석'에 맞선 '우파적 해석'의 본격적인 등장은 그러한 의미에서 한국 정치사에 일종의 필연이라고 할 수 있다.[11] 보수주의 이념과 관련하여 검토되어야 할 문제는 물론 보수 진영의 그러한 이념화 작업들이 정치적 구호나 수사의 수준을 넘어서 실제로 얼마나 사상적 깊이나 체계성을 갖추고 있느냐는 것이다. 이 문제는 물론 앞으로 체계적인 정치철학적 검토의 대상이다. 이 「맺는말」에서는 다만 그들의 핵심적인 주장과 기본적인 관점에 대한 개괄적인 언급으로 그치고자 한다.

일단 '뉴라이트 운동'이 중심적인 이념으로 내세우는 '공동체 자유주의'는 정치사상에 대한 깊은 이해와 정치철학적 성찰에 기초하여 구축한 체계적인 이념이기보다는 정치적 상황에 대응하기 위하여 즉흥적으로 급조한 정치적 수사의 성격이 강하다고 판단된다. 이와 연관하여 '뉴라이트'가 표방한 것에는 인권, 개인의 존엄과 자유, 시장경제, 공동체적 연대감, 열린 민족주의와 국제적 연대주의 등 온갖 좋은 이념적 '메뉴'들이 나열되어 있다. 그런데 그러한 '메뉴'들 사이의 모순이나 상충 가능성에 대한 설명을 하지 못하고 있는 점이 먼저 이념적 결함으로 지적될 수 있다. 무엇보다도 그것들은 실제로 현재의 진보 세력도 굳이 부정할 이념들이 아니라는 점이 지적되어야 한다. 이제는 시장경제 자체를 부정하는 진보 세력은 존재하지도 않을뿐더러, 인권이나 공동체적 연대 등의 가치를 부정할 진보

---

11) 참고로 '뉴라이트 전국연합'이 발족한 시기가 2005년 6월이다('뉴라이트 전국연합' 홈페이지 참조). 필자는 보수 단체들이나 '뉴라이트 운동' 내부의 상이한 인적 구성이나 상이한 이념적 스펙트럼의 존재 여부에 관해서는 아직 조사하지 못했으며, 그 문제는 앞으로 실증적으로 조사 및 정리되어야 할 부분이다.

세력은 더욱 발견하기 힘들 것이다. 그러므로 그것들은 적어도 보수 세력이 진보 세력과 스스로를 구분할 수 있는 이념적 정체성을 뚜렷하게 제시하는 이념은 못된다. 이러한 문제들 이외에 더욱 근본적인 결함이 있다. 그러한 수준의 보수주의 이념화로는 현재라는 한국 정치의 역사적 시점에서 미래에 대한 정치적 비전의 제시와 더불어 현실 정치를 능동적으로 이끌 수 있는 보수주의가 되지 못한다는 점이 그것이다. 이 점에 대해서는 좀 더 구체적인 설명이 필요할 것 같다.

보수주의는 다른 '주의'들과는 달리 특정한 새로운 이념적 표상이나 가치를 표방하는 이념이 아니라 말 그대로 무엇을 지킨다는 이념이다. 그것은 지켜야 될 것을 지킨다는 의미에서 가장 보편적인 이념이면서 동시에 동어반복의 전혀 내용 없는 공허한 이념이 될 수도 있다. 이에 따라 현실적으로는 어떠한 이념도 보수주의가 될 수 있고, 또한 어떠한 이념도 보수주의의 이름으로 배격될 수 있는 것이다.[12] 실제로 역사상 보수주의는 한 사회의 기득권층이나 국가 권력층의 성격에 따라서 무한한 변용을 보이고 있다. 보수주의에서 그 지킴의 대상은 특정한 역사적 시점이나 각 국가의 특수한 역사적 상황에 따라 언제나 달라질 수 있는 것이다. 문제는 그러한 보수주의들이 과연 지켜야 될 것을 지키려고 하고 있으며, 그와 같이 지키고자 하는 것을 이념적으로 제대로 체계화하고 있느냐의 여부에 있다.

현실 정치에서 보수주의는 많은 경우 오직 기존 권력 체제의 유지나 사회 기득권층의 세속적인 이익을 '보수'하기 위한 목적의 정치적 수사나 조악한 의미의 이데올로기로 나타나는 것이 사실이다. 그러므로 특정한 보수주의의 이념적 실체 및 이념으로서의 가치를 진정으로 파악하기 위해서는 언제나 그것이 표방하는 구호나 수사들

---

12) 이에 관한 논의는 양승태(1994) 참조.

을 구성하고 있는 정치적 어휘들에 대한 정치철학적 검토 및 평가가 수반되어야 한다. 한국 보수주의의 이념화는 보수 진영에 속한다는 사람들이 적당히 구미에 맞는 이념적 '메뉴'들을 적당히 나열하는 것으로 이루어질 수는 없다는 것이다. 그러한 '메뉴'들이 왜 한국인이 '보수'해야 할 가치나 이념인지를 제대로 설명할 수 있어야 하며, 특히 그것들이 바로 어떠한 근거에서 현재 한국의 역사적 상황 및 한국인의 역사적 삶 또는 전통 속에 곧 '보수'할 대상으로서 이미 내재해 있음을 밝혀야 하는 것이다. 이미 '있는 것' 속에서 영속적으로 '있을 만한' 가치가 있는 것들을 찾아내면서 그것을 이념적으로 승화하는 노력이 없이, 적당히 외국 학계나 외국 정치의 이념적 어휘들의 표면적인 의미만을 차용하여 이념으로 내세우는 수준의 이념화, 그러한 수준의 이념화로는 진보주의와 본질적으로 다름없는 보수주의가 제시될 수밖에 없는 것이다. 이러한 맥락에서 보수주의 이념화 운동의 또 다른 측면인 한국 근현대사에 대한 보수 진영의 새로운 해석 작업을 언급할 필요가 있다.

　보수 진영이 새롭게 주도한 한국 근현대사 재해석 작업의 핵심은 건국 60주년을 맞아 대한민국 역사의 긍정적 측면을 새롭게 부각하려는 노력으로 집약될 수 있을 것이다. 그것은 일단 현재 한국의 정치 현실을 결정한 구체적인 역사적 맥락에서 지켜야 할 것을 정립하는 작업이라는 점에서 바로 '한국의' 보수주의가 구체적인 내용을 갖춘 이념이 되기 위한 작업의 기초가 될 수는 있을 것이다. 그러나 그러한 작업은 다음과 같은 내용을 담지 않을 경우 근본적으로 의미 없고 정치적으로 영속성을 갖지 못하는 이념화가 될 수밖에 없다. 즉 근현대사에서 보수 세력에 속한 인물들 가운데 적어도 전통적인 문화와 교양을 체화한 정신적 수준에 도달함과 동시에 국가 생활에 헌신하고 공인으로서의 원칙을 일관되게 추구한 인물들의 가치관, 그리고 그러한 가치관의 바탕에 있는 이념의 실체를 밝히고 체계화하는 노력이 반드시 수반되어야 하며, 그러한 노력이 수반되지 않은 보수주의 이념화는 처음부터 실패할 수밖에 없다는 것이다. 달리 표현하자면 일제강점기 및 건국 초기를 통해서 서구식 근대 교육의 수혜자로서 나름대로 똑똑하고 영악하게 통치 및 경영 능력을 발휘하면서 한국의 산업화를 이룩하는 데 공헌한 인물들 및 그러한 인맥 중심의 역사 해석만으로는 일반 국민들에게 보수주의 이념의 진정성에 대한 설득력도 없고 보수주의 이념의 전파에 획기적으로 기여할 수도 없다는 것이다. 그들의 업적은 물론 나름대로 평가되어야 하지만, 그러한 업적과 동행했던 부패나 공인 의식의 결여 등 '비도덕적이거나 아름답지 못한' 요소들에 대해서 의도적으로 눈을 감아서는 안 된다는 것이다. 무엇보다도 국가 생활과 관련된 확고한 주관 없이 언제나 권력에 쉽게 영합하는 기회주의적 태도를 가진 인물들의 집단이 수행한 긍정적인 역할이나 업적이 결코 한국 보수주의의 진정한 본류로 해석될 수는 없는 것이다.

중요한 것은 한국 근현대사의 '추악한' 요소들 또한 엄연한 역사적 사실이라는 점이며, 한국의 역사와 전통에서 지켜할 것에 대한 인식의 출발은 긍정적이든 부정적이든 역사적 사실들을 모두 드러내면서 그러한 사실들에 대한 역사적 자기반성을 통해 이루어져야 한다는 것이다. 그리고 그러한 역사적 자기반성은 무엇보다도 현재 한국의 보수·진보 대립의 역사적 원천인 근현대사를 결정한 조선 시대 역사의 현재성에 대한 이해에서 출발해야 한다. 그러한 이해를 위해서는 무엇보다도 조선 시대에 지배적이었던 유교적 국가관 및 가치나 이념이 어떠한 역사적 과정을 거쳐 현실과의 괴리 속에서 왜곡되고 고착화되어 근현대사의 진행 과정에서 무력하게 되었는지 깊은 탐구가 필요한 것이다. 그와 같은 탐구는 필연적으로 역사 해석의 차원을 넘어서 한국의 정신적 전통에서 인류 보편의 이념을 발굴하고 체계적으로 발전시키는 정치사상 및 정치철학 연구의 차원으로 이행하게 되는 것이다.

지금까지 간단하게나마 보수주의 이념화 작업에 필수적인 요소들을 설명하였다. 그러한 필수적인 요건을 갖추지 못한 보수주의의 이념화란 결국 진보 세력과의 권력투쟁에서 오직 명분상 밀리지 않으려는 목적의 정치적 수사 제시에 지나지 않을 수 있는 것이다. 진보주의는 본원적으로 현실에 대해서 일단 변화를 추구하거나 시도한다는 속성이 있기 때문에 외국 이념을 '재빠르게' 차용하는 태도가 당연할 수도 있다. 그러나 보수주의는 기존의 체제나 가치를 수호하면서 변화에 신중해야 한다는 속성이 있기 때문에 기존의 이념들에 대한 비판적인 검토 및 역사적 현실에 대한 깊은 성찰을 토대로 면밀하고 체계적인 사고가 뒷받침된 이념화 작업을 요구하는 것이다. 그러한 작업은 즉흥적으로 정치적 구호나 수사를 내세우는 수준을 넘어 한국의 역사 속에서 발현한 사상과 문화, 전통과 관행 그리고 탁월한 인물들의 삶 속에서 진정으로 지킬 만한 것들을 발굴하고 그것들을 이념적으로 체계화하는 노력이다. 그러한 노력은 비록 지성적으로 어려운 성격의 것이지만, 한국에서 진정으로 가치 있는 보수주의가 출현하기 위해서는 필수적으로 요구되는 것이다. 그러한 깊은 검토 및 성찰과 사고를 추구하지 못하는 보수주의란 한국인이 한국이라는 역사적 현실 속에서 보수해야 할 보편적인 가치를 이념적으로 정립한다는 차원의 보수주의, 곧 진정한 의미에서 '한국의' 보수주의는 되지 못할 것이다.

그러한 점을 의식한 때문인지 모르겠으나, '뉴라이트 전국연합'은 자신들의 이념이 미완성의 것임을 인정하면서 다음과 같이 천명한다.

우리는 우리 신념의 수정 가능성을 열어둔다. 때문에 우리가 추구하는 공동체 자유주의도 이미 완결되었다거나 고정불변의 사상이라고 보지 않는다. 그것은 현실운동의 과정 속에서 부단한 연구와 생산적 논쟁, 특히 현실운동 및 국가 운영과의 끊임없는 교호 속에서 보완되고 발전되어야 할 사상이라고 우리는 믿는다.[13]

스스로의 이념의 미완성성을 자각하면서 실현 능력 여부를 떠나 그 한계를 극복하려는 의지를 갖고 있는 이념적 개방성은 물론 바람직하다. 그러한 태도는 나름대로 이념을 추구하는 모든 사람에게 요구되는 필수적인 덕목일 것이다. 바로 그러한 태도와 함께 나름대로 자신의 이념적 위상을 명시적으로 규정하려는—이념 내용의 수준을 떠나—시도가 이루어지고 있다는 사실 자체가 한국 보수주의 역사의 획기적인 전환으로 기록될 수 있을 것이다. 그것은 한국의 보수 진영이 단순히 주어진 전통이나 가치관 또는 관습이나 관행을 무반성적으로 유지 혹은 답습하려는 정신적 태도에서 벗어나고 있다는 것, 다시 말해서 한국 보수 세력의 정신세계가 만하임이 말하는 전통주의로부터 보수주의에로의 이행이 시작되고 있다는 것을 의미할 수 있다.

보수 세력은 분명히 스스로의 집단적 정체성에 대한 부정에까지 이르는 진보 세력의 도전에 대한 응전 속에서 그와 같이 나름대로의 획기적인 이념적 전환이 이루어지고 있었다. 그리고 보수 세력에게서 그러한 이념적 전환이 이루어진 시기에, 그리고 진보 세력의 집권 행태에 대한 국민적 염증이 증대한 정치적 상황 속에서, 보수 정

---

13) '뉴라이트 전국연합' 홈페이지에 게시된 "공동체 자유주의란 무엇인가" 참조.

권인 이명박 정부가 진보 정권을 대체하게 되었다. 그런데 10년 만에 등장한 보수 정권은 이미 보수 세력이 이룩한 그와 같은 획기적인 이념적 전환의 의미를 모르거나 또는 의도적으로 무시하고 있었다는 사실이 주목된다. 그것은 현재 한국 보수주의의 근본적인 문제만이 아니라 현재까지 지속되는 한국 정치가 처한 문제의 근원이기 때문이다.

4

이명박 정부가 노무현 정권이 범한 '실정들'의 근본 원인을 규정하는 동시에 스스로의 정치적 정체성 및 새로운 정책 기조를 표방하기 위한 목적에서 내세운 표어가 '실용주의'이다. 노무현 정권이 '실패'한 근본적인 원인은 '허황된' 이념에 집착한 결과라는 점을 부각시키면서, 자신들은 그들과 달리 이념이 아닌 실용을 추구하는 정권이라는 점을 강조하려는 의도가 그 표어를 설정한 바탕에 있다고 볼 수 있다. 그런데 이명박 정권이 표방한 실용주의가 굳이 이념이 아니라면 적어도 특정한 가치 지향을 지칭함은 분명할 것이다. 문제는 그러한 가치 지향이 무엇이냐는 것이다. 다시 말해서 구체적이고 체계적인 이념 내용을 갖춘 '실용주의'가 아니라면, 어쨌든 국가 정책의 기본 방향을 설정하고 정책 판단의 기준이 되는 실용이라는 가치 자체가 무엇이냐는 의문이 제기되어야 한다는 것이다. 자신들의 정치적 정체성과 관련된 그와 같이 중요한 문제에 대해서 이병박 정권의 핵심 인사들이 과연 체계적인 설명을 제공했는지도 의문이거니와, 그러한 의문을 떠나 그러한 문제의 중요성을 제대로 인식하고 있었는지조차 의심의 대상이다.

이명박 정권 주요 인사들의 정치적 수사나 언어 행태를 볼 때 일단 그러한 의문과 의심에 대한 대답은 부정적이다. 그런데 그러한 의문이나 의심의 여부를 떠나, 그들이 과연 실용이라는 말 자체의 의미가 결코 자명한 것이 아니라는 기본적인 사실 자체를 제대로 인식하고 있는 것 같지 않았다는 사실이 더욱 근본적인 문제이다. 개인이든 국가든 어떠한 행동이나 정책의 실용성 여부는 그것 자체에 있는 것이 아니며, 언제나 어떤 보편적인 가치관이나 이념을 기준으로 이루어지는 판단의 문제라는 사실이 중요하다. 이명박 정권이 스스로 내세운 실용성의 의미를 구체적으로 설명하지 못하거나 실용성의 판단 기준이 되는 어떤 보편적인 가치나 이념을 제시하지 못했다는 사실이 증언하는 바는 결국 다음과 같이 정리될 수 있다. 그 정권은 바로 보수 정권으로서 '실용=보수'라는 등식을 스스로의 정체성을 규정하는 표어로 표방은 했으되, 정작 그 '실용적이고' '보수적인' 정책을 통해서 어떠한 가치를 구현하겠다는 것인지를 실질적으로 모르고 있었다는 것이다. 그것은 결국 그들이 국가 통치를 담당한 세력이었지만, 국가 통치를 통해 실현시켜야 할 어떤 영속적인 가치나 이념의 실현 노력은 없었음을 의미한다. 설사 그 점은 논외로 하더라도, 이명박 정권은 바로 보수 정권으로서 한국의 고유의 전통이나 기존의 국가 및 사회질서에 내재한 가치를 발굴하고 이념적으로 체계화하는 노력을 통해서 그것을 일관되게 보수하겠다는 명확한 의사도 없이 국가 통치에 임한 정권이었음을 의미한다.

그러한 사실은 그동안 진보 세력으로부터 뼈아픈 비난과 공격의 대상이었던 한국 보수 세력의 주요한 특징, 즉 이념적 빈곤, 공인 의식이나 소위 '노블레스 오블리주'로 불리는 '출세한 자로서의 책임의식'의 결여, 기득권 유지에의 집착, 출세 지상주의와 기회주의, 물질적 가치에 연연하는 속물주의 등으로 한국의 보수주의가 다시 회귀함을 의미하는 것이다.[14] 다시 말해서 이명박 정권은 실용주의의 이름으로 그나마 최근의 보수 세력이 이룩한 보수주의의 이념적 발전의 시계를 되돌리고 있었던 것이다. 그러한 속물적 보수주의로는 현재 대한민국이 처한 상황을 제대로 극복하면서 새로운 국가 발전을 이룩할 수 없음은 물론이다. 또한 그러한 이념 아닌 이념으로는 구체적인 정책들도 일관된 원칙을 가지고 일사불란하게 집행하지도 못하며, 정치적 반대의 목소리가 클 때마다 쉽게 흔들리고 좌절할 수 있는 것이다. 보수 정권이 무엇을 보수할지 모를 때 나타나는 결과는 국정의 표류나 혼란뿐인 것이다. 그리고 비록 이명박 정부는 지난 5년 동안 일부 '실용적' 정책들에서 나름대로 성과를 거두었지만, 그 기간은 실제로 그와 같은 성격의 국정의 표류와 혼란으로 점철되었던 시기이기도 하였던 것이다.

언제나 그러하듯이 사태의 진정한 해결은 근본으로 돌아가는 것이다. 그런데 언제나 현실 속에서 사태 해결이 어려운 것은 바로 돌아가야 할 근본이 무엇인지 제대로 인식하기 어려운 데 있다. 여기서 한국의 보수주의가 바로 진정한 의미에서의 보수주의가 되기 위해서 먼저 제대로 파악하고 이해해야 할 가장 근본적인 문제가 무엇인지를 제시하고, 비록 정권의 초창기이지만 같은 보수 정권으로 새로 등장한 박근혜 정부에서 표출되고 있는 문제들의 근원이 무엇인

---

14) 비록 일방적 성격의 비난이긴 하지만 한 '진보적' 신문이 발행하는 주간지에 실린 '수구' 세력에 대한 공격은 이러한 맥락에서 참고할 만하다. "진정한 보수는 애국적이고 공동체의 가치를 추구하며 전통적인 가치를 옹호하는데, 이런 관점에서라면 우리나라의 극우들은 전혀 보수주의자라고 할 수 없다. 자식들을 군대 보내지 않고 외국으로 보내는 이들이 어찌 애국심이 있으며, 사회복지를 향상시키는 계획이 나오면 반대하는 기득권 세력들이 공동체 정신이 있다고 볼 수도 없다. 그저 반동적으로 자기 이익 지키기에만 급급할 뿐이다."(강정인, 2001: 75에서 재인용)

지도 간단히 지적하면서 이 글을 끝내야 할 것 같다.

일단 그 근본적인 문제란 바로 국가 생활 차원에서 새로운 이념의 제시가 얼마나 어려운 작업인지 그 자체를 제대로 인식해야 한다는 것이다. 국가 통치를 담당하려는 사람이라면 적어도 교양 수준에서라도 먼저 어떤 고착된 관념, 구호나 표어 형태로 정형화된 특정한 사고방식이나 내용, 또는 대중화된 정치적 수사 등을 이념 자체와 동일시하는 고정관념에서 벗어나야 한다. 그러한 고정관념 및 그에 따르는 사고의 오류에 쉽게 사로잡히는 것은 일반인들의 일반화된 사고 행태이다.[15] 문제는 통치를 담당하려는 인물들까지 그러한 사고 수준에 머물러 있다는 사실에 보수 진영뿐만 아니라 진보 진영을 총괄한 한국 정치 전체의 심각성이 있는 것이다. 특정 이념의 어휘는 내세우되 그 이념에 대한 깊은 천착 없이 실제로는 일반인들 수준의 고착된 관념에 머물렀던 사람들이 바로 노무현 정권을 이끌었던 인사들이었다면, 그와 같이 고착된 관념의 정치 행태에 대한 국민적 반동으로 새로 등장한 보수 정권은 국가 통치의 기본 방향을 제대로 제시하지 못하는 무 이념성을 실용주의라는 이름으로 포장하여 자랑스럽게 내세웠던 것이다. 한편으로는 이념이란 이름의 고착된 이데올로기, 다른 한편으로는 무 이념적인 속물주의, 두 양 극단을 현대의 한국 정치는 시계추처럼 왕복하고 있는 것이다. 그리고 같은 맥락에서 새로 등장한 박근혜 정부에서 표출되고 있는 문제들의 근원도 이해될 수 있다.

15) 그러한 오류의 근본적인 이유는 일반인들이 정치철학을 이해하기 어려운 점에서 찾을 수 있을 것이다. 좀 더 단적으로 말해서, 하나의 이념을 제대로 깊이 이해하는 것이나 그것의 실현을 위해 진정으로 헌신한다는 것, 즉 진정한 의미에서의 이념인 또는 진정한 의미에서의 실천적 지식인이 된다는 것이 얼마나 어려운 소업인가를 이해하지 못하는 데 기인한다고 할 수 있다. 이에 대한 좀 더 자세한 논의는 양승태(2007: 특히 1장 및 2장) 참조.

이미 국회의 인사청문회나 언론 매체들의 보도를 통해서 현 정권을 구성하는 인사들 가운데 상당수가 또한 한국 보수 세력의 주요 특징들로 위에서 지적한 요소들, 즉 "이념적 빈곤, 공인 의식이나 노블레스 오블리주 의식의 결여, 기득권 유지에의 집착, 출세 지상주의와 기회주의, 물질적 가치에 연연하는 속물주의"들을 겸비하고 있음이 또다시 확인되었다. 최근의 청와대 대변인 사건은 그러한 특징들의 축약판이라고 할 수 있다. 그럼에도 불구하고 현 대통령을 비롯하여 현 정권의 몇몇 주요 인사들이 그와 같은 속물적 가치들에 대한 집착에서 어느 정도 벗어나 있으면서, 나름대로 태도의 일관성이나 원칙주의와 더불어 공인 의식이나 노블레스 오블리주 의식을 발현하고 있는 점은 다행스러운 현상이다. 그런데 말 그대로 공인이나 출세한 자에게 당연히 요구되는 공인 의식이나 사회적 책임 의식의 구현은 그러한 의식에 대한 사회적 통념에 입각해서 행동한다고 해서 자동적으로 이루어지는 것은 아니다. 특히 통치자에게 요구되는 필수적인 덕목인 태도의 일관성이나 원칙주의는 사회적 통념 수준을 넘어 그 가치나 이념의 본질을 제대로 파악할 때만 국정 운영을 통해 진정으로 그 가치가 구현될 수 있다는 점이 이해되어야 한다.

그것은 간단히 말하여 스스로 추구하는 일관된 원칙이 진정으로 무엇인지 명확하고 체계적으로 이해하고 있어야 된다는 것이다. 특히 사인으로서나 일반적인 공인에게 요구되는 수준의 원칙주의가 아니라 국가 통치자로서 국정 운영 차원에서 요구되는 원칙주의는 전자와는 구분되는 다른 차원의 것이라는 점이 강조되어야 한다. 그것은 특정한 행동 준칙이나 행동 방식에 고집스럽게 집착하는 것으로 구현될 수는 없다. 그것은 바로 국가 통치의 목표나 이상 및 대한민국이라는 국가의 정체성에 대한 깊은 이해와 식견은 물론이고, 언제나 변화하는 국정 운영의 특정하고 개별적인 상황들에 접하여 언제나 최선의 판단을 내릴 수 있는 시중(時中)의 지혜를 요구하는 것이다. 물론 그러한 식견이나 지혜는 누구나 쉽게 갖출 수 있는 덕목은 아니다. 다만 국가의 통치자라면 적어도 그러한 덕목은 쉽게 갖추기 어렵다는 사실 자체를 겸허하게 인정하고 받아들일 줄 아는 일관된 태도를 갖추어야 하며, 언제나 마음을 열어두고 주위의 참모나 식견을 갖춘 인사들의 충언과 고언을 들을 줄 아는 자세가 바로 통치자에게 요구되는 원칙주의인 것이다.

보수든 진보든 속된 말로 현실 정치에 당장 써먹을 수 있는 정치적 수사나 구호는 웬만한 수준의 지성이라면 그리 어렵지 않게 만들어낼 수 있다. 그러나 그러한 성격의 정치적 구호나 수사의 정치적 실용성은 결코 오래 지속되지 못한다. 진정한 의미에서의 보수주의는 현재의 역사적 상황에 대한 철저한 이해 및 보수해야 할 가치의 이념적 근거에 대한 깊은 성찰을 통해서만 구축될 수 있는 것이다. 이제 한국의 보수주의는 한국의 역사 속에서 발현한 사상과 문화, 전통과 관행 그리고 탁월한 인물들의 삶 속에서 진정으로 지킬 만한 것들을 발굴하고 그것들을 이념적으로 체계화하는 작업, 다시 말해서 한국에서 진정으로 가치 있는 보수주의가 출현하기 위하여 필수적으로 요구되는 작업을 본격적으로 수행할 시점에 있다. 그런데 그와 같은 보수주의 이념의 구축은 고도의 지성적 작업을 요구하는 어려운 과제라는 사실, 다시 말해서 그것은 결코 즉흥적으로 손쉽게 이룩될 수 없다는 가장 기초적인 사실부터 깊이 깨닫는 것이 한국의 보수 세력이 당면한 '무엇을 지킬 것인가'의 출발점일 것이다.

참고 문헌

강정인, 1999, 「한국 보수주의의 이념적 위상: 그 이념적 빈곤 원인의 탐색」, 『성곡논총』 30집: 563~608.

강정인, 2001, 「한국 보수주의의 딜레마」, 『계간사상』 가을: 73~100.

강정인·김현아, 2006, 「민주화 이후 한국의 보수주의: 자유민주주의로의 수렴?」, 『사회과학연구』 제14집 2호: 6~43.

양승태, 2007, 『우상과 이상 사이에서: 민주화 시대의 이데올로기들에 대한 비판적 성찰』, 서울: 이화여자대학출판부.

양승태, 2010, 『대한민국이란 무엇인가: 국가정체성 문제에 대한 정치철학적 성찰』, 서울: 이화여자대학교출판부.

양승태·안외순, 1999, 「한국 보수주의 연구 I: 송시열과 한국 보수주의의 기원」, 『한국정치학 회보』 33집 1호.

Arendt, Hannah, 1963, *On Revolution*. Westwood, Conn.: Greenwood Press.

Godechot, Jacques, 1971, *The Counter-Revolution Doctrine and Action 1789-1804*, Princeton: Princeton University Press.

Mannheim, Karl, 1971, "Conservative Thought", Kurt H. Wolff ed. *From Karl Mannheim*, New York: Oxford University Press, pp. 132~222.

각 장에 대한 안내 및 각 장이 처음 게재된 학술지

머리말 및 맺는말(양승태)과 11장(김명하)은 이 책에 처음 싣는 글이고, 그 외의 글들은 학술지에 게재된 것을 이 책에 맞게 일부 내용을 수정·보완한 것이다.

1장: 설한, 2009, 「인간본성과 보수주의」(『한국시민윤리학회보』 제22집 1호)를 일부 수정한 것이다.

2장: 신충식, 2012, 「아르놀트 겔렌의 현상학적 인간학과 보수주의의 기원에 대한 고찰」(『철학과 현상학 연구』 제55집)을 일부 수정한 것이다.

3장: 이완범, 2012, 「한국 보수 세력의 계보와 사상: 전통 보수주의와 신보수주의」(『평화학연구』 제13권)를 일부 수정한 것이다.

4장: 강정인, 2008, 「개혁적 민주 정부 출범 이후(1998~) 한국의 보수주의: 보수주의의 자기 쇄신?」(『사회과학연구』 16: 2)을 전재한 것이다.

5장: 최치원, 2009, 「한국에서 보수수의의 의미에 대한 하나의 해석」(『시대와 철학』제20권 4호)을 수정·보완한 것이다.

6장: 김비환, 2011, 「영국 보수주의 사상의 형성과 진화: '변화에 대한 태도'를 중심으로」(『한국정치외교사논총』제32집 2호)를 수정·보완한 것이다.

7장: 장의관, 2008, 「미국 신보수주의의 이론적 구성과 한계」(『국제정치논총』제48집 4호)를 수정·보완한 것이다.

8장: 김동하, 2011, 「독일 바이마르 시기의 '보수 혁명' 담론에 나타난 국가, 시장, 민주주의: '청년보수주의자' 그룹을 중심으로」(『정치사상연구』제17집 2호)를 수정·보완한 것이다.

9장: 조경란, 2008, 「현대 중국의 신보수주의의 출현과 유학의 재조명」(『근현대중국사연구』40집)을 수정·보완한 것이다.

10장: 장인성, 2009, 「현대 일본의 보수주의와 '국가'」(『일본비평』창간호)를 수정·보완한 것이다.

지은이 소개

양승태는 미국 노스웨스턴대학에서 밀(J. S. Mill) 연구로 정치학 박사 학위를 받았으며, 현재 이화여자대학교 정치외교학과 교수로 재직 중이다. 한국정치사상학회 초대 회장과 이화여자대학교 사회과학대학 학장을 역임한 바 있다. 주로 서양 정치사상을 강의하고 있으며, 서양 정치철학에서 변증법 개념, 국가 정체성 문제 및 그 문제와 연관된 한국 정치사상사 및 지성사를 주로 연구하고 있다. 저서로는 근간 예정인 소크라테스에 대한 저술과 더불어, 『앎과 잘남: 희랍지성사와 교육과 정치의 변증법』, 『이상과 우상 사이에서: 민주화시대의 이데올로기들에 대한 비판적 성찰』, 『대한민국이란 무엇인가: 국가정체성 문제에 대한 정치철학적 성찰』 등이 있으며, 동서양 및 한국 정치사상사와 관련된 다수의 논문이 있다. 이메일: styang@ewha.ac.kr

설한은 미국 펜실베니아주립대학교에서 정치학 박사 학위를 받았으며, 현재 경남대학교 정치외교학과 교수로 재직 중이다. 주로 현대 정치철학 및 정치 이론을 강의하고 있으며, 주요 관심 분야는 자유주의, 민주주의, 다문화주의, 세계화 등을 핵심 주제로 하여 서로 연계된 현대 정치철학 관련 제 문제들이다. 저서로『정치사상, 정치리더십, 한국정치』(2004, 공저),『도시공동체론』(2003, 공저) 등이, 논문으로「초국적 제도의 민주적 정당성에 대한 고찰」(2010),「킴리카(Kymlicka)의 자유주의적 다문화주의에 대한 비판적 고찰: 좋은 삶, 자율성, 그리고 문화」(2010),「자유주의 다원사회와 권리의 정치」(2009) 등이 있다. 이메일: hsuhl@kyungnam.ac.kr

신충식은 미국 'New School for Social Research'에서 철학 박사 학위를 받았으며, 현재 경희대학교 후마니타스칼리지 교수로 재직 중이다. 주로 현대 정치철학, 행정철학, 공직 윤리를 강의하고 있으며, 주요 관심 분야는 시간과 타자의 현상학, 철학적 해석학, 유럽 정치 이론, 현상학적 질적 연구, 윤리적 의사 결정 분석이다. 저서로『20세기 사상지도』(2012, 공저)가, 역서로『다른 하이데거』(2011),『공직윤리: 책임 있는 행정인』(2013)이, 논문으로 "Husserl's Critical Appropriation of Kant's Transcendental Aesthetics"(2012),「푸코의 계보학적 접근을 통한 통치성 연구」(2010),「질적 연구방법과 현상학」(2009) 등이 있다. 이메일: shinn@khu.ac.kr

이완범은 연세대학교 정치학과에서 박사 학위를 받았으며, 현재 한국학중앙연구원 교수로 재직 중이다. 주로 한국 현대 정치사, 한국 분단사, 한국과 국제정치 등을 강의하고 있으며 최근의 주된 연구 분야는 박정희 시대사, 한미 관계사, 남북한 통일 정책, 김일성 연구 등이다. 주요 저서로『38선 획정의 진실』(2001),『한국전쟁: 국제

전적 조망』(2000), 『한국 해방 3년사』(2007) 등이 있다. 주요 논문으로 「'2008년 촛불시위'의 영향」, 「6·25전쟁의 명칭과 그 의미」, 「건국 기점(起點) 논쟁: 1919년설과 1948년설의 양립」 등이 있다. 이메일: wblee@aks.ac.kr

강정인은 미국 캘리포니아 주 버클리대학교에서 정치학 박사 학위를 받았으며, 현재 서강대학교 정치외교학과 교수로 재직 중이다. 주로 현대 한국 정치사상사와 비교 정치사상을 강의하고 있으며, 주요 관심 분야는 동서 비교 정치사상, 서구 중심주의, 한국 현대 정치의 사상화 작업이다. 저서로 『서구중심주의를 넘어서』(2004), 『한국 정치의 이념과 사상』(2009, 공저) 등이, 역서로 『군주론』(2008, 공역), 『정치와 비전 1-2』(2007, 2009, 공역) 등이, 논문으로 「루소의 정치사상에 나타난 정치참여에 대한 고찰: 시민의 정치참여에 공적인 토론이나 논쟁이 허용되는가?」(2009), 「율곡 이이(李珥)의 정치사상에 나타난 대동(大同)·소강(小康)·소강(少康): 시론적 개념 분석」(2010) 등이 있다. 이메일: jkang@sogang.ac.kr

최치원은 독일 브레멘대학교에서 정치학 박사 학위를 받았으며, 현재 고려대학교 정치외교학과 평화연구소 교수로 재직 중이다. 정치사상·철학 일반, 인간과 정치, 동서 비교 정치사상 등을 강의하고 있다. 주요 연구 분야는 베버(Max Weber)와 아렌트(Hannah Arent)의 정치철학과 방법론, 정치 현실 및 과정에 대한 사상적·역사적 해석, 한국과 동아시아의 민주주의·평화 등이다. 주요 논문으로는 「'미완의 근대기획'으로서 동북아시아: 계몽, 지식과 과학·기술의 의미 그리고 혼돈과 오류 성찰」(2013), 「종교문화적으로 이해된 막스 베버의 유교윤리에 대한 정치이론적 해석」(2012), 「칸트와 회페의 세계공화

국 개념 고찰」(2012) 등이 있다. 이메일: cwchoi@korea.ac.kr

김비환은 영국 케임브리지대학교에서 정치학 박사 학위를 받았으며, 현재 성균관대학교 정치외교학과 교수로 재직 중이다. 주로 서구 정치사상사와 현대 정치철학을 강의하고 있으며, 주요 관심 분야는 정치와 법치의 관계, 자유주의와 공동체주의 논쟁, 좋은 민주주의의 모색, 현대 영미 정치사상 관련 문제 등이다. 저서로『플라톤과 아리스토텔레스의 정치철학과 변증법적 법치주의』(2011),『포스트모던시대의 정치와 문화』(2005),『축복과 저주의 정치사상: 20세기와 한나 아렌트』(2001) 등이, 논문으로는 "A Critique of Raz's Liberal Perfectionism: Morality and Politics"(1996),「한국적 민주정치공동체의 존재론적 기초를 찾아」(1999),「한국 민주주의의 진로에 대한 정치철학적 고찰」(2008) 등이 있다. 이메일: kbhw@skku.edu

장의관은 미국 시카고대학교에서 정치학 박사 학위를 받았으며, 현재 이화여자대학교 정책과학대학원 초빙교수로 재직 중이다. 주로 현대 정치 이론 분야를 강의하고 있으며, 주요 관심 분야는 실천적 정의와 윤리의 문제이다. 논문으로는「아담 스미스와 규제 없는 시장의 덕성」(2012),「좋은 사람과 좋은 시민의 긴장: 아리스토텔레스 정치공동체의 가능성과 한계」(2011),「다문화주의의 한국적 수용: 주요 쟁점의 분석과 정책 대응」(2011) 등이 있다. 이메일: bluhevn@ewha.ac.kr

김동하는 독일 베를린자유대학교에서 정치학 박사 학위를 받았으며, 현재 서강대학교 사회과학연구소 연구교수로 재직 중이다. 주로 고대·근대 서양 정치사상사와 현대 정치사상을 강의하고 있으며, 주요 관심 분야는 정치 통합에 관한 이론적 사상적 연구, 사회적 소수자의 인정문제와 사회적 윤리, 시민 종교와 좋은 정치의 관계 등이다. 저서로는 *Anerkennung und Integration: Zur Struktur der Sittlichkeit bei Hegel*(Königshausen & Neumann, 2011) 등이, 논문으로는 「헌법과 통합의 정치: 헤겔 '법철학'의 현재성 옹호를 위한 요소들」(2013), 「시민종교와 정치통합: 헤겔의 규범적 통합이론의 문화론적 재구성」(2012), 「인정의 비대칭적 구조와 공동체성 그리고 종교: 헤겔 통합이념을 통한 인정이론의 재구성」(2009) 등이 있다. 이메일: parhesia@sogang.ac.kr

조경란은 성균관대학교에서 철학 박사 학위를 받았으며, 현재 연세대학교 국학연구원 HK 연구교수로 재직 중이다. 주로 중국의 현대사상과 동아시아 근대 이행기 사상 연쇄에 대해 강의하고 있으며, 주요 관심 분야는 현재의 중국 지식 지형 문제와 중국의 자유주의 좌파 문제이다. 저서로 『중국현대사상과 동아시아』(2008), 『중국현대사상의 탐색』(2003)이 있으며, 논문으로 「중국에서 신좌파와 비판적 지식인의 조건」(2013), 「현대중국의 유학부흥과 '문명제국'의 재구축-국가·유학·지식인」(2012), 「현대 중국 민족주의 비판—동아시아 인식을 중심으로」(2010) 등이 있다. 이메일: jokl21@empal.com

장인성은 도쿄대학에서 학술박사(국제관계론 전공) 학위를 받았으며, 현재 서울대학교 정치외교학부 교수로 재직 중이다. 주로 동아시아의 정치사상과 국제 관계를 강의하고 있으며, 주요 연구 분야는 동아시아 국제사회, 근대 동아시아 정치사상, 한국 외교사 등이다. 저서로 『메이지유신』(2007), 『근대한국의 국제관념에 나타난 도덕과 권력』(2005), 『장소의 국제정치사상』(2002) 등이 있으며, 논문으로「현대일본의 애국주의」(2013), "The Social Construction of an East Asian Community and Regional Culture"(2012),「3.1운동의 정치사상에 나타난 '정의'와 '평화'」(2009) 등이 있다. 이메일: isjang@snu.ac.kr

김명하는 경북대학교에서 정치학 박사 학위를 받았으며, 현재 경북대학교 동서사상연구소 전임연구원으로 재직 중이다. 주로 한국 정치사상, 중국 정치사상을 강의하고 있으며, 주요 관심 분야는 천인관계 및 인간과 자연의 조화를 둘러싼 문제들이다. 저서로는 『한국 정치사상사』(2005), 『장자사상의 이해』(2003), 『중국 고대의 정치사상』(1997) 등이, 논문으로「고대 중국정치사상에서의 보수와 진보」(2013),「묵가 정치 이론에서의 국가와 권력」(2007),「한국 상고대 정치사상에서의 천인관계」(2002) 등이 있다. 이메일: kirinna@hotmail.com